KB236364

고고학적 기록 이해하기
Understanding the Archaeological Record

진인진

개빈 루카스는 아이슬란드대학교 고고학과 부교수이다. 그는 *현장작업에 대한 비판적 접근 Critical Approaches to Fieldwork* (2001), *식민지 정체성의 고고학 An Archaeology of Colonial Identity* (2001), *시간의 고고학 The Archaeology of Time* (2005) 의 저자이다. 루카스는 또한 *호프스타더: 바이킹시대 연찬장 발굴 Hofstaðir: Excavations of a Viking Age Feasting Hall* (2009), *현재적 과거의 고고학 Archaeologies of the Contemporary Past* (Victor Buchli와 공동 편저, 2001), *해석 고고학 Interpreting Archaeology* (Ian Hodder, Michael Shanks, Alexandra Anexandri, Victor Buchli, John Carmen and Johathan Last와 공동 편저, 1995) 을 포함한 몇몇 책의 편저자이다.

역자 우정연은 한국학중앙연구원 한국문화학과에서 조교수로 재직하며 물질문화가 과거와 현재의 사회 및 인간 구성에서 어떠한 역할을 하는가에 대해 비교문화적으로 연구하고 있다. 최근의 연구 논문으로 「호서지역 청동기시대 전-중기 사회 최대화 전략에 대한 행위이론적 고찰」, 『한국학연구』65 (2018a), 「경주지역 신라 부착토우 연구」, 『한국상고사학보』101 (2018b), 「고구려 고분벽화 인물의 몸과 체화(體化)」, 『백산학보』111 (2018c)가 있고, 역서로는 『젠더고고학』(2014)이 있다.

목차_

도면　　　　　　　　　　　　　　　__4

표　　　　　　　　　　　　　　　__5

역자의 글　　　　　　　　　　　__7

저자의 글　　　　　　　　　　　__9

1. 이론과의 문제　　　　　　　　__11

2. 총체적 기록　　　　　　　　　__33

3. 형성이론　　　　　　　　　　__105

4. 물질화된 문화　　　　　　　　__169

5. 고고학적 실체　　　　　　　　__227

6. 고고학적 개입　　　　　　　　__287

7. '새로운' 사회고고학?　　　　　__341

참고문헌　　　　　　　　　　　__353

색인　　　　　　　　　　　　　__417

도면

도면 1 고고학적 연금술 __30

도면 2 단순화된 표본추출이론과 그 형성이론으로부터의 분리 __94

도면 3 1966년 뉴욕에 있는 건물 해체업자의 마당에서
진행 중인 변형 과정 __131

도면 4 마이클 쉬퍼의 문화체계를 통한 영구적 물건의 유동 모델 __134

도면 5 고고학적 기록에 대한 워렌 드브아의 화석학적 모델과
체계의 맥락과 고고학적 맥락에 대한 쉬퍼의 구분 통합 __140

도면 6 시간 평준화의 문제 __148

도면 7 세 단위 간 순서에 대한 층위적 매트릭스와
엔트로피 그리드 위에 놓여진 순서 __167

도면 8 물질문화와 정신문화에 대한 차일드의 구분과
병치된 혹스의 추론의 사다리 __187

도면 9 20세기 중반에 등장한 외화에 대한 새롭고 단순화된 모델 __193

도면 10 진화론적 관점에서 본 기술의 외화에 대한 르와-꾸앙의 견해 __198

도면 11 행태와 물질문화 사이의 관계에 대한 빈포드와 호더의 견해 __207

도면 12 물건 그리고/또는 사건을 정의하는 힘의 그리드 __252

도면 13 고고학적 유형의 두 기본적인 의미와 그 상호의존적인 특성 __262

도면 14 유기체로서의 건물 __271

도면 15 유형이 안정되고 분산되는 방식에 대한 도형적 표상 __283

도면 16 엮기 그리고/또는 분산, 수용 그리고/또는 노출 과정의
측면에서 본 모임과 분산의 힘 그리드 __285

도면 17 고고학적 운용에 대한 호더의 버전 __300

도면 18 모으기 과정 __311

도면 19 번역 과정 __318

도면 20   번역 장치   __321

표

표 1   패트릭의 고고학적 기록의 다섯 가지 의미   __19

표 2   고고학적 기록에 대한 패트릭의 안과 필자의 안 비교   __22

표 3   역사학, 선사와 원사 고고학에서 활용 가능한 원전의 형식   __85

표 4   문화에 대한 19세기 관점에 함축되어 있는 외화의 그리드   __179

표 5   엮기와 수용이라는 개념을 통해 명시된 고고학적 유형 개념   __268

표 6   1970-1980년대 고고학 이론에 대한 상이한 구분 틀   __297

역자의 글

'고고학은 어디 있는가?', 지금으로부터 약 30년 전 과정주의고고학과 탈과정주의고고학의 대립에 대해 생스가 던진 문제이다(Shanks 1990: 294). 이 책의 저자인 개빈 루카스가 본문에서 논하듯이 당시 과정주의 고고학은 이론에 대한 고려 없이 방법을 빌려 왔던 반면, 탈과정주의고 고학은 방법에 대한 고려 없이 이론을 빌려 오고 있는 것처럼 보였다. 그 이후에도 학제적 접근을 통해 고고학적 이론과 방법론, 연구 주제와 대 상이 보다 다양해지고 세분화되는 가운데 고고학의 정체성에 대한 문제 는 회의론적인 입장에서든 낙관론적인 입장에서든 끊임없이 제기되어 왔다. 21세기 전환기에 표명된 '어제의 쓰레기도 고고학적인 것(Rathje and Murphy 2001)'이라는 자신감은 이 시기를 전후하여 고고학 외부에서 도입된 행위자-연결망 이론, 물건 정향적 존재론, 탈인간중심주의와 공 존해 왔는데, 이러한 '외부적' 사조는 학문적 경계뿐만이 아니라 인간과 비-인간 사이의 경계 자체를 문제화한다. 개빈 루카스가 고고학의 학문 적 정체성을 다시 문제삼는 것은 이와 같은 맥락에서이다. 역자가 알고 있는 한 한국고고학 안과 밖에서 고고학은 통상적으로 '인간과 관련된 물질자료를 통해 인간 그리고 그들의 사회와 문화를 연구하는 학문'으로 정의된다. 이때 인간, 사회, 물건 사이의 경계를 근본적인 수준에서 해체하려는 위와 같은 '외부적' 사조가 고고학에 어떠한 함의를 지니는가? 저자는 고고학의 학문적 경계 확장의 이면에 놓여 있는 이와 같은 균열, 간극, 부조리함에 주목하는데, 사실 이러한 문제에 주목한 이가 개빈 루카스뿐인 것은 아니고 그 이전과 이후에도 다수 존재한다. 그럼에도 불구하고 이 책이 적어도 영미고고학계에서 널리 참조되는 이유 중 하나는 고고학의 학문적 경계 확장과 그 경계를 중심으로 설정되는 고고학의 학문적 정체성 사이의 불편한 긴장감을 개빈 루카스가 최대한 고고학 '내적' 용어로, 즉 외부 학문에서 만들어진 용어나 개념을 직접적으로 빌려 오는 대신 고고학 담론과 관행에서 통용되는 '현장작업', '형성이론', '물질문화' 등의 용어와 개념을 가지고 적시했기 때문이다. 이러한 개빈 루카스의 시도가 한국고고학 현장 작업과 이론화 작업 사이에도 생산적인 긴장감을 불러오기를 바라며 이 책을 번역하였다.

역자를 믿고 그다지 인기 없는 주제의 번역서 출판을 다시 한번 흔쾌히 허락해 주신 진인진의 김지인 선배님께 깊은 감사를 드린다. 마지막으로 언제나 곁에서 은근한 힘이 되어 주는 철이에게 고맙다는 말을 전한다.

2018년 늦가을
우정연

저자의 글

이 책은 준비하는데 오랜 시간이 걸리는 책 중 하나였다. 필자의 책 *현장작업에 대한 비판적 접근 Critical Approaches to Fieldwork* (Lucas 2001a; 또 Lucas 2001b 참조)의 마지막 장에서 물질화하는 관행으로서의 고고학이라는 사고에 대해 살펴보았다. 이러한 사고는 2002년 맨체스터대학 고고학과 그리고 2004년 스탠포드대학교 고고학센터 세미나의 맥락에서 가장 직접적으로 형성되었다. 그러한 작업의 대부분이 6장에서 폭넓게 이용되었다. 이 주제에 대한 책을 처음으로 쓰기 시작한 것은 2005년 포르투갈에서의 안식년 동안인데 잘 안되었다. 그러나 같은 해에 필자의 *시간의 고고학 The Archaeology of Time* (Lucas 2005)이 출판되어 고고학적 기록에 대해 쓴 챕터가 새로운 방향으로 나아가는데 중요한 역할을 했다. 당시 이 주제에 대해 팀 머레이와 나눈 토론은 특히 많은 영향을 미쳐(e.g. Lucas 2007b) 고고학적 기록에 관한 책에 대한 생각을 물질성에 대한 필자의 이전 관심과 관련하여 진전시키는데 큰 도움이 되었다. 2008년 가을 안식년 필자는 스탠포드로 돌아가서 새로운 원고를 본격적으로 쓰기 시작하였다. 책을 쓰고 있는 몇 년 동안, 다른 일 때문에 불가피하게 책 쓰는 작업이 중단되기도 하면서, 필자는 이 책에서 논의된 주제에 대해 고민하고 다듬은 여러 논문을 쓰고 공간하였는데, 특히 5장에서 제시된 다소 복잡한 사고에 대해 그러하였다(e.g. Lucas 2007a, 2008, 2010b, 2010c).

이에 대해 감사를 전해야 할 사람들이 많다. 이 책을 쓸 수 있는 시간을 허락해 준 아이슬란드대학, 2008년 필자를 방문 학자로 받아 준 스탠포드대학교 고고학센터, 특히 이안 호더, 린 메스켈, 마이클 생스, 바바라 보스에게 감사를 전한다. 고고학적 기록에 대해 고무적인 대화를 나누어 준 팀 머래이, 이 책의 주제와 관련된 다양한 대화를 나누어 준 오스카 올드레드, 팀 웹무어, 크리스 위트모어, 톰 애로우, 2장 고고학적 원전 비평의 독일어 참고문헌과 관련하여 도움을 준 아스트리드 닥스빅, 나타샤 멜러, 알린 박케, 특히 그 번역을 도와 준 아스트리드에게도 감사를 표한다. 이 책의 초고를 읽고 여러 핵심적인 사항에 대해 귀중하고 비판적인 논평을 해 준 빅터 버클리, 스티브 로스캄스, 마이클 샷, 팀 웹무어, 크리스 위트모어, 앨리슨 와일리, 그리고 익명의 네 평가자에게 특히 감사드린다. 이 책의 계획서에서부터 출판까지 관리해 준 캠브리지대학교 출판부 베아트리체 렐, 출판 과정을 감독해 준 압타라 주식회사의 페기 로테, 원고를 편집해 준 캐서린 패이데쉬에게도 매우 감사하다. 내 형제 마크 루카스는 친절하게도 도면 1에 사용된 만화를 그려 주었다. 마지막으로 그리고 누구보다도 중요하게, 매우 오래 걸린 과정 동안 지치지 않고 지원해 준 나의 동반자 엘린에게 고맙다. 그녀와 우리의 두 아들에게 이 책을 바친다.

01

이론과의 문제

새로운 해석적 딜레마

때로 고고학 이론은 거센 공격을 받는다. 신고고학 등장 이후 약 20년이 지난 1980년대에 고고학 이론은 방법론 자체를 위한 방법론이 되었다고 보기 시작했다. 고고학적 방법의 역할과 위상을 재평가하고자 했던 제임스 무어와 아서 킨은 고고학 목적에 실제로 부합되는지에 관해 별다른 고려 없이 고고학 밖에서 방법과 모델을 빌려 오는 방식에 대해 비판하였다(Moore and Keene 1983: xiv). 이들은 중위이론의 성장을 통해 가장 잘 드러나듯이 방법론이 점차 이론적 기반으로부터 멀어지는 방식에 대해 특히 비판적이었다. 20년 후 마이클 생스는 고고학과의 관련성에 대한 적절한 고려 없이 프랑스의 주요 후기구조주의자들의 연구에 너무 안일하게 의존하는 방식에 있어 탈과정주의가 향하고 있는 방향에 대해 또 다른 주요한 비판을 하기 시작하였다. '고고학은 어디 있는가?', 생스는 묻는다(Shanks 1990: 294). 과정주의는 이론에 대한 고려 없이 방법을 빌려 왔던 반면, 탈과정주의는 방법에 대한 고려 없이 이론을 빌려 오고 있는 것처럼 보였다. 늦어도 이론이 고고학적 담론의 명백한 하위 분야가 된 1960년대 이래 고고학에서 이론과 방법의 분열 가능성은 반복적으로 제기된 문제라 할 수 있다. 이러한 염려는 지금도 여전히 존재한다.

학술지 *고고학적 대화 Archaeological Dialogues* 에서의 논쟁적인 글에서 매튜 존슨은 이론과 관행이 실제로 분리된 적이 있다고 보았다 (Johnson 2006: 118). 이론적 글에서 논의되는 바와 실제로 고고학자가 하는 것 사이에 괴리가 있었다는 것이다. 존슨은 여러 가지 형태를 띠는 이론과 관행 사이의 괴리를 적시하였는데, 그 중에서도 한편으로는 명백한 이론, 또 다른 한편으로는 고고학적 사고와 관행의 다른 요소 사이의 연관이 충분히 이론화되지 않았음을 강조하였다(ibid.: 120). 그러한 예로 존슨은 행위이론과 현상학을 들었는데, 존슨에 의하면 이들은 서로 상반되는 경향을 드러낸다. 그래서 첫 번째 경우에는 실제적인 적용이 행위이론에 저항적이라고 보았는데, 문화, 시기, 형식과 같이 기본적인 고고학적 개념이 행위이론에 쉽게 통합되지 않았기 때문이다. 두 번째 경우에는 그 반대가 문제이다. 현장 전통이 강한 영국고고학에서 현상학은 너무 쉽게 수용되었는데, 현상학 이론 채택은 주로 내용보다 용어 변화의 문제였다. 위 학술지에 실린 존스의 글에 대한 논평들에서처럼 위와 같은 존슨의 진단에 동의하지 않는 이가 있을 수 있지만, 대부분의 고고학자들은 존슨의 요점을 이해할 것이다: 고고학 자료에 적용하기 어려운 이론적 접근이 있는가 하면, 지나치게 모호하여 어떠한 자료에도 적용 가능한 이론도 있다.

존슨의 요점은 어떠한 고고학적 해석도 피해갈 수 없는 위험인 공허함과 공약불가능성으로도 표현될 수 있다. 이는 더 나아가 1970년대와 1980년대 고고학자들을 따라다녔던 해석적 딜레마의 현재적 버전일 수도 있다(DeBoer and Lathrap 1979; Wylie 1989). 당시의 딜레마는 물리적 인 공물이라는 고고학적 기록에 대해 안전하지만 지루한 기술과 보다 사변 적이지만 흥미로운 해석 사이의 대립을 가져왔다. 이러한 대립은 이론과 자료 사이의 관계에 대한 순진한 관점에서 비롯된 것인데, 그 이후에는 자료에만 주목하는 관점으로 대체되었다(e.g. Wylie 1992b). 현재의 딜레 마 – 고고학적 이론에 대해 지나치게 회의적인 것으로 들리지 않고 이 러한 표현을 쓸 수 있다면 – 역시 이론과 자료 사이의 관계에 기반하지 만(갱신된 탈실증주의 버전) 이제는 자료뿐만이 아니라 이론도 문제화된다. 문제는 더 이상 자료가 이론을 뒷받침하느냐가 아니라 이론이 자료의 맥락에서 통하는가이다. 이러한 불편함의 고전적 증상은 이론적 논의를 예증하고자 했던 경험적 연구의 실패로 나타난다. 최근의 문헌에는 그러 한 예들이 넘쳐나고 있는데, 사례 연구가 이론적 부분에서 높아진 기대 치에 못 미치는 경우는 어렵지 않게 찾아볼 수 있다.

해석적 딜레마의 위와 같은 버전들 사이의 차이는 미묘한 것일 수 있 고 이론과 자료 사이의 대립은 어떤 수준에서는 여전히 유의미한 것이 라 해도(e.g. Hodder and Hutson 2003) 재고될 필요가 있다. 존슨에 대한 토마스코바의 논평에서처럼 이론은 관행이기도 한 것이다. 또 토마스 코바는 현장 작업과 연구실 작업 사이의 분업과 같은 고고학에서의 다 른 종류의 분업에 대해서도 언급한다(Tomášková 2006: 166). 이를 해석 적 딜레마의 최신 버전에 비추어 보면 공허함과 공약불가능성이라는 위 험은 이론과 실제 그리고/또는 자료 사이의 일치 부족보다는 상이한 관 행이나 담론에 대한 형이상학적 가정들 사이의 분리에서 비롯된 것이라 할 수 있다. 어떤 면에서 이러한 변화는 이론과 자료 사이의 일치에서 상 이한 진술들 사이의 일관성으로의 변화라는 측면에서 그 특징을 찾아볼 수 있다. 다시 말해 상이한 담론들을 틀 짓는 형이상학적 가정들이 검토

되지 않고 적용된다는 점에서 현재의 해석적 딜레마는 1970년대와 1980
년대에 논의되었던 바와 같은 인식론적인 것이 아니라 존재론적인 것이
다. 행위이론에 대한 고고학적 담론에서 상정되는 실제가 발굴이나 유물
분석을 통해 상정되는 실제와 얼마나 일치하는가?

이 책은 위에 관한 것이다. 필자는 층위나 형식학과 같은 '방법론적'
개념과 물질성이나 행위와 같은 현재의 '이론적' 개념 사이의 존재론적
관계는 무엇인가를 묻고자 한다. 그러나 이 문제에 접근함에 있어 한 가
지 어려움이 있다. 방법론적 개념은 상대적으로 적고 고정된 반면 이론
적 개념은 다양하고 항상 변하고 있다. 물론 작은 따옴표가 붙은 전자
의 쌍은 이론적인 것이고 후자의 쌍은 조작적인 것이지만, 어떤 면에서
는 위와 같은 차이가 방법론적 개념과 이론적 개념을 서로 별개의 것으
로 여기게 되는 이유 중 하나일 수 있다. 그러나 여기서 요점은 이러한
두 담론 사이의 연관에 대해 분석하고자 하는 시도는 이론적 관행에 있
어서의 변화의 속도와 다양성으로 인해 한 권의 책에 다 담아낼 수 없을
정도로 어마어마한 작업이라는 것이다. 한 가지 대안으로서 존슨이 그랬
던 것처럼 비교를 위해 일부 이론을 선택할 수도 있지만 이는 다소 임의
적일 뿐만 아니라 그마저도 만만치 않다. 그래서 필자는 고고학적 기록
의 성격이라는 매우 한정되고 구체적인 담론의 측면에서 이 문제를 고
찰해 보고자 한다.

혹자는 이를 중위이론을 인식론적이기보다는 존재론적 입장에서 다
시 쓰고자 하는 시도라 볼 수도 있다. 중위이론에 대한 빈포드의 원래의
개념은 고고학자가 고고학 기록에서 관찰하는 것과 그러한 기록을 만들
었던 과거 과정에 대한 고고학자의 설명을 인식론적으로 연결하는 것이
었다. 이는 본래의 해석적 딜레마에 대한 빈포드의 해결책이었다. 그러
한 딜레마의 최신 버전에 따라 이 책에서 필자는 고고학적 기록에 대한

고고학자의 관행과 고고학자가 만들어내는 해석 사이의 존재론적 연관성을 검토하고자 한다. 그러나 고고학사적으로 매우 다른 시기에 고안된 용어 체계를 채용하지는 않을 것이다. 중위이론은 받아들이기 어려운 과정주의의 환상이라고 생각하는 이들뿐만이 아니라 빈포드류의 중위이론 옹호자들도 필자가 이 책에서 중위이론을 이렇게 전용하는 것을 좋아하지 않을 것이다. 그러나 이 책의 목표가 분명하고 이 책에서의 논의가 진전됨에 따라 그 목표가 전달되는 한 그 목표를 뭐라고 부르는가는 그다지 중요하지 않다. 그럼에도 불구하고 독자들이 어느 정도의 방향성은 갖고 있길 바라며, 이 책에서 다루어질 논의의 개요를 간략히 제시해 보겠다.

고고학적 기록의 문제에 접근함에 있어 이 책은 두 부분으로 나뉜다. 전반부(2-4장)에서는 고고학적 기록에 관해 수용된 관점을 다루어 그러한 관점의 역사적 배경과 그러한 관점이 현재 어떻게 기술되고 있는지를 알아볼 것이다. 고고학자들이 현재 무엇을 하고 있는가에 대한 정보를 제공하는 개념과 관행을 보다 잘 이해하기 위해서 뿐만이 아니라 논의와 논쟁에서 그러한 개념과 관행이 지니는 교육적 가치를 위해 역사적 관점을 택하는 것이 지극히 유용할 것이다. 이는 또한 보다 이론적인 텍스트에 종종 수반되는 학계적 건망증을 교정하기 위해서도 필요하다. 이처럼 이 책 전반부의 각 장에서는 고고학적 기록에 대한 상이한 개념을 다룰 것인데, 이 장들은 서로 관련되기도 하지만 기본적으로 별개의 것들이다. 후반부(5-6장)에서는 고고학적 기록의 개념에 대해 재평가하여 전반부에서 제시된 개념의 파편화에 대응하고자 한다. 이는 고고학적 기록의 상이한 영역들 사이의 결정적인 균열을 존재론적으로 봉합하기 위해서이다. 궁극적으로 주어진 무언가(e.g. 과거의 잔해)로서의 고고학적 기록과 고고학자에 의해 구성되는 무언가(e.g. 아카이브)로서의 고고학적 기록 사이의 큰 분열로서 그러한 균열을 특징지을 수 있을 것이다. 이러한 시도를 순진한 경험론과 사회적 구성론 사이의 항해라 불러도 좋은데, 이를 위해서는 인식론적인 관점에서 존재론적이고 조작적인 관점으로의 전환이 필요하다.

위와 같은 측면에서 이 책에서의 접근법은 역사인류학자 미셸-롤프 트루요의 작업과 어느 정도의 유사성을 지닌다(Trouillot 1995). 트루요는 역사를 과거의 사건이자 현재의 서사로 보면서 이분법적 사고(e.g. 실제로서의 과거 대 구성된 과거)에 사로잡히기보다 네 계기를 통해 확인되는 연속체로서의 역사에 초점을 둔다. 이 네 계기는 기록물 생성, 아카이브로 기록물 수집, 기록물에서 사실 구축, 역사적 서사 구성이다. 트루요에게 있어 이러한 계기에 초점을 두는 것은 권력과 지식의 교차 그리고 역사에서 침묵이 생성되는 방식 이해에 결정적이다. 그러한 침묵의 위치를 파악하고 그에 대항하기 위해 역사가는 이러한 핵심 계기에 초점을 두는 전략을 채택할 필요가 있다. 고고학적 기록 또한 이러한 방식으로 고려될 수 있음을 이해하는 것은 그리 어렵지 않다. 실제로 앨리슨 와일리는 역사 생성에 있어서의 트루요의 네 계기 구분안을 고고학에서 비견될 만한 계기에 적용하였다(Wylie 2008). 같은 방식으로 그러나 덜 정치적인 의제를 가지고 이 책에서 필자는 고고학자의 서사에서 채택되는 고고학적 조작과 실체의 성격을 검토하여 연속체로서의 고고학을 연구해 보고자 한다. 필자에게는 고고학적 기록이라는 개념이 과정(고고학자들이 하는 것)과 잔해(과거)로서의 고고학이라는 고고학의 이중성을 연결하고 포괄한다는 점에서 명백한 출발점이다. 이에 필자는 고고학적 기록이란 무엇인가라는 간단한 질문을 던짐으로써 논의를 시작해 보고자 한다.

고고학적 기록이란 무엇인가?

'고고학적 기록이란 무엇인가?'라는 질문에 대해 통상적으로 대답하자면 표준사전에서 '고고학'과 '기록'의 정의를 찾아 인용할 수 있을 것이다. 또는 더 좋은 방법으로 이 두 단어의 어원론적 기원을 찾아볼 수도 있는데, 이들은 각기 그리스어와 라틴어에서 기원했다. 그리스어로 '고대의 것들에 대한 연구'라는 고고학의 어원론적 의미는 우리 모두 알고 있지만 '기록(record)'이라는 단어의 어원은 다소 생소할 수 있다. 원래는 '기억하기 위한 것'이라는 라틴어에서 기원했지만 보다 직접적으로는 '쓰여지기 위한 증언'이라는 의미의 고대 프랑스어에서 왔다. 그러나 1890년대 이후 새로운 기술과 관련하여 점차 다른 기록 방식이 포함되게 되었다. 필자는 사전적 정의나 어원을 그다지 좋아하는 편은 아니지만 그러한 수단이 특정한 접근 방식을 정당화하기 위한 수사적 장치가 될 수 있고 또 대개 그렇다는 점을 인정하는데, 이는 필자의 경우에도 마찬가지이다. 필자가 '고고학적 기록'이라는 용어에 초점을 두는 이유 중 하나도 바로 이 용어가 고고학적 증거의 성격에 대한 모호성, 즉 고고학자가 만들어 내는 기록물(텍스트)에서 고고학자가 증언하는 무언가일뿐만이 아니라 그 자신에 대한 증언인 무언가이기도 한, 즉 자기-아카이브(화석)로서의 모호성을 함축하기 때문이다. 이는 표면적으로 유사하더라도 고고학적 기록에 대한 패트릭의 물리적 모델과 텍스트적 모델 구분과는 다른 것인데, 이에 대해서는 후에 다시 논의할 것이다(Patrik 1985). 이처럼 '기록'이라는 용어는 쓰여진 증언 생산에 있어서의 인간 행위의 우선성뿐만이 아니라 테이프, 카메라와 같은 현대적 기록 장치의 반자동적 성격을 환기시킨다. 그럼에도 불구하고 기록이라는 용어가 여전히 어떤 고고학자들에게는 문제가 된다는 것을 필자도 알고 있다(e.g. Barrett

1988, 2006; Edgeworth 2003: 5-6).

어원보다 중요한 것은 한 단어가 일반적인 말이 되는 맥락과 시기일 것이다. 19세기와 20세기 전반 '원전'과 '기록'을 포함한 다양한 용어가 상호교환적으로 사용되었지만, 원래 '고고학적 기록'이라는 용어가 반복적으로 사용되게 된 것은 지질학과 고생물학을 통해서라고 할 수 있다 (e.g. Newton 1851). 고고학을 포함한 지구상의 모든 역사를 특징짓기 위한 보다 광의의 문헌적 또는 텍스트적 개념의 전이는 19세기에 흔한 관행이었다. 화석, 암석, 유물과 같은 물적 잔존물을 문서, 아카이브, 증언서, 기록, 원전으로 칭하는 것은 표준적 장치였고 이는 현재에도 그러하다. 그러나 필자가 알고 있는 바에 의하면 '고고학적 기록'이라는 용어를 지속적으로 사용한 첫 번째 인물은 차일드(Childe 1956a; 이 책의 4장 참조)이지만 이는 체계적인 조사를 통해 얻은 지식이 아니라는 점을 밝힌다. 고고학적 기록이라는 용어가 그와 연합된 '물질문화'라는 용어처럼 처음으로 일반화된 것이 1950년대였다고 해도 필자에게는 그리 놀라울 일은 아니지만 말이다. 고고학적 기록이라는 용어의 기원이 무엇이었든간에 이 용어는 한 가지 이상의 의미를 포함하고 필자가 주목하고자 하는 것도 이 부분이다.

'고고학적 기록'이라는 용어가 지니는 다양한 의미는 린다 패트릭의 영향력 있는 논문에서 잘 정리되었다(Patrik 1985). 논문 서두에서 패트릭은 고고학자들이 사용하는 다섯 가지의 의미를 제시하였다(Patrik 1985: 29-30; 표 1 참조). 첫 번째는 과거의 사건 그리고/또는 과정이 일어난 물질적 맥락으로서 이는 민족지적 과거 또는 체계의 맥락 등으로 다양하게 칭해진다. 두 번째와 세 번째 의미는 각기 과거 과정에 의해 남겨진 물적 퇴적물과 잔존물을 지칭한다. 네 번째는 이들 중 고고학적으로 발견된 부분, 즉 표본이고, 다섯 번째는 고고학자들이 이러한 잔존물에 대해 만들어내는 기록(e.g. 아카이브, 보고서)이다. 안타깝게도 패트릭은 네 번째와 다섯 번째 의미에 대해서 다루지 않았다. 패트릭은 첫 번째부터 세 번째까지의 의미에만 집중하여 고고학적 기록 구성에서 고고학자가 담당하는 역할에 대해 논하지 않는다. 또 물리적 모델과 텍스트적 모델을 구분함으로써 첫 번째에서 세 번째까지의 의미를 뭉뚱그려 버리는데, 이는 고고학적 기록이라는 개념에 대한 혼란을 가져오고 자신의 논문 마지막에서 패트릭 역시 이를 인정한다.

표 1 **패트릭(Patrik 1985)의 고고학적 기록의 다섯 가지 의미**

(1) 과거의 물건과 사건 (e.g. 체계의 맥락)

(2) 물적 퇴적물 (e.g. 층, 층위)

(3) 물적 잔존물 (e.g. 물건, 유형)

(4) 고고학적 표본 (e.g. 발굴된 지역, 발견물)

(5) 고고학적 기록 (e.g. 아카이브, 출판물)

패트릭에 의하면 물리적 모델에서는 화석 기록을 원형으로 보면서 과거의 사건이나 과정 그리고 기록 자체에 인과적이고 물리적인 연관이 있다고 간주한다. 그에 반해 텍스트적 모델에서는 역사적 문헌을 원형으로 보면서 고고학적 기록이 과거에 대한 정보를 부호화한다고 여긴다. 패트릭의 논문은 당시의 이론적 입장에 대한 검토였다는 점에서 매우 균형 잡히고 심도 깊은 연구의 결과물이다. 실제로 패트릭의 논문은 과 정주의와 탈과정주의 사이의 균열을 이해하기 위한 가교를 만들고자 한 시도에서 비롯되었다. 그러나 고고학적 기록에 대해서는 건설적이거나 새로운 관점을 제공하지 못했다. 물리적 모델과 텍스트적 모델의 종합이 필요하다는 패트릭의 결론은 별다른 호응을 얻지 못했지만 고고학적 기록이라는 개념 자체에 있어서의 흥미로운 분열을 드러내었다:

> 이 두 모델은 고고학적 증거의 서로 다른 수준에 적용될 수 있다: 사용에 있어서와 퇴적물로서 물리적 모델은 고고학적 잔존물에, 텍스트적 모델은 원래의 물질적 유물에 보다 적합해 보인다. 이 두 모델은 하나가 다른 하나의 시기적이고 인과적인 결과로서 통합되어야 한다.
>
> (Patrik 1985: 55)

이러한 관찰에서 정확한 것은 고고학적 증거의 두 수준에 대한 구분인데, 이는 고고학적 기록에 대한 두 존재론적 개념으로서 그 특징이 보다 잘 나타난다. 하나는 고고학적 기록을 다른 시기에서 왔지만 동시기의 물질적 맥락과 비교 가능한 것으로 다루는 개념이고, 다른 하나는 고고학적 기록을 궁극적으로 역사적인 것으로 다루는 개념이다. 다시 말해서 이는 고고학적 기록을 물질문화와 동일한 것으로 보는 입장과 고고학적 기록을 일련의 잔해나 잔존물로 보는 입장 사이의 차이이다. 그러나 이러한 관찰에서 오해하기 쉬운 부분은 위와 같은 존재론적 표상을 물리적 모델과 텍스트적 모델로 개념화한 것이다. 패트릭의 물리적 모델과 텍스트적 모델은 사실 동일한 존재론의 예들인데, 이러한 존재론에서는 고고학적 기록이 지나간 '현재'의 물질문화라는 측면에서 이해된다. 한편 현대고고학에서 잔존물에 대한 역사적 존재론이라는 두 번째 존재론을 적절히 다루는 모델은 존재하지 않는다. 이는 이 책 후반부의 주요 주제이다.

물리적 모델과 텍스트적 모델을 중재할 수 있는 가능성을 제시했음에도 불구하고 패트릭은 깊이 깔려 있는 그녀의 불안을 떨쳐 버리지 못하고 논문 마지막 단락에서 고고학적 기록이라는 개념이 유용하기는 한 것인가라는 질문을 던진다. 패트릭은 '고고학적 증거는 어떤 종류의 기록도 형성하지 않을 수 있다'는 점을 고려할 필요성을 제기한다(Patrik 1985: 56). 실제로 패트릭의 논문에 대해서는 그녀 모델의 어느 것도 고고학적 기록 이해에 적절하지 않은 것으로 여겨 받아들이지 않는 반응이 대부분이었다. 패트릭의 결론적 제안에 대해 존 바렛은 꽤 강경하게 기록이라는 개념은 부적절하므로 '증거'라는 용어의 사용을 선호한다고 답하였다(Barrett 1988, 2006). 바렛에게 있어 '기록'이라는 용어의 문제점은 이 용어가 물적 잔존물을 사람을 구조짓고 사람에 의해 구조화되는 물적 조건에 대한 증거라기보다는 과거 사건에 대한 재현으로 보게 한다는 것이다. 필자도 바렛의 입장에 공감하는 바가 크지만 앞서 밝혔듯이 기록이라는 개념은 보다 복합적인 방식으로 생각될 수 있다(Thomas 1996: 55-64 참조). 실제로 문제는 기록이라는 개념의 유용성에 관한 것이 아니라 고고학적 잔존물의 존재론적 구성을 물질문화와 같이 무언가 다른 것이 아니라 잔존물로서 인지하는 것에 관한 것이다. 이는 그 다음 해 패트릭이 이에 관해 미술사학적 시각에서 또 다른 논문을 발표했다는 점에서 특히 역설적이다. '잔존물에 대한 미학적 경험'이라는 제목의 패트릭의 논문은 대부분의 고고학자들이 모를 것이다(패트릭은 고고학자가 아니라 철학자이다). 이 논문에서 패트릭은 고대 예술품의 미학적 평가에 있어 그 파편적이고 불완전한 특성이 지닌 중요성을 다루었다(Patrik 1986). 패트릭이 고고학적 기록의 파편적 성질을 그 역사적 증거로서의 위치와 관련하여 고려하였다면 흥미로웠을 것이다. 한편 불완전함이란 개념은 이 책의 2장에서 중요하게 다루어질 것이다. 여기서 강조하고자 하는 것은 물리적 모델과 텍스트적 모델을 제시함에 있어 패트릭은 마지막에 고고학적 기록에 관한 그녀의 원래 다섯 가지의 의미, 보다 정확히는 첫 번째에서 세 번째까지의 의미에 의존해야 했다는 점이다. 중요한 것은 전체 목록인데, 고고학적 기록이라는 개념은 물리적 잔재물과 함께 그러한 잔재물을 고고학적 증거로 구성하기 위해 고고학자가 수행하는 일을 수반할 수 있고 어쩌면 수반해야만 하기 때문이다. 이는 이 책의 중심 주제이고 따라서 이를 제외하면 매우 고무적인 패트릭의 논문과 매우 다른 관점을 낳을 것이다.

필자는 패트릭의 원래 목록을 변경하여 세 가지 의미로 압축할 것인데, 이는 그 뒤에 따르는 세 장의 기반이 될 것이다(표 2). 첫 번째는 주로 물질문화나 인간의 물적 환경으로 구성된 고고학적 기록을 지칭한다. 즉 이는 가장 넓은 의미(다음 절 참조)에서 물질문화 또는 유물로 간주되는 고고학적 기록이고 패트릭의 첫 번째 의미와 같다. 두 번째 의미는 과거 물질 환경의 잔존물이나 흔적으로서의 고고학적 기록을 지칭하는데, 여기서 필자는 패트릭의 두 번째와 세 번째 의미를 형성이론과 관련하여 퇴적물과 유형(assemblage) 사이의 대립적인 긴장이라는 측면에서 논할 것이다. 세 번째이자 마지막 의미는 고고학자가 현재에 마주치고 구성하는 무언가로서의 고고학적 기록을 일컫는데, 여기서 패트릭의 네 번째와 다섯 번째 의미 사이에 긴장이 생긴다. 각 장에서 이들에 대해 전적으로 논하기 전에 이들 각각에 대해 조금 더 상론하고자 한다.

표 2 고고학적 기록에 대한 패트릭의 안과 필자의 안 비교

패트릭의 안	필자의 안
과거의 물건과 사건	유물과 물질문화 (4장)
물적 퇴적물	잔여물과 형성이론 (3장)
물적 잔존물	
고고학적 표본	원전과 현장작업 (2장)
고고학적 기록	

::유물

고고학자들이 다루는 물건, 즉 그들의 직접적인 연구 대상에서 중심적인 개념은 유물에 대한 것이다. '유물'은 단순히 인간이 만들고 사용하는 작고 그리고/또는 이동 가능한 물건을 의미할 수 있는데, 보다 일반적으로는 수혈이나 건물과 같은 물건이나 건축물을 포괄적으로 지칭하기 위해 사용된다. 물론 고고학 교재에는 고고학적 기록에 유물뿐만이 아니라 씨앗, 뼈, 토양처럼 인간에 의해 만들어지지 않은 여러 대상도 포함됨이 지적되어 있는데, 후자는 일반적으로 자연물이라고 불린다(이러한 논의에 대한 전형적 예로 Renfrew and Bahn 1996: 45-46 참조). 그러나 인공물과 자연물의 구분은 다소 작의적이다. 예를 들어 씨앗과 뼈는 많은 경우 인간에 의해 사용되고 심지어 변형되거나 길들여지기도 한다. 또 보다 일반적으로 거의 모든 자연물이 어떠한 방식으로든 인간 활동에 의해 영향을 받거나 인간 활동과 연결되고, 그렇지 않다면 고고학자는 자연물에 관심을 가지지 않을 것이다. 실제로 인공물-자연물 사이의 구분은 오랫동안 계속해서 비판을 받아 온 문화-자연 사이의 이분법의 한 형태이다. 그렇다 하더라도 고고학적 물건의 경계를 정함에 있어 인간이 핵심적 위치를 차지함은 분명하다 – 고고학에 대해 잘 모르는 대중의 오해와 달리 고고학자는 공룡을 발굴하지 않는다. 인간과 비인간 사이의 경계가 모호함에도 불구하고 인간이 존재하지 않은 장소와 시간이 있으며 따라서 그러한 장소와 시간에는 고고학적 기록도 존재하지 않는다. 이러한 장소와 시간의 물건을 '자연'이라고 불러도 좋지만 '자연'이라는 단어에 따르는 함의를 고려할 때 용어 체계에 주의할 필요가 있다.

　그렇다고 자연물을 포함하도록 고고학적 기록에 대한 개념을 확대하면 어떠한 물건이 그에 해당하는가는 시기적으로 달라질 수 있다는 문제가 생긴다. 분명 19세기에는 여러 고고학자들이 뼈나 씨앗처럼 현재 자연물이라 불리는 것을 발견했다. 그러나 고고학에서의 환경적 조사의 영향 하에 특히 1950년대 이후 그러한 자연물의 범위와 다양성이 증가한 것도 마찬가지로 사실인데, 갈수록 자연물 발굴이 표준 발굴 정책의 일부로 통합되고 있음은 물론이다. 고고학적 기록의 일부가 확장되었음에도 불구하고 다른 부분은 개념적으로 축소되었는데, 특히 고물애호가의 폭넓은 시각에 따르자면 교회 건물과 로마 토기뿐만이 아니라 민속과 필사본 등 과거와 관련된 어느 것이든 모두 고고학의 영역에 속하게 된다. 어떤 물건이 '고고학적 기록'에 속하는가는 시기에 따라 달라질 수 있음에도 불구하고 요즈음에는 고고학자가 다루는 물리적인 물건 중에서도 이러저러한 방식으로 인간 활동과 연관된 것이라는 생각이 지배적이다. '유물'은 이러한 물건을 기술하기 위해 사용되는 하나의 단어이고, 또 다른 문구는 '물질문화'이다. 그러나 어느 것도 고고학자가 현재 다루는 물건의 다양성을 충분히 나타내지는 못하는데, 아마도 유물이든 물질문화든 모두 19세기에 만들어진 용어이기 때문일 것이다. 물질문화보다 '물질성'이라는 보다 개방적인 용어를 선호하는 최근의 동향을 통해서도 이러한 문제를 이해해 볼 수 있는데, 그러한 동향에서는 물리적 물질과 인간 행태 사이의 긴장이 포착되기 때문이다.

::잔존물

그러나 현재의 용어로도 모든 고고학자가 고고학적 기록을 물질문화와 동일시하는 것에 동의하지는 않을 것이고, 물질문화 앞에 '과거'라는 수식어를 붙이는 것을 선호할 것이다. 고고학자들은 중세보다 시기가 내려오는 모든 물건을 무시하고는 했다. 그러나 20세기 후반부터 고고학에서 다루는 시기의 하한이 점점 더 현재로 내려오게 되었고, 여러 고고학자들에게 고고학에서 다루는 시기의 하한이란 더 이상 존재하지 않는다.

그럼에도 불구하고 다른 여러 고고학자들은 현재로부터의 임의적인 거리에 기반하여 고고학적 물질문화와 비-고고학적 물질문화 사이에 경계를 짓기도 하는데, 이는 대개 기록물과 같이 보다 나은 자료에 대한 접근성이라는 근거 없는 주장과 관련된다. 이러한 주장이 지니는 오류에 대해서는 이미 논한 바가 있으므로(e.g. Lucas 2004) 여기에서 또 다시 다루지는 않겠다. 어떤 이에게 유물은 한 세기 또는 그보다 오래 전의 것이어야만 고고학적 유물이 될 것이고, 다른 이에게는 어제의 쓰레기도 고고학적인 것이다(Rathje and Murphy 2001). 후자의 정의에서 고고학은 시기와 장소에 무관하게 물질문화 연구와 동의어가 된다.

전통적인 고고학적 물건과 보다 최근의 물건 사이에 경계를 짓는 것이 매우 어렵다는 점에서 위와 같이 폭넓은 정의는 강점을 지닌다. 물론 어떤 의미에서는 고고학적인 모든 것이 현대적이라는 명백한 사실을 논외로 할 때 말이다. 그러나 이러한 정의에서도 모든 현대적인 물질문화를 고고학의 범위에 포함할 수 없게 하는 고고학적 기록의 특징적인 측면이 존재한다. 이러한 구분은 시기나 시간의 경과 또는 다른 자료에 대한 접근 가능성에 관한 것이 아니라 문제가 되는 물질이 살아 있고 활동적인 맥락의 일부인가에 관한 것이다. 다시 말해 물건을 고고학적이게 하는 것은 이들이 죽은 것이라는 점이다. 물론 이러한 관점의 문제점은 '무엇이 죽은 맥락을 구성하는가? 어제의 쓰레기가 죽은 것인가?'이다. 분명 어제의 쓰레기는 가구라는 한 맥락에서 벗어나 있지만 쓰레기 처리 체계라는 다른 맥락에 들어와 있기도 하다. 쓰레기가 쓰레기 매립지에 도달했을 때는 어떠한가? 쓰레기 매립지는 죽은 맥락인가? 쓰레기 매립지가 폐쇄되었을 때, 그때는 죽은 것인가? 생물학적, 화학적 과정이 여전히 진행되고 있다면 어떠한 의미에서 죽은 것인가? 분명 그 경계는 모호하다. 그러나 인간을 한정 짓는 경계와 마찬가지로 무엇이 죽은 것이고 아닌가에 대한 경계도 잊어버려서는 안 될 중요한 것이다. 그러한 경계는 잔존물이라는 고고학적 기록의 두 번째 의미의 기반을 형성하는 것이기도 하다.

고고학적 기록을 지칭하기 위해 사용되는 '유물'이나 '물질문화'와 같은 용어뿐만이 아니라 매우 다른 의미를 지닌 또 다른 용어 세트가 19세기 또는 그보다 일찍 고고학이 탄생한 이후 널리 사용되어 왔다. '잔존물', '잔해', '파편', '흔적', '자취', '잔재'와 같은 용어군이 고고학사 전체에 걸쳐 사용되어 왔지만 형성이론에 관한 체계적인 작업이 처음으로 시작된 20세기 중반까지 이들은 별다른 이론적 논의의 대상이 되지 않았다. 이는 여러 상이한 방식으로 접근되었는데 이에 대해서는 3장에서 보다 자세히 논할 것이다. 여기서는 환경적, 지질고고학적 연구의 영향을 받아 퇴적물 형성에 초점을 둔 접근 방식과 물건이 살아 있는 맥락에서 죽은 맥락으로 이동하는 짧은 기간에 어떻게 변형되는지를 모형화하기 위한 접근이 있다고만 해 두자. 이러한 고고학적 기록의 의미에 대한 핵심적인 개념적 장치는 여러 방식으로 구분되지만, 빈포드(Binford 1977)의 정태와 동태 또는 쉬퍼(Schiffer 1972)의 체계의 맥락과 고고학적 맥락 구분이 가장 잘 알려져 있다. 그러나 위에서 지적했듯 이러한 구분에는 다소 문제가 있다. 즉 언제 맥락이 정적 또는 고고학적이게 되는가? 어떤 의미에서 맥락은 상이한 방식으로 역동적이지 어떠한 맥락도 정적이지는 않다. 그처럼 상이한 방식 중 하나는 물론 고고학적 개입을 통한 것이다. 그렇다면 고고학적 기록에 대한 세 번째이자 마지막 의미인 원전에 대해 알아보자.

인간과 관련된 물적 잔존물로서의 고고학적 기록은 원전 물질이나 증거, 사실 또는 자료로서 특정한 인식론적 기능을 하는 것으로 구성되기도 한다. 그러한 잔존물은 현대 사회에서 다른 의미를 지니며 골동품이나 예술품 시장과 같이 다른 영역과 관행에서 작동할 수도 있다. 그러나 고고학자에게 있어 이들을 다른 어떤 것(e.g. 미학적인 것)이 아니라 고고학적이게 하는 것은 원전으로서의 이들의 위상이다. 그렇다고 그러한 영역이 고고학과 완전히 별개의 것이라는 말은 아니다. 어찌되었든 고고학은 어느 면에서는 미술사학과 함께 탄생하였고 고고학과 미술사학 사이의 관련성은 현대 미술의 맥락에서 최근 재검토되기도 하였다(e.g. Renfrew 2003). 보다 일반적으로는 그러한 물건이나 잔존물이 대중 문화와 유산 개념에 있어 지니는 광범위하고 다양한 의미에 있어서도 마찬가지이다 (e.g. Holtorf 2005, 2007). 필자가 고고학과 대중 문화 또는 '고급' 문화 사이의 중요한 관련성 또는 유산과 과거에 대한 비서구적 시각을 경시하지 않고 여기서 주목하는 것은 원전으로서 그러한 물건이 지니는 특수한 고고학적 의미이다.

그러한 만큼 원전과 관련된 주요 이슈 중 하나는 이들의 대표성 문제이다: 이들이 과거에 대해 얼마나 말해 줄 수 있고 말하는가? 여기서 기반은 고고학적 기록은 현재적 현상이지만 이 현상은 과거에서 유래된 것이라는 점이고, 따라서 문제는 과거가 현재까지 존속 또는 지속되느냐이다. 여기서 다시 고고학과 미술사학 사이의 역사적 연관성을 인지하는 것이 중요하다. 잔존물과 파편에 대한 미학 이론은 알게 모르게 고고학적 감각에 영향을 미쳤을 수 있고, 로버트 긴즈버그가 폐허에 대한 두 상반된 이론으로 정의한 낭만적 이론과 고전적 이론에 대해 살펴볼 필요가 있다(Ginsberg 2004: 315-334). 낭만주의에서 폐허는 복구 불가능한 과거, 영원히 잃어버린 통일체의 잔존물로 여겨져 상실과 우울에 초점이 주어진다. 이에 반해 고전주의에서 폐허는 과거의 계속성에 대한 증거이자 그러한 과거의 통일체를 상상적으로 재구성할 수 있는 가능성에 대한 증거로 여겨져 원래의 통일체의 영광 그리고 이것이 상상에 제공하는 가능성에 초점을 둔다. 이처럼 상반되는 관점은 문헌학, 법학, 역사학과 같은 인문학에 보다 일반적으로 만연해 있는 것으로 여겨져 왔다(Vismann 2001; 기념물적, 호고적, 비판적 역사에 대해서는 Nietzsche 1957 참조). 비스만은 르네상스 학자들이 잃어버린 통일체를 불러내기 위해 파편이라는 은유를 사용한 반면, 19세기 역사가들은 그러한 파편을 과거와의 실제 연결고리이자 과거 구성을 위한 원전 물질로 여겼다고 보았다. 따라서 원전으로서의 고고학적 기록 정의에 있어 중요한 것은 파편으로부터 이전의 전체를 재구성하는 것이고, 이것이 영미권에서의 표본추출이론, 독일의 원전 비평에서처럼 불완전함이라는 개념이 방법론적, 분석적 절차에서 핵심적인 역할을 하는 이유이다.

부재하는 현존들

윗 절에서 제기된 불완전함의 문제는 고고학적 기록의 세 가지 측면 모두에 영향을 미치는 보다 일반적인 속성의 현현인 부재로 고려될 수 있다. 무언가가 빠져 있다, 간극이 있다는 사고가 원전이라는 개념뿐만이 아니라 잔존물과 물질문화라는 개념에 만연해 있다. 잔존물의 경우 그 속성은 자명하여 불완전함의 경우에서보다 시기적인 성질에 의해 더 영향을 받는 원래의 것의 감소, 어떤 것의 상실, 즉 단명성 또는 내구성에 관한 것이다. 물질문화에서의 부재는 더 미묘하여 비유형적이거나 비물질적인 것의 일시성에 관한 것이 아니라 정신적인 것, 관찰 불가능한 것, 유령처럼 현존하는 물건이 지니는 측면에 관한 것이다. 부재가 지니는 다양한 함의에 대해서는 최근 여러 분야의 저자들에 의해 논의된 바 있는데, 그 중 다수가 필자가 여기서 의미하는 부재와 연관된다(Bille, Hastrup and Sørensen 2010 참조). 필자가 보기에는 이러한 고고학적 부재의 각각이 사실은 고고학적 기록의 각 측면이 별개의 것으로 유지된다는 사실로 인해 서로를 보강한다. 다시 말해 고고학적 기록이라는 개념을 세 상이한 담론으로 조각 내어 분리하는 것 자체가 각각에서 감지되는 부재의 문제를 만들어 낸다. 그러한 부재를 다룰 수 있는 유일한 방법은 그 영역들을 다시 연결하는 것인데, 이에 대해서는 이 책의 후반부에서 다루겠다.

부재가 문제시되는 고고학적 기록에 대한 사고는 고고학적 서사에서 자주 발견되는 회의론, 즉 고고학자는 어떻게 몇 안 되는 조각들로부터 과거에 대한 대개 기념물적인 설명을 엮어 내는가에 가장 간단명료하게 표현되어 있다(도면 1). 이러한 회의론의 이면은 타임캡슐 현상인데, 이는 1936년에 시작된 경향이다. 현재 세계적으로 약 만 개 이상의 타임캡슐이 있는데, 이 중 80%는 정해진 개봉 날짜 한참 전에 잊혀졌거나 잊혀질 것이라고 한다(Jarvis 2003). 이러한 퇴적물은 우리가 우리 자신에 대해 미래의 세대에게 남기는 흔적 그리고 그를 독해할 수 있는 미래 세대의 능력에 대한 우리의 자신감의 결여를 은연중에 나타낸다. 물론 역설적인 것은 그처럼 의도적인 증언이 대개는 '우리가 무엇인가'에 대한 매우 부족한, 고고학적 잔존물보다도 훨씬 더 불량한 기록이라는 점이다(Jarvis 2003). 이러한 회의론은 고고학자의 기술에 대한 놀라움이나 감탄과 비교되는 경우가 많음에 주목할 필요가 있는데, 물론 대부분의 고고

"카루더스, 빨리 와 봐! 나 뵈스클라젠 문화의 이념적 하부구조가 적대적인 다원론을 숨겨 세 번째 젠더를 구성했다는 증거를 찾은 것 같아!"

도면 1 **고고학적 연금술**
고고학자의 고물 조각에서 이야기 엮어 내기 (마크 루카스 그림)

학자가 후자의 관점을 선호한다. 그러나 회의론으로 표현되든 경이로움으로 표현되든 고고학자가 할 수 있다고 주장하는 바에 대한 이러한 양면성은 부재라는 이슈, 즉 다른 이들이 볼 수 없는 것을 보는 고고학자의 능력에서 균형을 이룬다. 이는 고고학적 작업의 모든 수준에 만연해 있다. 최근 필자는 건물의 기반부를 발굴하고 있었는데, 한 역사학자가 필자가 자명하다고 여기는 것의 존재 자체에 대해 의심을 드러냈다. 그 역사학자에게는 건물이 보이지 않았던 것이다. 물론 고고학에서 이는 다반사이고 대부분의 학생들이 유적에서의 층과 유구를 보기 위해 겪는 과정이기도 하다. 그러나 토기 형식 '보기', 그래프 읽기, 고고학적 서사 구성에 개입되는 복합적인 연결망 이해하기를 배울 때 정확히 같은 종류의 변형이 전반적인 고고학적 과정 전체에 걸쳐 작용한다. 고고학자가 이에 능숙해질 때쯤에는 그러한 변형 과정의 많은 부분이 당연한 것으로 여겨져 더 이상 문제시되지 않고 고고학자에게 자명한 것으로 보이는 것이 다른 이들에게는 마술과 같은 것으로 보이는 것이다. 그리고 주지하듯 마술이란 회의적인 입장에서 봤을 때는 술책이지만 신봉자의 입장에서 봤을 때는 특별한 힘의 산물이다.

이러한 양면성을 해결할 수 있는 유일한 방법은 더 이상 문제시되지 않았던 것을 문제화하여 고고학적 작업의 과정을 풀어내기 위해 노력하는 것이다. 이는 얼마 전 조안 게로 그리고 과학지식 사회학과 과학기술 분야 연구자들이 주장한 점이기도 하다(Edgeworth 2003; Gero 1995; Witmore 2004; Yarrow 2003, 2006, 2008). 이들의 연구는 이 책에서 중요한데, 6장에서 특히 그러하다. 그러나 이들의 연구 자체는 고고학적 담론에서의 부재의 문제를 직접적으로 해결할 수 없다. 유일한 방법은 고고학적 기록에 대한 개념화의 재고인데, 이는 현장작업, 형성이론, 물질문화 연구라는 고고학적 기록에 대한 세 파편화된 담론을 아우를 수 있는 방향으로 이루어져야 한다. 필자가 보기에 물질화라는 개념은 이 세 영역을 아우르고 동시에 부재와 관련된 전반적인 문제를 피하는데 유용하다. 물질화는 과정이고, 이는 완결될 수 없으며 언제나 유동적이다. 이러한 물질화 개념은 고고학에서 부재라는 개념을 없앨 수는 없지만, 부재는 현존의 조건임을 보임으로써 부재가 지니는 부정적인 함의를 제거하여 부재라는 개념을 무장해제할 수는 있다. 이제 고고학적 기록의 세 측면 모두 물질화 과정이라는 측면에서 고찰될 수 있다. 물질문화의 경우 핵심 이슈는 물질화와 물건이 어떻게 애초 존재하게 되는가에 관한 것이다. 형성이론의 경우에는 물건에 영향을 미치고 유물을 잔존물로 변형시키는 탈물질화 과정이다. 마지막으로 현장작업의 경우에는 고고학적 과정을 그 자체, 즉 오래된 물건을 다시 순환하게 하지만 퇴적 전 이들이 만들어지고 사용되었던 방식과 매우 다른 방식으로 순환하게 하는 (재)물질화 과정으로 생각해 볼 수 있다. 그렇다면 통일체로서의 고고학적 기록은 (재)물질화와 탈물질화 사이의 긴장에 관한 것이 된다.

고고학적 기록을 이렇게 특징짓는 것이 다소 조야하기는 하지만 이 책의 의도에 대한 예비적 밑그림은 될 수 있다. 이 장을 열었던 새로운 해석적 딜레마는 여러 면에서 이론적 파편화의 산물이지만 이론적 다원성과 같은 것은 아니다. 필자가 고고학 이론의 동종성이나 통합된 거대 이론을 주창하고자 하는 것은 물론 아니다. 지난 반 세기 동안 이론적 담론이 점점 더 확대되고 다양해지는 가운데 고고학적 과정을 구성하는 요소들 사이의 연관성이 단절될 위기에 처해 있다. 존슨이 지적하였듯, 고고학자가 파내는 고물 조각과 고고학자가 구성하는 웅장한 서사 사이의 거리는 너무나 멀고 게다가 문제화되는 경우가 드물어서 고고학적 해석이 때로는 공허하거나 자료로부터 단절된 것으로 보이는 것이 그리 이상할 것도 없다. 이 책에서의 필자의 목적은 고고학적 기록이라는 개념의 렌즈를 통해 이러한 구성 요소들을 다시 연결하려는 시도의 첫 발을 내딛는 것이다.

02

총체적 기록

이 장에서 필자는 고고학자가 현재 마주치게 되는 고고학적 기록과 그것이 어떻게 고고학적 아카이브 형태의 역사적 증거로 구성되는가에 초점을 둘 것이다. 실제로 '고고학적 기록'이란 용어는 고고학자들이 땅에서 발견하는 것과 현장작업에서 만들어지는 그들의 기록, 그림, 사진 모두를 지칭할 수 있다. 그러한 기록이나 아카이브는 – 실제 잔존물 자체가 아니라 – 여러 방식으로 해석의 주요 기반을 이룬다(Lucas 2001b: 44). 이러한 얘기를 하는 이유는 그러한 아카이브 생성에 있어서의 해석적 요소를 부인하기 위해서가 아니라 고고학자의 작업은 물건과 퇴적물에 대해서만큼 텍스트 및 문서와 관련됨을 강조하기 위해서이다. 주어진 것과 생산된 것이라는 고고학적 기록의 두 측면이 어떻게 연관되는가는 6장에서 다루어질 것이다. 이 장의 주안점은 고고학적 기록의 이 두 가지 측면이 불완전성이라는 사고를 통해 어떻게 문제화되었는지를 검토하는 것이고 이 장의 제목도 여기서 나왔다. 총체적 기록이라는 개념은 여러 의미를 지니고 있다. 한편으로 이는 땅 속 또는 땅 위에 놓여진 것에 대한 객관적이고 완전한 표상에 관한 현대적 의미를 지칭한다. 이러한 개념은 허구일 수 있지만 그럼에도 불구하고 어떤 경우에는 유용한데, 이에 대해서는 이 장의 후반부에서 논할 것이다. 그런데 총체적 기록이라는 특정 용어가 사용되지 않더라도 총체적 기록에 대한 개념은 다른 의미를 암시하기도 한다. 그래서 19세기 후반과 20세기 전반부터 불완전성이라는 문제는 주로 가능한 전체적인 또는 완전한 물적 수집물을 획득하는 것과 관련되었는데, 이러한 목적은 코퍼스라는 개념에 담겨 있다. 수집품이 불완전하면 적절한 해석은 불가능하다. 20세기에 이러한 개념이 점차 변하여 불완전성은 모으기라는 고고학적 관행보다는 과거에 대한 고고학적 잔존물의 성질에 적용되게 되었다. 보존과 대표성에 관한 이슈가 원전 비평에 관한 중부 유럽 전통이나 영미권의 표본추출 이론을 통해 중요해지게 되었다.

총체적 – 또는 불완전한 – 기록은 적어도 재현, 보존, 발견이라는 세 가지 측면에서 이해될 수 있다. 지난 이십여 년 간 고고학자들은 현장 작업과 관행을 이론화하는데 점점 더 많은 관심을 기울여 왔지만 불완전함이라는 문제는 모호한 상태로 남겨져 있다. 분명 재현으로서의 총체적 기록이라는 사고는 다소간 거부되었지만 아카이브 생성은 여전히 상당한 고민거리이다. 게다가 불완전함에 관한 이처럼 상이한 의미들이 함께 논의되는 경우는 드문데, 보존에서 발견 그리고 재현으로 나아가는 과정에서의 표본추출이론과 정보 엔트로피에 대한 관련 개념 정도가 예외일 것이다. 이 장에서는 불완전함과 총체적 기록이라는 쌍생적 개념의 렌즈를 통해 고고학적 기록의 세 측면 사이의 역사적 연원과 관련성을 검토할 것이다.

19세기의 고고학적 기록 정의하기

고고학자들과 호고주의자들은 20세기가 될 때까지 그들의 증거나 물질의 특성을 기술하기 위해 '기록'이라는 용어를 통상적으로 사용하지는 않았는데, 예외는 있다(e.g. Newton 1851: 1). 보다 일반적으로는 '고물', '잔재', '자취', '잔존물'과 같이 다양한 단어들이 사용되었다. 물론 이 모든 단어들이 공유하는 것은 과거에서 와서 현재에 존재하는 것으로서의 고고학적 기록이라는 개념이다. 실제로 민속, 문헌, 언어, 예술, 고고학적 잔존물을 포함한 광범위한 역사적 증거 사이의 보다 일반적인 관련성은 역사를 물려받은 것으로 보는 특정한 관점, 다시 말해 현재를 후손의 관점에서 보거나 역으로 과거를 조상의 관점에서 보는 관점을 통해 등장하였다. 과거에 대한 이처럼 포괄적인 접근을 비체계적인 것으로 무시하고 근대과학 이전 시대의 고물애호주의로 치부해 버리기 쉽다. 그러나 이러한 관점에는 호고주의적 출처를 기술하기 위해 사용되고 위에서 이미 열거된 지배적인 용어로 파악되는 분명한 일관성이 있었다. 그러한 용어들은 분명 고고학적 기록과 역사학적 기록의 현대적 성격, 즉 고고학적, 역사학적 기록은 과거를 지칭하지만 현재에 존재함을 인지한다. 독일 역사학자 구스타프 드로이젠은 역사학적 방법에 관한 그의 주요 연구에서 이를 분명히 했다:

> 역사적 조사를 위한 자료는 과거의 것이 아닌데 과거의 것은 사라졌기 때문이다. 그러한 자료는 행해진 것에 대한 회상이거나, 존재했던 것 또는 일어난 사건의 잔존물이거나 간에 여전히 지금 여기에 존재하는 것이다.
>
> (Droysen 1897: 11)

이러한 잔존물에 포함된 것은 현재에도 존재하는 사료의 한 형식이지만, 존속물로 알려지게 된 사료라는 다른 방식으로 존재한다. 이는 관행, 관습, 단어뿐만이 아니라 디자인 모티프, 의복의 일부와 같은 물적 요소도 지칭하였는데, 이들은 분명 이전 시기에서 유래하였다. 비록 이들이 당시에도 여전히 사용되고는 있었지만 그 유용성이나 의미는 자명하지 않았고, 사실 이들은 다소 시대착오적으로 보였다. '존속'이란 용어는 19세기 후반에 와서야 채택되었고 그 이전에는 '고물'을 포함한 다른 용어들이 사용되었다. 다시 말해 초기의 고고학적, 호고주의적 관점에서 얻어지는 이미지는 온갖 물질적 잡동사니가 고고학적 기록을 구성하는 것으로 여겨졌다는 것이다. 고고학적 기록에 대한 근대적인 개념이 등장한 것은 19세기 후반과 20세기 전반에 걸쳐서였다. 이 절에서는 고고학적 기록을 잔존물 또는 자취로 보는 초기의 개념을 검토하고, 이러한 개념과 사료와 존속물이라는 개념 사이에 생긴 불연속성을 역사학과 민족학으로부터 고고학이 분리되는 과정과 관련하여 알아볼 것이다.

::고고학, 역사학, 우연적 기록

의심할 여지 없이 19세기 전반 고고학적 기록에 대한 가장 중요한 특징화 중 하나는 그 절충적 성격이다. 19세기의 대부분 동안 유럽 고고학자들은 주로 선사시대(이 용어는 당시 존재하지도 않았다)가 아니라 역사시대(로마나 고전 그리고 중세 시대)에 초점을 두었다. 이들의 사료에는 땅 속에서 나온 유물뿐만이 아니라 서 있는 구조물, 문서, 골동품이 포함되었다. 19세기 중엽의 가장 저명한 영국고고학자 중 한 명인 토마스 뉴턴은 '고고학 연구에 대하여'라는 논문에서 이러한 포괄적인 접근에 대해 기술하였는데, 그 목적과 기능은

인쇄된 문헌에 포함되지 않은 인간 역사에 대한 모든 증거를 수집
하고 분류하며 해석하는 것이다 … 고고학의 연구 주제인 이러한
증거는 일부는 구어, 풍속, 관습으로, 일부는 원고, 문서, 문헌으
로, 일부는 건축물, 그림, 조각, 그리고 장식과 실용 예술의 잔존물
로 우리에게 전해진다.

(Newton 1851: 2)

뉴턴이 구분한 세 가지 종류의 사료, 즉 구술적인 것, 쓰여진 것, 기념물
적인 것 중 마지막의 것만 현재 고고학적 영역에 포함된다. 마찬가지로
처칠 바빙튼은 1865년 캠브리지대학에서 한 *고고학 입문 강의*에서 고
고학을 '그 기념물을 가지고 역사를 가르치는 과학'으로 묘사하였는데,
바빙튼은 기념물에 원래의 원고와 명문을 포함하였다(Babington 1865: 3).
그러나 뉴턴의 관점과 같은 관점은 요크의 대주교 윌리엄 톰슨의 왕립
고고학대회 개회사에서 드러나듯이 당시에도 이론의 여지가 없는 것은
아니었다:

고고학은 먼 과거에 대한 과학이다. 그러나 이러한 일반적인 기술
에는 민족학, 언어의 역사, 고대의 기록물 연구 또는 고문서학이
포함된다. 한 권위자에 의하면, 고고학은 이 모든 매력적인 학문
과 떨어져 인간의 성장과 사회적 조건을 나타내는 인골 연구에 전
념하는 것으로 만족해야 한다.

(Thomson 1867: 85)

토마스 라이트 역시 고물 또는 잔존물을 문헌적인 것과 기념물적인
것으로 분명히 구분하여 전자는 역사학자가, 후자는 고고학자가 다루는

것으로 보았는데 이러한 구분은 라이트에 의하면 프랑스로 거슬러 올라
간다(Wright 1866: 64-67).

당시 사료에 대한 이처럼 포괄적인 접근은 어떤 부분에 있어서는 고
고학자, 역사학자, 호고주의자 사이의 구분을 어렵게 했는데, 이들 사이
의 확실한 구분은 1860년대부터의 선사고고학의 발달 그리고 1870년대
부터의 역사학의 직업화와 함께 비로소 이루어졌다(Levine 1986). 라이트
의 구분 자체도 직업화 및 학자적 위상을 위한 경쟁이라는 맥락에서 독
립 과학으로서의 고고학을 정립하고자 한 시도의 일부로 고려될 수 있
다. 따라서 역설적이기는 하지만 예상할 수 있듯이 이러한 연관의 유산
은 고고학에서보다 역사학에서 분명히 드러난다. 고고학자들이 텍스트
나 기타의 원전을 고고학자들에게 유용한 것으로 인용하기도 하지만 그
러한 문헌자료는 고고학적 기록의 일부가 아니라는 분명한 의식이 있었
다. 1970년대 다이먼이 고고학적 기록에 대한 이러한 19세기 관점을 그
가 총체적 고고학이라 부르는 것으로 되살리자고 한 제안은 대체로 무
시되었는데, 실제로 역사고고학자들이 여러 종류의 원전을 상당히 비중
있게 사용한다는 사실에도 불구하고 그러하였다(Dymond 1974). 이에 반
해 역사학자들은 고고학적 잔존물을 역사적 원전의 하위 범주로 주로
인용한다(e.g. Brundage 2008: 19; Elton 1967: 89). 이러한 인식이 최근 역사
학자들이 물질문화에 대해 새로운 관심을 보이는 가운데 다시 강화되었
는데, 이러한 관심은 원래 소비와 소비자 혁명의 문제와 관련된 것이었
다(최근의 검토에 대해서는 Trentmann 2009와 Auslander et al. 2009 참조). 여기
서 고고학적 또는 여타의 물질문화에 대한 역사학자의 관심과 원전으로
서의 물질문화 사용을 구분할 필요가 있다. 역사학자는 물질문화를 텍스
트를 통해 연구할 수 있으므로 역사학자가 물건 자체를 다룰 필요는 없
다고 한다. 그럼에도 불구하고 많은 역사학자들이 물건 자체를 다루고

이러한 경향은 증가하고 있는데, 그 주요한 이유는 물질성에 대한 새로운 관심 때문이라 할 수 있다(e.g. Harvey 2009).

물질문화를 역사적 증거의 하위 범주로 포함한 것은 호고주의적 방법이 역사학에 미친 영향이라는 오래 전의 유산 때문일 수 있는데, 이로 인해 인문학에 동전, 명문, 동상, 현장 연구를 통한 원전 비평이 도입되기도 하였다(Momigliano 1950). 문헌적인 증거와 비문헌적인 증거 사이의 구분은 17세기 후반으로 거슬러 올라갈 수 있는데, 화폐, 비문, 고문서, 원문, 도상 연구가 역사학의 원전으로서의 고대 텍스트에 대해 증가하고 있던 회의론에 대한 한 가지 방책이 되었다. 비문헌적 자료가 보다 신뢰할 만한 원전이라고 주장되기도 하였지만 궁극적으로 이는 가장 중요한 원전을 해석하기 위해 이용된 방법이었고 따라서 이러한 방법은 문헌학자와 고대의 텍스트를 연구하는 학자들이 채용하였다(Momigliano 1950; Schnapp 1996 참조). 독일의 고전 연구에서는 텍스트적 원전과 비-텍스트적 원전 사이의 위계가 인정되면서도 두 가지 측면 모두 공동의 연구 분야로 여겨졌다. 실제로 물건 또는 물질문화에 대한 문헌학과 언어적 문헌학은 대개 문헌학의 두 상보적 측면으로 여겨졌는데, 이러한 연관성은 이후 기념물적 문헌학에 대한 에드워드 게하드의 성명서에서 채택되기도 하였다(다음 절 참조; Marchand 1996: 40-43). 19세기 전반 베를린 교수 어거스트 벡은 과거에 대한 적절한 이해를 위해 물건/물질문화 문헌학 그리고 과거의 문화나 사람에 대한 모든 측면을 통합할 필요성에 대한 그의 보다 일반적인 입장을 알리는데 주력하였고, 이는 구스타프 드로이젠과 에른스트 쿠르티우스를 포함한 다음 세대 학자들에게 특히 영향을 미쳤다(Marchand 1996: 43).

원전의 신뢰성 문제는 19세기까지 주요 이슈였는데, 19세기에는 호고주의적 원전과 문헌학적 원전 사이의 구분이 우연적 원전과 의도적 원전 사이의 또 다른 구분과 보다 뚜렷이 중복되었다. 구스타프 드로이젠은 이러한 관점을 가장 명확히 표현하였다. 드로이젠은 그의 *역사 원리의 개요 Grundisse der Historik*에서 잔존물, 원전, 기념물이라는 세 가지 형식의 역사적 기록을 구분한다:

> 역사적 물질은 부분적으로는 여전히 직접적으로 현존하는 것으로서 우리가 이해하고자 하는 시기에서 우리를 부르는 잔존물, 그러한 시기에 대해 인류가 갖고 있는 모든 생각으로서 기억되기 위해 전달되는 원전, 또 이 두 형태의 물질이 결합된 기념물이다.
>
> (Droysen 1897: 18)

잔존물에 대한 드로이젠의 개념에는 유물이나 물질문화뿐만이 아니라 관습이나 민속 및 문헌이 포함되는데, 그에 비해 원전은 과거 사건에 대해 보존된 기록을 일컫고 기념물은 의도적 기록으로 남겨진 잔존물, 즉 원전으로서의 잔존물이다(ibid.: 19-20). 현대적인 사고 방식으로는 드로이젠의 범주화가 생소해 보일 수 있지만 그 기저에는 핵심적인 구분이 놓여 있다. 우연적 기록과 의도적 기록 사이의 구분이 그것인데, 잔존물은 전자에 해당하고 원전과 기념물은 후자에 해당한다. 드로이젠의 안은 이후 에른스트 베른하임에 의해 보다 구체적으로 체계화되었는데, 에른스트 베른하임은 동일한 대립 쌍에 대해 '잔존물'과 '전통'이라는 용어를 사용하였다(Bernheim 1899). 그러나 드로이젠에게 있어 가장 중요한 것은 역사적 원전(잔존물)의 비의도적 또는 우연한 형식이었는데, 의도의 부재 자체가 이들이 역사적 쓰기와 독립적으로 증거 역할을 할 수 있게 하였기 때문이다(Vismann 2001: 201-202 참조). 잔존물은 거짓말을 하지 않는데 잔존물은 애초 무언가를 말하고자 하는 어떠한 의도도 가지고 있지 않기 때문이다. 이러한 특성이 이들을 가장 가치 있는 역사적 원전으로 만들고, 이는 현재 목격자의 증언보다 법의학적 증거가 더 중요하게 여겨지는 것에서도 나타난다.

드로이젠의 주장은 20세기 전반 마르크 블로크에 의해 채택되기도 하였는데, 블로크는 역사적 방법에 대한 그의 1940년대에서부터의 논의에서 의도된 원전과 의도되지 않은 원전에 관해 다루었다(Bloch 1954: 60). 드로이젠처럼 블로크도 역사학자들에게 점차 더 중요해진 것은 의도되지 않은 원전이라고 보았다: '역사학의 발전 과정에서 증거의 두 번째 범주, 목격자가 무심코 남긴 증거가 더 신뢰할 만한 것이 되었음에는 의심의 여지가 없다'(ibid.: 61). 이집트의 *사자의 서 Book of the Dead*에서부터 로마 교황의 대칙서에 이르는 문서적 원전과 함께 고고학적 잔존물은 분명 이 두 번째 범주에 속하는 것으로, 그에 비해 회고록, 역사적 서사, 연대기는 의도된 기록의 범주에 속하는 것으로 여겨졌다. 그러나 여러 물적 잔존물을 의도된 기록이라고 볼 수도 있다. 선사시대 무덤의 봉분이나 기념물은 특정한 인물이나 사건을 기록하기, 즉 기념하기의 한 형태일 수 있다. '기록하고자 하는 의도'라는 구가 지니는 모호성은 여러 상이한 해석에 열려 있다. 드로이젠의 원래의 삼원적 구분 안이 나타내고자 한 것도 그러한 특징인데, 이에는 기념물에 대한 혼종적인 개념이 포함되었지만 블로크는 이를 생략하였다.

R. G. 콜링우드는 의도된 원전과 의도되지 않은 원전 사이의 구분 대신 증거와 증언을 구분하기는 하지만 콜링우드는 블로크와 유사한 입장을 취한다고 볼 수 있다(Collingwood 1946: 249-282). 콜링우드에게 있어 중요한 점은 문서를 증언이 아니라 증거로 다루는 것이었기 때문에 콜링우드는 문서의 내용에 관한 문제 대신 문서가 만들어졌다는 사실 자체에 초점을 둔다(ibid.: 275). 이는 잘 알려진 문답적 접근법인데 콜링우

드는 이를 추리 작업에 비유한다. 쿠스는 하드리아누스의 방벽에 관한 콜링우드의 연구에 초점을 두어 고고학에서 콜링우드의 방법이 사용된 경우를 추적하였다(Couse 1990). 이를 통해 쿠스는 그가 증언이나 직접적 증거와 비교하여 상황적 또는 간접적 증거라 부른 것에 대한 콜링우드의 선호 입증에 있어 고고학적 잔존물이 얼마나 중요했는지를 보인다.

잔존물과 원전에 대한 드로이젠의 원래의 구분은 그를 가로지르는 또 다른 구분, 즉 물건과 텍스트 사이의 대립에 의해 퇴색되어 버렸지만 여러 면에서 블로크와 콜링우드 모두 이들이 인정하려 하는 것보다 드로이젠과 유사하다. 후자의 구분은 19세기 말 찰스 빅토르 랑글르와와 찰스 세뇨보의 역사적 방법에 대한 중요한 연구에서 명시되었다. *역사 연구 입문 Introduction to the Study of History* 에서 랑글르와와 세뇨보는 문서라는 측면에서 역사적 기록에 대해 논하는데, 여기서 문서는 과거 사건의 흔적으로 정의된다(Langlois and Seignobos [1898] 1925; '연구될 사건의 물리적 존속물'로서의 원전 정의와 관련해서는 Elton 1967: 88 참조). 랑글르와와 세뇨보는 그러한 문서 또는 흔적을 두 가지 형태로 구분하는데 하나는 물질적 흔적, 즉 유물이나 기념물이고 다른 하나는 심리적 흔적, 즉 구술된 또는 쓰여진 증언이다(Langlois and Seignobos [1898] 1925: 65). 랑글르와와 세뇨보는 자신들의 원전에 대해 이러한 방식으로 얘기하는 대부분의 역사학자들과 마찬가지로, 그들의 역사학적 방법에 대한 논의에서 위와 같은 구분을 한 후 유물이나 기념물을 무시하고 구술된 또는 쓰여진 증언에만 초점을 둔다. 그러나 역사학적 방법에 있어서의 증언의 중요성 증가야말로 고고학과 역사학 사이의 분열 원인이다. 그렇다 하더라도 많은 고고학자들이 기록을 문서로 참조하고(e.g. Barker 1982: 12; Childe 1956b: 9; Leroi-Gourhan 1950: 2) 그러한 가운데 물적 잔존물의 증언적 특성을 강조한다. 그러나 이는 동시에 물적 잔존물을 텍스트에 비해 부수적인 것으로 만든다. 이 마지막 사항은 역사고고학에서 여러 논의의 초점이 되었는데, 중세 이후, 종교개혁 이후, 아메리카대륙 발견 이후의 고고학에서 특히 그러하였고, 이는 1960년대에 와서야 새로운 분야가 되었다(e.g. Andrén 1998; Moreland 2001). 문헌적 원전과 기념물적 원전 또는 독일에서의 전통과 잔존물 사이에 발생했던 19세기 후반의 유사한 논쟁에서처럼, 물건과 텍스트 사이의 구분은 부분적으로 전략적인 것이었고 전통적으로 역사학자들의 영역이었던 분야에서 연구하는 고고학자들이 자신들의 자율성을 정당화할 수 있게 하였다. 그러나 그러한 논쟁은 잔존물에 대한 드로이젠의 보다 융화적인 개념을 퇴색시켰는데, 이로 인해 물질적인 것이건, 텍스트적인 것이건 역사적 원전의 우연적 특성이 중요하게 여겨졌다.

역사학적 방법에 대한 드로이젠의 원래의 버전 중 일부가 최근 이탈리아 미시역사학자 카를로 긴즈부르그에 의해 다시 제기되었다. 긴즈부르그에게 있어 역사적 원전에서 중요한 것은 문서에서든, 유물에서든 그 비자발적 요소인데, 이러한 요소는 역사학적 원전을 일차적으로 증언이라기보다는 단서로 구성한다. 긴즈부르그가 암시하는 것은 역사적 원전 독해에서 보다 깊은 의미에 도달하기 위해서는 증언이나 기록으로서의 역사적 원전 생산에 있어서의 노골적인 의도성이나 의미에 괄호를 칠 필요가 있다는 점이다. 긴즈부르그는 그의 논문 '단서: 명백한 패러다임의 기원'에서 위와 같은 방법의 기원을 미술사학, 특히 지오반니 모렐리의 연구에 있는 것으로 본다(Ginzburg 1990). 모렐리는 1870년대 학습된 양식과 달리 개인의 무의식적 특성을 드러낸 사소한 세부 사항에 초점을 두어 미술작품과 화가를 연결하는 기술을 발전시켰다. 물론 이러한 방법은 그림이 그려진 토기 분석을 위해 고전고고학에서도 채택되었는데, 특히 푸트뷔그너와 하트비히 그리고 이후 비즐리의 연구를 통해 그러하였다(Walter 2008). 이는 '어떠한 면에서 중요한 것으로 간주되는 폐기된 정보, 주변적 자료에 기반한 해석 방법'이었다(ibid.: 101). 긴즈부르그는 이러한 증거 분석을 인간 해석의 기본적인 부분인 '사냥용 추론'으로 보는데, 이는 역사의 여명 이래 사냥꾼이 흔적을 따라가거나 예언가가 동물의 내장을 해석하는데 사용되었다(ibid.: 103). 긴즈부르그에 의하면 이러한 해석은 과학이라는 지배적인 패러다임에 의해 부수적인 것이 되거나 심지어 억압되었는데, 과학은 구체적인 관찰 사이의 연관성보다는 일반화와 추상화에 관한 것이다. 그러나 단서, 징후, 흔적으로서의 증거라는 개념은 역사학에서뿐만이 아니라 고생물학과 고고학 등의 여러 과학에서 나타나고, 긴즈부르그에 의하면 진단과 예후에 대한 의학적 방법을 통해 의학에서 가장 명백히 드러난다(ibid: 116-118).

어떤 의미에 있어 긴즈부르그의 주장은 자발적인 것과 비자발적인 것에 대한 드로이젠의 구분을 재편성하여 원전 자체가 아니라 원전에 대한 독해를 지칭하고, 이는 블로크와 콜링우드에 의해서도 인지된 점이다. 텍스트가 이야기하는 것은 역사학자의 의도성을 통해서이지 작가의 의도를 통해서가 아니다. 블로크가 독창적으로 표현한 것처럼, 우리는 작가가 의도했던 것을 무시하고 텍스트를 읽는다. 이러한 측면에서 물적 증거와 텍스트는 동일한 인식론적 위상을 지닌다. 여기서 긴즈부르그가 자신의 역사학적 해석 방법을 사회과학과 인문과학에서의 기호론적 전환과 연결시킨다는 점이 흥미롭다. 왜냐하면 비슷한 시기에 여러 고고학자들이 물질문화에 대해 같은 것을 반대의 관점에서 옹호하고 있었기 때문이다. 즉 긴즈부르그는 텍스트는 단서나 흔적으로 읽힐 수 있다고 주장한 반면, 여러 고고학자들은 물질적 흔적이 텍스트로 독해될 수 있다고 주장하고 있었다(e.g. Hodder 1982a, 1989a; Preucel and Bauer 2001; Tilley 1990). 그러나 이는 요점을 벗어나는 것인데, 여기서 문제는 의도된 기록과 구분되는 비의도적 또는 우연적 기록의 특성에 관한 것이기 때문이다. 물건과 문서, 사물과 텍스트 사이의 구분을 강조하는 관점에서와 달리 고고학적 기록과 역사학적 기록이 가장 근접하게 되는 것은 드로이젠, 콜링우드, 블로크, 긴즈부르그와 같은 역사학자들을 통해서이다.

고고학자들이 때때로 고고학적 기록의 우연적 특성과 의도적 특성을 구분하기는 하지만 필자가 알고 있는 한 이것이 본격적인 논의의 주제가 된 적은 없다. 원전 비평에 대한 독일 전통은 그 예외인데, 이에 대해서는 후에 이 장에서 보다 자세히 다룰 것이다. 영미전통에서 이 주제가 중점적으로 논의된 적은 없다. 스튜어트 피고트는 고고학적 기록의 특성을 무의식적 증거로 잠깐 언급한 적이 있는데, 이는 분명 위와 같은 구분에 대한 것이었지만 더 이상의 논의로 이어지지는 않았다(Piggott 1966: 14-15). 예를 들어 발견물의 경우에서와 같이 고고학자들도 종종 우연적 잃어버림과 의도적 퇴적에 대해 논하는데(e.g. Schiffer 1987; 그러나 쉬퍼는 이러한 대립적 개념을 명시적으로 사용하지는 않는다), 그것이 최근의 형성이론에서 중요하게 다루어지는 경우는 드물다(3장 참조). 그에 반해 독일 전통은 이와 관련하여 훨씬 더 밀고 나간다. 하인리히 헤르케는 무덤 자료에 대한 그의 논의에서 '의도적 자료'와 '기능적 자료'의 정의를 내리면서 의도적인 전통과 우연한 잔존물에 대한 기존의 구분을 따랐다(Härke 1993, 1997). 그러나 가장 자세하고 포괄적인 논의는 만프리드 에거트의 최근 연구에서 발견된다(e.g. Eggert 2001 참조). 에거트는 우연적 기록과 의도적 기록 사이의 구분을 특징짓는데 이러한 구분에서 에거트는 드로이젠에게 상당히 의존함을 기억할 필요가 있다. 그러한 관점은 스칸디나비아 고고학에도 침투되어 칼-악셀 모버그는 대상물 사이의 유사성을 우연적인 것과 의도적인 것이라는 측면에서 논의하기도 하였고(Moberg 1981: 3-4), 안더스 안드레는 퇴적물 및 구조와 관련하여 그러한 구분안을 채택하기도 하였다(Andrén 1985: 9-11).

그러나 우연한 것과 의도적인 것 사이의 구분이 어떻게 적용되는가에 대해 종종 혼란이 있는 것으로 보이는데, 적어도 독일 전통 밖에서는 그러하다(그러나 Härke 1997: 24 참조). 의도적인 퇴적물에 대한 논의라 하더라도 이들이 의도적인 기록물, 즉 사건이나 사람을 기록하도록 의도된 퇴적물을 의미하지는 않는다. 20세기 전반 로버트 먼로는 고고학적 기록의 잔존물적 성격과 관련하여 이러한 사실을 매우 명확히 인지하였다. 그에 따르면, '여러 원인으로 고고학적 잔존물은 양이 적고 파편적이다 – 고고학자들에게 정보를 제공하기 위해 고대의 잔재를 보존하는 것은 자연의 프로그램에 없기 때문이다'(Munro 1905: 8-9). 누구에 대한 기록으로서 그러한 잔존물이 의도되었는가는 문제가 되지 않는다. 즉 무덤 봉분이 미래의 고고학자를 염두에 두고 축조되지 않은 것처럼 연대기는 미래의 역사학자를 염두에 두고 쓰여진 것이 아니다. 그러나 두 경우 모두에 있어, 즉 첫 번째 경우에는 일련의 주요 사건들에 대해, 두 번째 경우에는 특정한 사람에 대해 기록하고자 하는 의도, 후대를 위해 보존하고자 하는 의도가 있었다고 주장할 수도 있다. 분명 양자 모두 주로 동시대인들과 직접적인 후손들을 염두에 둔 것이다. 그러나 중요한 것은 기록하고자 하는 의도이다. 고고학적 기록은 의도로 가득 차 있다. 집을 짓기 위한 의도, 깨진 토기 조각을 버리고자 한 의도, 새로운 토기를 만들고자 한 의도 등으로 말이다. 그러나 이러한 의도가 기록을 남기고자 한 의도는 아니다. 그러므로 이 책에서 논의된 바에 따르면 대부분의 고고학적 기록은 의도적이라기보다는 우연적이다. 기록하고자 한 의도를 확인하기란 매우 어려울 수 있는데, 그러한 의도는 항상 다른 의도와 함께 표현될 것이기 때문이다(e.g. 사랑하는 이에게 작별 인사를 하기 위한 의도). 실제로 단순히 소통하고자 한 의도와 구분되는 기록하고자 한 의도를 어떻게 이해할 수 있을까? 기념이 정말로 연대기 쓰기와 유사한 기록하기의 한 형태인가? 과거를 현재에서 회상하기 위한 의도적인 행동과 미래를 위해 현재를 기록하고자 의도된 행동을 구분해야 하거나 구분할 수 있는가? 혹자는 여기서 회고록과 타임캡슐을 대비할지도 모른다. 이 두 기록이 같은 방식인가? 그렇지 않다면 이는 의도된 기록으로서의 고고학적 잔재물에 대한 잠재적 사례를 더욱 감소시킨다.

드로이젠이 '기념물'이라는 그의 중간적 또는 혼종적 용어를 통해 이러한 복잡성을 표현하기는 했지만, 19세기 고고학자들이 이러한 복잡성에 대해 크게 신경을 쓰지는 않았던 것은 분명하다. 존속물과 같은 다른 고대의 것들과 함께 과거에서 현재로의 전달 과정이 우연적이었지 의도적이지 않았기 때문에 고고학적 잔존물은 우연적 기록을 구성한다. 따라서 이러한 구분이 고고학에 중요하게 되는 것은 우연적 기록이라는 개념을 통해서인데, 역사고고학과 고전고고학에서 특히 그러하다. 이를 통해 고고학이 미술사학과 따로 독립적인 학문이 될 수 있는 한 가지 방법이 제공된다. 역사적 원전이 지닌 우연적 특성의 중요성을 강조함으로써 고고학자들이 '예술' 작품과 같이 최상의 그리고 가장 아름다운 유물뿐만이 아니라 볼품 없거나 흔해 빠진 파편들, 폐기물, 쓰레기 모두를 수집하고 복원하는 것이 정당화될 수 있다. 슈미트는 최근의 쓰레기 더미에 대한 발굴이 어떻게 단순히 무시되지 않고 과거 이해에 그처럼 일상적인 물건이 지니는 중요성에 대한 비유로 사용되었는지를 보이기 위해 루돌프 피르호가 1870년대 전반 베를린 인류·민족·선사학회에 제출한 보고서를 참조한다(Schmidt 2002). 슈미트는 그러한 인식이 독일 고고학에서 고고학이 미술사학에서 멀어져 고고학이 되는 중요 전환점이 되었고 사실 몇 십 년 일찍 독일의 고전고고학에서 유사한 진전이 선행되었다고 주장한다(다음 절 참조).

앞 절에서 논의된 역사적 원전에 대한 포괄적 접근은 쓰여진 문서와 물건에 대해서 뿐만이 아니라 살아 있는 관습과 언어에도 적용되었다. 무엇이 고고학적 증거를 구성하는가에 대한 뉴턴의 이해가 그러했던 것처럼 잔존물에 대한 드로이젠의 개념에는 이것이 명시적으로 포함되었다. 그러나 고대의 문서, 원고, 명문, 유물에 비해 관습이나 민속의 위상은 분명 다른 것이었고, 이들이 사료로 이용될 때에는 존속물로 알려지게 되었다. 잔재와 달리 존속물은 여전히 해당 사회의 일부를 구성하는 활동적이고 사용 중인 것이었다. 그러나 동시에 그러한 사용은 비합리적이거나 무의미한 것으로 간주되었다. 존속물을 사료로서 가치 있게 하는 것은 바로 이러한 특성이었다. 존속물이 의미를 지니고 기능하였던 이전의 상이한 맥락에서 온 존속물로서 이들은 문화 발달 이해에 필수적인 단서를 제공하였기 때문이다. 존속이라는 개념은 대체로 19세기 민족학에서 유래하였는데 생물학에서도 흔하기는 하였다. 다윈은 '꼬리가 없는 품종에서 꼬리의 남은 부분 또는 귀가 없는 품종에서 귀의 자취'처럼 종의 진화에 대한 단서로서 자신이 퇴화 기관이라고 칭한 것으로 주의를 환기시켰다(Darwin [1859] 1968: 431). 이러한 퇴화 기관 또는 인체 해부학에 대한 로버트 비더스하임의 책 출판 이후 흔적 기관으로 보다 잘 알려지게 된 것은 민족학적 존속물의 생물학적 대응물이었다(Wiedersheim 1895).

그러나 생물학에서와 달리 민족학에서의 생존자는 과거 이해에서 훨씬 더 중심적인 역할을 하였는데, 특히 에드워드 타일러의 연구를 통해 그러하였다(Tylor 1913; 또 Hodgen 1931; Lowie 1918; Rivers 1913 참조). 존속물이라는 개념의 유래는 적어도 18세기까지 거슬러 올라간다. 당시 이 개념은 영국 중간 계급과 상류 계급 사이에 호고주의적 관심이라는 공통의 주제를 형성하였는데, 이들의 연구 대상은 하층 계급, 특히 농촌의 하층 계급, 즉 소작농이었다(Stocking 1987: 54). 흥미롭게도 고대의 풍습이라고 불린 그러한 존속물은 주로 *신사의 잡지 Gentleman's Maga-zine*나 본(Bourne 1725)의 *세속적 고물 Antiquitates Vulgares* 또는 브랜드(Brand 1777)의 *영국의 대중적 고물에 대한 관찰 Observations on the Popular Antiquities of Great Britain* 에 실린 미신이나 신앙이었다. *아테나이움 Athenaeum* 과 *기록과 질문 Notes and Querie* 에 게재된 민속에 대한 그의 관찰로부터 1846년 '존속물'이란 단어를 고안했던 것은 W. J. 토마스였다(Daniel 1975: 184-185). 이러한 작업은 에드워드 타일러에게 많은 영향을 미쳤다. 타일러는 존속물을 인류의 이전 역사나 단계에 대한 단서로서 잔재나 유물과 유사한 것으로 보았고 그러한 잔재나 유물은 타일러의 주요 연구물인 *원초적 문화 Primitive Culture* (Tylor [1871] 1913) 1권의 주요한 부분이 되었다. 타일러는 존속물을 아래와 같이 정의하였다:

> 이들은 과정, 관습, 의견 등으로서, 습관의 힘에 의해 이들의 원래 집이 있었던 사회와 다른 사회의 새로운 상태로 옮겨졌다. 그래서 이들은 보다 새로운 것이 진화해 나온 보다 오래된 문화 조건의 증거이자 예로 남아 있다.
>
> (Tylor 1913: 16)

타일러는 민속과 존속물에 더 주목하기는 하였지만 타일러에게 있어 잔재를 연구하는 고고학과 존속물을 연구하는 민속학은 쌍생적이다(Hodgen 1931). 타일러는 잔재 또는 자취는 더 이상 살아 있는 문화의 부분이 아니라는 점에서 이를 존속물과 상호보완적이기는 해도 서로 매우 다른 것으로 간주하였다. 이러한 점에 있어 타일러는 분명 이전 학자들이 '고물'이라는 용어가 현재에 생존하는 고대의 관습과 함께 땅 속에서 발견된 고대의 물건을 지칭한다는 점에서 부적절하다고 여겼던 구분을 하고자 하였다. 잔재와 존속물 사이의 구분은 물질적 요소와 비물질적 요소 사이의 구분이 아니라는 사실이 강조될 필요가 있다. 존속물이라는 개념은 주로 관행, 신앙, 단어를 지칭했지만 타일러는 이를 물질문화와 관련하여 사용하기도 하였는데, 특히 북미에서의 오티스 메이슨의 연구에서 그러하였다(Daniel 1975: 185; Mason 1902; Tylor 1913: 17-18). 메이슨이 방법론적 도구로서 여러 종류의 증거 중에서도 존속물을 사용하여 기술과 물질적 관습의 진화를 추적하려 한다는 점에서 발명에 대한 메이슨의 연구는 좋은 예이다. 한 사례로 메이슨은 19세기 후반 아이슬란드에서의 여러 물질적 존속물의 현존을 인용한다:

> 아이슬란드의 보다 외딴 곳에서 여러 점의 뼈와 돌이 여전히 사용되고 있는데, 보다 접근이 용이한 구역에서 이들은 금속이나 토기로 교체되었다. 앤더슨씨는 외바퀴 손수레와 함께 돌바퀴를, 대저울과 함께 돌추를, 망치와 함께 돌머리를, 그물과 함께 뼈 어망추를 보았다. 또 돌로 된 핀이나 뼈로 된 주사위 등은 말할 것도 없고, 맷돌, 뿔등자, 뼈로 된 마구 고정 장치도 사용되고 있었다.
>
> (Mason 1902: 29)

아이슬란드는 19세기 후반과 20세기 전반 주로 고대의 노르딕 문화와 게르만 문화를 해석하기 위해 활용된 종족적 자료의 매우 유명한 출처가 되었는데, 위는 당시에 이루어졌던 이러한 종류의 연구 사례들 중 한 예일 뿐이다.

또 다른 전통에서는 잔재와 동시기의 관행 사이에 다소 상이한 연관을 지었다. 뉴턴이 '고고학 연구 Study of Archaeology'를 쓴 같은 해에 에드워드 게르하르트는 그의 열 여섯 가지 '고고학적 테제'에서 고고학은 문헌학의 한 분야, 즉 텍스트적 그리고/또는 문헌적 문헌학과 구분하기 위해 그가 기념물적 문헌학이라 칭한 것으로 보아야 한다고 주장하였다(Gerhard [1850] 2004). 게르하르트는 실제로 독일 문헌학의 물질적 출처와 텍스트적 출처 사이의 공통적 연계를 반영하고(앞 절 참조), 사물에 대한 연구가 텍스트 연구와 동등해져야 한다는 증가하는 요구에 단순히 그의 목소리를 더했을 뿐이다(Marchand 1996: 41). 이후의 피르호와 마찬가지로 게르하르트의 의도는 빙켈만에 의해 수립된 예술 비평과의 결합으로부터 고고학을 분리하여 역사적, 문헌학적 연구와 가깝게 하는 것이었다(Marchand 1996: 41; Schnapp 2004). 17세기부터 문헌학자들은 근대 언어들 사이의 연관 추적에 관심을 보여 왔고 이러한 비교 문헌학 또는 오늘날의 역사 언어학은 18세기 인도-유럽어족의 조어라는 개념으로 이어졌다(Blench 2006: 53-54; Renfrew 1987 참조). 그 기본적인 목적은 언어를 과 군(family group) 또는 문(phylum)으로 보아 언어 계통도의 형태로 관계를 설정하는 것이었다. 그로 인해 근대 언어가 기원한 이전의 소멸된 언어가 존재하였고, 인도-유럽어족이 일종의 조상어로서 존재했다고 보았다. 이러한 접근은 19세기까지 여러 형태로 지속되었는데, 이에는 언어적 화석학이라고 알려진 언어 연대측정법에 대한 픽테트의 버전(Pictet 1859-1863)도 포함되었다. 동일한 사고가 문헌학의 또 다른 갈래인 문학 비평에서도 이용되었다. 이는 특히 19세기 독일 학자 칼 라흐만의 연구와 연관되는데, 라흐만은 성서와 고전 문학의 맥락에서 그와 같은 사고를 발전시켰다. 라흐만의 방법에는 시간이 지나면서 텍스트가 어떻게 손상되는가에 대한 계통을 생성하여 표준판 또는 교정판을 재구성하는 작업이 수반되었다. 동일한 텍스트에 대한 서로 상이한 버전 사이의 상사성과 상이성을 찾음으로써, 라흐만은 전달 과정에서의 오류나 첨부된 부분이 걸러져 원래의 텍스트와 최대한 가까운 것으로 여겨지는 원형적 텍스트를 생성하였다. 그래서 이러한 원형적 텍스트는 교정판이 되었다(Cerquiglini 1999; McGann 1983).

비교 문헌학에서 현용어는 잔존어에 대한 타일러의 개념과 매우 상이한 방식으로 다루어졌음을 인지할 필요가 있다. 문헌학과 텍스트 비평에는 분류에 기반한 계보학적 해석이 있다. 언어 또는 텍스트 사이에서의 유사싱은 관련성의 측면에서 파악되고, 이로부터 언어간 또는 텍스트간에 역사적 연관성을 최소한도로 설정하고 보다 논쟁적으로 고대 또는 원형적 언어 그리고/또는 텍스트를 추론하거나 재구성한다. 실제로 이러한 접근 방식이 이후 독일 고고학에서의 문화역사적 접근에서 채택되었다. 특히 오스왈드 멘긴은 슈미트와 그레이브너의 일차적 문화 주기, 즉 동시대 문화 집단에서 재구성된 원형적 문화 개념을 차용하여 그러한 것이 고고학적 기록에서도 발견될 수 있다고 주장하였다(Childe 1956a: 54-55; Kohl and Pérez Gollán 2002; Trigger 2006: 219). 그러한 재구성의 기반이 된 유사성을 존속물로 볼 수는 있지만 타일러가 사용한 개념과 매우 다른 의미에서 그러하다. 유용하든, 유용하지 않든 여기서 '존속'은 단순히 살아 있는 맥락에서의 한 특색의 지속을 의미한다. 실제로 메인은 *고대 법 Ancient Law* (Maine 1861)이라는 연구에서 위와 같은 의미에서 '존속'이라는 용어를 사용하였다. 여기서 메인은 영국의 고물애호주의 전통보다는 독일의 비교 문헌학 학파의 영향을 받았다(Stocking 1987: 127). 극단적인 경우 '존속'이라는 용어는 전체 인간 집단에 대해 사용되기도 하였는데 흔하지는 않았다. 예를 들어 솔러스는 *고대 사냥꾼과 그 근대적 대표자 Ancient Hunters and their Modern Representa-*

tives 라는 책에서 호주 원주민을 무스테리안기의 생존자로 칭한다(Sollas 1911: 162). 이 책은 현대인을 구석기시대 서로 다른 시기의 존속인으로 보는 방식으로 잘 알려져 있지만, 솔러스는 위에서 언급한 경우를 제외하고는 '존속'이라는 용어를 사용하지 않는다.

역사학 분야에서의 잔존물과 원전 구분, 그리고 민족학 분야에서의 잔재와 존속물 구분은 고고학적 기록에 대한 근대적인 개념이 어떻게 역사적 증거라는 이질적이기는 하지만 보다 공통적인 개념에서 등장했는지를 보여 준다. 18세기와 19세기 전반에는 '고물', '흔적', '잔존물'이라는 용어가 고대의 물건과 근대 관습, 선사시대의 뼈와 중세의 원고에 대해 상호 교환적으로 빈번히 사용되었다. 고고학적 기록에 대한 현대적인 개념은 이 이질적인 분야를 해부하여 각 구성 요소에 적합한 방법이나 접근을 발전시킬 필요가 증대됨에 따라 점진적으로 형성되었다. 그러한 구분은 20세기에 와서야 결정적으로 확립되었다. 의도적인 증언과 우연한 물적 잔존물, 또는 살아 있는 맥락에서의 물건, 관습과 구분되는 죽어 있는 맥락에서의 물건이 지니는 상이한 특질에 대한 인식의 증대에도 불구하고, 이 모든 것들이 역사적 증거를 구성하였으므로 통합되어야 한다는 확고한 믿음이 여전히 존재하였다. 타일러는 존속물과 잔재라는 용어 모두를 사용하였고, 콜링우드는 물질적 잔존물과 쓰여진 사료라는 용어를 사용하였다. 다음 절에서는 이 19세기 후반과 20세기 전반 해석과 관련하여 고고학적 증거와 연합된 사고들에 대해 보다 자세히 고찰할 것이다. 특히 파편적인 잔재물, 존속물, 또는 사료라는 잔여물로서의 잔존물에 대한 이 이질적인 분야가 지니는 공통적인 특성에 대한 사고가 계승되어 불완전함이 적어도 고고학자들에게는 주요한 문제가 되었다. 그런데 여기서 불완전함이란 무엇이 보존되거나 존속하는가라는 의미에서의 불완전함이 아니라 모아진 것의 불완전함을 가리켰다.

완전한 모음: 고고학에서의 발견적 방법

역사학에서 엄정하고 뚜렷한 역사학적 방법론을 수립하고자 했던 바로 그 시기에 앞서 언급한 랑글르와와 세노보에 의한 것과 같은 역사적 원전과 방법에 대한 적극적인 연구가 이루어지고 있었다(Iggers 1997). *역사학 입문 Introduction to the Study of History* 의 저자들은 이전의 시도를 '피상적이고 진부하며 읽을 가치가 없고 때로는 터무니없는' 것으로 특징지었다(Langlois and Seignobos 1925: 5). 이전의 시도에서는 기존의 사고, 특히 원전의 발견과 수집이라는 독일 학자들의 발견적 방법(heuristics)과 원전 비평이라는 고문서학의 사고를 통합했기 때문에 위와 같은 표현은 과장된 것이었을 수 있다. 역사학에서 원전 비평의 발달은 니부어와 랑케의 연구를 통해 19세기 전반의 독일 베를린 대학과 특별한 연관을 지닌다. 그러나 체계적인 방법이 학문의 직업화와 함께 주요한 관심사가 된 것은 독일에서는 1850년대, 그리고 유럽의 다른 나라와 북미에서는 1870년대 이후의 일이다(Iggers 1997: 27). 그러한 역사학과 고고학의 직업화가 유럽에서 고양된 민족주의의 등장과 일치한 것은 우연이 아니다. 민족-국가와 공식적 과거 구성 사이의 다중적 연관에 대해 여기서 재론할 필요는 없다(이에 대해서는 예를 들어 Kohl and Fawcett 1995 참조; 독일의 특수한 경우에 대해서는 Härke 2002 참조). 다만 학문의 직업화 자체 그리고 그에 따른 방법론에 대한 관심이 과거에 대한 어떠한 진술에도 보다 큰 중요성과 권위를 실어 주었다는 점만 말해 두기로 하자.

이미 언급한 것처럼 원전 비평에 대한 개념은 16세기 화폐학, 금석학, 고문서학, 도상학, 그리고 이들이 옮겨 간 17세기 문헌학에서의 호고주의적 연구로 거슬러 올라갈 수 있다(Momigliano 1950). 이후 역사적 원전 비평이 된 것의 보다 구체적인 구성 요소는 이와 관련된 법학에서의 발달을 통해 출현하였다(Franklin 1977). 유럽의 중세법은 율리아누스에 의해 성문화된 로마법, 즉 법전에 기반하였다. 16세기에 학자들은 이 법을 문헌학적으로 다루기 시작하였다. 즉 이들은 당시의 규범처럼 주석이나 해석을 달기보다는 전해진 불완전한 텍스트에서 원래의 형태와 의미를 재구성하려 했다. 이러한 접근은 원전 비평의 발달 덕분에 가능해졌다. 이 새로운 방법은 16세기 전반 멜키오르 카노와 프랑스와 보두앵에 의해 개괄되었다. 특히 보두앵은 법 연구를 역사학과 연결시켜 원전은 사실과 허구의 혼합물이라는 문제를 제기하였고, 상이한 형식의 허구(e.g. 우연한 실수와 새빨간 거짓말)를 구분할 필요가 있다고 주장하였다. 보두앵은 사료를 법정 증언과 비교하여 이들이 동일한 비평 원리의 대상이 될 수 있다고 논하였다. 또한 보두앵은 원전 수집을 위한 두 가지 원리를 개괄하였다(Franklin 1977: 133-134). 첫째, 많은 것이 없어졌다 하더라도 가능한 모든 원전을 맞추어 보아 이전에 존재하였던 전체를 재구성할 수 있다. 둘째, 원전은 의도된 역사적 서사로 한정될 필요는 없고 모든 종류의 쓰여진 기록물을 포함해야 한다. 이러한 혁명을 완성하기 위하여 장 보댕은 저자의 역할, 그리고 저자 자신의 입장이 어떻게 서사적 텍스트에 영향을 미칠 수 있는가라는 원전 비평의 마지막 요소를 덧붙였다. 보댕은 *역사학을 쉽게 이해하기 위한 방법 Method for the Easy Understanding of History* (Bodin 1566)에서 역사적 텍스트를 어떻게 비판적으로 읽을 것인가에 대한 중요한 논문을 쓰기도 하였다.

　　이러한 사고가 얼마 동안 인문학에 널리 유포되어 기록물을 다루는 모든 학문과 관련된 보다 넓은 방법의 일부가 되었다. 독일에서의 니부어와 랑케의 연구 또는 프랑스에서의 랑글르와와 세노보의 연구는 새롭게 등장한 학문적 분야로서의 역사학에 대한 이러한 사고가 성문화된 것이라고 할 수 있다. 그러나 이러한 모델이 당시 신생 학문이었던 고고학에 적용될 수 있는 정도에는 한계가 있었다. 고고학이 기본적으로 다른 수단을 통해 이미 수집된 물질에 대한 연구라는 점에서 이러저러한 형태의 원전 비평이 적용될 수 있는 여지가 분명 있었다. 원전 비평에서와 마찬가지로 이는 주로 출처의 신뢰성과 유물의 진위성 확립 문제를 중심으로 이루어졌다. 이러한 신뢰성은 수집가에게 중요한 문제였고 이에는 19세기 후반의 고고학자도 포함되었다. 허위적인 오래됨과 출처의 문제는 항상 존재했고, 특히 플린트 및 여타 석기가 선사시대 고고학자에게 있어 그러하였다(O'Connor 2007: 88-89). 이 주제에 대한 고전적인 텍스트는 스코틀랜드 고고학자 로버트 먼로의 *고고학과 날조된 오래됨 Archaeology and False Antiquities* (Munro 1905)이다. 이 책에서 먼로는 플린트 잭처럼 악명 높은 날조자뿐만이 아니라 오래됨의 진위성과 관련된 여러 논쟁적인 사례들에 대해 고찰하였다.

먼로가 원전 비평이라고 명시적으로 칭하지는 않았지만 그는 분명 원고의 진위성을 다루는 역사학자와 같은 문제에 대해 논한다. 먼로는 자연적 물건과 제작된 물건 구분에 대한 중요성을 논한 다음 허위적 오래됨의 문제에 주목한다. 먼로는 진위성을 평가함에 있어서 장기간의 경험과 기술이 중요함을 강조하고, 프랑스나 북미에 비해 영국에는 이러한 목적으로 고고학자를 훈련하기 위한 기관이 적음을 한탄한다(Munro 1905: 9-11). 발견물의 진위성 평가에 대해 먼로가 한 충고의 대부분은 퇴적 맥락보다는 유물 자체의 형태적이고 물질적인 특성에 기반한다(ibid.: 18). 그러나 먼로는 유물의 층위적 위치, 다른 물건과의 연합, 표면의 일반적인 특성을 포함한 여러 부차적인 단서에 대해 언급하기도 한다. 층위와 유물 조합 또는 결합이라는 고고학 발굴의 두 궁극적 개념에 대해 지나가는 언급만 한다는 점이 다소 이상하기는 하다. 그러나 먼로가 이 책을 썼던 당시는 고고학적 현장작업이라는 개념이 막 형성되고 있던 시기임을 기억해야 한다. 당시 여러 고고학자들이 발굴을 하지 않았고, 그래서 고고학자들은 주로 물건 자체에 초점을 둘 수 밖에 없었다(Lucas 2010a). 그러나 분명 먼로는 현장 관찰의 중요성을 인지하고 있었고, 이는 1860년대의 논쟁에 대한 그의 견해에서 뚜렷이 드러난다:

> 당시 고고학적 과학은 초기 단계에 있었고 고고학적 증거의 가장 중요한 부분은 훈련되지 않은 관찰자에 의해 제공되었음을 기억해야 한다 … 그러나 이 모든 문제의 요점은 관찰이라는 단순한 문제에 놓여 있다. 물건이 발견된 정확한 상황을 확인하고 나서야 이 물건이 어떻게 거기 있게 되었는가가 훈련된 관찰자에 의해 결정될 수 있는 것이다.
>
> (Munro 1905: 271)

먼로는 책 전체에 걸쳐 체계적인 고고학적 훈련의 필요성을 강조하면서 (ibid.: 280), 그러한 훈련의 미래는 통제된 발굴에 일차적으로 달려 있다고 보았다. 이는 그의 결론을 통해서도 뚜렷이 드러난다:

> 앞으로 박물관에 보관될 오래된 물건이 늘어나는 것은 고고학자의 삽질에 달려 있다. 그러나 삽은 고고학적 보물을 드러내기 위해서 뿐만이 아니라 파괴의 도구로 사용될 수도 있다. 성공은 관계자의 손을 이끄는 지성에 달려 있다. 무능력하고 무책임한 이들에 의해 이루어진 발굴은 훈련된 이들에 의해 발굴되었다면 중요한 발견물이 되었을 수도 있는 증거를 파괴함으로써 돌이킬 수 없는 악영향을 미칠 수 있다.
>
> (Ibid.: 281)

먼로는 이처럼 통제된 발굴을 한 구체적인 모범적 사례로 피트 리버스를 든다(ibid.: 283). 이는 먼로의 책이 영국에서 이러한 주제를 다룬 것으로서 처음이자 마지막이라는 점에서 불가피했을 수 있다. 먼로 자신이 예측했던 것처럼 이는 발굴 현장 안내서에 의해 대체되었다. 그 중 첫 번째인 플린더스 페트리의 *고고학 방법과 목적 Methods and Aims in Archaeology* (Petrie 1904)은 실제로 먼로의 책보다 일 년 먼저 출판되었다. 허위의 오래됨에 대한 그 이후의 책들은 주로 역사학적인 것이었는데(e.g. Cole 1955; Rieth 1967), 보다 방법론적인 텍스트는 주로 미술사학자와 박물관 학예사에 의한, 그리고 그들을 위한 것인 경향이 있다.

그래서 진위성과 같은 문제는 일단 인지되고 나면 관련이 없는 것으로 여겨졌다. 왜냐하면 고고학자는 역사학자와 달리 다른 이들의 수집에 의존하기보다는 고고학자 스스로 현장작업을 하여 사료를 생성할 수 있고, 이 경우 원전 비평을 할 필요가 없기 때문이다. 그래서 19세기 후반부터 20세기 전반에 걸쳐 역사학에서와 유사한 고고학적 방법의 성문화가 있었지만, 이는 원전 비평보다는 발견적 학습법, 즉 현장작업, 특히 발굴에 관한 것이었다. 그러나 역사학과 마찬가지로 그와 같은 텍스트는 직업화와 학문적 자율성에 대한 욕망의 일부로 여겨져야 한다. 그래서 그러한 텍스트 중 가장 이른 것이 독일 고고학자 보스의 *발굴 입문과 오래된 것의 보호 Introduction to the Excavation and Protection of Antiquities* (Voss 1888; Sklenář 1983: 114 참조)라는 사실에 놀라울 것은 없다. 실제로 이른 시기의 대규모 발굴 중 올림피아 커티우스 유적 등은 독일 고전고고학자들에 의해 이루어졌고 이는 독일고고학 발달에 주요한 영향을 미쳤다(Marchand 1996: 77-91). 유사한 출판물이 곧이어 발간되었는데, 위에서 소개한 영국 플린더스 페트리의 *고고학 방법과 목적 Methods and Aims in Archaeology* (Petrie 1904), 드룹의 *고고학적*

발굴 Archaeological Excavation (Droop 1915) 등이 그러한 예이다. 그러나 고고학에서의 방법론적 또는 '텍스트적' 출판물은 시기 또는 형식학적 접근에 따른 물질문화 검토에 치중된 경향이 있다(e.g. Déchelette 1908-1914; Müller 1888-1895). 발굴 안내서가 흔히 사용되게 된 것은 20세기 중반 이후의 일이다(원전 비평에 대한 절 참조).

역사학과 다른 고고학적 강조로 인해 나타나게 된 결과 중 하나는 자연과학 모델이 고고학적 기록에 대해 훨씬 나은 유추 기반을 제공하였다는 것이다. 고고학자들은 그들 자신의 원전을 '만들어야' 했기 때문에 표본이나 화석을 모으는 동식물학자와 보다 유사했다. 그러나 이는 고고학자들이 조작된 것이라는 의미에서 자신들의 원전을 구성된 것으로 보았다는 의미가 아니라 고고학자들이 실제 증거나 사실을 구성했다는 뜻이다. 역사학자가 인간의 증언과 기억을 통해 여과된 사실을 확증해야 함에 비해 고고학자는 구체적인 형태를 띠는 것을 통해 사실에 보다 직접적으로 접근할 수 있었다. 고고학자의 문제는 증언의 독해나 수용에 있어서가 아니라 증언 생성에 있어서 어떻게 신뢰성을 확립할 것인가가 되었다. 이 부분은 자연과학에서도 중요한 문제가 되었는데, 이는 과학 발전을 위한 관찰과 실험의 중요성 수립에 대한 17세기 홉스와 보일 사이의 논쟁을 다룬 샤핀과 셰이퍼의 *리바이던과 공기 펌프 Leviathan and the Air Pump* (Shapin and Schaffer 1985)에서도 매우 명확히 나타난다. 이러한 절차에서 중심적인 것은 관찰과 실험에서 보고된 증언의 신뢰성 확립의 중요성이었다. 이는 바로 고고학자가 현장작업과 관련하여 마주하였던 문제였지만 역사학자가 마주하는 것은 아니었다.

고고학자, 특히 로마시대 이전이나 고전시대 이전의 고고학을 했던 고고학자가 고고학을 과학으로 기술하고자 했던 것은 위와 같은 이유에서였다. 이는 또한 귀납법에 기반한 베이컨적 인식론이 19세기 후반의 여러 고고학 문헌에서 암묵적 또는 명시적으로 참조되는 이유이기도 하다(e.g. Pettigrew 1850: 174-175). 콜링우드는 고고학은 역사학보다는 베이컨적 과학의 보다 뚜렷한 예라고 논함으로써 이 점을 매우 명확히 했다(Collingwood 1944: 90). 콜링우드의 전체적인 목적은 역사학을 그러한 과학으로 변형시키는 것이었지만 말이다. 이러한 인식론은 19세기 중반 윌리엄 휴얼에 의해, 특히 그의 *귀납적 과학의 철학 Philosophy of the Inductive Sciences*이라는 책에서 가장 체계적으로 제시되었다. 휴얼에게 있어 지식은 '특정한, 관찰된 사실에서 일반적인 진실을 모으는 공통적인 과정인 *귀납법*에 의해 획득되는' 것이었다(Whewell [1847] 1984: 124). 휴얼은 물리학과 자연과학, 또는 휴얼이 물질과학이라 부른 것에서의 지식 획득을 기술하는 것에 주력하였지만 그와 동일한 지식 원리가 인문과학에도 적용된다고 하였다. 그가 보기에 비록 인문과학이 아직 적절하게 수립되거나 정착되지 않아 일반화된 명제나 이론과 관련하여 자연과학과 같은 위치를 얻지는 못하였지만 말이다(Whewell [1847] 1984: 124-129). 동일한 견해가 19세기 후반 고고학자들을 통해서도 끝없이 반복된 것처럼 보이는데, 이들에게 고고학은 아직 새로운 과학이었다. 실제로 19세기의 대부분 동안 이론에 대한 회의가 있었다. 요크의 대주교가 왕립고고학회 취임사에서 논했던 것처럼 '과학의 가장 큰 위험은 지나치게 이론화하는 것'이었다(Thomas 1867: 86). 토마스 라이트는 그의 유명한 *켈트족, 로만족, 색슨족 The Celt, the Roman, and the Saxon* 의 머리말에서 불충분한 자료와 성급한 일반화라는 이중적 위험에 대해 경고한다: '고고학 학생이 넘어야 할 가장 큰 장애물은 비교 대상물의 부족인데, 이로 인해 고고학 학생은 아무런 근거가 없는 가정을 계속해서 만들게 된다'(Wright 1861: vi). 위와 같이 널리 공유된 절제된 태도는 고고학은 새로운 과학이므로 과학으로서의 성격을 입증할 필요가 있다는 인식에 기반하였다. 이러한 목적으로 고고학은 휴얼이 개괄한 것과 같은 귀납적 과학 모델에 크게 의존했다.

휴얼의 귀납적 과학 모델이 현장에 있는 여러 고고학자의 암묵적 지침서가 되었다 해도 해석은 여전히 문제적인 것으로 남아 있었다. 고고학자가 사실 수집에 주력하고 이론은 나중에 해결될 것이라고 가장함으로써 해석의 문제는 연기될 수 있었다. 이론에 대한 일반적인 의구심은 19세기에 고고학적 기록을 어떻게 해석할 것인가에 대한 명확한 논의가 거의 이루어지지 않았음을 의미한다. 직접적인 목적은 '전체'가 마침내 드러날 때까지 충분한 조각을 모으는 것이다. 이러한 조각그림 맞추기 개념에서 고고학적 원전의 수집과 생성은 완전한 모음이라는 지점에 도달하고자 하였다는 점에서 목적론적이었다. 그래서 찰스 뉴턴과 그의 동시대인들 대부분에게 있어 고고학은 과거에 대한 지식의 빈 곳을 채우는 것이었다. 이 빈 곳을 찰스 뉴턴은 인쇄된 문헌 이전의 시기, 즉 16세기 이전으로 정의하였다. 1850년대의 뉴턴에게는 오늘날의 우리에게 친숙한 역사와 선사 사이의 구분이란 없었고 대신 그 틈(그렇게 불릴 수 있다면)은 현재에 훨씬 가깝게 존재했다. 당시에는 대부분의 고고학자들이 인간 역사는 6,000년 정도 되었다는 사고 아래 짧은 연대기 안에서 연구하였기 때문에, 고고학적 원전의 파편적 또는 불완전한 성격의 문제는 수집의 불완전함에 관한 문제이지 증거의 존속에 대한 문제가 아니었다. 고고학자들은 분명 고고학적 증거의 부분적 특성에 대해 인지하고 있었지만, 고고학적 기록에서의 진정한 간극은 고고학자의 지식과 관련되었고 물질에 고유한 것은 아니었다. 즉, 충분한 자료가 주어져 있으므로 필요한 것은 이를 모으는 것이었다.

위와 같은 태도는 보존이라는 문제가 보다 두드러지는 분야 중 하나인 습지대 고고학에 대해 생각해 보면 더욱 명확해진다. 습지 시신, 호상 가옥과 같은 유럽 습지대 맥락에서의 고고학적 잔존물의 발굴과 발견은 종종 물질문화의 잃어버린 측면에 대해 시사점을 주는 것으로 여겨진다(e.g. Coles and Coles 1996). 그러한 발견물은 고고학처럼 오래된 것이고 19세기 전반으로 거슬러 올라간다. 이러한 발견물에 대한 19세기 설명에서 놀라운 것은 건조한 지대 유적과 비교하여 습지대 유적에서 증가하는 발견물의 범위에 대해 전혀 흥분하지 않았다는 점이다(Coles and Coles 1989: 31). 호상 가옥에 대한 페르디난드 켈러의 고전적인 설명에서 현대 독자에게 놀라운 점은 그 초점이 거의 역전되었다는 것이다. 켈러는 호상 가옥 발견물이 어떻게 건조 지대 유적 물질문화의 레퍼토리를 확장하는가보다 습지대 발견물이 기존의 건조 지대 수집물과 비교될 만한지에 논의의 초점을 둔다(Keller 1866: 301-309). 그래서 뿔, 나무, 직물과 연합된 텍스트와 이미지보다 석기, 금속기, 토기에 대한 논의와 도면이 주를 이룬다. 이는 아마도 고고학적 기록에 대한 19세기의 개념이 현재의 것과 어떻게 달랐는지를 가장 효과적으로 나타내는 예일 것이다.

유럽 호상 가옥에 대한 로버트 먼로의 이후의 종합에서 먼로는 이 문제에 대해 켈러보다 약간 더 인식하고 있었던 것처럼 보인다(Munro 1890). 예를 들어 먼로는 호상 가옥의 폐기라는 성질에 기반하여 그 잠재적 중요성을 인지하는데, 그러한 폐기는 일반적으로 점진적이었다기보다는 때 아닌 것이었거나 재해에 의한 것으로 여겨졌다:

고고학적 정보의 많은 부분이 그러한 재해 때문에 가능하다. 바쁜 삶이 급작스럽게 중단된 장면으로서, 특히 폐허를 부패로부터 보호하는 경향이 있는 상황이 동반될 때 그러하다. 이는 고고학자들에게 사람들의 습관, 관습, 산업에 대해 사진과 같은 장면을 제공하는 수단이 되었다. 이는 발견된 잔재물의 비교 검토를 통해 호

수 거주자들의 문명, 문화의 규모를 구성하기에 충분한 사례만 있
으면 가능하다.

(Munro 1890: 496)

먼로가 건조 지대 유적에서 잘 보존되지 않는 물건의 현존을 인정하지
만 이는 그의 주요 관심사가 아니고, 켈러처럼 보다 영구적인 물질 중 보
다 통상적인 형식을 고려하는데 대부분의 지면을 할애한다. 먼로 이전의
켈러의 경우에서와 마찬가지로 이는 유적을 편년하여 발견물을 삼시대
체계 및 유물 편년과 연결할 필요와 관련되는데, 이 작업은 주로 건조 지
대 유적을 통해 이루어졌다. 켈러나 먼로와 같은 고고학자들이 고고학적
기록 해석의 측면에서 보존의 문제에 주의를 기울이지 않은 주요한 이
유가 여기에 있다. 분류 체계를 정의하였던 것은 그처럼 영구적인 발견
물이었고 따라서 수집에 있어서의 완전함이라는 개념이었다. 19세기 고
고학적 기록의 불완전함은 일차적으로 불완전한 수집에 관한 것이었지
불완전한 존속에 관한 것이 아니었다. 그러한 수집품이 얼마나 포괄적인
가가 문제의 중심이 되었는데, 이제 이에 대해 살펴보자.

::총체적 기록

완전함을 이루려는 노력은 고고학에 대한 에두아르드 게르하르트의 세
번째 테제에 명확히 드러난다:

고고학의 과업은 고고학 자체를 위해 그리고 문헌적, 종교적, 개
인적 잔재물에 미치는 결과에 있어 선별된 예술 기념물이 아니라
기념물적 물질 전체, 모든 문헌학적 연구의 총체와 고대의 삶에
대한 총체적인 세계관을 제시하는 것이다.

(Gerhard [1850] 2004: 173)

총체적 수집에 대한 이러한 요구는 19세기 고고학의 매우 두드러진 특징이 되었고, 고전 고고학에서 특히 그러하였다. 이는 코퍼스, 즉 특정한 유물 형식의 모든 알려진 예의 완전하고 상세한 수집이라는 개념 뒤에 놓여 있다. 여기서 이는 문헌학 및 예술 비평과 많은 유사성을 보이는데, 이는 게르하르트가 고고학을 문헌학의 한 분야로 구분했음을 감안하면 놀라운 사실이다(Andrén 1998: 15; Schnapp 1996: 304). 실제로, 에른스트 커디어스에 의해 이루어진 올림피아에서의 발굴이나, 칼 휴만에 의해 이루어진 터키의 펄거멈 발굴과 같이 1870년대 후반 처음으로 제도적으로 뒷받침되어 이루어진 대규모 발굴은 당시 우세하였던 소규모 작업에 대한 교정 수단으로서 광범위한 물질 수집품을 찾아내기 위한 뚜렷한 의도 하에 이루어졌다(Marchand 1996: 75-115). 같은 시기에 새머뜨리쓰에서 발굴을 하고 있었고 휴만의 펄거멈 발굴을 뒷받침하였던 알렉산더 컨즈는 전 범위에 걸친 물질문화를 찾아낼 필요에 대해 특히 단호하였다. '대규모 고고학'이 해야 할 일은 '거대한 그림의 미세한 특징을 이끌어 내기 위해 [여러] 학자들의 에너지를 모아, 이미지, 명문, 그리고 가장 미미한 토기 파편에 이르는 모든 종류의 사소한 예술 형태로부터 … 전체 도시와 경관을 온전히' 복구하고 이해하는 것이다(Conze, quoted in Marchand 1996: 97). 이러한 총체적 고고학은 역사과학으로서의 고고학을 미학과 미술사학으로부터 분리할 필요와도 불가분하게 연결되어 있었다.

영국에서 토마스 페티그루는 1850년 영국고고학연합에서의 연설에서 영국의 고물 수집품 상태를 개탄하며 '많은 것이 앞으로 이루어져야 한다'고 하여 위와 유사한 주장을 하였다(Pettigrew 1850: 167). 그러나 완전한 수집품이라는 개념은 당시 고고학적 방법의 토대를 이루었던 분류적 욕망과 어느 정도 문제를 일으켰다. 분류를 위해 기록된 모든 예를 가지고 있을 필요는 없었고 각 형식의 대표적 예로 충분하였다. 같은 형식의 여러 예는 아무런 도움이 되지 않았고 어떠한 새로운 지식도 가져오지 않았다.

플린더스 페트리는 코퍼스의 유용성에 대한 논의에서 이 점을 매우 분명하게 주장한다. 그에 의하면 코퍼스는 고고학에 필수적이지만 분류로서이고, 일단 구성되면 총체적 수집의 필요를 없앤다:

> 그러한 코퍼스의 실제적 유용성은 발굴에서 즉각적으로 발견된다. 이전에는 수많은 깨진 표본을 가지고 있어야 할 필요가 있었지만, 이는 다른 병과 함께 발견되었다는 사실을 제외하면 아무런 가치가 없었다. 이제 발굴자는 코퍼스 표를 보고 무덤 평면도에, 예를 들어, B23, P35b, C15, F72라고 적으면 전체 기록이 완성되므로 좋은 표본이 아니라면 하나하나의 조각들을 다 가지고 있어야 할 필요가 없다.
>
> (Petrie 1904: 125)

위와 같은 태도는 자연사의 맥락에서 보다 두드러졌는데, 자연사는 주어진 것으로 여겨졌고 증거의 불완전한 존속이라는 문제를 우회한다는 추가적 장점도 지니고 있었다(Bowker 2006: 67에서 리엘과 지질학적 기록에 대한 논의 참조). 그러나 고고학이나 인문 역사학이 자연사와 분기하였던 것도 바로 이 지점, 즉 특수성에 주어진 중요성에서였다. 고고학이 일반화에 반대하였거나 반대하여서가 아니라 특수한 것의 중요성이 자연과학에서처럼 쉽게 간과되지 않았기 때문이다. 고고학에서는 19세기 자연과학에서와 같은 분류적 충동이 작동하고 있었지만 당시 역사학과의 밀접한 제휴 때문에 고고학은 독특하거나 고유한 것과의 관련성을 벗어날

수 없었다. 이는 코퍼스의 역할에 대한 페트리의 태도에 관해 몰티머 휠러가 한 논평의 요점이었다:

> 학술적인 코퍼스나 기준이 지닌 이점은 더 이상 강조할 필요가 없다 … 그리고 코퍼스-체계의 확장은 페트리의 시대에서 만큼 현재에도 시급하다. 그러나 항상 매우 심각한 위험을 가져온다는 단서가 따른다: 이로 인해 그 개념이 느슨하게 사용되고 형태의 미묘한 변이가 간과될 수 있는데, 그 중요성에 대해서는 피트 리버스가 옳게 강조하였다. 일반적으로, 발달되고 대부분이 기계화된 산업만이 코퍼스에 적합한 물질을 제공한다.
>
> (Wheeler 1954: 211-212)

반세기 이전 영국고고학자 윌리엄 그린웰도 정확히 같은 주장을 했다. 1865년 그린웰은 각 발견물의 중요성에 관해 아래와 같이 썼다:

> 원초적 매장과 관련된 사실에 너무나 많은 설명이 이루어졌으므로 더 이상 새로운 것이 더해질 수 없고 어떠한 새로운 기록도 잘 알려진 세부 사항의 반복일 뿐이며 이는 고고학자들이 이미 가지고 있는 지식에 어떠한 자료도 추가할 수 없다고 생각될지도 모른다. 그러나 이는 잘못된 생각이다. 어떠한 매장도 서로 동일한 특징을 지니지는 않고, 조사된 각각이 아직 충분히 정확하거나 넓은 기반에 근거한 것이 아닌 시각에 대한 확인이나, 고고학자들이 때로 격상시키려 하는 이론을 수정 또는 파괴할 수도 있는 새로운 사실을 나타내는 것으로서 가치를 지닌다.
>
> (Greenwell 1865: 97)

이에는 고고학적 잔존물에 대한 두 가지 사고가 포함되어 있다. 하나는 지식은 사실의 축적을 통해서만 진보한다는 지식 기반으로서의 귀납법에 대한 잘 알려진 베이컨적이거나 휴얼적인 견해를 인용한 것이고, 다른 하나는 각 발견물이 궁극적으로 고유하다는 점에서 역사적 학문에서 일반화가 지닌 한계에 관한 것이다. 그린웰은 어떤 새로운 발견물은 반복적일 수 있음에 비해 어떤 것은 그렇지 않을 수 있다고 보는데, 이러한 입장에는 분명 양면성이 존재한다. 그린웰의 양면성은 그의 동시대인 중 한 명인 피트 리버스에 의해 감지되지는 않았다. 피트 리버스에 대해서는 앞의 인용문에서 휠러에 의해 인용된 바 있다. 피트 리버스는 진화론적 형식학에 대한 연구뿐만이 아니라 영국 현장작업의 아버지로도 유명하다. 그는 발굴에서 총체적 수집이 지니는 중요성과 그 분류 일반화에 대한 관련성에 관해 매우 확고한 입장을 지니고 있다:

> 발굴자들은 대개 당시 그들에게 중요한 것처럼 보이는 것만을 기록하지만, 고고학과 인류학에서는 새로운 문제가 지속적으로 나타나 예술품의 형태학에 주목하였던 나와 같은 인류학자의 주목을 받지 않을 수 없다. 증거를 찾아 기존의 설명으로 돌아왔을 때 매우 귀중한 것이었을 수 있는 점들이 당시 흥미를 끌지 않아 간과되었을 수 있다. 따라서 모든 세부 사항이 추론에 가장 도움이 되는 방식으로 기록되어야 하고 발굴자 자신의 개인적 오차를 최소화하는 것이 항상 발굴자의 주요 목적이 되어야 한다.
>
> (Pitt Rivers 1887: xvii)

이러한 긴장은 '방법과 선택에 의해 결정되는 고고학적 증거'라는 제목을 지닌 할른 스미스의 짧은 논문에도 나타난다(Smith 1911). 그의 관심사는 불완전하거나 편향된 수집품에 대한 해석적 문제를 강조하는 것이었는데, 그는 아마추어가 모은 수집품과 훈련된 고고학자가 모은 것을 대조한다:

감정가가 모은 수집품은 편견 없이 공정한 방식으로 증거, 전체 증거, 오직 증거만 획득하려고 노력하는 과학자가 모은 수집품과 다르다. 파편적일 수 밖에 없는 고고학적 물질은 잘못 복원되기가 쉽다.

(Smith 1911: 445)

스미스는 특별하거나 독특한 발견물뿐만이 아니라 모든 편과 조각을 모아 전체 물질문화에 대한 단면도를 얻으려 노력하는 과학자가 스스로 수집품을 모으려 현장으로 가는 것의 이점에 대해 논한다. 스미스는 고고학적 접근을 '재고 목록을 확인한 후 부족한 상품을 채워 넣는 상인의 가게'에 비유한다(ibid.: 447). 또 일단 전체 수집품이 모아졌다 하더라도 고고학자들은 그 중 얼만큼이 제시되어야 하는가의 딜레마를 마주하게 된다. 장소나 비용의 부족으로 그러한 수집품에 있는 모든 물건을 보여줄 수 없기 때문에 보다 일반적인 형식의 대표적인 예들만 보여주게 된다. 그러나 이렇게 함으로써 독특한 물건이 다량 존재한다는 잘못된 인상을 줄 수 있다(ibid.). 스미스에게 있어 이러한 딜레마를 벗어날 수 있는 유일한 방법은 독자나 방문자가 수반된 텍스트에 주의를 기울여 그러한 인상을 바로잡는 것이다.

여러 면에서 일반적인 것과 특수한 것 사이의 이러한 긴장은 고고학에 여전히 존재하고 아마 언제나 그러할 것이다. 이는 개성 기술적이거나 보편 법칙 수립적인 것으로서의 고고학 학문에 대한 상이한 관점을 나타낸다(Lyman and O'Brien 2004; Trigger 1978a). 그러나 여기에는 깊은 모순이 있다. 역사과학으로서 고고학의 특수주의적 성격과 가능한 완전한 수집품에 대한 필요가 부각된다면 증거의 불완전한 존속이나 보존의 문제가 주요한 관심사가 되었을 것이다. 그러나 그렇지 않았다. 불완전함의 문제는 고고학적 잔존물에 고유한 무언가가 아니라 수집 관행 또는 코퍼스 생성과 항상 연관되어 있었다. 그 파편적 성격이 완전한 수집품에 대한 정당화로 인용되었지만 말이다. 그래서 불완전함은 원전 비평이 아니라 고고학적인 발견적 방법의 문제로 남았다. 이는 '분류의 원리'라는 피트 리버스의 논문에 명확히 나타난다(Rivers 1874). 그는 이 논문에서 민족학적인 수집품에서의 표본의 상태를 '분류가 가능하도록 충분한 수량이나 다양성이 확보되지 않았다'는 점에서 비판한다(Pitt Rivers 1906: 2-3). 해석과 관련하여 이 문제가 주목된 것은 20세기 중반 이후의 일이다.

20세기 전환기에 변한 것은 불완전함에 대한 태도였다. 에두아르드 게르하르트와 피트 리버스는 총체적 수집이나 총체적 기록이라는 목적을 지지하였지만, 한 세기 후 한스 위르겐 데거와 그라함 클라크는 이는 불가능하다고 보았다. 그러한 변화는 1900년대 플린더스 페트리가 쓴 글에서도 이미 드러났다:

기록할 때 첫 번째 어려움은 무엇을 기록할 것인가를 아는 것이다. 발견된 모든 것에 대한 모든 사실을 말하는 것은 아무 쓸모가 없다. 아무도 그처럼 어마어마한 서술을 소화할 수 없기 때문이다. … 사람은 어떤 주제에서 자기가 찾고 있는 것을 발견한다는 오래된 속담은 너무나도 사실이다; 만일 그가 자신이 찾고 있는 것을 발견할 충분한 성찰력을 가지고 있지 않다면 적어도 그는 그가 찾고 있지 않는 어떤 것도 발견하지 않았다는 점에서 사실이다.

(Petrie 1904: 49)

다시 말해 페트리는 총체적 기록에 대한 피트 리버스의 요구에 반대하여 선택적 기록이라는 사고를 옹호하고 있는 것이다. 그러나 피트 리버스와 마찬가지로 페트리의 초점은 보존이나 존속에 대한 문제가 아니라 – 이는 훨씬 나중에 나타난다(다음 절 참조) – 고고학적 증거 수집에 관한 발견적 방법에 주어진다.

마틴 카버는 위와 같은 피트 리버스와 페트리 사이의 차이를 논하면서 이를 영국 현장작업 관행의 오랜 전통의 맥락에 놓았다(Carver 1990). 카버는 이러한 차이는 지식 형성에 관한 지각과 연결되어 있는데, 구체적으로는 고고학적 사실이 발견되기 위해 거기 다 나와 있는 것인지 아니면 고고학자의 문제와 관련하여 고고학자에 의해 생성되는 것인지와 연결되어 있다고 논한다(Carver 1990: 45; Carver 1989도 참조). 그러나 필자의 생각에 카버는 이러한 이분법을 지나치게 객관론과 상대론에 관한 1980년대 고고학에서의 이론적 논쟁의 측면에서 보고 있다. 그럼에도 불구하고 피트 리버스와 페트리가 증거의 성격에 대해 매우 상이한 태도를 지닌 것으로 나타난 것은 사실이다. 한 명은 귀납주의적 입장을 고수하고 있고, 다른 한 명은 보다 문제 지향적인, 역사적 접근을 옹호하고 있으니 말이다. 그러나 이는 과학으로서의 고고학에 대한 상이한 인식 내에서 이해된 것이다. 피트 리버스는 선사시대에 초점을 두어 자연과학과 친연성을 지녔고, 페트리는 이집트학에 초점을 두어 보다 문헌학 또는 역사학적으로 정향되었다.

이는 고고학적 증거의 성격에 대한 페트리의 논의에서 뚜렷이 나타나는데, 여기서 페트리는 고고학적 증거를 법적 증거에 명시적으로 비유한다(Petrie 1904: 10장; 1906). 페트리는 고고학적 증거를 목격자, 물적 사실, 소진, 개연성이라는 네 가지 주제를 통해 논한다. 고고학에서 목격자란 존재할 수 있는 역사적 텍스트와 명문이다. 이들을 목격자의 증언처럼 완전히 신뢰하지 못할 수도 있다. 물적 사실은 맥락 내에 놓인 유물이나 유물의 조합이다. 여기서 그는 어떻게 오해가 발생하는지 그리고 어떻게 오해를 피할 수 있는지에 대한 흥미로운 예를 제시한다. '소진'이란 다른 증거가 없는 상황에서의 증거이다. 고고학적 예는 이집트 비문에서 아멘이라는 이름이 지워진 것이다. 아크나튼 이외의 그 누구도 이를 행했다고 알려지지 않았으므로 그러한 행위는 아크나튼에 의해 이루어졌을 것이라고 추론 가능하다. 마지막으로 개연성이라는 것은 오늘날 상황적 증거라고 불릴 만한 것을 의미한다. 색슨족과 같은 집단의 일반적인 특징을 알면 특정한 로마 마을의 파괴가 색슨족의 공격에 의한 것이라고 추론할 수 있게 된다(Petrie 1906: 220-221).

페트리의 논의는 고고학적 해석의 성격을 명시적이고 포괄적으로 다룬 첫 번째 사례 중 하나이다. 고고학적 증거와 법적 증거를 비교한 것은, 앞서 관련된 것처럼(Franklin 1977), 일반적인 인문주의적 태도, 역사적 학문과 법학 사이의 연관의 일부로 볼 수 있다. 이와 유사한 비유가 이후 콜링우드의 *역사의 이념 The Idea of History* 이란 책에서 제시되었다(Collingwood 1946: 266-268). 페트리와 콜링우드 모두 법적 과정과의 유사성은 어느 정도까지만 타당함을 고려하였다. 페트리는 고고학적 연구의 열린 결말을 강조하였다: '다행히 고고학은 법이 해야 하는 것처럼 즉각 결론을 내려야 할 끔직한 딜레마에서 자유롭다'(Petrie 1906: 222). 몇 년 후 콜링우드는 같은 주장을 하였다(Collingwood 1946: 268). 콜링우드의 논의에서 법적 증거와의 유비가 지니는 적절성은 출처가 추론될 수 있는 증거로 여겨지는 베이컨의 기본적 문답법의 일부로서 보다 명시적으로 다루어졌다. 기본적으로 콜링우드는 단순화된 역사적 방법에 반대하는데, 그는 이를 잘라 붙이기식 역사라고 불렀다. 이는 기록물을 참과 거짓 또는 신뢰할 만하거나 그렇지 않은 것으로 재단한 후 신뢰할 만한 부분들을 붙여 서사를 만들어 낸 것을 의미한다. 일반화하는 역사 역시 콜링우드의 조롱거리가 되었는데, 그는 이를 칸막이가 있는 우편함에 넣기라고 불렀다(ibid.: 263-266). 다시 말해 콜링우드는 역사적 방법으로서 원전 비평을 지나치게 강조하는 것에 회의적이었다. 콜링우드에게 텍스트의 의미는 텍스트의 신뢰성과 마찬가지로 중요했기 때문이다(ibid.: 260).

이는 중요한 점이기는 하지만 왜 페트리가 피트 리버스의 총체적 기록에 반해 선택적 기록을 옹호했는지를 부분적으로 설명할 뿐이다. 필자는 또 다른 요소가 관행에 있어서의 차이, 특히 그러한 관행의 물적 조건과 관련되어 있다고 본다. 피트 리버스의 발굴은 모두 영국에서 이루어졌고, 그의 사유지 크랜본 체이스에 있는 유적과 같은 선사시대 취락 발굴에 전적으로는 아니라 해도 대부분 초점을 두었기 때문이다(Rivers 1887). 피트 리버스가 다룬 물질, 특히 유물의 양은 방대한 규모는 아니었다. 그에 반해 페트리의 현장작업은 모두 이집트에서 이루어졌고, 피트 리버스에 비해 방대한 규모의 물적 잔존물을 다루어야 했다. 고고학적 수집품에 대한 피트 리버스와 페트리의 태도를 현장작업이 이루어진 곳과 같이 임의적이고 가변적인 것과 연결시키는 것은 불충분해 보일 수 있지만, 고고학적 관행의 물질적 특성은 그 개념적 특성과 밀접히 연관되어야 한다고 필자는 생각한다. 이에 대해서는 6장에서 보다 자세히 논하겠지만, 이러한 생각에 어느 정도의 신빙성을 부여하기 위해 몰티머 휠러를 살펴볼 필요가 있다. 휠러는 영국 현장 고고학에서의 또 다른 신화적 인물이고, 피트 리버스가 현장작업의 아버지로 불리게 된 데에 주요한 역할을 하기도 하였다. 휠러는 자신을 피트 리버스의 후계자로 여겼고 앞서 언급된 총체적 기록에 대한 동일한 텍스트를 인용하며 피트 리버스와 그의 방법을 높게 평가했다(Wheeler 1954: 25-28). 또한 휠러가 발굴 방법의 역사적 배경을 다룬 *땅에서의 고고학 Archaeology from the Earth*의 한 장에서 휠러는 페트리를 가차없이 비난하기도 한다(ibid.: 30). 이러한 점에서 단순히 휠러가 고고학을 보다 인문주의적이고 특수화하는 학문으로 보았다는 이유로 카버가 휠러를 페트리와 같은 전통에 위치시키는 것은 이해하기 어렵다(Carver 1990).

그러나 *땅에서의 고고학*에서 휠러가 제시한 공식적인 발굴 방법 안내와 휠러의 보다 개인적인 회고에는 두드러지게 비일관적인 측면이 있다. 1950년 영국고고학협의회에 제시된 '고고학에서 무엇이 *문제가 되는가?*'라는 제목의 논문에서 휠러는 아시아와 유럽에서의 현장작업 차이에 대해 회고한다. 휠러는 고고학의 규모 자체로 인해 영국에서는 하지 않을 방법상의 절충인, 층위적 발굴과 발견물의 총체적 수집에 있어서의 절충을 파키스탄의 모헨조다로에서 하였음을 자백한다(Wheeler 1966: 107-108):

> 동양의 문제에는 이러한 방법을 그대로 적용할 수 없다. 그곳에 쌓인 토양의 양은 평균 영국에서의 5배이다. 수평적 발굴이 합리적인 수준으로 이루어지기 위해, 평면을 충분히 드러내기 위해서는 수직적 발굴이 빠른 속도로 이루어져야 한다. 예를 들어 파키스탄 모헨조다로에서의 처음 한 달 동안의 작업 끝에 … 나는 짐마차 12대 분량의 선택된 토기를 기지로 보냈지만 내가 무엇을 파고 있는지 여전히 전혀 알지 못했다.
>
> (Wheeler 1966: 107)

휠러는 이것이 피트 리버스의 총체적 기록에 관한 충고에 대해 그가 지니고 있는 일반적 신념에 반하는 것임을 알고 있다. 그러나 휠러는 총체적 기록이란 개념은 오직 일정한 맥락에서만 적용 가능하고 다른 맥락에서는 보다 선택적인 접근이 필요하다고 주장한다. 휠러는 또한 앞서 참조된 바와 같이 코퍼스에 대해서도 마찬가지로 양면적인 태도를 보이는데 아마도 위와 매우 유사한 이유에서일 것이다. 휠러는 명시적으로는 일반화와 분류의 한계에 대해 논하지만 은연중에 (이는 페트리의 글에서 훨씬 더 분명하게 이해된다) 이는 발견물 양 자체의 문제일 수도 있다고 본다. 페트리는 수십 만 점의 토기편을 다루었던 반면 피트 리버스는 단지 수백 점의 토기편을 다루고 있었다. 이처럼 큰 차이가 주어졌을 때 페트리가 코퍼스를 모든 토기편들을 보관하지 않아도 되는 수단으로 권장한 반면, 피트 리버스에게 있어 문제는 그 반대로 물질의 부족이었고 따라서 하나하나의 조각 모두를 그리고 기술하는 방법을 권장하였던 것이다.

이처럼 휠러는 총체적인 기록과 선별적인 기록에 대한 관점 사이를 오간다. 여기서 중요한 것은 휠러가 두 마리 토끼를 잡으려 한다는 점이 아니라 한 가지 관점에서 또 다른 관점으로 이동하는 이유이다. 이는 고고학적 기록에 있어서의 물질적 차이 문제로 귀결된다:

우리는 자랑스럽게 피트 리버스 전통을 지지하지만 그 전통을 물화해서는 안 된다. 장군이 오늘날 살아서 그의 주변적인 빈민굴의 더러움 대신 위대한 중심 문명의 잔재와 마주하였다면 그는 분명 열렬히 칼 마르크스의 말을 인용하여 '어쨌든 나는 피트 리버주의자가 아니다'라고 했을 것이다.

(Wheeler 1966: 109)

물론 여기에는 한 가지 문제가 즉각적으로 따른다. 만일 이러한 태도가 고고학적 기록의 물질적 풍부함 및 규모와 관련이 있다면 왜 이것이 19세기에 이 분야에서 작업하였던 에두아르드 게르하르트와 같은 학자들에게는 문제가 되지 않았는가이다. 그 답은 꽤 간단하다. 이 고고학자들은 대부분 현장에 가지 않았다. 이들은 수집가, 고물애호주의자 등에게서 나온 물질을 가지고 작업하였다. 이처럼 이들은 현장에서의 문제를 실제적으로 다루지 않았기 때문에 선별은 이미 이루어져 있었다(게르하르트의 여섯 번째 테제 참조; Gerhard [1850] 2004: 174).

19세기 후반 고고학자가 현장작업에 보다 밀접히 개입하면서, 그리고 20세기 현장작업이 점점 더 훈련된 일꾼에 의해 이루어지면서, 고고학자들이 점점 더 페트리의 특정한 방법은 아니라 하더라도 그의 선별적 기록에 대한 관점에 적합하게 되었을 것이라고 예상할 수도 있다. 그러나 실제로 고고학적 방법에 대한 담론은 최근까지 피트 리버스의 관점에 보다 충실한 경향을 보였다. 필립 바커는 피트 리버스의 공공연한 옹호자였고, 이와 연관하여 1970년대와 1980년대에는 아카이브는 유적 자체를 대신하거나 기록을 통한 보존 역할을 할 수 있어야 한다는 사고가 널리 장려되었다(Carver 1990; Roskams 2001: 35; 이러한 문제는 이 장의 후반부에서 다시 논의될 것이다). 총체적 기록이라는 개념은 한 세기 전과 마찬가지로 오늘날에도 모호한 것으로 남아 있다고 볼 수도 있다. 그러나 달라진 점은 고고학적 기록에 불완전함이라는 또 다른 의미가 덧붙여졌다는 것이다. 대체로 20세기 중반부터 불완전함이라는 개념이 증거의 보존 및 존속 문제에 보다 명백하게 적용되기 시작하였다. 이는 고고학적인 발견적 방법에서 고고학적인 고문서학, 즉 원전 비평으로의 전환을 의미한다. 점점 더 고고학자들은 기록과 수집에 있어서의 선별성보다 자료의 대표성에 관심을 가지게 되었다. 부분적으로 이는 고고학적 기록이 문화적 자취나 잔재보다는 사회 체계의 구성 요소로 여겨짐에 따라 과거 해석에 기능주의적 접근의 영향력이 증대되었기 때문이다.

고고학적인 원전 비평

고고학적인 발견적 방법에서 원전 비평으로의 전환은 20세기 전반 영국고고학을 주도하였던 두 고고학자인 고든 차일드와 그라함 클라크의 연구를 비교해 보면 매우 명확해진다. 차일드는 분명 자신이 부분적 증거를 다루고 있음을 인지하고 있었지만 그에게 이는 문제가 되지 않았다. 고고학적 방법에 관한 그의 유일한 책 분량의 연구물인 *과거 연결하기 Piecing Together the Past* 에서 차일드는 이 문제를 민족지적 유추나 보전이 뛰어나게 잘된 드문 경우를 통해 해결될 수 있는 것으로 치부하였다: '충분한 주의가 기울여지면 이러한 간극은 운이 좋게 발견된 물질이나 비교 민족지적 연역법을 통해 부분적으로나마 채워질 수 있다'(Childe 1956a: 10-12). 차일드에게 있어 중요한 문제는 여전히 고고학적인 발견적 방법에 관한 것이었고, 특히 수집품의 포괄성과 현장작업의 질에 관한 것이었다. 이는 소비에트 고고학자들에게 보낸 차일드의 편지에서 명확히 나타나는데, 여기서 차일드는 그들에게 현장작업 기술을 향상하도록 독려하였다(Klejn 1994: 95-99 참조). 이처럼 차일드는 그 자신이 현장작업 방법에 대해 많은 것을 쓰지는 않았지만 고고학적 원전에 대한 관점에 있어 다소 틀에 박힌 측면이 있었다. 이는 클라크의 태도와 극명하게 대조된다. 차일드는 *과거 연결하기* 에서 증거의 보존과 존속 문제에 관해 세 쪽도 안 되는 분량을 할애했을 뿐이지만, 클라크는 *고고학과 사회 Archaeology and Society* 에서 이 주제에 대해 서른 쪽이 넘는 분량의 한 장을 따로 마련하였다. 이 책은 1939년에 처음 출판되어 두 차례 개정되었다. 클라크는 자료의 질에 관하여 차일드의 견해와 완전히 다른 시각을 장려하였는데, 이는 물질문화의 고유한 특질과 그 자연적, 문화적 퇴적 조건을 고려한 존속의 문제를 중심으로 하였다(Clark 1957). 클라크는 고고학적 연구와 관련하여 이 문제가 지니는 중요성에 대해 매우 분명했다:

> 이 주제는 세 가지 이유로 매우 중요하다. 이는 특정한 형식의 정보가 필요할 때 조사되어야 할 유적의 종류, 그리고 실제 발굴에서 따라야 할 적절한 방법을 결정한다. 그리고 이는 발견물 해석이라는 고고학자의 궁극적인 책무에 심대한 영향을 미친다.
>
> (Clark 1957: 74)

위와 같은 차이는 경험적 작업의 특정한 물적 조건과 부분적으로 관련되었을 수도 있다. 클라크는 사회적, 경제적 해석에 차일드만큼이나 열정적이면서 그 어려움을 차일드보다 통감하고 있었을 수 있다. 클라크의 연구 관심은 구석기시대와 중석기시대라는 선사시대 중에서도 이른 시기에 있었고, 차일드는 그 이후인 신석기시대와 청동기시대에 관심이 있었기 때문이다. 이로 인한 원전 물질의 양과 다양성에 있어서의 차이에 대해 따로 언급할 필요는 없다. 그러나 이는 위와 같은 차이를 충분히 설명하지 못한다. 클라크가 인식한 문제와 동일한 문제가 거의 비슷한 시기에 독일에서도 논의되었는데, 독일에서는 차일드가 작업하였던 선사시대 후반의 물질과 관련해서였다. 1950년대 한스 위르겐 에거는 이 문제를 가장 명시적으로 정형화하였다. 그 기본적인 요점은 1920년대 칼 헤르만 제이콥-프리센에 의해 먼저 제기되었지만 말이다(Kristian-

sen 1978). 영국에서 보존 문제가 인정되기는 하였지만 그리 큰 방법론적
인 관심사는 되지 않았다고 할 수 있다. 예를 들어 습지대 연구는 19세
기 후반 이후 변하여, 예를 들어, 켈러나 먼로에 비해(예를 들어 Coles and
Coles 1996 참조) '잃어버린 물질문화'가 지닌 중요성을 훨씬 크게 느끼지
만, 고고학자들이 이 문제를 얼마나 중요하게 여기는지에 대해서는 논란
의 여지가 있다(예를 들어 Evans 1989a 참조). 또 물질적 보존은 대표성이라
는 보다 큰 문제의 한 측면일 뿐이다. 이 대표성의 문제는 독일의 고고학
적 원전 비평 전통을 통해 가장 자세하게 고찰되었다.

::중부 유럽 전통: 고고학적 원전 비평

독일 고고학자 한스 위르겐 에거는 1920년대 이후 주요한 패러다임이
된 구스타브 코시나의 취락 고고학에서 나온 해석에 대해 1950년대 이
루어진 주요한 공격의 전방에 있었다. 구체적으로 코시나의 문화-집단
분포에는 고고학적 기록에 있어서의 존속과 발견 조건이 고려되지 않
았다는 논의가 있었다(Härke 1991: 190). 에거가 주로 코시나에 의해 수
립된 지리적 전통을 계승하였으면서도 고고학적 기록의 대표성에 주목
한 것은 중요한 발전이었다. 1959년에 처음 출판된 에거의 *선사학 입문*
Introduction to Prehistory 은 20세기 후반에도 상당 기간 동안 독일의
표준 교재가 되었다. 여기서 에거는 몇 십 년 전 제이콥-프리센이 제기
한 여러 문제를 따르면서 이를 확장하기도 하였다:

> 고고학적 발견물이 역사적 기록물처럼 적용될 수 있는가, 그렇
> 지 않은가? (좁은 의미에서의) 역사학과 선사학은 그 원전의 특
> 성 때문에 서로 상이하다는 것을 이미 살펴보았다. 이 두 관
> 련 과학의 성격에 있어서의 차이를 이해하고자 한다면 그 원

전 분석과 비평에서 시작해야 한다. 선사고고학에서 요즘 대
개 '원전 비평'으로 이해되는 것은 널리 알려진 제이콥-프리슨
의 *선사시대 연구의 근본적 문제 Fundamental Questions of
Prehistoric Research* 에서 가장 잘 다루어져 있다. 여기서 제
이콥-프리센의 '발견물 비평'이란 발견물에 대한 관찰, 즉 고고
학적 원전이 진짜인지 아니면 위조된 것인지, 발견 장소가 확
인되었는지, 발견 지점이 알려졌는지, 발견물이 비전문가에 의
해 옮겨졌는지 아니면 고고학 발굴을 통해 전문가에 의해 수
습되었는지에 대한 관찰을 의미한다. 마찬가지로 이 모든 문제
는 원전 자체의 신뢰성이 아니라 원전 전달의 신뢰성을 일컫는
다. 역사학자도 이러한 종류의 비평에 대해 알고 있다. 역사학
자는 이를 '텍스트 비평'이라 부르며 대개 문헌학자의 작업으
로 남겨 둔다. 문헌학자가 상이한 형식의 쓰여진 기록을 비교
하여 또는 보간법을 통해 손상된 비문의 원래의 텍스트를 재구
성하였을 때, 그때야 비로소 역사학자의 비판적인 원전 분석이
시작된다.

(Eggers 1986: 255-256; A. Daxböck 번역)

위 인용문은 에거가 외적, 내적 원전 비평을 구분하는 역사학에서와
마찬가지의 구분을 하여 이를 고고학에 적용하였다는 점에서 중요하다.
에거가 텍스트 비평이라고도 부르는 전자는 원전의 전달과 관련되는데,
이는 현재 고고학자 자신이 현장작업을 수행함에 따라 대부분 고고학자
에 의해 통제된다. 그래도 여전히 중요한 점은, 앞서 제시된 먼로에 대한
인용문에서처럼, 이는 주로 체계적인 현장 방법 개발에 대한 문제였다는
것이다. 후자는 또 다른 문제였고 에거에게는 보다 중요한 문제였는데

이는 후자가 역사적 해석과 관련되었기 때문이다.

한마디로 에거는 고고학적 잔존물은 단지 대표성의 문제 때문만이 아니라 원래의 형성 뒤에 놓인 의도성 때문에 거짓을 말할 수 있고, 그래서 전자와 후자에 대해 각기 외적 비평과 내적 비평이 필요하다고 본다(Malina and Vašiček 1990: 106-107). 그에 의하면, 고고학적 증거란 과거 사람들의 일상적 행태의 직접적인 반영물이 아니라 대개 과거인들의 신념과 이데올로기에 의해 매개되었고 그래서 표면적으로는 잘못된 인상을 줄 수 있다. 사람들은 일상의 옷이나 물건을 착용한 채 묻힌 것이 아니고, 사람들이 물건을 버린 비율과 방식은 문화적인 가치 체계에 따라 달랐다(Eggers 1950). 이는 앞서 논의된 것처럼 고고학적 잔존물을 우연적인 기록으로 보는 19세기 관점, 따라서 이러한 원전을 의도된 기록보다 덜 편향된 것으로 보는 드로이젠의 관점에 중요한 함의를 지닌다. 에거는 또한 고고학적 기록이 과거와 현재를 연결하는 지속적인 역사적 과정의 일부인 방식을 표현하기 위한 한 방법으로 살아 있는, 죽어 가는, 죽은 문화라는 개념을 도입하였다. '초기 역사에서의 종족적 해석 문제'라는 논문에서 드로이젠은 살아 있는 문화에서는 유물의 의미와 사용이 일치하고, 죽어 가는 문화에서 의미는 보존될 수 있으나 물건은 대개의 경우 사용되지 않으며, 죽은 문화에서는 의미도 상실된다고 논한다(Eggers 1950). 에거는 문화란 매우 천천히 부분적으로 죽을 수 있다고 본다. 예를 들어 에거는 포메라니아의 민족지적 물질을 인용하는데 포메라니아에서 옷은 5년 마다 대체되고 보석류는 매 세기마다 대체되지만 귀족적이고 종교적인 휘장은 세기를 거슬러 올라간다. 이후 에거는 이 삼단계 모델을 살아 있는, 죽은, 재발견된 문화로 수정하였는데, 마지막은 고고학자들에 의해 발견된 문화에 남아 있는 것이다(Eggers 1986; 또 Härke 1997 참조).

이러한 사고는 북미에서의 형성이론 발달과 어느 정도의 유사성을 띠는데 이에 대해서는 3장에서 논의할 것이다. 그러나 중요한 차이점도 있다. 무엇보다 에거는 이를 원전 비평의 관점에서 그리고 현재의 위치에서 과거를 돌아보는 고고학자의 입장에서 본다. 또 적어도 에거의 원래 안에서 에거는 죽어 가는 문화라는 중간적 용어를 통해 살아 있는 문화와 죽은 문화 사이의 연속성을 강조한다. 고고학적 기록을 살아 있는 것과 죽은 것, 역동적인 것과 정적인 것으로 양극화하는 이후의 북미적 사고에서는 위와 같은 중간적인 용어를 전혀 찾아볼 수 없다(그러나 예외적인 경우로 Ascher 1968, DeBoer 1983 참조; 이에 대해서는 3장에서 다시 논의될 것임).

물론 에거의 생각은 중부 유럽 고고학에서의 역사적인 원전 비평 방법이 지속된 것이라고 볼 수 있다. 그의 생각은 독일과 스칸디나비아에 큰 영향을 미쳤고 다른 이들, 특히 W. 토르브뢱에 의해 개발되었으며, 만프리드 에거트(e.g. Eggert 2001)의 갱신된 버전을 통해 독일에서 계속하여 고고학적 방법의 기본적 부분을 형성하였다. 그러나 1960년대에는 북미적 접근의 영향이 광범위한 효과를 내기 시작하였다. 1978년 크리스찬 크리스티안센은 원전 비평에 대한 유럽적 모델을 홍보하고 갱신하고자 했다(Kristiansen 1978: 1). 그의 의도는 신고고학의 이론적 담론에 의해 뚜렷한 영향을 받았다. 그러나 크리스티안센이 명시적인 원전 비평 방법 개발을 형성과정에 대한 신흥의 북미적 그리고 인류학적 접근에 대한 반응 또는 대안으로 보게 되었다는 점 역시 명백하다. 크리스티안센의 논문은 그가 원전 비평 방법에 중심이 된다고 본 세 요인에 초점을 둔다. 첫 번째는 잔존물의 존속에 영향을 미치는 물리적, 환경적 요인이다. 그는 빙하 작용 또는 해수면 변동 정도 때문에 덴마크 지역에서 차별적으로 이루어진 보존과 같은 예를 제시한다. 두 번째는 쟁기질, 채석하기, 그리고 심지어는 그러한 활동의 부재로 인하여 보존되게 된 잔존 경관과 같이 잔존물의 존속에 영향을 미친 이후의 문화적, 경제적 요인이다. 마지막으로 세 번째 요인은 고고학적 연구의 특성, 그리고 표본 추출 전략이나 기술을 위해 선택된 속성 등을 통한 기록되는 것의 선별성과 관련된다.

크리스티안센의 접근은 대표성이라는 개념을 통해 요약될 수 있다: '원전 비평 분석은 원전이 더 이상 문화의 활동적인 부분이 아니게 되는 시점부터 원전의 대표성에 영향을 미친 요인의 효과를 검토한다'(Kristiansen 1978: 4). 같은 해에 크리스티안센은 *고고학적 형성과정 Archaeological Formation Processes* 이라는 자극적인 제목 하에 덴마크 선사시대 고고학적 잔존물의 대표성을 검토하는 일련의 인상적인 논문을 편집하였다(그러나 이는 1985년에야 출판되었다; Kristiansen 1985). 여기서 '형성과정'이란 용어의 북미적 사용과의 대비는 매우 명백하였고 분명 의도적인 것이었다. 이 책은 주로 고고학적 기록의 보존과 특성에 영향을 미치는 것으로서 크리스티안센이 인용한 요인들에 대한 것이다. 한 좋은 예는 보두의 논문인데, 이 논문에서 보두는 덴마크 청동기시대 봉분의 현존 분포 상태를 적어도 13세기 이후의 경작 강도와 연결시킨다(Baudou 1985). 이는 일반적으로 경관에 영향을 미치는 역사적 과정이나 고고학적 조사 절차이다. 그러나 폐기나 재사용과 같은 주제 또는 쉬퍼의 문화적 변형과 자연적 변형에 대한 논의는 이루어지지 않았는데, 이는 1970년대 전반 문헌에 등장하기 시작하였다. 흥미로운 점은 원전 비평에 대한 크리스티안센의 정의는 에거의 틀 중 단 한 가지 측면, 즉 외적 비평과만 관련되고 내적 비평과는 관련되지 않는다는 것이다. 이처럼 크리스티안센은 원전 전달에 대한 문제에 초점을 두어 발견 맥락뿐만이 아니라 원래의 퇴적 이후에 개입된 형성과정이 포함되도록 이 문제를 확장한다. 전반적으로 내적 비평에 대한 에거의 개념은 찾아보기 어렵다. 내적 비평 문제와 유사한 관심사가 나타난 것은 1980년대 탈과정주의가 등장하고 상징과 이데올로기에 대한 관심이 나타나면서부터이다. 그러나 형성과정은 내적 비평에도 외적 비평에도 속하지 않고 양자 사이에 불편하게 위치한다고 볼 수도 있다. 이 문제는 3장의 핵심적 주제이므로 여기에서는 더 이상 다루지 않겠다.

원전 비평에 대한 에거의 중부 유럽적 모델을 북미의 형성이론과 결합시키려는 유사한 시도가 체코 고고학자 에브젠 네우스토프니에 의해 이루어졌다(Neustupný 1993). 그는 에거처럼 살아 있는 문화와 죽은 문화의 구분에서 출발하지만, 주목할 만한 것은 네우스토프니는 죽어 가는 문화라는 중간적 용어를 사용하지 않는다는 점이다(Neustupný 1993: 45-46). 대신 그는 살아 있는 문화와 죽은 문화 사이의 관계를 넓은 의미에서 양적, 질적 감소의 변형과정으로 고려하여 엔트로피에 비유한다(ibid.: 47-48). 네오스토프니는 이러한 과정을 출구 변형과 잇따르는 변형이라는 두 가지 형식으로 분류하였다. 여기서 출구 변형은 살아 있는 문화에서 죽은 문화로의 전이를 의미하고, 잇따르는 변형은 물질의 부패나 교란을 심화시킨다(ibid.: 49). 이로 인해 고고학적 기록은 일련의 부재로서 지극히 소극적으로 특징지어지는데, 그러한 부재는 변형을 개념적으로 되돌려 살아 있는 문화로 되돌아가는 과정을 통해 복원되어야 한다(ibid.: 67-72).

만프리드 에거트는 독일 전통에서 방법과 이론의 중심을 이루는 고고학적 원전 비평이라는 사고를 영속시킨, 에거의 진정한 후계자라 할 수 있다. 에거트의 *선사고고학: 이론과 방법 Prehistoric Archaeology: Theories and Methods* (Eggert 2001) 4장에서 에거트는 역사적 원전의 측면에서 고고학적 기록의 특성을 개괄한다. 이를 위해 에거트는 20세기 전반의 독일 역사학자인 파울 컨의 연구, 특히 잔존물과 전통 또는 원전을 두 다른 종류의 역사적 증거, 즉 우연한 기록과 의도적 기록으로 구분하는 드로이젠과 베른하임의 안을 채택한 컨의 연구에 크게 의존한다 (Eggert 2001: 45-47; Härke 1993, 1997 참조). 그러나 에거트는 쓰여진 원전과 쓰여지지 않은 원전, 즉 텍스트와 물건 사이에 두 번째 수준의 구분을 추가한다. 선사시대나 원사시대에 관심이 있는 에거트의 고고학 정의에 기반했을 때(표 3), 에거트에게 역사적 원전과 고고학적 원전 구별에 보다 중요한 것은 이 두 번째 구분이다. 그래서 에거트는 역사적 원전은 네 가지 가능한 모든 형식의 원전을 포함하는 반면, 고고학은 단지 두 가지 형식의 원전에만 접근 가능하여 그 증거에 있어 빈약하다고 본다(Eggert 2001: 48-50). 이러한 점 때문에 에거트는 고고학적 추론에 대한 이중 모델을 강조한다:

> 선사시대 원전은 과거의 물질화된 잔존물이다. 과거의 진정한 부분으로서 이처럼 물질화된 잔존물은 당시의 물질적 아비투스에 관해 일정한 정보를 전달한다. 이러한 물건과 맥락의 물질성을 넘어서는 다른 모든 것은 이미 이러한 잔존물에 대한 해석이다. 여기서 이러한 잔존물이 청동칼이나 건물의 기둥 구멍에 관한 진술인지 아닌지는 문제가 되지 않는다. 물질적 수준을 떠나는 순간 이제는 '부차적인' 통찰력이나 '결론'에 관한 것이 된다. 물건과 맥락을 이용하여 물질적 수준 뒤에 있는 영역에 접근하는 것은 고고학자에게 달린 일이다. 원전의 중요한 '비물질적' 측면과 과거의 문화적 맥락에 대한 조사는 유비를 통해 이미 알려진 것과 비교함으로써만 가능하다.
>
> (Ibid.: 100-101; A. Daxböck)

고고학적 증거와 해석에 대한 이처럼 다소 소극적인 견해는 그와 같이 현대적인 맥락에서 좀 놀라운 것이다. 에거트는 물건의 의미는 물건 자체가 아니라 물건의 사회문화적 맥락에 놓여 있는데 이러한 사회문화적 맥락이 더 이상 존재하지 않으므로 물건의 의미는 대개의 경우 접근될 수 없는 상태로 남겨 두어야 한다는 점에서 매우 강경하다. 에거트에게 있어 이와 같은 특성은 전반적으로 고고학적 원전의 특성을 정의하여 고고학적 원전을 역사적 또는 쓰여진 원전으로부터 구별하는 것이다(ibid.: 100). 이와 대조적으로 에거트는 여러 쓰여진 역사적 기록에 비해 고고학적 원전에 보다 도움이 되는 측면 중 하나로서의 우연적 원전이라는 드로이젠의 19세기 개념을 참조한다. 그러면서도 에거트는 분명 그 편향성을 경계하였다. 1950년대 에거가 먼저 표현한 것처럼, 에거트는 액면 그대로 독해될 수 없는 원전 물질의 특징적인 형식으로서 무덤과 퇴장의 예를 인용하였다(ibid.: 101-102). 이는 에거트에게 있어 고고학적 원전이 우연한 기록(잔존물)일 뿐만이 아니라 의도된 기록(전통)의 범주에 들어가는 이유이다. 그리고 이는 고고학에서 쓰여진 원전과 쓰여지지 않은 원전 사이의 구분보다 위와 같은 구분이 보다 중요한 이유이다(Härke 1997 참조).

다른 점에서 에거트는 그의 전임자인 에거에 의해 수립된 방법을 대체로 따른다. 에거트는 내적, 외적 원전 비평 사이의 구분이 고고학적 증거에 적용되는 대로 이를 채택하고 또 중요하게도 형성이론 전반의 문

표 3 역사학, 선사와 원사 고고학에서 활용 가능한 원전의 형식

	우연한 (잔존물)	의도적 (전통)
쓰여진	역사	역사
쓰여지지 않은	역사	역사
	선사와 원사	선사와 원사

제를 내적 원전 비평에 대한 논의 하에 각주로 처리한다(ibid.: 109). 에거트는 또한 살아 있는 문화와 죽은 문화에 대한 에거의 개념을 채택하여 원전 비평을 죽은 문화에 대해 발견된 것을 통해 살아 있는 문화로 되돌아가기 위한 시도로 보고 대표성의 문제를 강조한다. 또한 에거트는 원전 비평에 적용된 에거의 접근을 채택하고 수정하면서 주어진 주제에 관한 기존 연구의 진행 상황을 강조한다. 이처럼 실제에 있어서의 원전 비평은 연구, 분석, 출판의 현 상태를 얼마나 잘 아느냐에 달려 있다. 이 중 출판을 분석에 포함한 에거와 달리 에거트는 출판을 따로 구분하였다(ibid.: 112-113).

이러한 접근은 인문과학에서의 중부 유럽 학풍을 전형화하여 고고학적 기록에 대한 개념이 어떻게 형성과정보다 많이는 아니라 하더라도 적어도 그만큼 아카이브와 문헌 생성에 밀접히 연관되어 있는지를 보여준다고 할 수 있다. 실제로 고고학적 원전 비평이라는 사고는 중부 유럽 밖에서는 널리 수용된 적이 없다. 형성이론과 중범위이론이 북미와 영국 밖에서는 별다른 주목을 받지 못한 것처럼 말이다(Forslund 2004). 이들은 고고학적 기록에 관한 두 매우 상이한 접근을 나타내어 이를 결합하기 위한 크리스티안센 또는 네우스토프니의 시도에도 불구하고 심각한 상실 없이 하나가 다른 하나로 그렇게 쉽게 번역될 수는 없다. 에거와 관련된 동일한 관심사가 분명 영미 전통에도 있었지만 이는 매우 다른 경로를 취했다. 원전 비평에 대한 에거의 관점을 영미 용어로 대략적으로라도 번역하자면, 이는 1950년대 이후 현장작업과 이론에 대한 담론의 동시적이지만 완전히 분기된 출현에 표현되었다고 할 수 있다. 에거에게 이 둘은 외적, 내적 원전 비평의 측면으로서 연결된 것이었지만, 영미고고학에서는 1950년대부터 이 둘이 분기되어 현장작업에 대한 안내서와 이론적 텍스트로 급증하였다. 영국에서만 해도 20세기 전반에는 페트리

(Petrie 1904)와 드룹(Droop 1915)에 의한 소수의 현장작업 안내서가 출판되었지만 20세기 중반부터는 급격히 증가하였다(e.g. Atkinson 1946; Kenyon 1952; Webster 1963; Wheeler 1954). 현장 안내서의 이러한 증가는 독립적인 학문으로서의 고고학의 성립 및 공고화 그리고 학생 및 대학 수업과정의 증가와 관련된다. 이는 또한 원전 생산이나 자료 발견 통제, 즉 외적인 원전 비평에 대한 증대된 관심사를 나타낸다. 원래는 이론적 담론에서의 동시적인 증가와 연관되었지만, 이 둘은 점차 서로에게서 멀어져 1990년대 고고학자들은 현장작업의 비이론적 성격을 의문시하기 시작했다(이 장의 마지막 절 참조).

영어권 밖에서는 잘 인지되지 않는 이론과 관행 사이의 위와 같은 분기는 영미 전통에서 독일의 원전 비평 모델에 보다 수용적이었다면 일어나지 않았을 것이다. 원전 비평이 영국고고학의 주요한 방법 중 일부가 되지 않은 이유 중 하나는 그에 대한 영국 역사학자들의 무관심과 관련되었을 수 있다. 이미 거론되었듯 콜링우드에게 있어 텍스트의 의미가 그 신뢰성보다 중요한 경우가 많다는 점에서 역사학에서 원전 비평은 제한된 해석 방법이었다. 비록 이러한 관점에서는 원전 비평을 외적 또는 텍스트적 비평과만 동일시하였지만 말이다. 이는 신뢰성이 중요하지 않아서가 아니라 신뢰성만이 문제가 되는 것이 아니어서였다. 여러 측면에서 이는 차일드가 *과거 연결하기*라는 책에서 보인 바로 그 태도였다. 이는 증거의 존속에 대한 차일드의 언급이 '고고학적 기록'이라는 제목이 명시적으로 붙은 장에서가 아니라 서론에서 나타나고, '고고학적 기록'이라는 장에서는 발견물 연합과 형식학이 다루어진다는 점에서 특히 그러하다. 이는 현대 독자에게 이상한 챕터 제목으로 보일 수 있지만 차일드가 무엇을 고고학자들이 마주한 주요한 방법론적 문제로 여겼는지를 드러낸다. 즉 차일드는 물질문화 복원에 대한 고고학적 조건

보다는 물질문화 자체에 대한 해석을 고고학의 방법론적 문제로 중요하게 여겼던 것이다. 이에 대해서는 4장에서 다시 다루겠다. 이미 밝힌 현장작업이나 증거의 대표성에 대한 차일드의 관심 부족에도 불구하고, 20세기 중반 영국 고고학자들에게 현장작업의 질은 주요한 관심사가 되었다. 그러나 그러한 관심사가 고고학적 기록의 해석을 둘러싼 명확한 이론적 담론에 점차 연결되게 된 것은 북미에서였다. 1960년대 후반에 발전한 표본추출이론의 등장은 북미와 유럽에서 고고학적 방법론의 핵심적 부분이 되었고, 외적 원전 비평과 거의 같은 일련의 문제, 즉 고고학적 기록의 대표성 문제와 실질적으로 연관되었다.

::영미권의 대안: 표본추출이론

귀납적 과학에 대한 휴얼적인 모델은 항상 해석에 대한 명시적 모델로서는 아니라 하더라도 적어도 자료 수집으로서의 현장작업과 관련하여 암묵적으로는 오랫동안 영미고고학적 사고에 꽤 깊이 자리잡고 있었다. 그러나 1950년대 고든 윌리와 필립 필립스의 연구에서 드러나는 것처럼 이는 혹독한 비판의 대상이 되었는데, 이들은 이를 해석에 대한 퍼즐 맞추기 관점이라고 적절히 표현하였다:

> 대개의 경우 적절한 현장작업, 주의 깊은 분석과 분류가 이루어지면 고고학자는 자신의 책무를 과학과 사회로 넘겼다. 전반적인 문제는, 이것이 문제로 여겨지는 한에 있어서, 문화-역사적 세계에 미리 존재하고 있는 질서를 조금씩 발견하여 충분한 조각이 함께 맞추어지게 되면 그 윤곽이 기적적으로 드러날 것이라는 생각이었다. 고맙게도 고고학은 '이론적인' 과학이 아니라 '당신이 열성을 기울일 수 있는' 무언가였다.
>
> (Phillips and Willey 1953: 615)

윌리와 필립스 외에도 많은 이들이 위와 같은 귀납적 경험론에 대해 재고할 필요가 있다고 주장했다. 그러나 이를 대체할 새로운 모델로서 논리실증주의가 북미 고고학자들에 의해 명시적으로 채택된 것은 1960년대에 와서였다. 대개 포괄적인 법칙의 형태를 띠는 보다 연역적인 인식론에 대한 요구가 증가된 1970년대에 나타난 수많은 논문과 책을 여기서 다 검토할 수는 없다(가장 자세한 검토 중 하나로 Gibbon 1989 참조). 북미 밖에서 이 주제에 대한 관심은 그리 두드러지지 않았다. 프랑스에서는 신고고학에 대한 코빈(Courbin [1981] 1988)의 통렬한 비판적 검토를 제외하면, '논리주의'라는 이름 하에 설명에 대한 매우 상이한 접근이 이루어졌다(Gallay 1989; Gardin 1979; 그리고 Cleuziou et al. 1991 참조). 영국에서의 반응은 과학 전문 용어에 대한 순전한 반감(e.g. Hawkes 1968; Hogarth 1972)과 보다 환영하는 태도(Clarke 1972, 1973, 1978)로 갈라졌고, 한편 스칸디나비아에서는 논리실증주의에 대한 유사한 관심이 나타나고 있었다(Johansen 1982; Malmer 1984; 그리고 Myhre 1991 참조). 여기서 관련된 가장 주요한 문제는 고고학적 설명과 표본추출이론 사이의 연관성인데, 이에 대해서는 1967년에 발간된 하이저의 *고고학적 현장 방법 안내 Guide to Archaeological Field Methods* 제2판에 대한 빈포드의 검토에서 분명하게 제시되었다(Binford 1968b).

빈포드가 보기에 하이저의 책은 '비-과학적인 고고학적 조사를 위한 안내서'였는데 자료 수집이 요리책 설명서와 같은 지침을 따라 배울 수 있는 것이라는 인상을 주었기 때문이다; '비전문가로 하여금 고고학적 연구의 복잡성을 좀 경험하게 하기 위해서는 연구 계획, 자료의 질 통제, 표본추출에 주목할 필요가 있다'(Binford 1968b: 807). 여기서 빈포드는 현장작업에 대해 세 가지를 요구하고 있었다: (1) 왜 발굴을 하고 있는가 그리고 어떠한 자료가 관련이 있는가에 대한 성찰성; (2) 현장작업자 개개인의 특이성을 피하고 자료의 비교 가능성을 증대하기 위한 기록의 표준화; (3) 표본의 모집단 대표성에 대한 주의. 관련성, 비교 가능성, 대표성이라는 이 모든 요소들은 이후 체계적인 공간적 적용 범위와 대상 수집이라는 측면에서 문제 지향적이고 조사 정향적인 발굴, 견적에 따른 기록 기술, 표본추출 전략의 채택이라는 형태로서 고고학적 관행에 침투하였다(Lucas 2001a: 52-61 참조).

그러나 위와 같은 과정에 대한 논쟁도 있었다. 예를 들어 천홀은 두 가지 이유로 현장작업에 대한 위와 같이 새로운 정형화에 반대하였다: 첫째, 대부분의 고고학적인 현장작업은 구제적인 것이므로 빈포드(Binford 1964)나 프리츠와 플록(Fritz and Plog 1970)이 제시한 세부적인 사업 계획을 기다릴 수 없을 수도 있다; 둘째, 원래 수집 과정의 일부를 이루지 않았던 것은 이후의 연구에 쓸모가 없다는 주장은 근거가 없는 것이다(Chenhall 1971). 천홀의 생각은 오늘날에도 유효하다. 현재의 개발 주도적 고고학이 1970년대 전반 이후 먼 길을 왔지만 대개의 경우 고고학에서의 연구 계획이 틀에 박히고 원래의 의도를 잘 대표하지 못한다는 점에는 의심의 여지가 없다. 물론 문제는 관련성이라는 기준에 의해 시사되는 고고학 자료의 선별적 발굴과 기록은 총체적 기록에 대한 고고학적 책무와 충돌한다는 것인데, 이는 발굴이 파괴라는 관념을 전제로 한다(Mayer-Oakes, Swartz 1967: 487-488에서 인용; 다음 장 참조). 그러나 영국과 같은 다른 지역에서 고고학자들은 얼마 동안 고고학에 대한 문제 주도적인 접근이라는 사고를 촉구하였다. 이는 콜링우드에 의해 매우 뚜렷해졌는데, 콜링우드는 역사에 대한 문답적 접근의 중요성을 그에게 깨닫게 한 것은 그의 고고학 경험이었다고 하였다(Collingwood 1944: 25, 83-86; 또 Atkinson 1956: 199 참조).

빈포드와 그 외의 고고학자들이 과학적인 방법의 일부로서 자료의 질을 통제하기 위해 표본추출이론을 장려하였다면, 고고학적 기록에 대한 변화하는 개념과 보다 직접적인 관계를 드러낸 것은 다른 고고학자들이었다. 이들 중 첫 번째는 조지 카우길인데, 그는 1970년 고고학적 기록을 민족지적 모집단, 물리적 순서, 물리적 발견물이라는 세 모집단의 관점에서 볼 것을 제안하였다(Cowgill 1970). 카우길은 일반화 전에 고고학자가 이용 가능한 한정된 자료군이 일반화에 충분한가를 알 필요가 있다고 하였다. 카우길이 보기에 문제는 고고학적 기록이 그가 물리적 발견물군이라고 부른 것, 즉 보존되어 발견될 수 있는 인간 행태의 물리적 순서로 구성된다는 것이다(Cowgill 1970: 162-163). 카우길에 의하면, 고고학자는 민족지학자로서 행태에 접근할 수 없고 그러한 행태의 물리적 결과에도 접근할 수 없으며 단지 그러한 물리적 순서의 잔존물에만 접근할 수 있다. 또 고고학자는 대개 이러한 모집단의 표본만 발견할 뿐이다. 카우길은 물리적 발견물군을 물리적 순서군과 구별하는 것이 특히 중요하다고 보았는데, 전자는 대개 후자의 매우 축소된 버전이기 때문이다. 물론 이 점은 형성이론 발달에 중심적인 역할을 하였다(3장 참조). 카우길은 자신의 논문 나머지를 그러한 물리적 발견물군 또는 그 표본을 통한 통계적 추론의 약화 문제 검토에 할애한다.

1975년 마이클 콜린스는 표본추출 편향의 원인에 대한 논문에서 고생물학의 우발 순서라는 개념을 차용하여 카우길의 생각을 확장하였다. 주요 원리는 물질문화의 원래 패턴은 민족지적 맥락에서 관찰되는 것과 유사하게 고고학적 자료가 되기 전에 일련의 축소 과정을 거친다는 것이다. '[물질문화의] 이러한 패턴이 노출된 우발의 순서를 알아봄으로써 편향의 출처에 대한 고고학적 통제를 평가할 수 있는 구조가 제공될 수 있다'(Collins 1975: 27). 콜린스는 편향의 일곱 가지 원천을 제시하였다:

(1) 모든 행태가 패턴화된 물질문화를 낳는 것은 아니다.

(2) 패턴화된 물질문화를 낳는 모든 것이 고고학적 기록이 될 수 있는 것은 아니다.

(3) 고고학적 기록이 될 수 있는 모든 것이 고고학적 기록이 되지는 않는다.

(4) 고고학적 기록이 된 모든 것이 보존되지는 않는다.

(5) 보존된 모든 것이 무한히 존속되지는 않는다.

(6) 무한히 존속되는 모든 것이 고고학자에 의해 노출되지는 않는다.

(7) 고고학자에 의해 노출되는 모든 것이 고고학자에 의해 확인 그리고/또는 인지되지는 않는다.

편향에 대한 이 목록에서 흥미로운 점은 과거의 물질화 과정, 시간이 흐르면서의 보존, 그리고 현재의 발굴 사이에 표현된 연속성이다. 콜린스는 문제를 과거 행태와 그 행태의 현재적 잔존물 사이에 존재하는 불연속성의 순서 이해에 관한 것으로 명시적으로 기술하였다(Collins 1975: 29). 이 목록의 중요성은 고고학적 기록의 불완전함의 문제를 고고학적 아카이빙 그리고/또는 수집의 불완전함과 연결시킨다는 것이다. 이러한 연관은 형성이론이나 물질성에 대한 접근에서 대개 분리되었다(3장과 4장 참조). 현재의 표본추출이론에서도 콜린스의 목록에서 마지막 두 편향의 출처를 주로 다룸에 따라 위와 같은 연속성을 대부분 잃어버렸다. 고고학적 기록의 상이한 측면을 그렇게 분리하는 것에는 문제가 있는데 - 물론 이는 이 책을 쓰게 된 핵심 동기이다 - 이러한 분리는 고고학적 담론에서 점차 체계화되었다(이에 대해서는 6장 참조).

다니엘은 1972년 7단계의 축소라는 유사한 틀을 제시하면서 살아 있는 모집단과 관련되는 역사적인 요인, 퇴적 후의 요인, 그리고 연구라

는 세 가지의 인과적 요인을 강조하였다(Daniels 1972: 202-204). 데이비
드 클라크 역시 위와 유사하면서도 보다 응축된 안을 제시하였다(Clarke
1973: 16):

(1) 과거 활동의 전 범위
(2) (1) 중 퇴적된 것의 표본과 흔적
(3) (2)의 표본으로서 발견될 수 있도록 존속된 것
(4) (3) 중 발견된 것의 표본

이로부터 클라크는 이러한 영역들 사이의 관계를 다룰 일련의 이론을
제안하였다. 클라크의 전-퇴적이론과 퇴적이론은 (1)과 (2) 사이의 관
계, 후-퇴적이론은 (2)와 (3) 사이의 관계, 발견이론은 (3)과 (4) 사이의
관계를 다루었다. 여기에 클라크는 분석이론과 해석이론이라는 두 가지
다른 수준의 이론을 더하여 위 네 영역 모두를 연결하였다(5장 참조). 이
어 설리번은 클라크의 사고를 좀 더 발전시켰는데, 특히 흔적 생성의 중
요성에 초점을 두어 위와 같은 접근을 초기의 형성이론과 연결하였다
(Sullivan 1978).

　여러 면에서 고고학적 기록에 대한 이론적 문제와 동떨어져 있는 오
늘날의 표본추출이론은 카우길, 클라크, 콜린스에 의해 제기된 것의 매
우 축소된 버전이다. 이는 여기서 개괄된 여러 단계를 대상 집단과 표본
집단이라는 첫 번째 영역과 마지막 영역으로 무너뜨림으로써 발생한 결
과이다. 이 모델도 1970년대에 함께 등장하였지만(Chenhall 1971; Cherry
et al. 1978) 장기적인 측면에서 봤을 때 표본추출이론에서 훨씬 영향력이
있었다. 그 이유는 명확한데, 오톤이 지적한 것처럼, 위와 같은 이원적
특징화는 전체 주제를 두 별개의 영역으로 나눈다. 첫 번째는 고고학적

표본, 즉 발견된 것과 표본 집단, 즉 고고학적 기록으로 존재하는 것 사이의 관계이고, 두 번째는 표본 집단과 대상 집단 사이의 관계이다(도면 2). 고고학에서의 표본추출이론과 확률이론은 대부분 전자와 관련되고, 후자는 형성이론에 대한 이론적 문제이다. 가장 중요한 점은 표본추출이론에서 고고학적 표본, 표본 집단, 대상 집단이라는 각 영역은 그 존재론적 상태라는 측면에서 블랙박스 안에 넣어질 수 있다는 것이다. 왜냐하면 문제가 되는 것은 무엇이 상자 안으로 들어오고 나가는가를 이해하는 것이기 때문이다(Orton 2000: 41, 도면 3.1).

이러한 블랙박스 안에 넣기의 결과로 현대의 표본추출이론은 대개 고고학적 기록을 대상 집단에 대한 고고학적 표본의 대표성이라는 측면에서 통계적으로 다룬다. 예를 들어 한때 온전했던 토기의 깨어진 조각으로서 토기편이 지닌 문제를 생각해 보자. 형성이론과 같은 접근에서는 토기의 깨짐과 토기편의 분산 과정을 이해하고자 한다면, 표본추출이론에서는 토기편이 전체 토기를 얼마나 대표하는가를 이해하고자 할 것이다. 그래서 전자는 토기편 크기와 마모 정도를 통해 파편의 위치를 파악

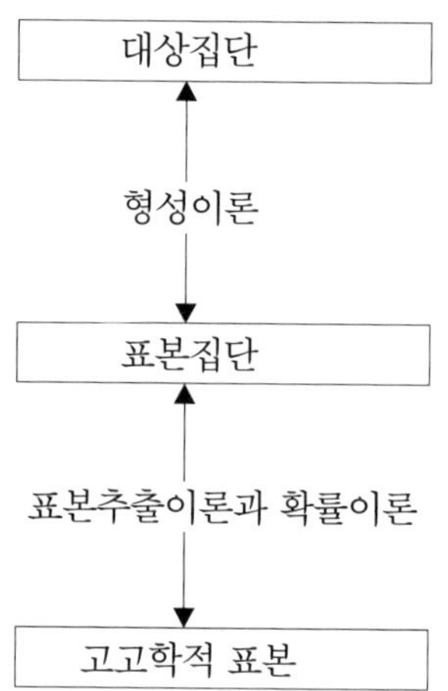

도면 2 단순화된 표본추출이론과 그 형성이론으로부터의 분리

하고 파편을 결합하여 퇴적 후의 마모 분석에 주목할 것이고, 후자는 여러 정량화 척도(e.g. 개수, 무게, 비율)의 신뢰성을 검토하여 깨어진 정도를 추정하려 할 것이다. 이러한 논의는 위 두 접근이 서로 비호환적이거나 무관하다는 것이 아니라 두 매우 다른 이론 세트로 분기되었다는 점을 지적하기 위한 것이다. 카우길, 클라크, 콜린스의 통합적 모델에서 같이 묶였던 이론적 주제들이 곧 파편화되고 도려내어져 형성이론, 표본추출이론과 같은 별개의 이론에 의해 다루어지게 되었다.

::불완전함과 총체적 기록

1950년대 이후 고고학적 기록 개념에 나타난 변화는 불완전함이라는 사고를 중심으로 요약될 수 있다. 존속과 보존에 관한 그라함 클라크의 일반적인 수준에서의 강조에서부터 원전 비평과 표본추출이론에 대한 보다 이론적인 모델에 이르기까지, 점차 여러 고고학자들을 사로 잡았던 문제는 고고학적 기록의 파편적 특성을 어떻게 다룰 것인가였다. 앞서 논의된 것처럼 이는 고고학자들이 이미 인지하고 있었던 것이었지만 19세기와 20세기 전반에는 주요한 고고학적 관심사가 아니었던 것으로 보인다. 심지어 차일드에게도 이는 별다른 문제가 되지 않았다. 더 이전의 고고학자에게 보다 문제가 되었던 것은 불완전한 수집품에 관한 것이었다. 이는 다른 이들에게 의존하기보다는 직접 현장작업을 하고 그와 함께 체계적이고 꼼꼼한 발견 방법을 구축함으로써 시정될 수 있는 부분이었다. 그러나 문제가 수집의 측면에서 틀 지어져 언제 수집이 완전한가가 그 핵심이 되었다. 분류 내의 긴장, 똑같은 물건과 독특한 물건 사이의 긴장이 끝없이 작동될 수 있기 때문에 이에는 쉬운 대답이란 있을 수 없었다. 그리고 앞서 살펴본 것처럼 고고학자들은 대개의 경우 고고학적 자료가 분류의 형태로 일반화될 수 있는 정도에 대해 서로 매우 다른 의견을 지니고 있었다. 1950년대부터 이 문제는 덜 시급한 것이 되었는데, 불완전함에 대한 초점이 수집품에서 땅 속의 물질로 옮겨졌기 때문이다. 일차적으로 고고학적 기록의 불완전함은 더 이상 불완전한 수집품이 아니라 불완전한 증거나 자료에 관한 것이 되었다. 인식론의 문제에 초점을 둔 이론적 담론의 동시적인 출현도 바로 이 때문이다. 또 이는 원전 비평과 표본추출이론을 통해 표현된 바와 같은 방법론적 관심사 증대의 이유이기도 하다.

자료의 불완전함과 존속 문제 강조에 있어 고고학적 원전 비평과 표본추출이론이 당시에 등장한 것은 우연이 아닐 것이다. 19세기 후반부터 유럽과 북미의 고고학적 유산을 보호하고 관리할 필요에 대한 인식이 생겼는데, 이는 물론 그보다 더 이전으로 거슬러 올라갈 수도 있다 (e.g. Cleere 1984). 그러나 토지 개발과 도시 개발이 대규모로 이루어져 1970년대 전반 문화적 또는 고고학적 자원 관리에 대한 현재적인 관행이 출현하게 된 것은 2차세계대전 이후의 일인데, 이는 현재의 법률과 조직을 형성하고 있다(e.g. Darvill 2004; Hunter and Ralston 2006; Johnson and Schene 1987; Tainter 2004; Willems 1998). 구제고고학의 등장은 고고학적 잔존물의 보존과 파괴 문제를 고고학의 전방으로 가져왔고 고고학적 기록의 불완전함에 대한 사고의 변환에 일조했다. 고고학자들은 처음으로 고고학적 원전 물질의 부서지기 쉬운 성질과 고고학적 물질이 얼마나 쉽게, 그것도 대규모로 사라질 수 있는지를 통렬히 깨닫게 되었다. 이러한 인식은 다시 재생 불가능한 자원으로서의 유산이라는 현재적인 관념으로 구체화되었다. 따라서 현재의 보존 문제가 증거의 존속 및 고고학적 기록의 불완전함에 대한 보다 일반적인 성찰로 확장된 것은 놀라울 일도 아니다. 이러한 인식의 이면에는 고고학 자체가 바로 이 파괴에 공헌했다는 인식이 있었고, 이는 발굴에 관해 오랫동안 인정된 사항이다

(Lucas 2001b 참조). 이는 과거를 이해하기 위해서는 그 흔적을 파괴할 필요가 있고, 그러한 흔적을 보존하기를 원한다면 제공되는 정보의 양에 심각한 제한을 받게 된다는 표면적인 모순으로 이어졌다.

::발굴의 모순

발굴이 파괴라는 사고는 발굴 과정에 대한 20세기의 거의 모든 주요 텍스트에 만연해 있다(e.g. Atkinson 1946: 16; Barker 1982: 12; Coles 1972: 133; Kenyon 1964: 68; Leroi-Gourhan 1950: 2; Petrie 1904: 48; Wheeler 1954: 15). 이러한 모순은 구제고고학의 여파로 증가되어 고고학자의 책무에 대한 윤리적 책임을, 역설적이게도, 위험에 처하지 않았거나 '안전한' 유적을 발굴하고 있는 고고학자가 느끼지 못할 방식으로 부각시켰다. 이는 고고학자와 개발자 모두에게 파괴에 대한 위협을 두 배로 하여 이러한 모순에 대한 인식을 증대시켰다. 그 결과 고고학자에게 놓인 짐도 배가된 것처럼 보였고, 이것이 바로 이러한 모순에 대해 부분적 또는 제한된 발굴과 총체적 기록이라는 두 다른 반응이 나타나게 된 이유이다. 전자는 대개 PARIS(preserving archaeological remains in situ: 고고학적 잔존물을 그 자리에 보존하기)로 알려진 원리를 전제로 하였고, 후자는 보존의 대체적 형태로서 유적 아카이브, 즉 기록에 의한 보존을 전제로 하였다(Corfield et al. 1998). 예를 들어 1990년대 영국의 유산 관리 정책안 PPG16에서 이 두 방안의 매우 엄격한 버전이 제정되었다:

원 위치에서의 물리적 보전이 가능하지 않다면 '기록에 의한 보존' 목적의 고고학적 발굴이 수용 가능한 대안이 될 수 있다 … 고고학적 관점에서 이는 차선의 선택으로 여겨져야 한다. 과학으로서의 고고학은 빠르게 발전하고 있다. 발굴은 미래의 기술을 통해

현재보다 많은 정보를 획득할 수 있는 (이동 가능한 유물을 제외한)
자료의 총체적 파괴를 의미한다 … 따라서 중요한 고고학적 잔존
물에 대한 원 위치에서의 보존이 거의 항상 선호되어야 한다.

(역사적 건축물과 기념물 위원회 1991: A13)

비록 언어는 다르고 아마도 약간 부드러워지긴 했지만 대체로 동일한
태도가 새로운 영국 정책 문서 PPS5에서도 유지된다:

지정된 유산의 보존에 유리하도록 추정되어야 하고 지정된 유산
이 중요할수록 더욱 그러해야 한다. 한번 잃게 되면 유산은 대체
될 수 없고 그러한 손실은 문화적, 환경적, 경제적, 사회적으로 영
향을 미친다.

(지역 공동체와 지자체 부서 2010: HE9.1)

우리의 과거에 대한 문서적 기록은 유산을 보전하는 것만큼 값지
지 않다.

(지역 공동체와 지자체 부서 2010: HE12.1)

부분적 발굴이라는 첫 번째 방안은 미래의 고고학자들이 발굴을 더 잘
할 것이라고 기대하여 제안되었다. 이러한 사고는 새로운 것이 아니지
만(e.g. Randall-MacIver 1933: 11; 그러나 반대의 입장에 대해서는 Droop 1915:
2 참조) 1980년 필립 바커와 오랄프 올센 사이에서 뜨거운 논쟁의 주제
가 되었다. 바커는 그 이전의 고고학자들처럼 발굴을 파괴의 한 형태로
인정하였지만 동시에 총체적 발굴 옹호자이기도 하였다. 총체적 발굴에
대한 바커의 안은 대개 제한된 트렌치 발굴과 다른 대규모의 수평적 노
출을 장려하는 것으로 여겨졌다. 유적의 전부 또는 적어도 충분히 넓은

범위를 발굴하지 않으면 유적을 이해할 수 없다는 생각에서였다. 몇 년
후 레이놀즈와 바버는 현장작업에 대한 문답법 또는 문제 정향적 접근
에 대한 비판을 소규모 표본 트렌치 발굴의 한계와 연결시켜 위와 유사
한 주장을 하였다(Reynolds and Barber 1984: 96). 그러나 덴마크 고고학자
오랄프 올센은 바커 등을 고고학자는 고고학적 기록 파괴에서 예외라는
사고를 조장한다고 크게 비판하였다(Olsen 1980). 바커의 대응은 매우 인
상적이었다. 바커에게 있어 문제는 노출 발굴 대 트렌치 발굴 그리고 표
본 크기에 관한 것이었다. 바커는 총체적 발굴이 규칙이 되어야 한다고
주장한 적이 없다. 올센은 구제 발굴을 제외한 어떤 경우에도 총체적 발
굴을 반대하는 것처럼 보임에 반해 바커는 때로 총체적 발굴이 필요하
다고 보았다:

이 문제는 거리를 두고 봐야 한다. 아무리 나처럼 과격한 사람이
라 해도 먼저 축조된 목재 사원의 평면을 발견하기 위해 스톤헨지
의 총체적 발굴이나 파르테논의 제거를 지지하지 않을 것이다. 나
는 트헤보와 피르카트 (이들이 여전히 손상되지 않았다면) 발굴에 대해
회의적인데, 이들은 전 유럽에서 매우 작은 유적에 속하기 때문이
다. 그러나 [바커가 발굴한] 헨 도멘 유적은 영국에 존재하는 수
백 개소의 모트-앤-베일리 성 중 하나에 불과하고, 수 천 개소가
존재하는 유럽에서는 말할 것도 없다. 따라서 그렇게 많은 예 중
하나에 대한 총체적 발굴은 그렇게 극악무도한 것이 아니고, 이를
통해 목재 성에 대한 일련의 완전한 평면도를 처음으로 얻을 수
있을 것이다. 이는 아무리 많은 트렌치 조사를 통해서도 이룰 수
없는 것이다.

(Barker 1980)

이는 완전한 수집품에 대한 19세기의 문제, 즉 동일한 형식의 토기에 대한 예를 얼마나 가지고 있어야 충분한가에 대한 문제를 거꾸로 재생하고 있다는 점에서 흥미롭다. 분류를 위해서는 하나면 충분하지만 고고학자는 항상 자신의 코퍼스를 위해 가능한 많은 예를 원했다. 왜냐하면 어떠한 일반화 체계도 역사의 특수성을 다 포착할 수 없기 때문이다. 이제 동일한 주장이 거꾸로 이용된다: 당신이 모트-앤-베일리 성에 대한 수백 개의 예를 가지고 있다면 분명 그 중 하나나 둘은 전면 발굴될 수 있고, 일반적 형식의 예로서 하나나 둘이면 충분하다. 그러나 이 문제에 관해 바커는 일관적이지 않다. 바커의 책 기술 *Techniques*의 서론에서 바커는 각 유적이 독특하다는 사고를 다시 긍정하고 있기 때문이다(Barker 1982: 12). 그렇다면 도대체 어떻게 한두 가지 예가 충분할 수 있을까? 여기서 고고학적 기록에 대한 새로운 개념이 개발됨에 따라 일반화하는 학문이자 특수화하는 학문으로서 고고학이 지니는 양면성이 어떻게 점점 더 복잡해지는지를 볼 수 있다. 그러나 보다 일반적으로 부분적 발굴, 즉 원 위치에서의 보존이란 사고 뒤에 있는 풍조는 그 자체로 모순적이라고 할 수 있다. 1994년 영국현장고고학자협회에서의 기조 연설에서 마틴 비들은 보존이 그 논리적 극단으로 이루어지면 더 이상의 발굴은 없을 것이고 궁극적으로는 더 이상의 지식도 없게 될 것이라고 주장했다: '우리가 이해하지 못하는 것을 보전할 수는 없다'(Biddle 1994: 17). 비들에 의하면, 미래의 고고학자들이 경험이 없고 훈련을 쌓을 유적이 없다면 어떻게 그들이 현재의 고고학자들보다 유적 발굴을 잘 할 수 있겠는가? 또 미래의 세대도 미래를 위해 발굴을 하지 않는다는 사고를 지지한다면 발굴은 결코 도래하지 않는 현재로 연기되기만 할 것이고 유적은 영구히 보존될 것이지만 이는 누구를 위한 것도 아니게 되어 보존이란 어폐가 될 것이다.

파괴로서의 발굴이라는 모순에 대한 두 번째 대응은 고고학자가 현장에서 만드는 기록, 즉 평면도, 구획도, 단면도, 맥락 용지, 공책, 사진 등에 기대는 것이다. 이는 발굴 행위를 정당화하고 은연중 발굴에 과학적이거나 학문적 위상 또는 이러한 위상에 대해 평가할 수 있는 가능성을 부여한다. 더욱 중요한 것은 이러한 기록이 유적의 대체물 역할을 하면서 유적을 대신하게 된다는 점이고, 아카이브 목적 또는 기록에 의한 보전이라는 사고가 여기서 나온다(Roskams 2001).

아카이브 목적이라는 개념은 언제나 애매했다. 이에 대한 가장 오래된 비판 중의 하나가 '분석적 발굴'이라는 레이놀즈와 바버의 논문에서 발견된다(Reynolds and Barber 1984: 97). 이 논문에서 이들은 틀에 박힌, 견적에 의한 기록 경향을 공격하는데, 이들에게 이는 결과 생성을 위한 구제 고고학의 요구에 의해 추동된 것이다:

> 기록 기술에 대한 강조는 전체 유적을 몽땅 물리적 기록으로 변형하려는 시도에 대한 대응이다. 실제로 이는 너무나도 빈번히 (원래 적극적인 과정인) 관찰이 수동적이고 기계적인 기록에 자리를 내준다는 것을 의미한다. 최근에는 유적에서 이루어지는 기록의 실제적인 형태가 점점 더 '직접적인 아카이빙'과 (제한된) 출판에 따라 설계되게 되었다 … 이로 인해 고고학자는 유적에 관한 불편한 진실에 대해 생각하는 대신 이를 아카이브화하여 미래의 몫으로 남겨 두도록 권장된다.
>
> (Reynolds and Barber 1984: 97)

기록의 기계적인 성격 그리고, 보다 중요하게, 그로 인한 해석의 연기에 대한 이들의 비판은 여러 측면에서 원래는 기록이 해결하도록 된 새로

운 모순을 제시하였다. 해석을 어떤 미래의 시점으로 연기한다는 것은
어떠한 주어진 미래의 해석이 만들어 낼 모든 가능한 정보를 기대한다
는 것을 전제로 한다. 이는 고고학사가 너무나도 잘 보여 주는 것처럼 명
백히 불가능하다. 그렇기 때문에 이는 아카이브 목적이라는 개념 전체를
의심케 한다. 그러나 이러한 믿음이 아카이브 목적에 얼마나 널리 또는
깊이 자리잡고 있는지에 대해서는 의문의 여지가 있다. 로스캄스는 아카
이브 목적이라는 개념이 그 철학을 진실로 추종하여서라기보다는 적절
한 재정 지원을 얻는데 도움이 될 수 있는 수사적 효과를 위해 사용되었
을 수 있다고 본다(Steve Roskams, 개인적 대화, 2010년 12월 3일). 여기서 두
가지 문제가 구별되어야 할 필요가 있다. 하나는 객관적이고 완전한 기
록으로서의 아카이브에 관한 것이고, 다른 하나는 유적에 대한 이후의
해석이나 재해석의 기반이 될 수 있는 아카이브의 역할에 관한 것이다.
이 둘은 같은 것이 아닌데, 많은 이들이 후자를 따랐고 전자를 정말로 믿
었던 사람은 거의 없을 것이다.

1980년대 후반부터 현장에서 고고학의 객관적인 기록을 생산한다
는 사고가 격렬한 비판의 대상이 되었다(e.g. Andrews, Barrett and Lewis
2000; Bender, Hamilton and Tilley 1997, 2007; Carver 1989; Chadwick 2003;
Hodder 1997, 1999, 2000; Lucas 2001a; Richards 1995; Tilley 1989). 그러나 역
설적이게도 이러한 비판은 종종 기록의 형태 및 방법의 다양화와 짝을
이루었는데, 이에는 일지 및 견적지 사용의 부활, 평면도와 단면도에 대
한 대안적인 시각적 재현, 비디오 매체 채택, 심지어 현장작업에 인류학
자를 포함하는 것 등이 포함된다(e.g. Hodder 2000 참조). 발굴에 대한 이
러한 지나친 기록이 실제로는 총체적 기록에 대한 지속적인 염려를 드
러내고 따라서 이론과 관행 사이의 미묘한 모순을 나타낸다고 생각해도
좋을 것이다. 모든 고고학자가 발굴은 파괴라고 교육 받고 그래서 무거

운 윤리적 짐이 고고학자가 생성하는 기록에 놓여 있을 때 총체적 기록에 대한 위와 같은 염려를 하지 않기란 어렵다. 이러한 문제는 결국 고고학에서의 현장작업의 중요성 문제와 증언으로서의 아카이브에 대한 문제로 다시 돌아오게 한다. 고고학자는 역사학자와 달리 자신의 아카이브를 '만들어야' 하기 때문에 고고학자의 문제는 일차적으로 증언 생성에서 어떻게 신뢰성을 구축할 수 있는지에 관한 것이지 증언을 읽거나 수용하는 것에 있어서의 신뢰성 구축에 관한 것이 아니다. 원전 비평과 표본추출이론에 대한 모든 문제가 결국에는 고고학자가 생성하는 기록의 질에 대한 문제에 의해 선행된다. 이는 불완전한 수집품에 대한 19세기의 원래 문제로 다시 되돌아가게 한다. 요약하자면 파괴로서의 발굴이라는 모순에 대한 두 가지 '방안'은 새로운 모순으로 이끈다는 것이 드러났는데, 두 방안 모두 현재의 관행과 미래의 기대 사이의 비현실적인 연계에 달려 있다. 이러한 모순의 중심에는 고고학적 기록의 불완전함에 대한 염려가 남아 있다.

03

형성이론

'형성이론'은 형성과정과 고고학적 기록에 대한 문제를 다루기 위한 여러 접근을 포괄하기 위해 필자가 이 책에서 사용하는 용어이다. 형성이론을 주제에서 중복되는 다른 접근과 구별하는 것이 중요한데, 원전 비평 및 표본추출이론과의 구별이 특히 중요하다(2장 참조). 앞 장에서 개괄한 것처럼 원전 비평이나 표본추출이론에서도 형성과정이 다루어지지만 이들의 일반적인 관점과 출발점은 매우 다르다. 이러한 차이를 특징짓기 위한 한 가지 방법은 시간관을 통해서, 즉 시간을 현재에서 과거로 되돌려 보는가 아니면 현재를 과거의 미래로서 내다 보는가이다. 원전 비평, 표본추출이론, 형성이론 모두 고고학적 기록을 현대적 현상으로 보지만 매우 다른 관점에서 그렇게 본다. 이를 표현하기 위한 한 가지 방법은 적용되는 주요한 개념을 통해서이다. 원전 비평과 표본추출이론은 불완전함이라는 개념에서 출발하여 그 간극을 메우려 한다. 반면 형성이론은 살아 있거나 역동적인 맥락이라는 개념에서 출발하여 정적인 맥락으로의 그 변형을 이해하려 한다. 형성이론은 어떤 의미에서 고고학적 기록을 종착점, 지나간 현재의 미래로 본다. 반면 원전 비평과 표본 추출이론은 대개 이를 출발점, 과거 총체성의 파편화된 현재로 본다. 이 것이 시간을 되돌려 보는가 또는 내다 보는가의 의미이다. 이러한 차이 는 위 각각의 접근과 결합된 방법론적 작업의 특성에 드러난다. 예를 들 어 형성이론의 경우 유물의 사용-삶과 폐기 속도에 관한 연구, 그리고 원전 비평과 표본추출이론의 경우 연구 상태나 대표성의 중요성에서 그 러하다. 그러나 그 정향에서의 차이는 미묘하여 필자가 제시했던 것처럼 항상 명확하지는 않다. 또한 북미와 유럽 사이의 상이한 전통 또는 자연 과학 대 인문과학으로서의 고고학의 과학적 특성에 대한 상이한 인식과 같이 다른 요인들도 마찬가지로 중요하다.

형성이론 자체 또한 고고학적 기록에 대한 반드시 한결같거나 일관 적인 접근이 아니다. 가장 직접적으로 지칭되는 것은 1970년대부터 공 통적으로 마이클 쉬퍼의 연구와 관련된, 형성과정에 대한 북미 모델일 것이다(Shott 1998 참조). 그러나 이 장에서의 필자의 형성이론 역시 보다 오래되고 국제적인 일련의 사고를 지칭하는데, 특히 층위 원리와 지질고 고학적인 접근을 지칭한다. 이러한 측면에서 이 장을 구조짓는 형성이 론 내에서의 주요한 구분, 즉 퇴적물 형성과 유형 형성 사이의 구분을 하 는 것이 유용하다. 고고학적 유적의 한 층이나 퇴적물을 발굴할 때 고고 학자는 보통 토양 매트릭스에서 발견물을 분리한다. 고고학자는 양자 모 두를 기록하고 모든 발견물을 보전함에 반해 토양에 대해서는 표본추출 만 할 수 있다. 고고학자는 이들이 연결된 단위를 이루고 따라서 모든 잇 따른 해석의 기반을 형성한다는 것을 알고 있다. 그러나 고고학적 분석 의 측면에서 이 하나의 단위는 보다 일반적으로 쪼개어져 두 주요한 정 향 중 한 가지 시각에서, 즉 발견물의 외피로서 또는 그 자체로 물리적인 실체로서 연구된다. 전자는 유형 형성 접근의 기반을, 후자는 퇴적물 형성 접근의 기반을 이룬다. 유형 형성과 관련하여 주요한 초점은 물건 그리고 물건이 어떻게 특정한 공간적 또는 퇴적 관계에 놓여지게 되는가에 두어진다. 퇴적물의 형성이 관련될 수 있으나 주요한 관심은 항상 물건에 대한 것이고 물건을 퇴적 이전의 역동적 또는 살아 있는 사회의 맥락으로 다시 연결하는 것이다. 그에 반해 퇴적물 형성과 관련하여 그 일차적 초점은 전체로서의 퇴적물 자체에 주어진다. 그러한 퇴적물 해석에서 물건은 중요한 역할을 하지만, 물건은 주요한 초점이 퇴적물의 물질적 매트릭스 그리고 다른 퇴적물과의 시간적 관계에 두어진 여러 측면 중 하나에 불과하다.

필자는 퇴적물 형성과 유형 형성 사이의 위와 같은 구분을 부분적으로는 층위에 대한 줄리 스타인의 논의에서 취하였지만(Stein 2000), 필자는 이를 약간 다른 방식으로 사용할 것이다. 누군가는 그러한 분리가 강요된 것이라고 보기도 하겠지만, 형성이론에서의 경험적 작업의 특성은 위와 같은 구분을 뒷받침하는 것으로 보인다. 따라서 이러한 두 측면을 연결하는 것에 보다 많은 주의를 기울어야 하는가에 대한 문제가 제기되는데, 이는 매우 상이한 경로를 취해 왔다. 이에 대해서는 이 장의 마지막에서 다시 살펴보고, 여기서는 먼저 두 접근을 별개의 것으로 고찰해 보겠다.

층위학과 퇴적물 형성

::층위학의 기원과 발전

층위는 지질학에서 고고학으로 도입된 지극히 단순한 개념이다. 이 개념은 통상적으로 덴마크 학자 니콜라스 스테노와 관련하여 17세기 후반으로 거슬러 올라가는데, '고체 안에서 자연의 과정에 의해 감싸인 고체의 몸에 관하여'라는 박사학위논문은 오늘날에도 사용되는 기본적 원리를 포함한다. 스테노의 특정 문제와 이것이 어떻게 층위라는 개념으로 이어졌는지를 다시 따라가 보는 것도 흥미롭다. 위 박사학위논문 제목이 문제를 잘 요약한다: 화석과 같이 단단한 물건이 어떻게 돌과 같이 다른 단단한 물건 안에서 나타날 수 있는가? 이 문제에 대한 그의 해결책은 간단하여 그는 다른 고체를 포함하고 있는 고체가 한때 액체였다고 보았다. 액체가 고체로 변형될 수 있고 그 역도 가능하다는 것을 여러 맥락(e.g. 얼음이나 물, 또는 야금술)에서 관찰할 수 있었겠지만 이러한 사고를 지구의 표면 자체에 적용한 것은 대담하였다. 스테노는 현재에서 관찰 가능한 과정, 특히 물과 불의 효과를 참조하여 이를 설명하였다. 보다 구체적으로 스테노는 상이한 지점에서는 그 주기의 상이한 단계에서 이러한 과정이 나타난다고 하며 이를 보이기 위해 투스카니의 예를 이용하였다(Steno [1669] 1962). 핵심은 단단한 몸을 유동성을 나타내는 용어와 형성과정을 통해 생각한다는 것이다. 이로부터 유체, 즉 침전물이 굳게 되면 새로운 유체가 쌓일 표면이 생기게 되고 이 반복을 통해 일련의 층이 생성된다는 이차적인 개념이 등장하였다(ibid.: 7).

스테노의 생각이 베르너, 허튼, 스미스, 라이엘과 같은 인물들을 통해 취해져 체계적으로 개발된 것은 18-19세기에 와서였다(Koutsoukos 2005; Stein 2000: 20-21). 지질학적인 층위 개념은 이후 중첩, 원래의 수평성, 원래의 측면적 연속성이라는 세 가지 원리로 체계화되었는데, 이 모두는 스테노의 원래 개념에 명확히 나타난다(Doyle, Bennett and Baxter 1994: 13-15): 어떠한 층 순서에서도 가장 이른 것이 아래에 있고 가장 최근의 것이 위에 있다(중첩성); 모든 층은 원래 중력 때문에 수평적으로 놓여졌다(원래의 수평성); 모든 층은 원래 외곽으로 확장되어 층이 퇴적되어 있는 표면의 가장자리에 의해 그렇게 되는 것이 방해 받지 않는다면 그 가장자리로 갈수록 얇아진다(원래의 측면적 연속성). 이들 중 분명 중첩성이 가장 중요하다. 실제에 있어 층위 기록에는 층위적 단위의 동정과 기술이 수반되는데 이는 주로 광물 구성이나 리소그라피에 기반하여 이루어진다. 층위 단위에 대한 동정과 단위들 사이의 경계 또는 부정합은 층위적 순서의 기반을 제공한다. 다음 이러한 순서는 환경적 역사의 측면에서 해석되는데, 이는 특정한 돌 그리고/또는 침전물 형식과 결합된 화석 생물체 사이의 관계를 검토함을 의미한다(Doyle et al. 1994). 고생물학적 자료와 암층위적 자료 사이의 이러한 결합은 대개 상(facies) 층위학이라고 지칭된다. 사건 층위 또는 순서 층위와 같이 특정한 측면에 주목하는 다른 종류의 구체적인 층위적 분석이 많다. 이는 환경적 역사에 대해 훨씬 더 자세하고 복잡한 재구성을 가능케 하였지만(e.g. Doyle and Bennett 1998) 스테노에 의해 처음 정형화된 기본 원리는 손상되지 않은 채로 남아 있다.

층위라는 개념이 지질학에서 고고학으로 유입되었다는 것에는 별다른 의심의 여지가 없어 보인다. 그러나 이 개념이 채택된 두 가지 방식 사이에서의 분기가 초창기부터 관찰된다. 첫 번째 방식에서는 지질학과의 밀접한 유대를 보전하였는데, 특히 층위를 형성과정의 측면에서 보는 것의 중요성을 보전하였다. 두 번째 방식에서는 대개 층의 순서적 구조에만 주목하여 형성의 측면이 간과되고 층위를 상대적인 연대측정 수단으로 축소하였다. 이 중 전자는 일차적으로 구석기 고고학과 관련된다. 이는 불가피했을 수도 있는데, 구석기 고고학은 지질학과 가장 가까웠기 때문이고 특히 인간의 오래됨 수립과 관련된 주제에서 그러했기 때문이다(Grayson 1983). 나중에 구석기 고고학이라고 불리게 된 것에 관한 연구는 사실상 오늘날 지질학자나 고생물학자로 불리는 사람들에 의해 수행되었음을 기억해야 한다. 조셉 프레스티치, 휴 팔코너, 윌리엄 펜겔리, 그리고 심지어는 자크 부세 드 페르테스와 같은 핵심 인물 모두가 원래는 환경 변동의 측면에서 지구 역사의 전개를 이해하는 것에 관심이 있었다. 멸종된 동물군을 포함한 층에 존재하는 인간의 유물은 19세기 전반 반복적인 논쟁의 원인이 되었다. 오래 전의 인간 종에 유리하도록 형세를 역전시킨 브릭스함 동굴의 유명한 유적은 이러한 논쟁을 명확히 하기 위해서가 아니라 환경적 역사의 순서를 보다 잘 설정하기 위해 발굴되었다(Van Riper 1993: 80-81). 이는 수평적 층을 따라 발굴된 첫 번째 동굴 유적이었고, 퇴적물의 층위화와 퇴적물에 있는 화석의 수직적 위치에 세심한 주의가 기울어졌다. 유물이 멸종된 동물군과 함께 출현하였을 때 학자들이 인간이 지구상에 이전에 생각했던 것보다 훨씬 오랫동안 존재했다고 최초로 확신하게 된 것은 바로 이 층위적 발굴법 때문이었다. 이로 인해, 유물의 맥락에 대한 층위적 정보를 제시한 18세기 후반 존 페레의 관찰 그리고 부서 드 페르드와 같은 동시대인들의 관찰에서처럼, 학자들은 인간의 오래됨에 대한 기존의 주장을 재평가하게 되었다. 차이는 층위적 관찰보다는 층위적 발굴이라는 브릭스함 동굴에서의 통제된 발견 방식에 있었다(Van Riper 1993: 86-88).

층위는 구석기 고고학에 핵심 개념으로 남았고 그 지질학적 기원과 친연성은 현재까지도 계속된다. 구석기 고고학에서의 층위는 지질학에서의 층위와 거의 같다고 해도 이론의 여지가 없을 것이다(e.g. Stern 1993). 층위에 대한 지질학적 개념과 고고학 사이의 마찬가지로 밀접한 연관이 선사시대 후반 패총 또는 부엌 쓰레기 더미에 대한 덴마크와 남부 스웨덴에서의 선구적 연구에서 발견된다. 이는 1848년 고고학자 워새, 동물학자 스틴스트럽, 지질학자 포차머를 포함한 학제간 사업의 일부로 시작되었다(Klindt-Jensen 1975; Kristiansen 2002). 이 사업은 19세기 후반과 20세기에 걸쳐 부엌 쓰레기 더미에 대해 이루어진 세 차례의 조사의 선례가 되었다. 이에는 고고학과 자연과학 사이의 밀접한 관계가 항상 포함되었는데, 이 중 1939년부터의 세 번째 조사는 특별히 생산적이었고 이로부터 유럽의 생태고고학이 발전하였다(Kristiansen 2002). 그러나 보다 넓은 유럽적 맥락에서 덴마크의 사례는 다소 이례적인데, 덴마크에서는 선사시대 후반, 고전, 중동 고고학에서 층위에 대한 매우 다른 접근이 개발되었다. 여기서 층위는 대개 상대연대측정 수단으로서의 순서로 환원되었고, 퇴적물이나 층의 형성은 주요한 관심사가 아니었으며, 그에 대한 기술 역시 주요한 관심사가 아니었다. 층은 주로 유물을 위한 '봉투'로 여겨졌고, 이는 물건의 층위라고 부를 만한 것을 가능케 했다. 층위 개념에 대한 최근의 검토에서 줄리 스테인은 고고학자들은 순서배열법, 역사 기록물과 같은 다른 연대측정법에 의존하고 있었기 때문에, 1970년대까지 이 시기에 대해 연구하는 고고학자들은 층위의 관련성조차 고려하지 않았다고 하였다(Stein 2000: 22-23). 이는 다소 지나친 단순화이고 여러 상이한 문제를 뭉뚱그린 것처럼 보인다. 유럽 고고학자들은 분명 층위의 원리를 이용하였지만 다만 형성과정의 문제를 간과한, 간략하게 줄여진 버전을 이용하여 순서적 구조에 초점을 두었다.

이는 매우 분명하여 예를 들어 1870년대 트로이에서의 슐리먼의 작업에서 슐리먼은 각 층을 서로 다른 '도시'와 관련시킨 넓은 층 개념을 채택하여, 16m의 고고학적 퇴적물 내에서 일곱 층을 (따라서 일곱 도시를) 가려내었다(Schliemann 1880; Schmidt 2002: 222 참조). 이는 오늘날 적용되는 복잡하고 다선적인 층위 순서와는 별다른 관련이 없고 단계나 수평면 개념과 보다 유사하지만 중첩성이라는 층위의 첫 번째 원리를 구현한다. 또 세 번째 도시-층의 벽에 대한 그의 조사가 나타내는 것처럼 슐리먼은 보다 작은 규모에서의 층위를 무시하지 않았다. 그러나 그러한 소규모 관찰은 체계적이지 않았고 통합된 층위적 순서를 구성하고자 하는 시도도 없었다. 단지 대규모 층이나 수평면에 대한 관찰과 임시 변통적으로 이루어진 소규모 관찰이 있었을 뿐이다. 슐리먼의 접근은 독특한 것이 아니라 그의 동시대인들이 사용한 모델을 채택한 것이었다. 예를 들어 트로이 유적의 원 발견자였을 수 있고 슐리먼에게 발굴 방법에 대해 조언한 프랑크 칼버트 역시 층위의 중요성을 꽤 잘 알고 있었다(Allen 1995, 1999). 슐리먼의 층위 사용은 현재적인 기준으로 본다면 매우 조야한 것이지만 건축물의 수평면이라는 모델을 따르고 수립하는데 도움이 되어 근동 고고학에 널리 유포되었고 1890년대 바빌론에서의 로버트 콜더웨이의 작업을 통해 체계화되었다(Micale and Nadali 2008).

워버튼은 슐리먼과 콜더웨이의 층위학이 일차적으로 유구 그리고 건축물의 순서와 건축물간의 동시성에 관한 것이었으므로 이는 사실 층위학이 아니라 형식학이었다고 본다(Warburton 2003: 3-10). 워버튼은 콜더웨이의 독일 학파에 대한 대안적인 성서 학파를 구성하였던 윌리엄 얼브라이트 등의 작업에 대해서도 같은 주장을 하였다. 유일한 차이는 얼브라이트가 유구보다는 유물에 초점을 두었다는 것이다. 핵심은 워버튼이 논한 것처럼 근동에서의 발굴법을 주도하는 이러한 학파는 층위학을 연대기와 순서로 환원하여 어느 학파도 층위학을 온전한 지질학적 의미로 사용하지 않는다는 것이다(Warburton 2003: 12). 분명 이러한 주장에는 많은 진실이 있고 이는 근동지역 밖에서 선사시대 후반부와 역사 고고학에도 보다 일반적으로 적용될 수 있다. 분명 고전고고학에서의 층위학은 대개 이러한 건축물-수평면 접근과 층을 봉투로 보는 관점을 따른다(Altekamp 2004). 매우 상이한 일련의 관심사를 통해서이기는 하지만 북미의 선사시대 후반부의 층위학 발달도 유사한 특징을 보인다. 순서배열법과 층위학 사이의 밀접한 관계는 계량적 층위학(Phillips, Ford and Griffin 1951: 240-241) 또는 비율 층위학(Lyman and O'Brien 2006)이라 불린 것의 발달을 가져왔다. 이는 서로 다른 수평면에서 발견된 유물의 비중을 편년적 단계를 설정하기 위한 수단으로 이용하는 방법이다(Stein 2000: 28-310). 이러한 접근의 기본은 임의적인 수평면에서 두껍고 동질적인 퇴적물로 보이는 것을 발굴하고 발견물의 수직적 위치에 기반하여 '숨겨진' 층위를 찾아내는 것이다. 영국에서는 19세기 후반 피트 리버스가 매우 유사한 개념을 사용하였다. 발견물의 깊이를 기록하면서 피트 리버스는 이른 시기의 유물보다 늦은 시기의 유물이 퇴적물에서 위에 또는 높이 놓여 있을 것이라고 가정하였다(Bowden 1991: 94, 155-156).

원래 고고학자들은 이러한 계량적, 또는 퇴적 층위학과 구별하여 유물 층위학이라고도 불리는 층위학과 자연적 층위학이라는 통상적인 지질학적 개념 구분에 매우 명확하였다(Phillips et al. 1951: 241; Stein 2000: 29-30). 고고학자들은 이러한 차이를 강조하기 위해 임의적 단위인 레벨이라는 개념을 층이라는 개념과 구별하였다. 그러나 스테인이 지적한 것처럼, 여러 동시대의 북미 고고학자들은 이를 잊어버리고 위 둘을 뭉뚱그리거나 유물 층위학만이 층위학인 것으로 생각하였다(Stein 2000: 31). 유럽에서 층위의 지질학적 개념과의 연관은 퇴적물에 대한 초점과 관련하여 훨씬 더 견고하였다. 1927년 왕립예술학회에서의 몰티머 휠러의 연설에서 층위학 또는 휠러가 층위화라고 부르는 것이 지질학에서의 한 예를 시작으로 하여 일련의 예를 통해 자세히 설명되었다(Wheeler 1927: 816-817). 휠러의 예는 퇴적물의 중첩이라는 동일한 기본 원리뿐만이 아니라 문화적 층위의 복잡성 그리고 관련된 여러 형성과정에 대한 예리한 인식을 나타낸다.

휠러는 물론 영국과 그 외 지역에서의 발굴 방법에 심대한 영향을 미쳤는데, 특히 휠러의 학생인 캐슬린 케니언을 통해 근동지역에 많은 영항을 주었고 이와 함께 층위학의 퇴적적 개념에도 큰 영향을 주었다. 휠러와 케니언은 층위를 일차적으로 편년적 방법으로 보았고, 이들은 어떤 면에서 층에 대한 건축물-레벨과 봉투 개념의 전승자였지만 휠러와 케니언이 이 문제를 그보다 훨씬 더 심각하게 여겼다는 점 또한 마찬가지로 명백하다. 근동지역에서 작업하는 북미 고고학자가 자신의 유적에서는 층위화를 찾아볼 수 없다고 한 것에 대해 휠러는 호되게 비난하면서 다음과 같이 반박한다:

> 물론 이는 말도 안 되는 소리이다. 위에서 언급한 저자는 '층위화'를 단순히 '연속적인 건축물-레벨'을 의미하는 것으로 여기는데, 이는 어떤 유적에서도 실제 건축의 단계를 보완하고 서로 연결할 것으로 기대되는 마찬가지로 중요한 층을 망각했기 때문이다. 사실은 위 관찰자가 관찰에 실패했을 뿐이다.
>
> (Wheeler 1954: 60)

휠러와 관련하여 모든 퇴적물 그리고 이러한 퇴적물 사이의 완전한 관계 세트에 주어진 중요성을 볼 수 있는데, 이러한 접근은 나중에 해리스의 매트릭스 체계로 체계화되었다. 또 이러한 층들은 단순히 발견물의 봉투가 아니었다. 각 퇴적물의 물리적 구성을 기술하기 위해 기울여진 주의 또한 기초적인 것이기는 하지만 명백하다. 예를 들어 휠러는 '인도의 고고학적 탐사' 작업 동안 그의 층위적 단면에 토양의 성질을 표시하기 위한 상징을 채택하였는데(Wheeler 1954: 77), 이는 이후 영국고고학에서 매우 일반적인 관행이 되었다. 그럼에도 불구하고 퇴적물에 대한 대부분의 기술은 오늘날의 기준을 통해 보면 상당히 기초적인 것으로서 '자갈', '모래', '성긴 흙'과 같은 단어들로 구성되었다. 보다 일반적인 것은 그 형성물의 측면에서 '벽', '바닥', '점유 퇴적물', '파괴면'과 같은 문화적 특성에 관한 무언가를 표시한 용어였다. 두 가지 형식의 기술, 또는 덜 적절하기는 하지만 보다 일반적으로 해석과 기술의 분리로 특징지어진 구별이 등장한 것은 1970년대가 되어서였다. 그래서 통상적인 기록 용지에는 암석학적 측면에서의 퇴적물에 대한 물리적 기술 다음에 대개는 형성과정적 측면에서의 해석이 나타난다.

위와 같이 다소 간략한 검토를 통해 층위에 대한 고고학적 개념은 상이한 시공간에서 여러 상이한 방식으로 이해되어 왔음을 알 수 있다. 층위에 대한 스테인과 워버튼의 퇴적물-정향적 개념과 유물- 또는 형식학-정향적 개념 구분은 단순하고 불필요하게 양극화되었지만 연속체의 두 극단을 강조하였다. 즉 한쪽 끝에서 층위는 단순한 순서로 환원되고, 다른 한쪽 끝에서는 형성과정에 대한 고려와 결합된다. 보다 중요한 문제는 고고학적 층위에 함축된 형성과정이 지질학에서의 그것과 실질적으로 다른가, 이 두 학문에서의 형성과정에 대한 개념이 서로 다른 방식으로 사고되어야 할 만큼 다른가 하는 것이다.

::고고-층위학적 기록의 형성과정

콜링우드는 지질학적 층위학과 고고학적 층위학 사이의 구분에 대한 가장 이른 그리고 아마도 여전히 가장 명료한 의견 중 하나를 제시하였다:

> 고고학자들은 고고학에서의 층위학적 방법과 지질학에서의 그것 사이의 유사성에 주의를 환기시켰는데, 분명 양자 간에는 그러한 유사성이 존재한다. 그러나 차이 역시 존재한다.
>
> 고고학자가 토기편 및 동전과 섞인 흙, 돌, 모르타르의 층, 그리고 그 위에서 나소 다른 형식의 토기편과 동전을 포함한 흙을

지탱하고 있는 판석층을 발견한다면, 이 고고학자는 위 두 토기편과 동전 세트를 지질학자가 화석을 이용하는 것처럼 이용하여 위두 층이 서로 다른 시기에 속한다는 것을 보이고 이를 다른 곳에서 동일한 형식의 잔재물을 포함하고 있는 층들과 비교하여 그 연대를 측정할 것이다.

쉽지만 틀렸다. 고고학자에게 있어 위와 같은 것들은 돌, 진흙, 금속이 아니고 석재, 토기편, 동전이다. 건물의 잔재, 가정용 식기의 파편, 교환 수단인 이 모든 것들은 지나간 시대에 속하여 그 시대의 목적을 고고학자에게 드러내는 것이다.

(Collingwood 1944: 74)

콜링우드가 말하고자 하는 것은 고고학적 퇴적물과 물건은 의도와 신념을 수반한 인간 행위와 관계되고 따라서 이는 완전히 다른 과정을 통해 형성된 자연적 퇴적물과 동일시될 수 없다는 점이다. 그런데 지질학적 층위학과 고고학적 층위학 사이의 위와 같은 구분에 대한 반응을 불러일으킨 것은 콜링우드가 아니라 에드워드 해리스였다. 이는 아마도 콜링우드의 동시대인들 대부분이 콜링우드와 동의했기 때문일 것이다. 지금은 고전이 된 해리스의 *고고학적 층위의 원리 Principles of Archaeological Stratigraphy* 에서 해리스도 고고학적 퇴적물은 지질학적 퇴적물과 다른데, 그 이유는 퇴적물 생성에 있어서의 인간의 개입 때문이라고 논한다(Harris 1979: 36-37; Harris 1977: 88-89도 참조). 그러나 위와 같은 구분과 관련하여 해리스는 콜링우드와 매우 다른 노선을 취한다. 해리스에게 있어 인간의 형성과정은 '층위화의 자연적 법칙을 가로지른다'(Harris 1979: 37). 이는 두 가지 방식으로 이루어진다. 첫째, 물질의 운송에 새로운 행위자를 도입함으로써 매우 상이한 층위가 형성되는데, 예를 들어 수 마일 떨어진 곳에서 채굴되어 무덤 봉분을 덮기 위해 사용된 백색 석영의 존재가 그러하다. 둘째, 인간의 형성과정은 벽이나 건물처럼 똑바로 선 또는 수직적 퇴적물을 생성한다.

그러나 위와 같은 차이에도 불구하고 해리스는 여러 측면에서 지질학적 층위학과 고고학적 층위학 사이의 연속성을 강조한다. 해리스는 이들의 공통적 속성을 인정하고(Harris 1979: 38-41) 위 *고고학적 층위의 원리* 제2판에서 중첩성, 원래의 수평성, 원래의 측면성이라는 세 가지 기본적인 지질학적 법칙에 층위적 연속성이라는 네 번째 법칙을 더해 고고학적 층위의 법칙을 정립한다(Harris 1989). 실제로 해리스의 책에는 모순과 같은 것이 있어 잇달은 논쟁에서 혼란을 낳은 것처럼 보인다. 고고학적 층위와 지질학적 층위 구별에 대한 해리스의 주장에서 설득력이 있는 부분은 그러한 주장이 고고학적 유적에서의 형성과정은 '자연적' 유적에서의 형성과정과 매우 다르다는 견해에 기반한다는 점이다. 한편 역설적인 부분은 해리스가 이를 인지하여 형성과정의 문제를 층위학에 대한 그의 전반적인 접근에서 다소 분리함으로써 그의 간략화된 버전이 지질학적 층위학과 궁극적으로는 동일한 것으로 나타난다는 점이다. 이러한 혼란은 해리스의 연구에서 추상적인 관계 세트로서의 층위적 순서와 접촉면이 지나치게 강조되었기 때문에 야기되었다(Brown and Harris 1993 참조). 해리스는 형성 단위 자체보다 단위들 사이의 관계에 주목한다. 층위 제시 수단으로서의 해리스 매트릭스의 이점은 그 한계의 원인이 되기도 한다. 해리스 매트릭스는 시간에 대한 개념을 단순한 순서로, 그리고 층위적 단위에 대한 개념은 단위들 간 접촉면으로 간략화한다. 워버튼도 동일한 비판을 하는데, 구체적인 퇴적 과정보다는 추상적인 순서적 과정으로서의 층위라는 개념에서 해리스의 접근이 기본적으로 콜더웨이나 얼브라이트의 접근과 다를 바가 없다는 것이다(Warburton 2003:

12).

필자는 해리스를 위 19세기 후반의 접근들과 함께 엮는 것은 지나친 단순화라고 생각하지만 워버튼의 의견에도 일리가 있다. 스테인이 주장하듯, 층위에 대한 지질학적 또는 지질과학적 개념에서도 접촉면 및 순서는 마찬가지로 중요하다. 그러나 지질학적 또는 지질과학적 개념에서는 층위적 단위의 퇴적 속성 및 순서에 대한 보다 폭넓은 해석도 중요하다. 어떤 의미에서 해리스 매트릭스는 형성과정과 분리된 층위학이고 스테인이 이러한 분리를 문제 삼는 것은 옳다. 스테인과 워버튼은 말하자면 층위학을 다시 지구로 가지고 와서 층위학을 퇴적에 대한 보다 넓은 주제와 연결시킨다. 이는 해리스의 접근에서는 삭제되었다.

실제에 있어 이는 층위적 단위가 무엇인지를 구성적이고 퇴적적인 측면에서 재검토, 특히 그 형성 뒤의 과정을 재검토해야 함을 의미한다. 토양과 퇴적물 형성과정에 대한 관심은 19세기로 거슬러 올라가지만 패총에 대한 덴마크에서의 연구를 제외하면(Kristiansen 2002) 당시 그러한 관심은 거의 배타적으로 인간의 오래됨과 구석기시대 맥락에 대해 연구하는 이들의 몫이었다(Rapp 1987; Rapp and Hill 2006: 4-24 참조). 선사시대 후반과 역사시대 고고학에서는 20세기 중반까지 그러한 문제에 별다른 관심을 보이지 않았다. 이 문제를 다룬 가장 이른 논문 중 하나는 리차드 애트킨슨의 '벌레와 풍화'였다(Atkinson 1957). 일년 후에는 이안 콘월이 *고고학자를 위한 토양 Soils for the Archaeologist* (Cornwall 1958)이라는 책에서 고고학에서는 처음으로 토양에 대해 체계적으로 다루었고, 이후 에드워드 파이도크의 *고고학자를 위한 층위화 Stratification for the Archaeologist* (Pyddoke 1961)가 잇따랐다. 파이도크의 책에서 파이도크는 고고학적 유적의 지질적, 지리적 맥락 그리고 고고학적 기록 이해에 있어 자연적 형성과정 이해의 중요성을 강조하였다. 파이도크 책의 대부분을 이루는 아홉 챕터가 층위화와 퇴적물 형성에 영향을 미치는 바람에서부터 동물상에 이르는 자연적 행위자에 관한 것이고 인간의 활동에 관한 것은 한 챕터 뿐이다. 특히 파이도크는 고고학적 기록에 대한 유물-중심적 관점의 우세함에 주의를 돌렸고, 그의 책에서 퇴적-중심적인 접근을 강조하여 그와 같은 불균형을 수정하고자 하였다(Pyddoke 1961: 116). 그는 또한 '회색의 잡석층', '황색의 모래층'과 같은 퇴적물에 대한 고고학자들의 기술에 관해 고고학자들을 호되게 비판하였는데, 그가 보기에 이는 개탄할 만큼 지나치게 단순하며 형성과정과 관련된 정보를 제공하지 않는다(ibid.: 121). 이것이 지질고고학의 시작이었다.

'지질고고학'이란 용어는 1973년 칼 부처에 의해 만들어진 것으로 보인다. 이는 십 년 후에 출판된 *인간 생태학으로서의 고고학 Archaeology as Human Ecology* 이라는 그의 영향력 있는 책의 주요한 부분을 형성한다(Butzer 1982; Gladfelter 1981: 344). 이 용어와 개념은 1970년대 여러 출판물에서 빠르게 채택되었다(e.g. Davidson and Shackley 1976; Gladfelter 1977; Hassan 1979; Rapp, Bullard and Albritton 1970). 현재는 지질고고학이라는 학술지뿐만이 아니라 지질고고학의 방법과 접근을 개괄하는 주요한 몇몇 교재도 있다(French 2003; Goldberg and Macphail 2006; Rapp and Hill 2006). 지질고고학의 기본적 원리와 방법은 지구과학과 토양과학에서 채용되었는데, 퇴적물 형성 또는 침전 과정 그리고 어디에서 퇴적과정과 후-퇴적과정이 명확히 구분될 필요가 있는지에 초점이 놓였다(e.g. Stein 2001). 이러한 과정은 사실상 환경적인 경우가 일반적이지만 반드시 그럴 필요는 없고, 바닥층에 대한 미세형태학적 분석과 같은 보다 소규모의 퇴적물 형성에 대한 많은 연구에서 인간 행위가 언급된다(e.g. Matthews et al. 1997).

이러한 연구에 의해 생성된 지질과학적인 초점은 곧 층위에 대한 논의로 번졌다. 1970년대 후반과 1980년대 전반, 겐트의 벨기에 대학 워크샵에서 고고학적 층위에 대한 분류와 용어의 보편적인 기준 개발이 시작되어 예비적인 안내서가 마련되었다. 이러한 안내서에서는 명시적으로 해리스와 반대로 고고학적 층위를 지질학적 층위와 유사한 것으로 보았다:

> 고고학적 침전 과정과 지질학적 침전 과정이 일반적으로는 상이한 원인의 영향을 받고 인간은 두 번째보다 첫 번째 형식의 퇴적에 훨씬 더 관련되지만, 이 두 과정은 유사한 규칙과 원칙의 영향을 받는 것으로 보인다.
>
> (Gasche and Tunca 1983: 326)

안내서의 저자인 헤르만 가쉬와 윈한 툰카는 자연적 과정은 모든 고고학적 유적에서 나타나지만 그 관련성이나 확인은 종종 경시됨을 옳게 지적하였다. 그러나 이들은 위 인용문에서의 주장에 대한 근거 제시 없이 넘어간다. 이들의 기본적인 계획은 층위적 단위의 형식을 설정하는 것이었는데, 이 중 처음에는 암석학적, 편년층위적, 민족지층위적 단위라는 세 가지 단위가 제안되었다(ibid.: 327). 암석학적 구성에 기반한 암석학적 단위가 분명 일차적인 단위가 되고, 이로부터 편년층위학적이고 민족지층위학적인 단위가 단일한 또는 다중적인 암석학적 단위로 구성된다. 편년층위적인 단위는 시간 간격이나 단계의 측면에서 정의되고, 민족지층위적 단위는 공통의 인공적 물질에 기반하여 정의된다. 시간 간격에 대한 여러 정의 또는 무엇이 발견물의 공통 집단을 구성하는가에 따라 분명 편년적 층위와 민족지적 층위 모두 동일한 기본적인 자료 세트에 기반하여 상이한 방식으로 생성될 수 있다. 이들은 서로와 일치할 수도 그렇지 않을 수도, 즉 동일한 경계를 지킬 수도 그렇지 않을 수도 있다. 가쉬와 툰카의 원래 안내서는 *고고학적 층위 Stratigraphica Archaeologica* 라는 후속 학술지에서 인용되고 논쟁되었는데, 이 학술지는 단 두 호만 간행되었다(이에 대해서는 Linse and Stein 1997 참조).

그런데 이러한 체계는 사실상 해리스 매트릭스의 채택과 관련된 단일-맥락 발굴 및 기록 방법과 거의 동일하다. 여기서 맥락이라는 기본적인 층위적 단위는 그 물리적 구성에 기반하여 정의되는데, 이에는 대개 침전물에 대한 기술이 수반된다. 따라서 매트릭스에 나열된 것과 같은 맥락의 순서, 그리고 공간적으로 관련된 그룹, 또는 유물이나 유물과 유구 요소의 결합에 기반한 어떠한 종류의 그룹화도 단계로 정돈될 수 있다. 유물에 대한 겐트 체계에서의 초점은 그 민족지 층위적인 단위에서 다소 제한적이고, 지질학적인 층위와 연관된 퇴적물에서의 화석에 대한 사고에 의해 분명한 영향을 받는다. 그럼에도 불구하고 보다 폭넓은 측면에서 중요한 점은 한편으로는 지질고고학자들에 의해 정의된 고고학적 층위와 지질학적 층위, 또 다른 한편으로는 해리스 매트릭스와 단일 맥락 기록 옹호자들 사이에 아무런 실질적인 차이가 없다는 것이다. 굳이 차이가 있다면 후자는 층위적 순서를 결정하는 추상적인 방법이고 전자는 퇴적물 형성 그리고 퇴적물 형성이 층위적 순서에 어떻게 연결되는가를 보다 강조한다는 점에 있다.

그러나 여전히 문제는 남는다. 고고학적 유적에서의 형성과정이 자연적 환경에서의 그것과 다르다면, 이는 층위에 대한 고고학적 이해에 어떠한 영향을 미치는가? 해리스는 문제의 요점을 파악하고 있었을 수 있지만 이는 그의 방법에는 반영되지 않았다. 현재 고고학자들이 마주한 문제는 문화적 형성과정, 또는 그 구분에 문제가 있을 수 있지만 문화적 과정과 자연적 과정의 결합이라는 측면에서 층위를 어떻게 이해하는

가이다. 구석기시대 고고학에서 등장한 층위적 용어와 개념을 그 이후의
선사나 역사 유적에 적용하기는 어려울 것이라는 막연한 인식이 있었는
데, 그 이유는 단지 구석기유적에서의 형성과정은 자연적 과정인 경우가
일반적이기 때문이라는 것이었다(e.g. Franken 1984 참조). 기본적인 층위
적 단위가 암석학적인 용어로 정의될 수도 있지만 이는 암석학적인 기
술이 자연적인 퇴적과정과 관련되기 때문에 그 의미가 있는 것이다. 다
시 말해 문제는 기술에 대한 지질과학적인 용어와 방법이 보다 문화적
이거나 사회적인 용어로 대체되어야 한다는 것이 아니라 현재의 사회적,
문화적 용어가 개탄할 정도로 단순하다는 것이다. 이러한 문제는 단위
기술과 해석 사이의 관계를 통상적인 단일-맥락 기술에서 고려할 때 두
드러진다.

　　다음과 같이 층위적인 단위나 맥락에 대한 가설적인 그러나 매우 실
제적인 예를 고려해 보자:

기술: 다져지고, 중간적인 갈회색이며, 경우에 따른 미세한 석탄
　　(2%, 〈 5mm)과 어느 정도 모난 자갈(1%, 〈 10mm); 퇴적물 가
　　장자리의 철
해석: 구덩이 충전물

여기서 제기되어야 할 문제는 이처럼 자세한 토양 기술과 이것이 구덩
이 충전물이라는 사실 사이에 어떠한 관련이 있는가, 구덩이를 채우고
있는 토양이 어떤 의미를 지니는가이다. 분명 이 토양은 구덩이를 채우
고 있지만, 어떻게 거기에 있게 되었는가, 어디에서 왔는가, 층위적으로
이후에 해당한다는 것 외에 구덩이 자체와는 어떠한 관계를 지니는가?
이는 모두 타당한 문제이고 위와 같은 기술 자체는 그다지 도움이 되지

않음을 나타낸다. 왜 그러한가? 왜냐하면 기술적 용어가 매우 다른 형식의 형성과정과 관련하여 개발되었기 때문이다. 기술은 또한 해석의 빈곤함을 나타내기도 한다. 또 위와 같은 기술은 고고학자들에게 별로 말해 주는 바가 없다.

::층위에 대한 사회적 해석

모든 발굴과 기록은 해석적이고 기술과 해석 사이의 구분은 잘못된 것일 뿐이라는 여러 논의가 있었다(e.g. Hodder 1997). 그러나 필자가 보기에 그와 같은 비판은 요점을 파악하지 못한 것이다. 위 사례에서의 기술은 분명 해석적이고 해석 또한 기술적일 수 있지만 양자 모두를 해석이라고 칭하면 중요한 문제가 가리어지게 된다. 이러한 해석 사이의 구분은 퇴적물에 대한 고고학자의 지각과 퇴적물이 어떻게 형성되었는가에 대한 고고학자의 생각 간 추론의 연계를 드러내기 때문에 여전히 유효하다. 이러한 연계는 위 사례에서 찾아볼 수 없는데, 이는 퇴적물 기록에서는 지질과학적인 접근을 채택하였지만 퇴적물 형성 해석에서는 사회적 또는 문화적 접근을 채택하였기 때문이다. 이러한 연관성의 결여는 퇴적물 기록은 그 세부 사항에서 거의 무관한 것처럼 보이는 반면, 퇴적물 형성 해석은 너무나도 일반적이고 추상적이기 때문에 의미가 없음을 나타낸다.

위와 같은 단절이 모든 발굴이나 기록에 해당하지는 않겠지만 그에 대한 실제적인 문제가 있다고 볼 수 있을 만큼 흔하다. 워버튼은 그가 분석적 층위와 해석적 층위라고 구별하는 것 사이에 한 가지 접근을 제안하였다(Warburton 2003). 전자의 경우 층위적 단위 및 순서가 지질과학적인 관습에 따라 확인되고 기술되지만, 후자의 경우 단위는 그 형성과정에 따라 분류되고 설명된다. 워버튼의 해석적 층위는 형성과정 문제, 특히 의도적 행위와 비의도적 행위를 기준으로 층위적 단위를 구분하는 것에 대한 문제를 앞 장에서 논의된 맥락에서 다루기 때문에 더욱 흥미롭다. 그에 따르면 의도적인 퇴적물에는 벽이 포함될 수 있고 그에 비해 비의도적인 퇴적물에는 모든 자연적인 퇴적물과 함께 인간 활동의 부산물로서의 폐기물의 우연한 축적과 같은 인간적인 퇴적물이 포함될 수 있다. 이는 고고학자가 형성과정을 통해 층위를 기술하고 해석하는 방식을 명확히 하기 위한 흥미로운 시도이고, 원전 비평에 있어 자발적 원전과 비자발적 원전 사이의 보다 오래된 구분을 반영하기도 한다(2장 참조). 그러나 이는 다소 단순화된 것이기도 한데, 자연적 퇴적물과 같은 방식으로 고고학적 퇴적물과 접촉면에 대한 일종의 분류틀을 만드는 사고에서 특히 그러하다. 문제는 고고학적 층위가 대개는 그를 생성한 사람들의 역사적이고 사회적인 특수성을 반영하고 그러한 특수성은 어떤 일반적인 분류틀로 환원될 수 없다는 점이다. 이는 차탈획에서의 호더 그리고 스웨덴 말뫼에서의 도시 터널 계획에 대한 베거렌의 혁신적인 작업에 의해 명확해졌다. 이들의 작업에서는 구덩이, 화덕 설비와 같은 일반적인 범주화를 통해 특징을 폭넓게 정의할 필요와 그러한 특징에 대한 해석을 명명이라는 단순한 행위로 대신하지 말아야 할 필요를 중재하고자 하는 시도가 이루어졌다(Berggren 2001; Hodder 1999: 94-95).

퇴적 관행의 문화적 특성에 대한 고려는 새로운 일이 아니다(최근의 학사적 검토에 대해서는 Joyce and Pollard 2010 참조). 특히 영국에서는 구조화된 퇴적이라는 개념이 선사시대 후반 맥락에서 층위를 사회적 용어로 생각하기 위한 방법으로 1980년대 개발되었다(Hill 1995; Pollard 2008; Richards and Thomas 1984). 여기서 문제는 퇴적 역사와 형성과정에 대한 적절한 고찰 없이 위와 같은 개념이 쉽게 채택되었다는 점인데, 특히 영국 선사시대 연구에서 그러하였다. 또 다른 그리고 위와 관련된 문제는 퇴적 관행의 문화적 특성이 의례라는 매우 특정한 형식의 관행과 동일시되는 경향이 있다는 점이다(Pollard 2008: 43). 비록 그 의도는 좋았으나 위 용어는 일련의 문제를 지닌 이분법을 낳았다. 명시적으로 의례적 퇴적물과 일반적 퇴적물을 구분한 이분법이든, 구조화된 퇴적물 대 구조화되지 않은 퇴적물 사이의 암묵적 이분법이든 말이다. 첫 번째 구분은 매우 문제가 있고(e.g. Brück 1999), 후자는 차일드의 유의미한 결합과 임의적 집합 사이의 오래된 구분을 연상시킨다. 유사한 접근이 십 년 후 북미 행태고고학에서 등장하였는데, 의례적 쓰레기와 퇴적물의 의례적 구조에 대한 윌리엄 워커의 연구가 그러한 예이다. 이 연구에서 워커는 층위적 순서와 유구의 사용 역사를 의례적 측면에서 이해하고자 하였다(Walker 1995, 2002, 2008). 퇴적 관행을 사회적 기억이란 개념과 연결시키는 최근의 여러 연구에서 위와 같은 초기의 연구가 새로운 방향에서 참조되고 있다(Mills and Walker 2008; Pauketat and Alt 2005 참조). 이처럼 여러 연구에서 퇴적물이 숨기는 행위라는 측면에서 다루어지고, 또 다른 연구에서는 반복적이고 일상화된 관행이 어떻게 이전의 퇴적물에 대한 인용을 통해 장기적인 기억을 생성하거나 퇴적물 사이의 새로운 연결 짓기를 통해 기억을 단절시키고 새롭게 만드는가에 주목한다.

기억 또는 심지어 미학(Pollard 2001) 그리고 재앙(Dawdy 2006)이라는 주제는 층위적 순서의 사회적 특성을 다시 생각케 하는 방식으로 해석에 대한 새로운 가능성을 제시한다. 그러나 이를 층위에 명시적으로 연결하고 사회적 측면에서 층위를 이론화하는 것은 호더와 맥애내니에 의해 최근에 와서야 이루어졌고, 여기서 고고학적 층위의 차이에 대한 콜링우드의 견해가 처음으로 본격적으로 다루어졌다. 고고학적 층위가 사람들에 의해 생성되는 한 층위학은 층위화의 특성에 물질적으로 관련된 방식으로 사람들의 의도성을 통합해야 한다. 이 책과 여타 여러 곳에서 인용된 연구를 참조하여 호더와 맥애내니는 특정한 형성과정이 어떻게 사회적 측면에서 해석될 수 있는지를 보이기 위해 간단한 예들을 제시한다. 예를 들어 대지나 언덕을 통해 지표면을 높이는 것은 정치적 전시나 지배의 한 형태로, 청소하기나 닦기는 정화나 갱신 행위로, 숨기기나 감추기는 기억 그리고/또는 잊기의 형태로 고려될 수 있다(Hodder and McAnay 2009). 호더와 맥애내니는 분류를 하거나, 층위적 단위의 형식이나 층위적 순서 그리고 그 사회적 의미 사이에 어떤 단순한 일대일 대응 관계가 있다고 주장하지 않는다. 해석은 항상 검토되고 있는 기록의 특수성에 따라 달라질 것이기 때문이다. 대신 호더와 맥애내니는 사고를 위한 일련의 개념적 도구를 제시한다. 이는 호더가 이전에 시도한 층위적 순서의 사회적 해석으로부터 먼 길을 온 것인데, 호더의 이전 연구에서는 훨씬 조야한 수준의 해상도가 채택되었다(Hodder 1993, 1995).

이는 층위에 대한 지질학적 개념과 고고학적 개념 사이의 차이에 대해 처음에 제기된 문제와 어떻게 관련되는가? 어떤 면에서 절대적인 답이란 존재하지 않는다. 왜냐하면 모든 문제가 그 개념을 어떻게 정의하는가에 달려 있기 때문이다. 가장 기본적으로 모든 층위학은 과정적인 측면에서 해석되는 서로 인접한 물질체 간 일련의 공간적 관계, 즉 유동적인 몸체라는 스테노의 독창적인 개념에 관한 것이다. 물건의 상이한 형태와 이들 사이의 접촉면은 상이한 형성 사건의 측면에서 해석되고, 이러한 사건은 그 존속 기간이 일정하지 않을 수도 있지만 연속적이고 동시대적일 수도 있다. 이 이상의 특수성에 대해서는 지질학과 고고학 사이에 차이가 있다. 지질학에서의 시간 척도와 과정은 대개 고고학의 그것과 매우 다르므로 물질체 사이의 관계나 이들의 형성을 항상 같은 방식으로 해석할 수는 없다. 그렇다고 하여 이들이 완전히 다른 것도 아니다. 여기서 문제는 두 개념이 유사한가 아니면 다른가에 관한 것이 아니라 고고학자는 고고학 유적에서 마주치게 되는 물질체 생성에 관련된 인과관계와 힘을 이해할 필요가 있다는 것이다. 그러한 인과관계와 힘에는 불가피하게 자연적 행위자와 사회적 행위자가 복잡한 방식으로 섞여 있을 것이지만(이는 대칭적인 층위학이라 불릴 수도 있을 것이다), 중요한 것은 이러한 물질체에 대한 관찰을 그 물질체를 생성한 인과관계에 대한 고고학적 추론에 연결시킬 수 있는 방법을 개발하는 것이다.

화석학과 유형 형성

::유형 형성의 기원과 전개

층위학의 등장과 마찬가지로, 퇴적물보다 물건과 관련된 형성과정에 초점을 두는 것은 19세기 후반에서 20세기 전반으로 거슬러 올라갈 수 있는데 여기서 서로 매우 다른 두 전통이 고려될 필요가 있다. 한편으로는 화석학이 있는데 이는 대체로 구석기 연구에서 유래하였다. 다른 한편으로는 발견물 조합이라는 개념이 있는데 이는 삼시대 체계와 함께 스칸디나비아에서 개발되었다. 화석학에서의 가장 이른 연구 중 일부는 원시 석기 논쟁, 즉 어떤 플린트 박편과 몸돌이 인간적 또는 자연적 행위의 산물인가에 관한 것이었다. 위와 같은 대상에서 관찰되는 특징 중 일부가 자연적 힘에 의해 생성될 수 있었는지를 이해하기 위해 깨짐과 마모 패턴에 대한 실험이 행해졌다(Grayson 1986; O'Connor 2007: 161-167). 그러나 이러한 연구가 본격적으로 시작된 것은 1960년대에 와서였고, 특히 초기 호미니드 유적의 동물뼈와 관련해서였다(Brain 1967; Isaac 1967). 여러 측면에서 동물고고학은 형성이론을 화석학으로서 표준적 방법론으로 통합한, 고고학에서 몇 안 되는 대상-정향적 전공 중 하나였다(e.g.

Lyman 1994). 이는 분명 화석학이라는 개념이 처음으로 개발된 고생물학과의 명시적 관련성 때문이다(Gifford 1981; Holz and Simões 2005). 유형-기반의 형성이론과 관련된 '화석학'이란 용어의 의미는 홀더웨이와 완즈나이더에 의해 확장되었는데, 이들은 최근 이러한 연구군을 '화석학적 형이상학'이라 칭하였다(Holdaway and Wandsnider 2008: 4; 이 용어의 보다 광범위한 사용에 대해서는 Dawdy 2008 참조). 일반적으로 '화석학'이란 용어는 보다 넓은 함의를 지니고 있는 '유형 형성'과 동일시 되지 않지만 말이다.

발견물 연합 또는 발견물 조합에 대한 또 다른 전통이 주로 19세기 중반 덴마크 호고주의학자 C. J. 톰슨과 J. J. 워새에 의해 개발되어 당시 유적 간 편년 및 지역적 편년 그리고 삼시대 체계 수립의 기반으로 이용되었다(Gräslund 1976, 1987; Rowe 1962). 이러한 접근에서는 개별적 대상보다는 유형에 초점을 두었고 닫힌 발견물 조합과 열린 또는 축적된 발견물 조합 사이의 구분이 중요하였다. 이 중 전자는 대상물이 반드시 동시대적이라고 여겨질 수 있는 맥락(e.g. 무덤)을 일컫고 후자는 그렇지 않은 맥락을 지칭한다(e.g. 토탄 늪). 그런데 '동시대성'이 무엇을 의미하는지가 명확하지만은 않다. 워새의 원래 개념에서는 사용의 동시기성을 의미하는 것으로 보이지만(Worsaae 1849: 76) 워새가 동시기에 사용된 것들은 유사한 시기에 만들어졌다고 가정했을 수도 있는데 이 경우 동시대성은 넓은 편년적 단위가 된다. 그러나 이러한 정의는 스칸디나비아 고고학에서 현재 이해되는 정의와 같지 않다. 예를 들어 그래스룬트는 닫힌 발견물 조합과 열린 발견물 조합 사이의 구분은 물건의 동시기성이 아니라 퇴적 사건에 기반한다고 주장한다(Gräslund 1987: 7). 에거트는 닫힌 발견물과 관련된 그의 원전 비평에 대한 논의에서 같은 주장을 한다(Eggert 2001: 53). 이러한 전환은 '닫힌 발견물'보다는 '안전한 발견물'이

라는 용어를 사용한 몬텔리우스에게로 거슬러 올라가는 것처럼 보인다
(Montelius 1903: 11; 그리고 Klindt-Jensen 1975: 88 참조). 편년에 있어 그러
한 유형 형성의 복잡성은 현재의 유럽 전통에서 잘 알려진 바이다(전체적
인 논의에 대해서는 Eggert 2001 참조). 반 세기 전 로의 논문에서는 생산, 사
용, 퇴적 연대가 발견물 조합과 관련하여 다양한 방식으로 구분되었다
(Rowe 1962). 최근 올리비에는 이러한 구분을 이용하여 철기시대 무덤의
여러 시기적인 특성을 밝히기도 하였다(Olivier 1999).

　화석학의 고생물학적 전통과 발견물 조합의 스칸디나비아적 전통의
측면 모두 유형 형성이론에 있어서의 문제와 관련되는데, 이러한 전개는
주로 북미에서 이루어졌다. 양자는 대체적으로 고고학적 기록에 대한 매
우 상이한 접근과 관련된다. 특히 후자는 원전 비평에 대한 중부 유럽 전
통과 보다 밀접히 관련되었고(2장 참조) 유형 형성을 주로 편년적 문제로
보았다. 그러나 북미의 유형 형성이론은 훨씬 더 광범위한 문제 의식을
지녔고 이는 통상 로버트 아셔의 연구로 거슬러 올라간다. 1968년 아셔
는 '시간의 화살과 현대 공동체의 고고학'이라는 제목의 논문을 발표하
였다. 이 논문에서 아셔는 고고학이 마주하고 있는 문제를 잃어버린 증
거 그리고 존속한 것을 어떻게 해석하느냐의 이중적인 것으로 특징지었
다(Ascher 1968). 그러나 아셔는 실제로는 이 두 문제를 구별하여 후자에
초점을 둔다. 그러한 과정에서 아셔는 해석을 돕기 위한 기본적인 도구
로서 유추에 의존한다. 이에 대해 아셔는 1961년 중요한 논문을 발표하
기도 하였는데, 이 논문의 끝에서 아셔는 그의 1968년 논문에서 상술한
생각을 단축된 형태로 예견하였다(Ascher 1961). 아셔가 지적한 것처럼
모든 공동체는 스스로를 지속적으로 파괴하고 또 갱신하지만 어느 시점
에 이르면 갱신은 중단되고 파괴만 계속된다. 아셔에 따르면 이 시점에
서 유적은 '거주된 국면'에서 '유령 국면'으로 옮겨간다(Ascher 1968: 46).

아셔는 이에 더해 유적이 고고학자에 의해 다시 노출된 때를 '고고학적'이라는 세 번째 국면으로 정의한다. 그러나 그의 주요 관심사는 유령 국면으로의 전이였다.

아셔는 천문학 및 우주론과 비교하여 위 과정과 고고학적 기록 형성을 특징짓기 위해 엔트로피와 시간의 화살이라는 은유를 사용한다: '고고학적 현재와 민족지적 과거 사이의 연관은 점점 더 증가하는 무질서의 경로를 따라 놓여 있으므로 해석의 진전은 그 경로를 따라 무엇이 일어나는가를 아느냐에 달려 있다'(Ascher 1968: 52). 따라서 고고학적 추론에서는 무질서화의 경로를 거꾸로 따라 갈 필요가 있고 이러한 경로를 이해하지 못하면 추론 범위를 통제하거나 한정하지 못하게 된다. 아셔의 논문에서는 이러한 무질서화의 경로를 탐색하기 위해 현대적 맥락에 대한 두 사례 연구로서 건물 해체업자의 마당과 세리 인디언 취락이 이용되었다. 특히 세리 공동체에 관한 그의 연구에서는 무질서를 증가시키는 세 과정으로서 바르기와 섞기, 재활용하기와 재사용하기, 그리고 퍼뜨리기가 강조된다. 그런데 아셔의 첫 번째 사례 연구와 증가하는 무질서에 관한 그의 일반 이론에는 무언가 모순이 있다. 건물 해체업자의 마당에 대한 사례에서 아셔는 자동차 부품 제거와 녹이 스는 과정에서 나타나는 경향을 제시한다. 여기에는 쉬퍼가 이후 문화적 변형과 자연적 변형으로 특징지은 구분이 함축되어 있다. 중요한 것은 표로 제시된 그의 자료에서 녹슬기는 시간이 지나면서 실제로 증가된 것처럼 보이지만 자동차 부품 제거는 보다 다양한 패턴을 보인다는 점이다. 전체적으로 오래된 자동차일수록 원래의 부품을 많이 지니고 있다(도면 3). 물론 이는 쉽게 이해할 수 있는 부분인데 재활용에는 새로운 차가 더 유용하기 때문이다. 그러나 이는 시간이 지나면서 증대되는 무질서라는 일반 이론에는 모순되고, 대신 어떻게 재활용과 같은 과정이 시간의 화살과 반대로 가

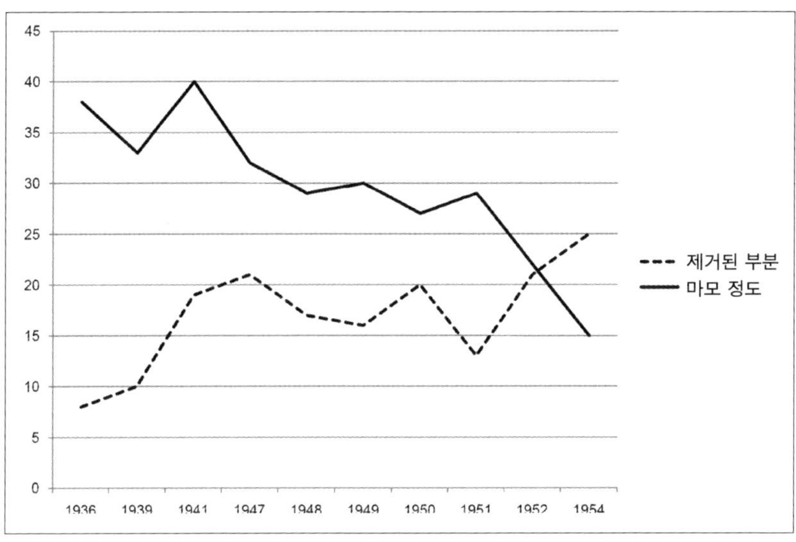

도면 3　1966년 뉴욕에 있는 건물 해체업자의 마당에서 진행 중인 변형 과정
열 대의 차에 대한 표본이 아셔의 학생에 의해 기록되었는데 제거된 부품
의 수와 마모 정도가 1에서 6의 척도로 계산됨(Ascher 1968: 45, 표 1의
자료에 기반함)

는 패턴을 유형에 낳는지를 나타낸다.

쉬퍼가 1972년 논문에서 처음으로 명료화한 변형이론이 아셔의 연
구를 개선한 것은 여기에서이다. 쉬퍼는 자신의 이론을 아셔의 엔트로피
이론이나 표본추출이론에서 예시된 것과 같은, 형성과정에 대한 보다 단
순하고 소모적이거나 환원적인 견해에 대한 중요한 교정 수단으로 보았
다(Schiffer 1983: 676-678; 1987: 8-10). 그러한 접근에서 문제는 대개 양적
인 것, 즉 자료의 감소로 인식되었는데 그에 반해 쉬퍼는 주로 상이한 폐
기 관행과 후-퇴적 과정으로 인한 기록의 질적 변화가 지니는 중요성을
주장하고 있었던 것이다. 이러한 과정은 감소적이기만 한 것이 아니라
추가적이기도 하고 기록에 새로운 패턴이 도입될 수도 있다. 쉬퍼의 첫
번째 연구는 그가 박사학위를 받기 일 년 전인 1972년 '고고학적 맥락과

체계의 맥락'이라는 논문으로 발표되었는데 이 논문에는 그의 여러 핵심 개념이 제시되었다(Schiffer 1972). 이 논문은 고고학자들이 고고학적 기록에서의 공간적 패턴화가 과거 활동에서의 공간적 패턴화를 직접적으로 반영하는 것으로 간주하는 방식에 대한 쉬퍼의 염려가 동기가 되어 쓰여졌다. 글머리에서 쉬퍼는 위와 같은 의미를 함축한 빈포드의 '화석 기록'이라는 용어를 깔보듯 인용한다. 동일한 용어를 두고 쉬퍼와 빈포드가 나중에 벌인 논쟁을 고려할 때 그러한 인용은 역설적이다(Binford 1981; Schiffer 1985). 1960년대 후반에서 1970년대 공간적 패턴화는 고고학적 해석의 중요한 측면이 되었고 구석기시대 유적에서 특히 그러하였다(최근의 검토에 대해서는 Wandsnider 1996 참조). 쉬퍼의 개념은 그가 고고학적 기록에 대한 두 극단적인 관점으로 본 것을 중재하기 위한 것이었다:

> 고고학자들은 유적을 공간적, 행태적으로 분화되지 않은 쓰레기로 보는 한 극단에서 잔존물을 과거 활동에서 이들이 사용된 위치를 반영하는 것으로 보는 다른 극단으로 갔다. 여기서 어떠한 극단도 대개는 실제적인 경우가 아닌 것으로 보인다.
>
> (Schiffer 1972: 163)

이 두 극단에서 쉬퍼가 취한 중도는 유동 모델이었는데, 쉬퍼는 이에 기반하여 문화 체계를 통한 물건의 움직임을 지도로 나타내고자 하였다. 당시 다수가 그러했던 것처럼 쉬퍼는 문화를 그 요소들, 즉 물건들, 사람들, 그 외의 것들이 유동 모델의 측면에서 개념화될 수 있는 체계로 보았다. 쉬퍼에게 그 목적은 이러한 순환 과정을 개별 요소의 삶의 역사라는 측면에서 이해하는 것이었다(도면 4). 쉬퍼가 다룬 처음의 문제인 공간적

패턴화와 관련된 핵심은 버려진 고고학적 기록의 요소와 버려지지 않은
요소를 구별하는 것이다:

> 고고학적 맥락에는 유적에서 발견된 모든 물질이 포함되는데 이
> 물질이 전용 폐기 장소에 있는지 또는 과거의 유적 점유인들에 의
> 해 의도적으로 버려졌는지의 여부와 상관 없이 그러하다. 예를 들
> 어 요소는 제작과 사용의 매 단계에서 발견된다는 것은 잘 알려져
> 있다. 점유인들이 유적을 떠나거나 다른 점유인들로 대체됨이 없
> 이 죽어서 유적이 버려지게 되는 방식은 고고학적 맥락에서 발견
> 된 버려지지 않은 요소의 종류와 양에 뚜렷한 효과를 낳는다. 폐
> 기 활동 없이 고고학적 맥락에 도달하는 요소는 사실상의 쓰레기
> 라고 부르겠다.
>
> (Schiffer 1972: 160)

즉 사실상의 쓰레기는 순환과정 중 버려져서 자동적으로 폐기되는 경우
를 제외하면 폐기 단계에 도달하지 않는 물질이다. 따라서 과거 활동의
공간적 패턴화 추론에 가장 신뢰할 만한 물질은 이러한 종류이다. 그러
나 공간적 해상도가 조정된다면 심지어 버려진 물질도 가치가 있다. 여
기서 쉬퍼의 일차적 쓰레기와 이차적 쓰레기 사이의 구분은 일차적 쓰
레기, 즉 사용된 위치에 버려진 물질도 과거 활동의 공간적 패턴화 유추
에 이용될 수 있음을 보이기 위해 제시되었다(Schiffer 1972: 162). 몇 년
후 그의 책 *행태 고고학 Behavioural Archaeology* 에서 쉬퍼는 그의 다
른 여러 개념을 함께 다루었는데 유물과 유형 형성이 여전히 강조되었
다. 여러 측면에서 유형형성이론은 쉬퍼가 처음 제시한 문제에 여전히
초점을 두었는데, 특히 유기와 폐기 과정(e.g. Cameron and Tomka 1993;

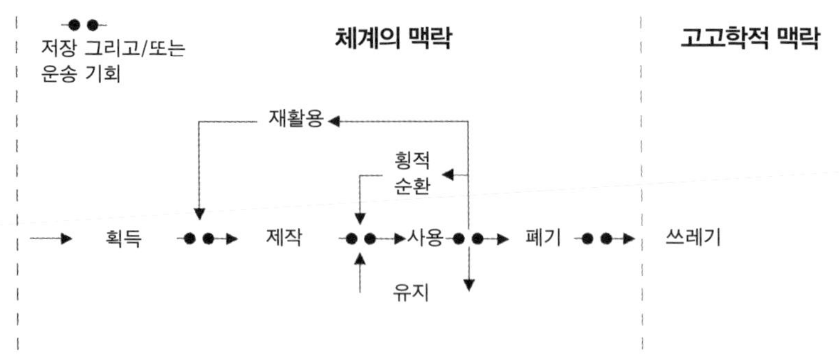

도면 4 마이클 쉬퍼의 문화체계를 통한 영구적 물건의 유동 모델 (Schiffer 1972: 158, 도면 1)

Hayden and Cannon 1983; Staski and Sutro 1991) 또는 관리와 이용 기간처럼 폐기를 연장시켰던 과정에 초점을 두었다(Binford 1979; David 1972; DeBoer 1974; Shott 1989, 1996a, 1996b). 그러나 위와 같은 연구는 1970년대와 1980년대 절정에 이르렀고 1990년대부터 다소 쇠퇴하였다고 할 수 있다. 이들이 고고학적 문헌에서 사라진 것은 결코 아니지만 동물 뼈와 같은 특정 형식의 유형을 제외하면 형성이론에 관한 문제를 방법론으로서 체계적으로 통합하는 유물 연구는 드물다. 그 이유는 퇴적 정향적인 접근보다 유형 정향적인 접근에 항상 더 밀접히 연관되었던 고고학에서의 중범위이론의 이론적 위상과 관련된 것으로 보인다.

다시 말해 유형 형성 문제는 일반 이론과 구별되는 단순한 방법으로서 소규모 북미 고고학자들의 특이성과 함께 단순한 수렵채집사회에 보다 적절한 것으로 여겨지게 되었는데, 이는 최근 샤트가 개탄한 상황이다(Shott 2005: 5). 실제로 화석학 및 유형 형성과 관련된 근본적으로 이론적인 주제들이 있다. 이는 모든 고고학자에게 널리 관련된 것이므로 논의될 필요가 있다. 보다 자극적인 개념은 존 채프먼의 '파편화 테제'이다. 간단히 말해서 채프먼은 고고학자들이 대부분의 고고학적 발견물

의 파편화되거나 부분적인 특성을 단순히 우연한 깨짐이나 후-퇴적적
인 요인의 산물로 너무 쉽게 가정하여 파편화를 문화적 또는 사회적 관
행으로서 적절하게 다루지 않았다고 논한다. 의례적 부수기나 '죽이기'
라는 관념이 때때로 문헌에 등장하기는 했지만, 채프먼은 발칸에서의 그
의 연구에 기반하여 선사시대에는 의도적인 파편화가 고고학자들이 생
각하는 것보다 훨씬 흔했다고 주장한다(Chapman 2000; Chapman and Gay-
darska 2007). 채프먼은 그러한 파편화 관행을 여러 척도에서 사람다움의
척도 분열적인 관념과 연관된 사회 연결망을 매개하기 위한 방법으로서
의 파편 재사용에 연결시키는데, 이는 최근의 이론적 논의에서 인기 있
는 주제이다(e.g. Fowler 2004; Jones 2005). 그러나 브리텐과 해리스는 최
근의 검토에서 파편화라는 개념이 반드시 사람다움의 주제 또는 채프먼
이 '엮기(enchainment)'라는 용어로 기술하는 파편의 순환과 관련될 필
요는 없다고 지적하였다(Brittain and Harris 2010). 그럼에도 불구하고 없
어진 파편의 문제가 적절히 다루어지지 않고 단지 일반적인 마모 효과
로 치부되었다는 채프먼의 비판은 중요하다. 한편 채프먼은 완전히 발굴
된 취락 유적과 도굴되지 않은 무덤의 경우를 통해 봤을 때 없어진 파편은
의도적인 제거와 순환 때문에 없어진 것일 수 있다고 논한다. 만일 실제로
그러했다면 기존의 유형형성이론에 관한 여러 종류의 문제가 제기된다.

그러나 채프먼은 우연한 파편화에서 의도적 파편화를 구별하기 위한
방법을 온전히 고려하지 않았다고 비판 받았는데(e.g. Bailey 2001), 이에
대해 채프먼은 이후의 연구에서 대응을 하였다(Chapman and Gaydarska
2007; 그러나 Last 2007 참조). 이는 어려운 문제이고 항상 쉽게 해결될 수
는 없다는 점에는 의문의 여지가 없다. 그러나 파편화는 때로 의도적이
고 파편 재사용이 일어나며 그래서 의도적인 파편화가 채프먼이 주장한
것처럼 널리 이루어졌다고 믿든 아니든 이는 고고학적 기록의 파편화된

성격에 대해 다른 가능성에 대한 고려 없이 당연하게 상정되는 해석에 문제를 제기한다. 보다 일반적으로 채프먼의 연구와 같은 연구는 이전에 유형형성이론을 국지적이고 방법론적인 문제로 치부했던 여러 유럽 고고학자에게 유형형성이론에 대한 관심을 불러 일으켰다. 파편화 테제의 장점이 무엇이든 간에 파편화 테제는 적어도 과거 사십 년 동안 북미에서 나온 유형 형성에 대한 광범위하고 중요하지만 유럽고고학에서 대부분 간과되었던 문헌과의 교량 역할을 할 잠재력을 지니고 있다. 이 장의 나머지에서는 유형형성이론과 관련하여 처음 등장한 기본적인 이론적 주제들을 다시 검토하여 시간 및 고고학적 기록의 특성과 관련된 보다 궁극적인 문제들에 대해 고찰할 것이다.

::고고학적 시차: 정태성과 동태성

쉬퍼의 1972년 논문 제목이 시사하듯 쉬퍼는 고고학적 맥락과 체계의 맥락을 기본적으로 서로 대립적인 것으로 보았다. 쉬퍼는 아서의 거주된 국면, 유령 국면, 고고학적 국면이라는 세 가지 국면 중 유령 국면을 제거하여 체계의 맥락과 고고학적 맥락이라는 두 맥락으로 구분하였다. 체계의 맥락과 고고학적 맥락에 대한 쉬퍼의 초기의 정의는 문화 체계를 통한 물건 순환에 관한 그의 유동 모델의 용어로 표현되었다. 그래서 고고학적 맥락은 문화 체계를 통과한 요소의 상태를 나타내고 체계의 맥락은 그러한 요소가 아직 문화 체계 내에 있음을 나타낸다(Schiffer 1972: 157). 다시 말해

> 유적에 있는 고고학적 기록은 정적이고 현재에 존재하는 삼차원적인 물질 구조이다. 이 유적에 있는 잔존물은 이들이 한때 행태 체계에 참여했던 시기에서 고고학자들에 의해 관찰되는 시기에

이르기까지 잇따른 변형을 겪는다.

(Schiffer 1975: 838; Schiffer 1976: 42-43 참조)

쉬퍼에게 핵심은 체계의 맥락은 행태적 체계이고 고고학적 맥락은 비-행태적이라는 것이다. 이러한 구분이 과거와 현재 또는 관찰 불가능성과 가능성과 같은 다른 구분과 겹쳐질 수도 있지만 쉬퍼의 보다 광범위한 모델은 근대의 물질문화를 통합한 것이라는 점을 고려하면 이는 오직 조건적으로만 사실일 뿐이다(Schiffer 1976: 28). 물론 쉬퍼의 형성이론은 쉬퍼가 제퍼슨 리드, 윌리엄 랏제와 같은 동료들과 함께 행태고고학이라 부른 보다 폭넓은 접근의 한 구성 요소였고(Reid, Schiffer, and Rathje 1975; Schiffer 1975), 행태고고학은 북미고고학에서 특수한 이론적 학파로서의 일종의 일관성을 유지하였다(e.g. LaMotta and Schiffer 2001; Skibo et al. 1995).

체계의 맥락과 고고학적 맥락에 대한 이러한 이원적 구조를 설정하면서 쉬퍼는 존재론적 이분법 생성을 조장했을 수 있는데 아셔는 이를 유령 국면이라는 그의 중간적 개념을 통해 피해 갔다. 사실 세 국면 사용이 아셔에게 독특한 것은 아니었다. 한스 에거는 살아 있는, 죽어 가는, 죽은 문화를 지칭함에 있어 그의 원전 비평 접근에서와 유사한 삼원적 틀을 채택하였다(2장). 그러나 쉬퍼의 이원적 틀이 미친 영향이 보다 강력하여 고고학적 기록과 형성과정에 대한 사고 방식을 바꾸어 놓았다. 쉬퍼의 1972년 논문 발표 몇 년 후 빈포드는 형성과정에 보다 큰 관심을 나타내기 시작했고 이를 '중범위이론'이라 명했다. 빈포드는 '화석 기록'으로서의 고고학적 잔존물의 특성에 대한 초기의 단순한 사고를 버리고(Binford 1964: 425) 1975년 논문에서 화석 은유를 단호히 거부하였다. 이 논문에서 빈포드는 '정태성'과 '동태성'이라는 용어를 사용하기도 하

는데 이는 고고학적 기록 이론화에 대한 빈포드의 표준적 방식이 되었
다. 예를 들어 '고고학적 기록은 현재적 현상이다. 고고학적 기록은 무엇
보다 정적인 현상이다. 고고학적 기록은 현재의 관찰이 이루어질 때까지
일어난 동태성뿐만이 아니라 과거에 일어났던 정적인 형태의 역학에도
남아 있는 것이다'(Binford 1975: 251).

이러한 관점은 *고고학 이론 구축을 위해 For Theory Building in
Archaeology* (1977) 서문에서 이론적으로 보다 정교화되었다. 여기서
빈포드는 '중범위이론'이라는 용어를 처음으로 사용하면서 이를 형성과
정 이해에 명시적으로 연결한다(Binford [1977] 1983: 36). 빈포드가 이를
일반 이론과 구별하는 것도 같은 논문에서이다. 동일한 주제가 빈포드의
책 *뼈: 고대의 인간과 근대의 신화 Bones: Ancient Men and Modern
Myths* (Binford 1981)에서 더 정교화되었는데 중범위 연구에 대한 장에서
특히 그러하였다. 빈포드가 문제를 정태학과 동태학의 측면에서 표현할
때 핵심 주제는 정태학에서 동태학을 어떻게 추론할 것인가가 되었다.
이는 실질적으로 중범위이론의 기반이었고 고고학자가 정적인 현상에
대한 관찰을 과거의 과정에 대한 진술로 변경할 수 있게 하는 '참조틀',
'인지적 장치', 또는 '로제타 스톤'을 제공하는 것이었다(Binford [1981]
1983: 416; Binford 1982a, 1982b 참조).

쉬퍼와 빈포드에 의해 장려된 위와 같은 이원적 모델의 영향은 에거
나 아셔의 삼원적 틀보다 강력하였다. 그 영향은 매우 강력해서 북미고
고학의 영향을 받은 체코의 고고학자 에브젠 네우스토푸니는 살아 있
는, 죽어 가는, 죽은 문화에 대한 에거의 삼원적 틀을 살아 있는 문화와
죽은 문화라는 이원적 대립으로 다시 썼다(Neustupný 1993: 45-6; 2장 참
조). 북미에서 실제로 덜 이원적인 접근을 제시하기 위한 유일한 시도는
보존된 죽음 유형으로서의 고고학적 기록에 대한 워렌 드브아의 개념으

로 나타났는데(DeBoer 1983), 이는 앞 장에서 논의된 표본추출이론에 대한 카우길의 논문으로부터 큰 영향을 받았다. 드브아는 체계의 맥락과 고고학적 맥락이라는 단순한 이분법에 대한 교정 수단으로서 행태적 유형, 폐기 유형, 고고학적 유형, 표본 유형이라는 사원적 틀을 채택한다 (DeBoer 1983: 21). 드브아는 이러한 네 유형 상태 사이에 개입하는 세 가지 형식의 과정(I~III)에 관해 언급하는데, 의미심장하게도 드브아는 첫 번째와 마지막 과정, 즉 행태적 유형과 폐기 유형 사이의 과정(형식 I), 그리고 폐기 유형과 표본 유형 사이의 과정(형식 III)에 대해서만 논한다. 물건 크기에 관한 예를 사용하여 드브아는 이처럼 기본적인 물리적 특성이 고고학자의 폐기나 퇴적 과정 그리고 발견 과정 이해에 어떠한 함의를 지니는지를 논한다. 그러나 폐기 유형과 고고학적 유형 사이의 과정(형식 II)에 대한 논의를 완전히 생략했다는 것은 뜻하는 바가 매우 큰데, 쉬퍼의 체계의 맥락과 고고학적 맥락 사이의 구분, 그리고 또 어떤 의미에서 형성이론에 대한 유형 정향적 접근과 퇴적 정향적 접근 사이의 구분을 가로지르는 것은 이러한 과정이기 때문이다(도면 5). 형성이론에서 거의 맹점으로 작용하는 것처럼 보이는 것은 이러한 구분, 위와 같은 두 부분을 결합하기 어렵게 하는 선이다. 어떤 의미에서 체계의 맥락과 고고학적 맥락 사이의 선은 시차를 생성하는 동일한 물건에 대한 두 매우 다른 관점을 구분하기도 한다. 즉 한편으로 현재 고고학자에게 나타나는 바와 같은 고고학적 기록에 대한 관점이 있고, 또 다른 한편으로 고고학자들이 고고학적 기록의 생성으로 이어졌다고 가정하는 과거의 과정에 대한 관점이 있다. 문제는 형성이론에서 사용되는 이론적 모델이 위 둘을 연결하지 않을 뿐만 아니라 위와 같은 시차적 전치를 애초 생성한다는 것이다.

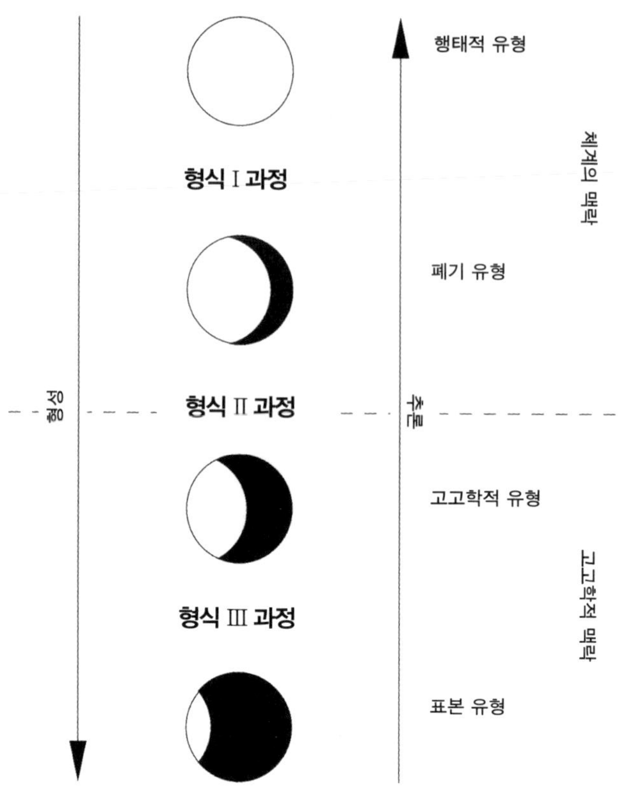

도면 5 고고학적 기록에 대한 워렌 드브아의 화석학적 모델(DeBoer 1983:
21)과 체계의 맥락과 고고학적 맥락에 대한 쉬퍼의 구분 통합

::빈포드, 쉬퍼, 폼페이 전제

빈포드와 쉬퍼의 접근은 종종 함께 뭉뚱그려지지만 양자 간에는 차이가
있고 이러한 차이는 폼페이 전제에 대한 논쟁에서 정점에 이르렀다(Bin-
ford 1981; Schiffer 1985). '폼페이 전제'란 용어는 1961년 아셔가 고안해
각주로 제시한 것이다. 여기서 아셔는 고고학적 기록은 폼페이의 유명
한 유적이나 앞 장에서 다룬 먼로가 기술한 호상 가옥처럼 한때 살아 있
던 공동체가 한 시점에 멈춰 선 것을 찍은 스냅 사진이 아니라 해체 과

정에 있다가 발굴 행위에 의해 방해를 받은 공동체의 잔재라는 점을 처음으로 지적하였다(Ascher 1961: 324). 빈포드는 폼페이 전제에 대한 위와 같은 개념 또 빈포드가 사용한 '화석 기록'에 대한 쉬퍼의 원래의 경시와 쉬퍼의 *행태 고고학 Behavioural Archaeology* (Schiffer 1976: 11)에서 반복된 경시를 변형을 원래의 문화적 맥락 즉 체계의 맥락에 대한 왜곡으로 특징지운 쉬퍼에게로 되돌린다. 빈포드는 쉬퍼는 '왜곡'이라는 용어를 사용함으로써 쉬퍼 자신이 실제로는 고고학적 기록에 대한 폼페이-같은 해석, 폼페이 전제에 포함된 것보다 단지 약간 더 정교화된 해석을 재포착하려 한다고 결코 불명확하지 않은 용어로 주장한다. 쉬퍼는 이러한 변형에 주의하여 이를 걸러냄으로써 고고학자는 오염되지 않은 원래의 문화적 맥락을 마치 그것이 일종의 폼페이 상황, 민족지적 현재, 역사의 한 조각인 것처럼 복원해낼 수 있다고 주장하는 것처럼 보인다. 빈포드가 쓴 것처럼 '쉬퍼는 폼페이를 발견하고자 한다'(Binford 1981: 201). 빈포드에게 쉬퍼의 모델은 두 가지의 구체적인 측면에서 문제가 된다. 첫째, 쉬퍼가 자신의 문화적 변형을 그 체계의 맥락에서 구별해야 하는 이유 그리고 그에 함축적으로 변형과 상관물을 구별해야 하는 이유가 불분명하다:

예를 들어 한 어린 소년이 화덕을 청소하고 나서 재 그리고 다른 불필요한 것들을 집 밖으로 가지고 나가 한쪽에 던져 놓는 사건을 쉬퍼는 화로에 불이 켜졌을 동안에 생긴 재와 화로가 놓인 상태를 왜곡하는 문화적 변형으로 볼 것이다. 유적 점유인의 관점에서 이는 청소하기였다. 청소하기가 어떻게 고고학적 기록과 고고학적 기록이 유래한 문화적 체계 사이의 관계를 왜곡하는지에 대해 드는 의문은 당연한 것일 것이다.

(Binford 1981: 200)

다시 말해 문화적 변형은 왜곡이 아니라 단지 체계의 맥락의 부분일 뿐이다. 이는 빈포드의 두 번째 그리고 관련된 요점으로 이끈다: 문화 체계는 항상 갱신 과정뿐만 아니라 엔트로피 과정에 있다(이는 아셔 또한 주장한 바이다), 즉 문화 체계는 항상 역동적이다. 그래서 원래의 맥락, 원래의 폼페이란 있을 수 없다. 고고학자가 특정한 순간을 재포착하기를 원하는 한 폼페이는 항상 고고학자의 기대의 산물이다. 그렇다면 그 순간 이후에 일어나는 모든 것은 잠재적으로 왜곡적이다. 실제로 역설적이게도 폼페이 자체가 폼페이 전제에 부합되지 않음이 밝혀졌다. 폼페이의 폐기 과정은 오래 걸렸기 때문에 폼페이 유적이 시간적으로 동결된 순간으로서 일종의 이상적인, 체계의 목록을 제공한다는 어떠한 관념도 잘못된 것이다(Allison 1992; Bon 1997).

빈포드의 비판에 대한 쉬퍼의 대응은 놀라울 정도로 간단하다(Schiffer 1985). 쉬퍼는 빈포드의 요점을 직접적으로 다루기보다는 자신의 견해에 대한 빈포드의 오해로 단순히 무시하고, 고고학적 기록이 과거 체계의 맥락에 대한 직접적인 반영물인 것처럼 고고학적 기록을 다루는 고고학자들의 문제를 다시 제기하는데 논문 전체를 할애한다. 쉬퍼에게는 이것이 *진정한* 폼페이 전제이다. 쉬퍼는 미국 남서부 고고학에서의 바닥 유형 해석에 초점을 두어 어떻게 그러한 바닥 유형이 마치 체계의 목록인 것처럼, 과거 체계의 맥락 또는 살아 있는 맥락에서의 어느 한 시점에 순환 중인 물체의 전 범위와 비중을 반영하는 것으로 직접적으로 독해될 수 없는지를 보인다. 이러한 의미에서 고고학적 유형은 체계의 유형에 대한 왜곡이고, 이를 달리 표현하자면 고고학적 유형은 체계의 유형을 직접적으로 재현하지 않는다. 빈포드와 쉬퍼 사이의 차이는 이 문제에 어떻게 대응하는가에 있다. 빈포드가 팰림세스트를 분해 불가능한 것으로 보아 체계의 맥락은 실제로 보다 큰 시간적 척도에서 연구되어야 한다고 제안하는 곳에서, 쉬퍼는 팰림세스트를 생성한 소규모 사건을 이해하기 위해 그 팰림세스트를 분해하는 것이 중요하다고 본다. 이처럼 빈포드와 쉬퍼는 반대 방향을 향해 나아가는데, 빈포드는 일반 이론과 대규모 과정에 대한 설명으로, 쉬퍼는 그의 행태고고학에서의 소규모 활동으로 나아간다. 물론 양자 모두 일반화를 추구하지만 매우 상이한 시간적 척도에서의 일반화를 추구한다. 그래서 빈포드와 쉬퍼의 견해에는 실제로 아무런 모순이 없다고 볼 수도 있다(e.g. Shott 1998: 311-312; Tschauner 1996: 8-10). 그러나 위와 같은 분기 때문에 빈포드와 쉬퍼는 중범위 또는 형성 이론과 일반 또는 사회 이론 사이의 관계를 어떻게 보는가에 있어 정말 다르다. 빈포드에게 있어 중범위이론은 증거나 방법론적 측면에 있어 독립적이어야 하지만 실질적인 측면에 있어서는 관련성을 위해 일반 이론을 참조해야 한다(Binford 1983[1977]: 36-37). 그에 반해 쉬퍼에게 있어 그의 행태고고학 또는 재구성 이론은 방법론적 측면과 실질적 측면 모두에서 독립적이다(Schiffer 1988; Shott 1998: 312 참조).

위와 같은 차이가 주어졌을 때 핵심 문제는 팰림세스트의 문제, 즉 팰림세스트를 분해하는 것이 가능한가에 관해 어떠한 입장을 취하는가이다. 어떤 측면에서 이는 캐리커처, 강요된 양자택일이 되는데 특히 빈포드가 그리는 방식에 있어서 그러하다. 빈포드에 의하면 고고학자는 민족지적 장면을 재구성하고자 하거나 보다 장기간의 과정을 설명하고자 한다. 그러나 쉬퍼 등이 어느 정도로 폼페이 또는 역사의 조각을 재구성하고자 했는지에 대해서는 논쟁의 여지가 있다. 쉬퍼도 빈포드가 사용하는 의미에서의 '재구성'이라는 용어는 쉬퍼의 목적과 관련하여 정확하지 않다고 한다(Schiffer 1988: 469). 그보다 문제는 어떠한 척도의 종합적 행태를 고고학에서 현실적으로 다룰 수 있는가이다. 고고학적 기록의 팰림세스트적 특성과 관련된 위와 같은 척도의 문제가 바로 시간 관점주의에서 다루어진 문제이다.

::시간 관점주의

제오프 베일리는 '유럽 선사시대에서의 개념, 시간-척도, 설명'이라는 논문에서 '시간 관점주의'라는 용어를 고안하였다(Bailey 1981; 또 Bailey 1987도 참조). 이 논문에서 베일리는 고고학자들이 사용하는 시간에 두 상충되는 가정이 있음을 확인하였다. 첫 번째는 베일리가 행태적 동일과 정설이라 부른 것으로서 장기적인 패턴은 일상의 경험에서 관찰되는 단 기적 사건의 합일 뿐이라는 가정이다. 이는 분명 쉬퍼의 행태고고학 이 론에 포함되어 있다. 베일리가 시간 관점주의라고 부른 두 번째 가정은 상이한 시간 척도에서는 상이한 과정이 관찰될 수 있고 따라서 상이한 개념과 설명 형식이 필요하다는 것이다(Bailey 1981: 103). 베일리는 극단 적인 경우가 아닌 이상 이 둘이 반드시 양립 불가능한 것은 아니고, 고고 학자들은 이 둘이 가정임을 인식하고 있을 필요가 있는데, 특히 행태적 동일과정설의 경우 그러하다. 그러나 시간 관점주의에서는 단기간의 사 건이 인지되지만 행태적 동일과정설에서는 그렇지 않으므로 분명 시간 관점주의가 행태적 동일과정설보다 폭넓고 전반적인 가정이라고 할 수 있다.

위와 같은 개념을 처음 제시한 이후 사반세기가 지나 베일리는 이 개 념을 역사적이고 개인적인 관점에서 검토하였다(Bailey 2008). 베일리는 실질적인 측면과 방법론적 측면이라는 시간 관점주의의 두 주요한 측면 을 강조하였다. 실질적인 정의는 상이한 시간 척도에서는 상이한 과정을 관찰할 수 있고 설명할 수 있다는 그의 1981년 개념을 사실상 정리한 것 이다. 방법론적 측면은 고고학 자료에서 얻을 수 있는 해상도의 척도, 즉 고고학적 기록의 팰림세스트와 같은 특성을 지칭한다. 이러한 측면은 베일리가 그의 이전 논문에서 깊이 있게 다루지 않은 것이지만(Bailey 1981: 109-110) 또 다른 논문에서는 매우 자세하게 다루었고(Baiely 2007) 이에 대해서는 후술할 것이다. 고고학적 기록의 팰림세스트적 특성의 중요한 결과 중 하나는 그러한 특성에 어떻게 대응할 것인가이다. 베일리는 행태적 동일과정설에서 이는 현실적 문제가 된다고 본다. '증거의 점진적인 상실과 해상도의 상실로 인해 자료는 점점 더 불량해지는데 특히 시간을 거슬러 올라갈수록 그러하여 고고학자들이 과거에 대해 정말로 묻고 싶은 질문에 답을 하기에 당연히 부적절'하게 되기 때문이다(Bailey 2008: 14). 베일리에게 있어 시간 관점주의를 채택하면 이는 문제가 덜 되는데 자료의 해상도가 보다 장기적인 과정에 기반한 해석에 딱 알맞을 수 있기 때문이다.

시간 관점주의 이론이 그동안 고고학적 사고에 미친 영향은 제한적이었기 때문에 시간 관점주의 개념에 대한 베일리의 회고는 흥미로운 것이다. 베일리는 이에 대한 세 가지 주요한 원인을 제시하기도 하였다. 첫 번째와 두 번째 원인은 현대 고고학이론과 사회이론에서 개인에게 주어진 중요성과 선형적 서사의 필요성이다. 주로 개인적 삶보다 큰 시간 척도에서 또 분명 다중적 시간 척도에서 작용하는 시간 관점주의는 위와 같은 두 요소 모두를 혼동하는 것으로 보일 수 있다. 그러나 이러한 요소들이 얼마나 깊게 자리잡혀 있는가에 대해서는 논쟁의 여지가 있고, 사실상 어떤 것이 시간 관점주의에 반해 작동한다면 그것은 고고학 밖에서의 사회이론의 폭넓은 영향일 것이다. 그러한 사회이론은 현대적 행태 따라서 단기적 행태에 대한 연구에서 유래하는데 이는 베일리가 그의 1981년 논문에서 주목한 점이기도 하다(Bailey 1981: 103). 고고학에서의 시간 관점주의의 일반적 수용에 대해 머레이가 제시한 의견은 훨씬 더 예리한데, 특히 보다 광범위한 사회이론, 정상화, 인류학적 형이상학과 관련하여 그러하다(Murray 2008; 또 Murray 1997, 1999도 참조). 아마도 가장 꼼짝달싹할 수 없게 하는 것은 베일리의 마지막 원인인 실용적 구현일 것이다. 시간 관점주의에 대한 방법론적, 이론적 논의에 꽤 중요한 진전이 있었지만(e.g. Murrary 1997, 1999; Stern 1993) 인간 활동과 지질학적 또는 환경적 변동 사이의 공진화나 반복적으로 점유된 장소의 발생 중 하나를 강조하는 해석을 넘어 장기적인 과정에 대한 해석을 제공하는 시간 관점주의를 적용한 경험적 또는 실질적인 연구는 그야말로 매우 드물었다(Holdaway and Wandsnider 2008 참조). 또 그러한 연구에서도 실질적인 측면에서 특별히 새로운 것은 없었다.

방법론적인 측면에서 문제의 핵심은 팰림세스트와 그 해석 방식에 대한 결정이고, 이는 결국 행태적 동일과정설과 시간 관점주의에 대한 베일리의 원래의 대조로 다시 돌아가게 한다. 이러한 두 접근은 한편으로는 축적 연구에 대한 이론을 통해, 다른 한편으로는 시간 평준화를 통해 요약될 수 있다. 전자는 쉬퍼의 형성이론, 특히 그의 폐기 방정식에서 유래하고, 후자는 고생물학과 지질학에서 단서를 얻은 것인데, 물론 이 둘은 시간 관점주의에 주요한 영향을 미쳐왔다.

:: 시간 평준화

니콜라 스턴은 평준화된 시간으로서의 고고학적 유형에 대한 사고를 처음으로 도입하였는데 스턴은 이 개념을 고생물학에서 취하였다(Stern 1994, 2008; Walker and Bambach 1971; Western 1980). 퇴적물의 축적률과 유형의 축적률 간 괴리가 이 개념의 기저에 놓여 있다:

퇴적상은 시간-위반적인 현상이고 반면 물질적 잔해는 즉각적인 행태적 사건의 결과로 축적된다. 그래서 고고학적 기록 생성 과정

에서 상호작용했던 지형학적 사건과 행태적 사건의 시간 척도 사
이에는 괴리가 있다.

(Stern 1993: 205)

이로 인해 유물, 뼈 또는 그 외 물질의 어떠한 유형도 다중적, 별개 사건
의 집합체인 팰림세스트이다. 고생물학에서 이는 심각한 결과를 낳는데,
결과적으로 이는 동일한 침전 매트릭스에 함께 모여 있지만 결코 함께
거주하지 않았던 상이한 화석 종이 있을 수 있음을 의미하기 때문이다.
고고학적 용어로 간단하게 풀이하자면, 위와 같은 사실에 의해 제기되는
해석적 문제는 이러한 집합체가 유사한 사건으로 구성된 것인지 아니
면 상이한 사건으로 구성된 것인지 어떻게 알 수 있는가이다. 동일한 종
류의 활동이 반복되어 유사한 물체의 퇴적으로 이어진다면 축적 패턴은
개별적 패턴과 동일하고 개별적 패턴의 확대판이 된다. 그러나 유형에
상이한 활동이 개입된다면 전반적인 패턴은 개별적인 패턴과 필요 관계
를 지니지 않을 것이다. 이는 다시 말하자면 시간 평준화된 유형이 반드
시 유형이 형성된 사건의 평균적 재현물은 아님을 의미한다.

　　조사라 드 랭은 500년 동안 축적된 최소개체수 130에 달하는 동물
뼈의 가설적인 유형을 논하면서 이 문제를 분명하게 보여준다(de Lange
2008: 154-156). 그녀는 동일한 유형을 낳을 수 있는 세 가지의 시나리오
를 제시하는데, 각 가설은 50년 단위의 열 개의 블록으로 쪼개진다. 첫
번째 시나리오에서는 각 50년 간의 기간 동안 동일한 패턴이 반복되고,
한편 두 번째와 세 번째 시나리오에서는 각 시기에 매우 상이한 패턴이
보인다. 세 번째 시나리오에는 세 시기 동안의 활동 중단기가 포함된다
(도면 6 참조). 드 랭의 사례는 시간 평준화에 대한 논의를 진전시키기 위
한, 전적으로 예시적인 것이지만 한 가지 명시적으로 드러나는 것은 그

녀의 50년의 기간조차도 시간 평준화된다는 점이다. 사실상 거의 모든 고고학적 유형이 매우 근본적인 의미에서 시간 평준화되거나 팰림세스트임은 분명하고 이에 대해 드 랭은 의심의 여지 없이 동의할 것이다. 이는 문제를 매우 명확하게 구체화하지만 고고학의 여러 분야에 걸쳐 잠재적인 방해물이 될 수도 있다. 간단하게 말해 드 랭의 세 시나리오가 동일하게 개연성이 있다면 고고학자들이 발견하는 자료 패턴은 그저 임의적일 것이다. 베일리는 이는 사실이라고 할 것이지만 패턴을 항상 미시적 수준에서 설명하려 하는 행태적 동일과정설의 관점에서만 그러할 것이다. 이러한 시간적 집합체를 전국적인 소비 습관에 대한 조사와 같은 공간적 집합체와 비교할 수도 있을 것이다. 분명 그러한 조사에서는 지역적 변이와 함께 소득, 젠더, 종족성과 같은 다른 변수들도 가리어지게 될 것이다. 그렇다고 예를 들어 영국 소비자 습관과 프랑스 소비자 습관

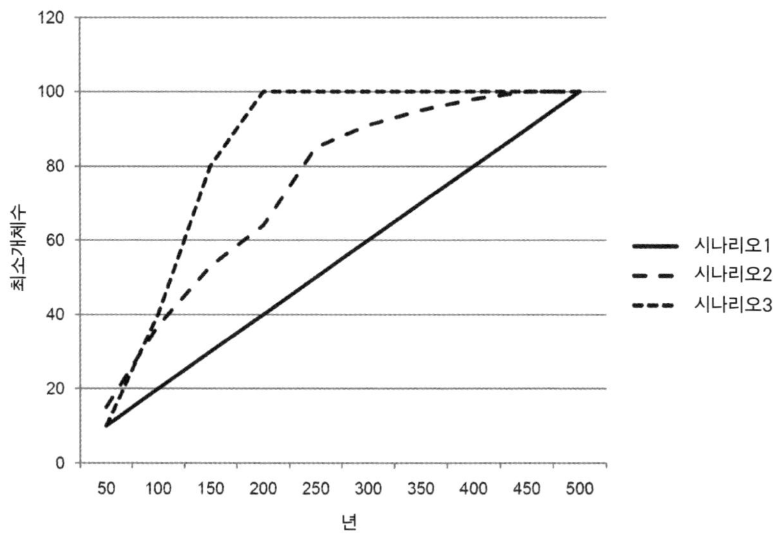

도면 6 시간 평준화의 문제

누적 그래프는 50년 간격으로 세 가설적 동물상 유형의 변화하는 구성을 나타냄(자료는 de Lange 2008에서; 성인의 개체 수만 나타냄); 500년 동안에 걸쳐 결합되면 세 유형 모두 동일해 보일 것임

비교가 무익하다는 것은 아니다. 그러나 같은 주장이 시간적 집합체에도 적용될 수 있을까? 오백 년이라는 기간에 걸쳐 형성된 두 유적을 비교할 때 그 동물상 유형에 있어서의 차이점이나 유사성이 어쨌든 유의미하다고 할 수 있을까?

여기서 결정적이지만 랭이 다루지 않은 문제가 어느 시점에 유형이 시간 평준화되는가, 한 번 이상의 물건 퇴적 사건이 일어난 직후부터인가이다. 이는 무엇이 물건 퇴적의 단일한 사건이 되는가의 문제를 낳고 반복적 그리고/또는 규칙화된 사건을 다루고 있는가의 여부 문제로 다시 돌아가게 한다. 언제 두 사건이 두 별개의 사건 또는 단일한 사건의 두 별개의 구성 요소라고 할 수 있을 만큼 뚜렷이 달라지는가? 소원의 우물 바닥에 있는 동전 모음은 50년 간에 걸친 던지기 사건의 축적물일 수 있다. 그러나 이들이 상이한 사건인가 아니면 단순히 연장된 한 단일한 사건의 구성 요소인가? 특히 이러한 사건이 사실상 이전 사건의 반복이고 오직 이러한 반복을 *통해서*만 그 의미를 지닐 때 말이다. 이러한 문제가 시간 평준화에 대한 논의에서 제기되지 않은 이유 중 하나는 분명 시간 평준화 개념이 고생물학에서 기원했기 때문이다. 시간 평준화에 대한 고생물학에서의 전제는 퇴적물과 유형 사이의 관계가 시간적으로 임의적이고, 퇴적물 형성 그리고 그 잔재가 퇴적물에 둘러싸인 생명체의 수명과 생명 주기 사이에는 동시성이 없다는 것이다. 그러나 동일한 전제가 대부분의 고고학적 퇴적물은 아니라 하더라도 여러 고고학적 퇴적물에도 적용 가능한가? 분명 대부분의 고고학적 유적에서 발견되는 퇴적물의 특징 중 하나는, 이 장에서 앞서 논의된 것처럼, 이 퇴적물이 자연적 과정의 산물이 아니라 구조물, 바닥층, 쓰레기 더미와 같은 인간의 의도적 활동의 산물이라는 점이다. 따라서 유형과 퇴적물 형성 사이의 연관이 반드시 임의적이지는 않다고 볼 수 있다. 형성의 시간 척도들 사이에, 예를 들어, 바닥층의 형성과 그 바닥 위 물건 퇴적이라는 개별적인 행위 사이에 간극이 있다 하더라도 말이다.

여기서 고고학에서의 시간 관점주의와 시간 표준화 연구의 공통적 요소가 무엇인지에 관한 문제가 제기된다. 이러한 문제는 고고학적 기록의 조건이 고생물학과 가장 비교 가능한 구석기 고고학에서 주로 인식되고 적용되었는데, 동아프리카 호미니드 화석에 대한 스턴의 연구가 그러한 사례이다(Stern 1993, 1994; 또 Holdaway and Wandsnider 2008도 참조). 이러한 사례에서 두 과정의 시간 척도가 다를 때 유형 형성에 대한 퇴적물의 시간적 관계는 분명 현실적 문제가 된다. 어떠한 시기의 고고학적 기록에 대해서도 유사한 예를 발견할 수 있다는 점 또한 명백하다. 그러나 선사시대 후반과 역사 고고학 대부분의 경우에 퇴적적인 측면에 있어 고고학적 기록은 고생물학에서의 기록과 상당히 다르고 퇴적물과 유형 퇴적 사이의 관계는 반드시 임의적이지 않다. 따라서 시간-평준화된 유형이 평균적인 재현물은 아니라는 가정이 사실일 가능성은 더 낮다. 그러나 이는 분명 명시적으로 밝혀지고 더 나아가 입증 자료에 기반하여 주창될 필요가 있음은 분명하다. 따라서 개별적인 경우에서의 유형과 퇴적물 형성 사이의 관계를 이해하고, 무엇이 혼합된 유형인가는 문화적 또는 사회적 맥락에서의 퇴적 과정에 대한 고고학자의 이해에 상대적임을 인지할 필요가 있다. 여기에서 축적에 대한 연구가 시간 관점주의에 대한 유용한 대응적 접근이 된다.

:: 축적 연구

축적 연구는 형성과정에 대한 쉬퍼의 연구에서 갈라져 나와 현재 보다 각광을 받고 있는 분야 중 하나이다. 이 분야에서는 물질이 어떻게 고고학적 기록에 축적되는가, 그리고 이것이 점유 지속성과 모집단 규모에 대해 어떠한 함의를 지니는가에 주안점을 둔다(Varien and Mills 1997; Varien and Ortman 2005). 연구의 방법론적 기반은 쉬퍼의 기본적인 폐기 방정식에 놓여 있는데, 이는 주어진 유물 형식이 폐기되는 비율을 정량화하기 위한 것이다(Schiffer 1975: 840; 1876: 60; 1987: 53). 쉬퍼의 방정식은 간단하다: TD = St/L. 여기서 TD는 버려진 유물의 총 개수이고, St는 특정 시기에 사용되고 있는 유물의 개수에 총 사용 시기가 곱해진 것이며, L은 유물 사용기이다. 이 방정식의 핵심은 사용기가 고고학적 유형의 유물 비율에 미칠 수 있는 중요한 효과에 대한 강조이다. 예를 들어 물체 x가 물체 y보다 두 배 오랫동안 지속된다면 고고학적 기록에는 전자가 후자의 반만큼 나타날 것이다. 그러나 이는 살아 있는 또는 체계의 맥락에 물체 x가 물체 y의 반만큼 있었음을 의미하지는 않는다. 물체 x와 물체 y는 동일한 비율로 존재했을 수 있지만 물체 y가 물체 x보다 짧은 기간 동안 사용되었기 때문에 전자가 후자보다 두 배 더 빨리 버려지고 교체되었던 것이다. 이처럼 단순한 추론을 통해서도 고고학자들이 유형을 이루고 있는 물건의 비율을 특정 시기에 사용되고 있는 물건의 비율을 대신하여 사용하고 그러한 가정에 기반하여 상이한 활동의 상대적인 중요성을 추론할 때의 잠재적인 문제가 바로 드러난다(e.g. Ammerman and Feldman 1974). 이를 깨달아 1970년대 이후의 여러 민족지고고학 연구에서는 유물, 그 중에서도 주로 토기의 사용 기간 추정에 초점을 두어 왔다(이에 대한 검토에 관해서는 Shott 1989, 1996a; Varien and Mills 1997 참조).

그러나 위와 같은 교차문화적 연구가 지닌 한 가지 문제점은 이를 통해 여러 변이성이 드러났다는 것이다. 이는 여러 요인들의 결과로서인데, 이에는 자료 수집의 정확성에서부터 사용 기간에 영향을 주는 기능, 사용 빈도, 특정 시점에 사용 중인 유사한 물건의 개수와 같은 변수가 포함된다. 토기의 경우 사용 기간에 대한 추정은 일년 이내에서 거의 이

십 년에 이르렀는데, 70% 이상의 사용 기간이 5년 이내였다(Varien and Mills 1997: 151). 이러한 문제를 피해 가기 위해 마크 바리엔과 그의 동료들은 미국 남서부에서의 연구에서 민족지적 물질보다는 고고학적 물질에 초점을 두었다. 그들이 강력한 고고학적 사례라고 부르는, 거의 완전히 발굴되었고 나이테연대측정법에 의해 거의 25년 단위로 편년된 콜로라도에 있는 푸에블로의 오리발 유적에 대해 이들은 가구의 수, 점유 기간, 총체적인 폐기 유형을 엄격히 통제하였다(Varien and Potter 1997; 또 Lightfoot 1993 참조). 이들은 그 짧은 사용 기간과 큰 영향력 때문에 최상의 조건을 갖춘 토기 중 하나라 할 수 있는 요리용 냄비 분석에 기반하고, 쉬퍼의 공식과 유적 자료를 이용하여, 민족지적으로 유래한 수치에 의존하지 않고 쉽게 폐기율을 계산할 수 있었다. 또 이들은 모든 용기가 유적이 점유되기 시작하였을 때 새것이었는가, 또 각각의 용기가 연속적으로 사용되었는가 아니면 번갈아 사용되었는가라는 두 변수를 바탕으로 계산을 조정하였다. 이들의 연구는 요리용 냄비에 대한 역사적, 문화적으로 구체적인 수치를 제시했고 이러한 수치는 다른 푸에블로 유적에 적용되어 거주 기간 추론에 사용될 수 있는데 이는 장기적 패턴 이해에 보다 넓은 영향을 미쳤다(Varien and Ortman 2005).

바리엔 그리고 그의 동료들에 의해 수행된 연구는 비록 가정에서 자유롭지는 않지만 고고학자가 민족지적 자료보다는 고고학적 자료, 그리고 보편적으로 적용 가능하기보다는 문화적으로 특수한 자료를 통해 어떻게 중범위이론을 생성할 수 있는지를 보여 주었다. 여기서 가장 핵심적인 변수 세트의 하나는 사용 기간과 점유 기간 사이의 관계에 관한 것인데, 이는 시간 평균화에 의해 제기된 주제와 직접적인 관련을 지닌다. 축적 연구에서는 체계의 맥락에 대한 이해는 시간 지속이 충분히 길 경우 ― 조리용 냄비의 경우 5년 ― 에만 가능하다고 본다(Varien and Potter

1997: 207). 예를 들어 점유 기간이 물건의 사용 기간보다 짧다면 이 물건은 유적의 고고학적 기록으로 아예 나타나지 않을 것이다. 고고학적 기록이 사용 중인 물건의 실질적이고 완전한 범위를 나타내기 위해서는 점유 기간이 모든 물건의 사용 기간보다 길어야 한다(Mills 1989). 다시 말해 사용 중인 물질문화에 대한 대표적인 그림을 얻기 위해서는 시간 평준화 개념에서 그러한 그림을 불분명하게 만드는 것으로 제시된 바로 그 축적 과정이 필요하다. 이는 모순적이다. 한편으로 시간 관점주의에서는 유형 형성의 집합적 특성은 민족지적 장면이 아니라 보다 장기적인 패턴을 시사할 뿐이라고 본다(e.g. Shott 2008). 또 다른 한편 축적 연구에서는 체계의 맥락에 도달하기 위해 이러한 집합체 또는 팰림세스트가 필요하다고 본다.

이는 실제적인 모순일 수도 있고 아닐 수도 있다. 시간 관점주의에서는 행태적 동일과정설에 대해 알고 있는 고고학자는 과거의 스냅 사진을 추구한다는 생각이 지나치게 과장된 것으로 보인다. 이는 명백히 사실이 아니다. 행태적 동일과정설에 대해 알고 있는 고고학자는 시간 관점주의자만큼 집합체에 의존하지만 후자보다 짧은 기간에 대해서만이다. 시간 관점주의와 퇴적 연구가 공유하는 것은 실제로 패턴을 보기 위해 팰림세스트에게 주어지는 중요성이다. 그러나 이들은 그러한 패턴이 축적 연구를 통해 드러나듯이 보다 단기적인 과정에 의해 설명 가능한지 또는 시간 관점주의자들이 주장하듯 보다 장기적인 과정에 의해 설명 가능한지에 대해서는 서로 다른 입장을 보인다. 필자가 보기에 이러한 차이의 대부분은 유형과 퇴적물 형성이 일정한 측면에서 관련되었는지, 그리고 보다 일반적으로 이러한 두 구성 요소에 얼마나 많은 주의가 주어지는가에 달려 있다. 축적 연구가 형성이론에 대한 유형 접근에 확고히 자리잡고 있다는 점에는 의심의 여지가 없지만, 시간 관점주의는 그러한 구분의 양쪽 편에 걸쳐 있는 것처럼 보인다. 유형 형성에 대한 일차적 관심과 이것이 제기하는 해석의 문제에도 불구하고, 시간 관점주의에 대한 고생물학적이고 지질학적인 배경은 축적 연구보다 퇴적-정향적 접근의 중요성에 대해 보다 인식하게 한다. 시간 관점주의가 고고학에서 주변적인 이론으로 남아 있는 것은 바로 이 이유 때문일 수 있다. 비록 시간 관점주의가 시간과 관련된 유형 형성의 문제를 더욱 인식하게 하였다 해도 그 고생물학적 영향 때문에 퇴적물과 유형 형성 사이의 잠재적인 문화적 연결을 간과했다고 할 수 있다. 고고학적 기록의 이러한 두 요소를 어떻게 연결할 수 있을까?

팰림세스트: 퇴적물과 유형 형성의 교차

::퇴적물과 유형 형성 연결하기

이 장에서 논의된 퇴적-정향 그리고 유형-정향 형성이론의 두 측면 또는 흐름을 고고학자들은 반드시 별개의 것으로 보지는 않는다. 쉬퍼는 물건과 유형에 대한 좁은 초점에서 시작하여 퇴적물을 포함하도록 그의 생각을 수정하였지만(cf. Schiffer 1972, 1976, 1983, 1987), 여러 지질고고학자들은 유형과 관련하여 쉬퍼와 빈포드에 의해 개발된 형성이론에 관한 보다 폭넓은 이론적 정당화를 명시적으로 인용한다(e.g. Rapp and Hill 2006: 19). 그런데 샤트는 형성이론과 중범위이론 사이의 관계에 대한 최근의 논문에서 '유형-형성이론'은 '형성이론'과 동의어였다는 견해를 내비치었다(Shott 1998: 311). 이는 부주의에서 비롯된 실수였을 수도 있지만 결국 샤트는 단순하게 '형성이론'을 주요 명칭으로 사용한다. 그럼에도 불구하고 이는 위 두 동향에 대한 역사적 구분과 관련하여 시사하는 바가 있다. 서로 다른 이 두 동향은 고고학적 층위에 대한 상이한 접근 안에서 하나는 유물 정향적이고 다른 하나는 퇴적 정향적인 것으로 재생산되는 것처럼 보일 수 있지만(Stein 2000), 필자의 생각에 이는 꼭 정확하지는 않다(이 장 앞에서의 논의 참조). 형성이론과 형성과정에 대한 개념의 외관상의 통합성에도 불구하고 상이한 강조점과 관점이 존재하기 때문이다.

퇴적 정향적 관점, 유형 정향적 관점이라는 용어에서 드러나듯 이러한 강조는 처음에는 주로 고고학적 기록의 모형화된 형성 단계를 중심으로 전개되는 것처럼 보인다. 특히 유형 정향적인 접근에서의 강조는 전-퇴적 활동과 퇴적 자체 사이의 관계에 전적으로는 아니라 해도 주로 놓인다고 할 수 있다. 반면 퇴적 정향적 접근은 퇴적 과정과 후-퇴적 과정 사이의 관계에 보다 주목한다. 예를 들어 체계의 맥락과 고고학적 맥락 사이의 단절이 강조되는 쉬퍼의 유동 모델(도면 4 참조)을 침전물과 풍화작용이 강조되는 스테인의 고고학적 기록에 대한 형성모델(Stein 2001, 도면 1.3)과 비교하면 이러한 강조는 명확해질 것이다. 이러한 차이는 전-퇴적적 활동과 퇴적 사이의 관계에 대한 민족지고고학적 연구에 비해 퇴적 과정과 후-퇴적 과정 사이의 관계에 대한 민족지고고학적 연구가 상대적으로 적은 이유에 대한 설명이 되기도 한다. 진흙벽 붕괴에 대한 맥킨토시의 연구(McIntosh 1974)나 사후에 대한 민족지고고학이 필요하다는 고렉키의 주장(Gorecki 1985)과 같은 연구는 민족지고고학적 연구에서 극히 드물다. 실제로 최근의 한 교재에서 그러한 연구는 지질고고학 분야에 속하는 것이 보다 적절하다고 명시적으로 논의되기도 하였다(David and Kramer 2001: 95).

퇴적 과정과 후-퇴적 과정 사이의 관계에 대한 실험적 연구도 마찬가지로 드문데, 지질고고학적 관점에서의 연구를 포함해도 그러하다

(cf. Coles 1973, 1979; Harding 1999; Ingersoll, Yellen, and MacDonald 1977; Mathieu 2002; Outram 2008; Stone and Planel 1999). 그 이유의 일부는 분명 전-퇴적 활동과 퇴적 활동 사이의 관계 연구에 비해 퇴적 과정과 후-퇴적 과정 사이의 관계에 대한 연구에서 요구되는 긴 조사 기간 때문일 것이다. 전-퇴적 활동과 퇴적 활동 사이의 관계에 대한 연구도 이른바 종적인 연구로부터 도움을 받을 수 있음에도 말이다(David and Kramer 2001: 136). 예를 들어 영국 오버톤 다운에서의 실험적인 토목공사 프로젝트는 1950년대 후반에 계획되어서 한 세기 이상 지속될 것이라는 예상 하에 1960년에 시작되었다. 프로젝트의 전반적인 목적은 환경적 과정에 대한 현재의 과정과 고고학자들이 주목하는 보다 긴 시간 척도 사이의 간극을 메우기 위해 토목공사와 매장된 유물에 나타난 단기적 변화와 중기적 변화를 연구하는 것이었고 연구하는 것이다. 이에는 128년이 넘는, 점차적으로 길어지는 시간적 간격을 두고 유적을 조사하는 작업이 수반되고, 여섯 차례의 조사를 통한 결과가 출판되었다(Bell, Fowler and Hillson 1996; Jewell 1963; Jewell and Dimbleby 1966). 다음 조사는 2024년, 마지막 조사는 2088년으로 계획되어 있다. 이러한 프로젝트에는 프로젝트 발기인이 그 완성을 보기 전에 죽을 수 있으므로 연속성을 보장하기 위해 안정적인 제도적 틀이 요구된다. 이는 또한 대부분의 후-퇴적 효과는 처음 5년 안에 나타나므로 15년 된 유적은 500년 된 유적과 별로 다르지 않다는 고렉키의 결론과 같은 가설을 검증할 수 있는 실제 사례를 제공할 수 있다(Gorecki 1985: 188).

퇴적 정향적 형성이론과 유형 정향적 형성이론 사이의 이러한 구분은 고고학자들이 인정하려 하는 것보다 고고학적 기록에 대한 고고학자들의 개념에 깊은 존재론적 분열이 있을 수 있음을 시사한다. 한편으로 퇴적물이라는 개념은 현장작업 과정에서 고고학자들이 마주치게 되는 것과 상당히 들어맞는다. 고고학자들은 퇴적물을 발굴하고 그를 기술한다. 어떤 의미에서 퇴적물은 고고학자들이 관찰하는 주요한 대상물이다. 그러나 유형이라는 개념은 또 다른 문제이다. 고고학자들은 물론 유형을 발굴하지만, 유형은 대개 그 퇴적적 환경이나 맥락에 의해 정의된다. 고고학자들이 경험적 수준에서 사용하는 유형이라는 개념이 민족지고고학적 연구의 살아 있는 맥락에서 시사되는 유형 개념과 반드시 어떠한 관계를 지니는 것은 아니다(유형 개념에 대한 보다 본격적인 논의에 관해서는 5장 참조). 이것이 바로 유형 정향적 형성이론이 다루어야 할 문제라고 하는 이도 있을 것이다. 그러나 그것이 가능한가? 필자가 고고학적 시차라고 부른 것의 문제, 즉 체계의 맥락과 고고학적 맥락 사이의 존재론적 분열에 직면하게 되는 것은 일차적으로 유형 개념에 있어서이다. 이미 암시된 것처럼 이는 팰림세스트라는 개념과 밀접히 관련된 문제이다. 퇴적물과 유형 형성이론이 연결되는 것은 바로 팰림세스트라는 개념을 통해서이다.

::고고학에서 팰림세스트 개념의 기원과 전개

팰림세스트라는 개념은 원래는 밀납판에, 이후 중세에는 문서의 동일한 표면 위에 쓰고 지웠다가 다시 쓰는 고대의 관행을 일컫는다. 이 용어는 텍스트, 쓰기의 물질적 측면에 대한 강조와 함께 그러한 쓰기라는 물질적 행위에 대한 기억을 강조하는 것이기도 하다. 이러한 기억과의 연관에 대해서는 나중에 다시 중요하게 다루어질 것이다. 팰림세스트는 마지막 쓰기 행위의 가시적인 표시물 아래 그 이전 쓰기 행위의 표시나 흔적을 다양한 정도로 보존하고 있는 기록물이다. 다시 말해 팰림세스트는 쓰기와 지우기라는 이원적 과정을 포함한다. 고고학자들은 20세기 전반부터 고고학적 기록을 기술하기 위해 팰림세스트라는 은유를 사용해 왔다. 이러한 은유는 처음에는 역사 경관의 성격을 특징짓기 위해 적용되었다가(Crawford 1953; Randall 1934) 나중에는 고고학적 기록에 적용되어(Bailey 1981; Binford 1981; Foley 1981) 시간 관점주의 이론 뒤에 놓인 근본적인 개념이 되었다(Bailey 2007; Holdaway and Wandsnider 2008).

고고학에서 팰림세스트 개념은 처음에는 고고학적 기록 자체보다는 경관에 보다 일반적으로 적용되었다. 대개 메이틀랜드가 19세기 말에 이 용어를 처음 사용했다고 여기지만 보든이 지적한 것처럼 메이틀랜드는 괄호 안에서 지나가는 말로 썼을 뿐이고 더군다나 이는 경관이 아니라 지도를 나타내기 위한 것이었다(Bowden 2001: 43; Maitland 1897: 14). 랜들은 1934년에 출판된 논문에서 고고학에 대한 지리학적, 경관적 접근을 검토하면서 메이틀랜드를 인용하지만 지도와 경관 사이의 구분이 중요하지 않도록 그 은유를 모호하게 사용한다:

나라의 얼굴은 우리가 지닌 가장 중요한 역사적 기록이다. '놀라운 팰림세스트'인 영국 지도 위에는 많은 영국 역사가 흙과 돌, 둑과 도랑, 잎과 곡식이라는 문자로 쓰여 있다.

(Randall 1934: 5)

랜들의 검토에서 랜들은 영국 경관고고학의 두 선구자인 씨릴 폭스와 O. G. S. 크로포드에게 명시적으로 많은 것을 빚지고 있다. 실제로 경관에 대해 팰림세스트라는 개념을 체계적인 방식으로 사용한 것은 크로포드였다(Bowden 2001; Johnson 2007: 58-59). 그의 책 *현장고고학 Archaeology in the Field* (Crawford 1953)의 '팰림세스트 해석하기: 로마 도로'라는 챕터에서 크로포드는 아래와 같은 고전적인 진술로 시작한다:

영국의 표면은 팰림세스트이다. 쓰였다 지워졌다가 반복된 기록
물인 것이다. 그리고 이를 해석하는 것은 현장 고고학자의 몫이다.
관련된 유구는 물론 길과 농지의 경계, 숲, 농장 및 다른 거주지,
그리고 그 외 모든 인간 노동의 산물이다. 이들은 땅 위에 쓰여진
글자와 단어이다. 그러나 이들을 독해하기란 쉽지 않다. 왜냐하면
가죽 기록물이 한 번이나 두 번 이상 깨끗이 지워진 경우는 드물
지만 대지는 전 시기를 통해 계속적인 변화를 겪었기 때문이다.

(Crawford 1953: 51)

크로포드에게 있어 위와 같은 팰림세스트 해석에는 현장작업과 지도 연
구가 모두 필요했고, 성공의 열쇠는 한번에 로마 도로와 같은 한 요소에
초점을 두는 것이다(Crawford 1953: 59). 랜들과 마찬가지로 여러 면에서
크로포드는 지도와 경관을 항상 엄격히 구분하지는 않았는데, 이에 대해
서는 6장에서 다시 다룰 것이다. 여기에서는 팰림세스트 개념을 이렇게
사용함으로써 쓰기와 지우기라는 이원적 과정을 연결하고, 또 그러한 과
정의 역사가 해부되어 경관이 '철기시대', '로마의', '색슨의'와 같은 국면
이나 시기로 재구성될 수 있음을 짚고 넘어갈 필요가 있다. 다시 말해 팰
림세스트는 층위에 또 다른 형식의 순서를 제공하는데 이를 '평평해진'
층위라 해도 좋을 것이다. 팰림세스트에 대한 이러한 관점은 1980년대
고고학적 기록에 관한 논의에서 나타난 것과 다소 다르다.

1981년 해석과 관련하여 고고학적 기록의 특성을 기술하는데 팰림
세스트라는 개념을 사용한 세 논문이 출판되었는데, 베일리, 빈포드, 폴
리의 논문이 그것이다(Bailey 1981; Binford 1981; Foley 1981; 또 Bailey 2008:
13-14 참조). 제프 베일리는 이를 시간 관점주의에 대한 근본적인 정당화
로 보았다:

그 해석을 신뢰할 수 있을 만큼 표본 크기가 큰 고고학적 유적, 동
물뼈, 달팽이, 또는 그 외 형식의 생계 자료는 적어도 백년에서 수
천 년 또는 그 이상에 걸친 활동의 팰림세스트를 나타내는 경우가
많다. 이는 개인 또는 개개 사회의 활동이 아니라 장기간에 걸쳐
지속되었던 평균적 경향을 나타내는, 행태의 보다 큰 집합체를 지
칭한다.

(Bailey 1981: 109-110)

같은 해 루이스 빈포드는 형성과정에 대한 쉬퍼의 견해를 고-민족지학
과 유사하게 과거 사건의 순서를 재구성하려 한 잘못된 시도라고 통렬
히 공격하였다. 이때 고고학적 기록의 팰림세스트와 같은 특성이 빈포드
의 주장을 뒷받침하기 위해 사용되었다:

나는 선사시대 생활 방식을 선사시대 민족지 형태로 재구성하는
것을 고고학 일반의 적합한 목적이라고 본 적이 없다. 민족지의
시간틀은 고고학적 연구에 대개 부적합하다는 것이 내게는 분명
하였다. 퇴적률은 살아 있는 사람들의 일상적 삶을 특징짓는 사건
의 급속한 순서보다 훨씬 느리다. 최선의 상황 하에서도 고고학
적 기록은 여러 별개 에피소드의 파생물로 이루어진 거대한 팰림
세스트를 나타낸다. 연합과 공변이의 어떠한 구조와 반복적 패턴
도 시간과 인간 체계에 대한 민족지 학자의 지각을 구체화하는 사
람과 집단의 삶에서 관찰되는 것보다 훨씬 더 장기간에 걸쳐 보다
엄격히 결정된 조직을 지닌 '체계의 사건'이나 역동성에서 유래해
야 한다.

(Binford 1981: 197)

베일리와 빈포드도 폴리와 거의 같은 방식으로 팰림세스트라는 용어를 단기적인 사건의 민족지적 척도보다는 고고학적 기록이 나타내는 장기적인 과정을 가리키기 위한 수단으로 사용한다(Foley 1981).

이 세 고고학자들에게 팰림세스트라는 개념은 이 개념이 크로포드에게 또는 영국 경관고고학에서 지녔던 의미와 매우 다른 의미를 지닌다. 크로포드에게 팰림세스트는 해체 그리고 그에 따라 재구성된 순서의 가능성을 포함하였지만, 베일리, 빈포드, 폴리에게 있어 보다 장기적인 고고학을 정당화한 것은 바로 그 불가능성이었다(그러나 Carr 1987 참조). 위와 같은 견해가 반드시 부정적인 것은 아니라는 점이 강조될 필요가 있다. 베일리가 지적한 것처럼 위와 같은 견해는 고고학의 목적을 단기적인 순서를 재구성하는 것으로 볼 경우에만 제한적이 되고 보다 장기적인 과정이 연구의 중심 주제일 때 장점이 된다(Bailey 2007: 203). 이후의 경관고고학자들은 크로포드의 견해보다는 후자의 의미로 사용하는 경향을 보였다(e.g. Rossignol and Wandsnider 1992; Wilson 2004). 이 개념은 시간 관점주의와 관련하여 중요한 개념으로 남았지만 이를 제외하면 이론적으로 다루어진 경우가 거의 없다. 이 개념에 대해 처음이자 지금까지 유일하게 자세하고 체계적인 견해가 2007년에 와서야 제프 베일리에 의해 발표되었는데, 여기서 베일리는 이 용어는 사실상 다중적인 범주를 수반한다고 보았다(Bailey 2007).

베일리는 다섯 가지의 상이한 팰림세스트 형식이 구분될 수 있다고 본다. 첫 번째는 진정한 팰림세스트인데, 베일리에게 이는 지난 활동의 모든 또는 대부분의 흔적이 가장 최근의 활동 전에 제거된 상황을 의미한다. 이 경우는 단일-에피소드 점유와 별다른 차이가 없다. 두 번째 형식은 누적적 팰림세스트인데, 이 경우 이전 활동의 에피소드가 보존되지만 너무 섞여 있거나 분리 불가능하여 활동 순서를 구분하기가 불가능하다. 베일리에 의하면 이는 대부분의 고고학자들이 생각하는 팰림세스트의 의미이고, 이러한 의미는 앞서 논의된 시간 평준화의 주제와 관련된다. 세 번째 범주는 공간적인 팰림세스트인데, 이는 두 번째의 변형이다. 누적적인 팰림세스트에서 모든 활동은 동일한 일반적인 지점에서 일어나지만, 공간적인 팰림세스트에서 활동은 별개의 그러나 인접한 그리고/또는 중복된 지대에서 일어나 분해가 어느 정도 가능할 수 있다. 베일리는 그러한 분해가 대부분의 경우 가능하다는 것에 여전히 회의적이지만 말이다. 네 번째 형식은 시간적 팰림세스트인데, 이는 상이한 시간에서 유래한 물질의 유형을 의미한다. 그러한 물질의 퇴적이 단일한 에피소드를 통해 일어났다고 하더라도 말이다. 철기시대에 대한 올리비에의 분석이 이러한 종류의 팰림세스트에 대한 가장 좋은 예로서 주어지는데, 여기서 부장품 그리고 그 외 다른 물건들은 서로 다른 시기의 것이다. 마지막으로 다섯 번째 범주는 의미의 팰림세스트인데, 그 생의 주기또는 일대기 때문에 물건은 상이한 사회적 맥락 사이를 움직이면서 의미를 모은다. 물건은 변경될 수도 있어서 최종적으로 퇴적될 즈음에 물건이 지녔던 의미 그리고 형태는 물건이 처음 제작되었을 때의 그것과완전히 다를 수 있다.

팰림세스트의 다양성에 대한 베일리의 논의는 지극히 중요한데, 적어도 팰림세스트의 사용에 함축된 복잡한 의미를 문제화하고 고찰한 실제적으로 첫 고고학적 시도라는 점에서 그러하다. 베일리가 설득력 있게논한 것처럼 이 개념은 물질 세계 이해에 중점적인데, 물적 대상물은 지속되고 또 지속되는 가운데 팰림세스트 개념에 중심적인 축적과 지움이라는 이원적 과정을 통합하기 때문이다:

다시 말해 팰림세스트는 해석되고 이해되기 위해 무언가 다른 것

으로 변형될 필요가 있는 예외적인 것도, 불편한 것도, 괴상한 것
도 아니다. 오히려 팰림세스트는 우리가 거주하는 물질 세계의 고
유한 특징으로서 보편적인 것이다. 팰림세스트는 해석되기 전에
원래의 상태로 되돌려져야 할, 메시지의 왜곡되거나 퇴화된 버전
이 아니다. 대개는 팰림세스트가 메시지이다.

(Bailey 2007: 209)

고고학적 기록과 물질 세계의 역사성 일반을 이해함에 있어 팰림세스트
가 지니는 중심성에 대해서는 로렌 올리비에가 보다 철학적으로 논하였
다(Olivier 2001, 2008). 올리비에에게 있어 현재라는 것의 모순은 현재는
변형과 함께 보존을 통합한다는 것, 현재는 미래를 내다보면서 동시에
과거를 되돌아본다는 것이다. 올리비에는 기억-물건의 필수적인 속성이
기억-물건이 기입하는 것이 아니라 기입의 보존이라는 점에서 팰림세
스트라는 개념을 기억-물건이라는 개념과 함께 놓고 본다: '지금의 현재
적인 상태는, 지금 *물질적*으로 그러한 것처럼, 물질에 기록된 과거의 모
든 지속의 팰림세스트로 기본적으로 구성된다'(Olivier 2001: 66). 기억-물
건 그리고 팰림세스트의 기본적인 역설은 무언가 다른 것이 상실되거나
잊혀진 정도로만 기억이 기억-물건에 보존될 수 있다는 것이다(Olivier
2008: 200). 즉 물건과 연합된 새로운 사건은 항상 기존의 연합을 지우려
한다. 고고학적 기록을 묘사하기 위해 올리비에가 채택한 기억이라는 개
념은 지극히 유용하고 필자가 이후 참조할 것이기도 하다. 그에 앞서 팰
림세스트에 대한 베일리와 올리비에의 최근의 논의를 모아 보다 일관성
있는 틀로 재가공해 내고자 한다.

::팰림세스트와 형성이론 재고

가장 중요한 소견은 팰림세스트라는 개념은 베일리의 처음 세 형식에서
처럼 퇴적물뿐만이 아니라 유형(형식 IV)과 물건(형식 V)에도 적용될 수
있다는 것이다. 팰림세스트 개념을 기억-물건과 함께 놓은 올리비에의
접근은 이러한 측면에서 극히 중요하다. 두 번째 소견은 그리 대단한 것
은 아닌데, 팰림세스트에 대한 이러한 논의에서 가장 두드러지는 측면
은 층위에 대한 교차 언급이 거의 전적으로 결여되었다는 것이다. 이 장
의 앞 부분에서 논의된 호더와 맥애내니의 논문에서는 팰림세스트 개념
이 사회적 층위에 대한 이들의 보다 넓은 논의에 통합되었지만 다소 잘
못된 방식으로 통합되었다(Hodder and McAnany 2009). 여기서 팰림세스
트라는 개념은 이전의 층위적 과정과 아무런 의도적인 연관도 없는 일
련의 층위적 과정을 지칭하기 위해 사용된다. 이에는 모든 자연적 층위
와 함께 비의도적인 교란의 경우나 이전의 문화적 잔존물 위에 놓인 유
구의 비의도적인 위치가 포함되는 것처럼 보일 것이다(ibid.: 9). 여기서
논의되는 개념은 중요하지만 그러한 과정을 '팰림세스트'라고 명하는 것
은 통상적인 이해에 비추어 봤을 때 부적절하고 혼란스러운 것이다. 그
럼에도 불구하고 팰림세스트는 단지 층위적 과정의 형식이라고 논함으
로써 이 저자들은 비의도적이기는 하지만 위 두 용어 사이의 폭넓은 유
사성을 강조한다. 팰림세스트를 층위와 관련하여 생각하면 두 개념 모두
기본적으로 퇴적 그리고/또는 기입, 지우기 그리고/또는 잘라 내기라는
두 동일한 과정을 중심으로 전개된다.

　팰림세스트에 대해 생각하지 않고 층위에 대해 생각할 수는 없다. 고
고학적 층위에 대한 가장 흔한 이해는 해리스 매트릭스에 정형화된 것
과 같은 것이라고 여겨졌던 것처럼, 층위가 단순한 순서로 환원될 때 위
와 같은 문제가 가장 뚜렷이 나타난다(Stein 2000; Warburton 2003). 층위

적 분석의 강점이 단위들 간 시간적 관계 이해에 있는 한 단위들 자체의 시간성은 간과된다(Lucas 2001a: 161-162). 순서를 중시하는 가운데 동시성의 문제와 마주하게 된다. 상이한 단위들이 형성되어 있는 다양한 시간 범위를 어떻게 다룰 수 있는가? 고고학자들은 일반적으로 주어진 단위가 등시적(isochronous)이라고, 즉 시간적인 지속이나 간격에서 동등하다고 가정하지만 사실은 그에 있어 순전히 상대적이다. 바닥층과 같은 단위는 50년에 걸쳐 형성되었을 수 있고, 무덤과 같은 단위는 50분 만에 형성되었을 수 있다. 이처럼 상이한 단위들 간의 성질을 어떻게 다루어야 하고 그 함의는 무엇인가? 물론 고고학자들은 과학적인 연대측정 기술에서 전통적인 형식학적 교차 편년에 이르기까지 이 문제를 다루기 위한 여러 수단을 개발하여 왔다. 그러나 중요한 것은 층위는 사건의 순서를 보여 주지만, 이러한 순서나 사건이 그들이 확인된 수준에서 반드시 유의미한 것은 아니라는 점이다. 다시 말해 층위의 중심에 동시성의 문제가 있고, 이는 바로 팰림세스트 개념과 관련된다.

물질성의 역사성에 대한 이해를 돕기 위해 여기서 논의된 팰림세스트, 기억-물건, 층위 개념 모두를 고려할 필요가 있다. 이 세 개념 모두 동일한, 기본적 시간 구조를 공유한다. 그러나 이들이 어떻게 다른지도 알 필요가 있다. 여기서 팰림세스트 범주에 대한 베일리의 분류는 그다지 도움이 되지 않는데, 그의 분류는 관련된 기본적 과정에 초점을 두기보다는 일련의 사례나 전형을 제시하기 위한 것이기 때문이다. 필자는 기입 그리고/또는 지우기 과정이 그 산물(e.g. 팰림세스트, 층위, 기억-물건)보다 중시되어야 한다고 본다. 따라서 한 극단에서 진정한 팰림세스트가 최후의 활동 이전의 모든 활동을 전부 지운 것이라면, 또 다른 극단에서 진정한 층위는 분해 가능한 층위 순서로 모든 기존의 활동을 전부 보존하는 것이다. 첫 번째 경우 어떤 의미에서 역사는 과거의 모든 흔적이

지워짐에 따라 새롭게 시작된다. 국지적으로는 이것이 가능할 수 있으나 일반적으로는 현재와 과거 사이의 모든 연관이 절단됨에 따라 역사는 불가능해질 것이다. 두 번째 경우에서는 모든 과거가 현재에 보존되는데, 첫 번째 경우에서와 마찬가지로 국지적으로 이러한 경우를 생각해 볼 수는 있지만 현재와 과거 사이의 모든 구분이 없어짐에 따라 역사는 불가능해질 것이다. 다시 말해 기입과 삭제라는 이원적 과정은 항상 국지화되고 항상 위 두 극단 사이에 위치한다. 이것이 비록 시간 자체는 아니라 하더라도 역사의 조건이라고 볼 수도 있다.

기입과 삭제의 위와 같은 과정에는 또 다른 차원이 있으니 그러한 사건이 일어나는 순서이다. 현재에 보존된 과거의 흔적을 지닌다는 것과 그러한 흔적에서의 순서를 해부할 수 있다는 것은 다른 것이다. 이는 베일리의 누적적 팰림세스트와 그 공간적 형식에서처럼, 과거에서 온 물건은 보존되지만 물건의 퇴적 순서는 보존되지 않는다는 팰림세스트에 관한 고고학의 고전적 정의를 생각나게 한다. 그에 반해 크로포드의 팰림세스트 개념이 경관에 적용되었을 때 그러했던 것처럼, 층위적 순서는 물건의 퇴적 순서를 분명 보존한다. 단지 요소나 흔적의 보존보다는 순서의 보존이 여러 면에서 정말 문제가 되는 것이고, 이를 특징짓는 한 가지 방법은 엔트로피의 측면을 통해서이다. 물질 세계에서의 역사성이란 문제는 기입과 삭제라는 두 과정 사이의 긴장에 관한 것일 뿐만 아니라 질서와 무질서 사이의 두 과정에 대한 것이기도 하다(도면 7). 팰림세스트에 대한 일종의 분류 또는 팰림세스트와 층위의 광범위한 분리 시도보다는 고고학적 기록을 위와 같은 두 별개의 과정을 함께 엮는 것으로 보는 것이 보다 유용하다. 사실상 어딘가에 주어진 진정한 팰림세스트나 층위란 없다. 이들은 다만 이상적 개념이고 연속체 위의 극점일 뿐이다. 고고학자들이 마주하게 되는 대부분의 요소는 그러한 극점 사이의 어딘

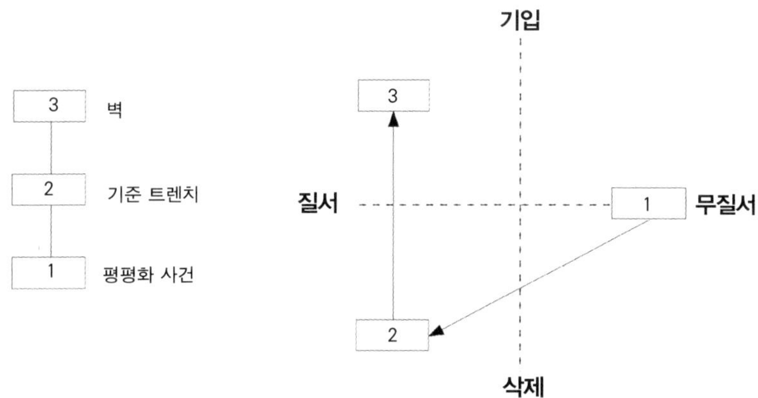

도면 7 세 단위 간 순서에 대한 층위적 매트릭스(좌)와 엔트로피 그리드 위에
       놓여진 순서(우)
       엔트로피 그리드에서 각 단위는 그 형성에 개입된 질서나 무질서의 정도
       그리고 각 단위가 특정한 지점에서 온 물질을 더하는지(기입 그리고/또는
       플러스) 또는 빼는지(삭제 그리고/또는 마이너스)에 따라 정의됨

가에 위치한다.

　이 장에서의 팰림세스트에 대한 논의를 마치면서 필자는 이 개념이
어떻게 퇴적물과 유형 형성 사이에 다리를 놓을 수 있는지를 보이고자
하였다. 팰림세스트 개념은 위 형성이론의 두 측면의 교차점에 놓여 있
고, 고고학적 기록과 관련하여 꼭 살펴봐야 할 것도 이 개념이다. 이 문
제는 5장에서 다시 다룰 것인데, 그 전에 물질문화에 대한 접근을 살펴
봄으로써 통상적으로 수용되는 고고학적 기록에 대한 견해 검토를 마치
고자 한다.

04

물질화된 문화

물질문화라는 개념은 19세기 발명품으로서, 인류학과 고고학의 폭넓은 발전 그리고 19세기 사회에서의 대량 생산과 대량 소비의 출현과 밀접한 관련을 지닌다(Buchli 2002). 1851년 런던에서는 대박람회가 전례 없이 장대하게 열렸다. 이 대박람회는 근대 기술과 디자인의 경이를 축하하기 위해 서양 세계에서 열린 가장 이른 행사 중 하나였다. 그 온전한 제목은 '세계 산업 작품 대박람회'였지만 영국의 입장에서 이 박람회는 분명 세계 정치경제에서의 영국의 위치에 대한 자기홍보 행위였다. 이는 또한 19세기 중반 대영제국과 같이 산업화된 국가에 영향을 미친 물질적 뒤엉킴의 정도가 드러난 것이라고 볼 수도 있다. 7년 후에는 다소 다른 성격의 행사가 런던에서 열렸다. 이례적으로 더웠던 1858년 여름 쓰레기로 넘쳐 흘렀던 템즈강에서 정말 고약한 악취가 나기 시작했다. 그 냄새가 너무 지독해서 '대악취'라고 알려지게 되었다. 이는 도시에 누적된 문제에 대한 경종이 되어 수도에 새 하수와 폐기물 처리 시스템을 갖추게 하는 결과를 가져왔다. 필자가 보기에 같은 1850년대에 런던이 물질적 풍요로움을 증명하는 전시회를 통해 그 지구적 영향력을 경축하였고, 바로 그 풍요로움에 의해 생성된 과잉 때문에 고초를 겪었다는 것은 역설이다. 폐기물, 즉 쓰레기의 규모는 물질적 엉킴의 규모와 분리 불가능하다.

그렇다면 자신들의 물질성에 그렇게 사로잡힌 영국 국민들이 과거의 물질성에 체계적인 관심을 가져, 1850년대가 영국에서 고고학의 탄생을 기념하는 시기로 여겨지는 경우가 많다는 사실이 우연이라고는 할 수 없다. 이러한 공존은 여기서 끝나지 않는다. 고고학이라는 새로운 학문을 두드러지게 한 것은 과거 물질성의 모든 측면에 관심을 기울였다는 바로 그 점이다. 고고학에서는 보다 미술사학적 관심의 대상이라 할 수 있는 것뿐만 아니라 일상에서 흔하게 쓰였던 유물 수집에도 관심을 보였다는 점에서 특히 그러하다(2장 참조). 근본적으로 고고학자는 무덤과 같이 특별한 퇴적물과 마찬가지로 쓰레기에도 관심이 있다. 그렇다면 과학적 고고학의 탄생에 특징적인 것은, 적어도 부분적으로는, 여분의 물질에 대한 (중산층의) 상상과 집착이라고 할 수도 있다. 그러한 상상과 집착이 도시 폐기물의 맥락에서 반감으로 나타나든, 도시 박물관의 맥락에서 매력으로 나타나든 말이다. 이는 고고학적 대상물과 도시 쓰레기에 공통된다. 양자 모두 동시대 사회에 통합되지 않고 사회 구성에 개입되지 않는다는 점에서 동시대 사회 밖에 존재하는 물질이다. 차이는 이들이 서로 다른 방향으로 움직인다는 점이다. 쓰레기는 한때 사회 구성물의 일부였으나 이제는 해체의 대상이 되었고, 고고학적 대상물은 과거에 해체되었지만 현재에는 구성된다. 이러한 구성 행위는, 예상할 수 있는 것처럼, 근대 산업 사회가 물품 생산에서 수행하는 것을 모델로 하여 이루어진다. B. E. 힐더브랜드가 1866년 스톡홀름의 국립고대박물관 전시회를 조직하면서 같은 해에 열린 근대적인 방식으로 대량 생산된 물품의 전시회에서 직접적으로 모방해 온 미학을 적용하였다는 것이 결코 우연은 아니다(Almgren 1995: 27).

이 장에서는 물질문화가 지난 150년 동안 고고학 내에서 어떻게 여겨졌는지를 그 존재론적 위상에 주목하여 살펴보고자 한다. 그래서 필자는 물질문화보다는 문화적 또는 사회적 관점에서의 물질성에 관심이 있다. '물질문화'라는 용어가 지닌 문제 중 하나는 '그럼 문화는 통상 비물질적인가'라는 문제를 불러온다는 것이다. 문화 앞에 놓인 이 '물질'이라는 한정어가 지닌 위치의 문제는 이전에도 제기된 바 있고(e.g. Lucas 2001a: 177; Thomas 2007: 15), 이에 대한 고찰이 이 장의 주요한 부분을 이룬다. 그러나 문제를 뒤바꾸어 '문화'라는 용어가 물질성과 같은 개념 뒤에서 무엇을 하고 있는가라고 질문할 수도 있다. 사실 아래에서 보게 될 것처럼 뒤의 질문이 현재 고고학자들의 입장을 나타내고, 이 장 전체가 앞의 질문에서 뒤의 질문으로의 전환에 관한 것이라고 요약될 수도 있다. 그 사이에는 물질문화라는 개념과 그 존재론적 위상을 둘러싼 모호함의 역사가 존재한다.

19세기의 물질적 예술과 외화 테제

고고학과 인류학에서 19세기 연구의 대부분을 정의하였던 지배적인 개념은 문명 또는 문화라는 개념일 것이다. 19세기 영국과 프랑스에서는 문명이라는 용어가 더 흔했고, 독일에서는 문화라는 용어가 우세하였다(Stocking 1987: 20). '문명화된', '문화화된'이라는 형용사는 전체 인간 종에 대해서는 아니라 해도 전체 사회뿐만 아니라 개인에게도 적용될 수 있었다. 문명화나 비문명화와 같은 단순한 이원적인 개념이라기보다는 점진적인 개념으로서, '문명화된'이나 '문화화된'이라는 형용사는 서로 다른 사회 사이와 한 사회 내 모두에서 동시대 사람들 사이의 변이를 나타내기 위해 사용될 수도 있었다(e.g. 계급 차이). 그리고 이들은 진보, 즉 문화적 진화라는 개념과 연결되어 인간 역사에 대한 일반적 모델을 제공하였다. 어떤 의미에서 문화와 문명이라는 개념은 인문과학을 단일한 분야로 통합할 수 있는 방법을 제공하였기 때문에 이 개념은 인간 사회와 역사 연구에 있어 거의 보편적으로 적용 가능했다. 그런데 여기서 문화란 무엇인가? 그 정의는 다양하였고, 이 개념의 역사와 전개는 18세기로 더 거슬리 올라간다(e.g. Kroeber and Kluckhohn 1952).

분명 오늘날 문화 개념은 결코 사라진 것은 아니지만 매우 비활성화되어 있는데 이러한 쇠퇴는 얼마 전부터 시작되었다(e.g. Yengoyan 1986). 그 이유 중 일부는 이 장에서의 논의와 연관되어 있다. 그러나 필자는 문화 개념의 역사 검토보다 물질문화라는 개념과의 관계, 특히 19세기에 이해된 물질화 과정과의 관계 이해에 관심이 있다. 아마도 문화나 문명에 대한 근본적인 개념은 문화나 문명을 인간 마음의 표현으로 보는 것인데 이는 다양한 방식으로 나타날 수 있다. 그러나 이러한 표현은 물질화와 같은 것이 아니었고, 정신적인 것과 물질적인 것의 대립은 훨씬 더 미묘한 측면에서 검토될 필요가 있다. 물질문화라는 개념이 문화라는 보다 일반적인 개념에 대한 한정어로 사용되었고, 이 경우 문화는 함축적으로 비물질적이어야 했다는 것은 꽤 명백해 보인다. 실제로 이는 사실일 수 있고, 너무나도 뻔해서 말로 표현될 필요가 없었을 수도 있다. 그러나 필자가 보기에 19세기에 이루어진 중요한 구분은 물질적인 것과 비물질적인 것 사이의 구분이 아니라 내적인 것과 외적인 것 사이의 구분이었고, 물질화를 이해하기 위해서는 이러한 관계를 이해할 필요가 있다. 모든 문화는 어떤 의미에서 내적인 정신적 상태의 외적 표현이었지만, 어떤 표현은 다른 표현보다 직접적, 즉 마음의 보다 직접적인 표현이었다. 이와 어느 정도 유사한 담론이 형질인류학과 19세기 두개측정학에서도 발견되는데, 이러한 학문에서 두뇌와 두개골의 형질적 특성은 정신적 발전과 연결되었다(e.g. Gould 1981). 철학적으로 이는 골상학에 대한 헤겔의 관심으로까지 기슬러 올라갈 수 있는데, 여기서 헤겔은 골상학을 대상화에 대한 그의 철학과 명시적으로 연결한다(Hegel 1977: 185-210).

그러나 문제 중 하나는 문화에 대한 19세기 인류학 교재에서 문화라는 용어가 담론에 너무나 내재화되어 그 존재론적 위상에 대한 논의를 찾아보기 어렵다는 것이다. 에드워드 타일러의 *원초적 문화 Primitive Culture* 에서 문화에 대한 고전적 정의가 책의 첫 줄에 나타나는데, 그의 정의는 문화적 현상들을 모호하고 느슨하게 모아 놓은 것이고, 책의 대부분은 문화의 세부적 측면 분해와 여러 요소 분류에 할애된다(Tylor [1871] 1913). 문화의 존재론, 따라서 물질문화와 관련해 보다 시사적인 것은 타일러의 이전 연구 *인류의 초기사 연구 Researches into the Early History of Mankind* 에서 발견된다(Tylor 1865). 타일러의 이후의 연구처럼 위 책은 문명이라는 개념을 역사화하기 위한 것이다. 타일러는 *원초적 문화*에서의 보다 유명한 정의를 예견한, 그와 유사한 문명에 대한 정의로 시작한다. 그러나 여기서 중요한 것은 *인류의 초기사 연구* 에서의 논의의 전개인데, 마음과 관련된 직접성의 정도에 따라 문명의 여러 요소가 순서대로 다루어져 외화의 일정한 논리를 따르기 때문이다. 그에 의하면, 한 측면이 덜 직접적일수록, 즉 보다 외화되었을수록 그 측면이 역사의 영향을 더 받는 경향이 있어 인류 문명의 일반적 법칙을 알아보기 어렵게 된다(Tylor 1865: 3). 타일러에게 있어 인간 마음의 가장 직접적인 표현은 몸짓과 몸짓 언어이다. 이와 관련하여 다음은 길게 인용될 필요가 있다:

인간이 그의 생각을 말하기 위해 소유한 힘은 문명의 가장 본질적인 요소 중 하나이다. 인간이 외적인 표현에 대한 어떤 수단 없이 생각하는 것이 가능한가는 여기서 논의될 필요가 없는 형이상학적 문제이다 … 생각을 말한다는 것은 말 그대로 생각을 인간 밖으로 내놓는다는 것이고, 생각을 표현한다는 것은 생각을 밖으로 쥐어 짜내는 것이다. 이러한 은유가 지나치게 물질적이라 하더라도, 이는 인간이 어떤 신체적 행위를 통해 다른 사람들의 마음이 자신의 마음에서 일어나고 있는 것과 대체로 유사한 것을 재생산하게 할 뿐만 아니라, 마치 자기 자신이 아니라 누군가 다른 이가 그렇게 만든 것처럼 외적 기호로부터 다른 이들의 마음에 있는 인상과 유사한 인상을 받을 수도 있는 놀라운 과정을 묘사하기 위한 최상의 용어이다.

(Tylor 1865: 14-15)

위 인용문에서 두 가지 점이 매우 명백하다. 첫 번째는 외화라는 개념의 중심성이다. 이는 타일러에게만 국한된 것이 아니다. 실제로 외화라는 개념은 맑스의 *경제와 철학적 수고 Economic and Philosophical Manuscripts* 에 상술된 것처럼 대상화에 대한 맑스의 개념에서도 핵심적인 역할을 한다(Marx 1844[1975]). 대상화에 대한 기본적인 사고는 *자본론 Capital* 에서의 인간 노동과 동물 노동에 대한 맑스 구분의 기저를 이루기도 한다:

우리는 노동을 인간의 배타적인 특징인 형태로 제안한다. 거미는 직공과 유사한 방식으로 일을 하고, 벌은 벌집을 지어 여러 인간 건축가를 부끄럽게 할 것이다. 그러나 최악의 건축가를 최상의 벌과 구별하는 것은 건축가는 건축물을 모형으로 만들기 전에 그의 마음에 건축물을 짓는다는 것이다. 모든 노동 과정의 끝에는 처음에 노동자의 마음에 그려져 있던, 그래서 관념적으로 이미 존재하였던 결과물이 등장한다. 인간은 자연의 물질에 있어서의 형태 변화에 영향을 미칠 뿐만 아니라 그러한 물질에서 자신의 목적도 실현한다.

(Marx 1976: 283-284)

그러나 대상화에는 외화뿐만이 아니라 재-내화도 수반된다(Marx [1844] 1975: 328-329; 인류학에서의 이 개념에 대한 보다 일반적인 논의에 대해서는 Miller 1987, I부 참조). 그래서 맑스는 외화를 변증법적 과정의 한 국면에 지나지 않는 것으로 보았다. 이는 이 장의 끝에서 보게 될 것처럼 중요한 사항이다. 위 타일러 인용문에서 취할 두 번째 점은 이 과정의 물질성이 지니는 은유적 특성에 대한 타일러의 언급과 관련된다. 그에 따르면 그러한 외화는 문자 그대로 물질적 과정으로 간주되어서는 안 되었고 따라서 몸짓, 언어, 말하기 등은 대개 물질적 현상이라고 간주되지 않았다. 이는 '물질문화'라는 용어에서 대상물이나 사물을 지칭할 때 '물질'이라는 한 정어의 필요성을 뒷받침한다. 타일러는 그의 책에서 단 두 챕터만을 그러한 물질문화에 할애하는데 물질문화라는 특정한 용어 자체를 사용한 적은 없다. 물질문화에 대한 챕터에서 타일러는 석기와 조리 용기의 발전에 대해 다루는데 이는 단순히 인간 정신의 발전에 대한 비간접적 근거로 취급된다. 물질문화에 대한 보다 적극적인 관점은 피트 리버스의 연구에서 찾아볼 수 있다.

피트 리버스는 타일러처럼 문화를 '인간 정신의 발산물'로 보았다(Pitt Rivers [1875] 1906: 21). 그에게 있어 인간 정신과 독립적으로 문화 또는 언어나 유물과 같은 문화의 측면을 연구한다는 생각은 황당한 것이었고,

이는 그의 핵심 논문인 '문화의 진화'에 명시되어 있다. 이 논문에서 그는 물건이나 단어의 역사를 추적함에 있어 물건이나 단어가 다른 물건이나 단어에서 유래한 것이 아니라 개념 사이의 역사적 연관성을 표현한다는 것을 기억해야 한다고 논한다:

> 이러한 단어와 이러한 도구는 마음 속에 있는 특정한 사고의 외적 기호이거나 상징물이다. 이들을 함께 연결하는 것으로 보이는 순서는 두뇌에 있는 생각의 연속에 대한 외적 기호에 불과하다. 이러한 상징물을 통해 우리가 연구하는 것은 정신이다.
>
> (Pitt Rivers [1875] 1906: 23)

피트 리버스가 정신의 표현으로서의 문화라는 타일러의 견해를 분명 공유하기는 하였지만, 피트 리버스는 그가 물질적 예술이라고 부른 것(타일러처럼 피트 리버스는 '물질문화'라는 표현을 사용하지 않았다)에 보다 큰 중요성을 두고 물질적 예술을 언어와 같은 서열에 두었다: '언어는 소리에 의해 표현된 생각이고, 도구는 손을 통해 표현된 생각이다. 인간의 마음에서 언어와 예술에 관련된 과정이 서로 구분되지 않는 한 이들은 함께 분류되어야 한다'(Pitt Rivers [1875] 1906: 25). 이러한 대칭성은 피트 리버스가 물질적 예술의 '문법' 연구의 중요성을 논하면서 언어와의 유사성을 분명히 할 때 더욱 확장된다(ibid.: 29). 그럼에도 불구하고 피트 리버스는 마음의 두 주요한 표현, 즉 언어와 물질적 예술 사이에 차이가 있다는 것을 인지하고 있었고, 그 중 주요한 차이는 언어가 물질적 예술보다 훨씬 더 변하기 쉽다는 것이었다. 피트 리버스는 단어는 사용될 때마다 변할 수 있지만 도구나 무기는 일단 만들어지고 나면 큰 변화 없이 몇 세대 동안 지속될 수 있다고 보았다(ibid.: 27). 예를 들어서, 피트 리버스는 오스트레일리아 무기의 동일함을 그 이름의 다양성과 대조하는데, 이러한 차이는 상이한 언어와 사투리 때문에 비롯되었다. 그러나 이처럼 변하기 쉬운 언어의 속성은 문자가 발명되기 이전에만 해당된다. 문자 발명 이후에는 돌에 새겨지거나, 진흙에 찍혀 불에 구워지거나, 양피지에 잉크로 쓰여져 단어가 일정한 수준으로 유지된다. 중요한 것은 이것의 함의인데, 쓰기 이전, 즉 선사시대에 물질적 예술은 언어보다 지속적이었음을 시사하고(ibid.: 29) 따라서 오래 전의 과거 연구에 최상의 자료이기 때문이다. 그러나 역설적이게도 피트 리버스의 안은 오늘날 텍스트에 대해서든 물건에 대해서든 유지되기 어렵다. 그 이유는 위키피디아처럼 매우 유동적인 텍스트를 낳는 현대 디지털 형태의 쓰기를 생각해 보면 쉽게 알 수 있다. 또 버클리는 같은 문제를 새로운, 신속한 제작 기술로 만들어진 물건과 관련하여 제기하였다(Buchli 2010).

피트 리버스의 논의에 있어 핵심 주제는 언어와 물질적 예술 사이의 이처럼 광범위한 구분이다. 이는 전혀 새로운 것이 아닌데, 피트 리버스 이전의 찰스 뉴턴이 어떻게 동일한 기본적 대립을 포함하는 구술적 고고학, 쓰여진 고고학, 기념물적 고고학이라는 세 분과로 고고학을 나누었는지는 앞에서 살펴 보았다(2장 참조). 뉴턴은 인류 문명의 한 구성 요소로서 언어가 지니는 우선성에 관해 매우 분명하여 언어로부터 관습, 예의범절과 같은 것들이 유래하였다고 본다. 그에 의하면 '상징적 행위와 몸짓, 표식물, 형태, 의식, 관습은 모두 다 유절 언어에 보완적이거나 그 대체물이다'(Newton 1851: 4). 또한 피트 리버스처럼 뉴턴은 구어와 그 보완물은 너무 일시적이기 때문에 고고학자들에게 큰 도움이 되지 않는다고 보았다. 피트 리버스와 뉴턴 모두에게 쓰기란 분명 구어와 물질적 예술 사이의 중간에서 모호한 위치를 차지한다. 쓰기는 언어이지만 안정화된 언어이고, 이 점에서 물질적 예술에 가깝다. 그러나 쓰기가 유물

보다는 마음을 보다 직접적으로 표현하는 한 구어와 기본적인 유사성을 공유한다. 피트 리버스처럼 뉴턴은 마음의 일시적인 표현에서 안정적인 표현을 구별하는 것의 중요성을 강조하였다:

> 나는 사람은 그림을 그리고 조각을 만들어 자신에게 외적인 물질에 모방 행위를 한 유일한 동물이라고 하였다. 그림을 그리고 조각을 하는 것은 인간에게 자연스러운 것이다. 말하기, 몸짓, 음악은 인간에게 일시적인 것이고, 조각, 그림, 쓰기는 인간의 영구적인 발화 수단이다.
>
> (Newton 1851: 17)

물질문화에 대한 뉴턴의 관심은 실용적인 것을 선호하였던 피트 리버스에 비해 심미적인 것으로 기울어졌다. 뉴턴은 예술과 공예 사이의 구분에 보다 명확하여, 예술은 구성적 예술과 모방적 예술로, 공예는 실용적 공예와 장식적 공예로 세분하였다(Newton 1851). 그러나 이들의 관심은 공통적으로 기념물적 또는 물질적 예술에 관한 것이었다.

여기서 물질성은 외화 과정의 안정성, 즉 외화의 과정이 물건의 기원과 독립적으로 물건을 생성하는 정도에 의해 정의된다. 그러나 물질문화 개념을 둘러싼 모호함이 여전히 남는데, 쓰기는 분명 안정적인 외화의 한 형태로 여겨지면서도 일반적으로 물질적 예술로 분류되지 않고 구어와 같이 일반적인 문화의 한 부분으로 여겨졌기 때문이다. 이러한 모호성은 언어와 물질문화 사이의 보다 미묘하면서도 근본적인 차이에 대한 가정을 나타내기 때문에 시사하는 바가 크다. 그러한 차이란 외화의 안정화에 관한 것이 아니라 매개되지 않음, 즉 표현의 직접성에 관한 것이다(표 4). 피트 리버스가 마음 속에 있는 생각을 표현하기 위한 신체적

표 4 문화에 대한 19세기 관점에 함축되어 있는 외화의 그리드
직접성과 안정성에 의해 정의됨

	안정적 그리고/또는 영구적	변하기 쉬운 그리고/또는 단명하는
직접적 그리고/또는 매개되지 않은	쓰기	말하기와 몸짓
간접적 그리고/또는 거리가 있는	물질적 예술	물질적 예술

도구로서 손을 귀와 동일한 것으로 보았지만, 언어는 물건보다 생각을 직접적으로 또는 명확히 표현한다는 암묵적인 믿음이 남아 있었다. 이는 타일러와 같은 이의 연구에서 보다 명확히 드러난다. 그러나 손과 귀에 대한 피트 리버스의 암시가 나타내듯 매개되지 않음, 따라서 물질성에 대한 이 문제는 존재의 감각적 양태와 연결될 필요가 있다. 피트 리버스는 이 문제에 대해 애매하다. 때로 피트 리버스는 손(촉각)을 물질성과 연결하고 다른 때는 눈(시각)을 물질성과 연결한다: '단어는 귀의 수단이고 도구는 눈의 수단이다'(Pitt Rivers [1875] 1906: 27). 시각과 촉각 모두에 연결되는 물질문화의 감각적 특성에 대한 이러한 모호함은, 위에서 이미 언급하였듯, 부분적으로는 쓰기의 양가적 위치에 의해 설명될 수 있을 수도 있으나 감각에 대한 보다 심층적 평가와 관련될 수도 있다.

귀와 눈의 대립은 결코 괴상한 것이 아니라 시각을 마음과의 가장 직접적인 연계로서 소리 및 다른 감각적 경험을 대신하는 것으로 보는 전통에 기인한다. 마틴 제이가 시각중심주의라 칭한 위와 같은 경향은 계몽주의와 데카르트적 합리주의로 거슬러 올라갈 수 있다(Jay 1993). 변하기 쉬운 성질보다 안정적인 성질이 더 중요하고 그래서 문어가 구어보다 더 중요하다는 피트 리버스의 견해에서 전자는 눈, 후자는 귀와 관련된 것처럼, 타일러가 구어에 비해 몸짓 언어의 우선성을 중요하게 여긴 것은 위와 같은 시각중심주의의 한 버전이라고도 할 수 있다. 매개되지

않음, 물질성, 감각에 대한 평가 사이의 연관은 관찰자와 세계 사이의 경계가 어디서 그어지는가와 관련해 볼 필요가 있다. 이는 시각에 대한 새로운 종류의 관찰자와 철학의 출현을 분석한 19세기 조나던 크래리의 연구에 의해 매우 명확해진다(Crary 1992). 시각중심주의의 계몽주의 모델에서 은유적으로 어둠 상자로 표현되는 눈은 세계와 마음 사이의 거의 중립적인 중재자 또는 창문 역할을 하였지만, 19세기 중반 눈을 포함한 모든 감각은 더 이상 중립적인 전달자가 아니라 정신적 이미지 생성에 활동적인 참여자로 여겨졌다. 그 결과 주체와 객체 또는 안과 밖 사이의 경계의 위치는 마음과 세계에서 마음-몸과 세계로 옮겨 갔다. 마음의 표현으로서의 문화라는 개념으로 이를 풀이하자면, 핵심적 구분은 육체적 문화와 육체 외적 문화 사이에 있었고 물질문화로 분류된 것은 육체 외적 문화였다. 이러한 구분의 한편에는 언어, 관습, 태도, 신념과 같은 표현들이 있었고, 다른 한편에는 무기, 도구, 건물과 같은 표현들이 있었다. 매개되지 않음과 감각적 지각에 대한 이 논의에서 궁극적으로 문제가 되는 것은 외적 세계와 관련하여 인간 주체의 경계를 짓는 것이다. 분명 물질적 예술은 이 경계의 한쪽에 놓였고 언어는 다른 한쪽에 놓였다. 결국에는 표현의 매개되지 않음이 항상 표현의 안정성을 이겼고, 이는 인문과학 표에서 민족학과 역사학이 고고학보다 항상 더 나은 위치에 놓이는 이유이다. 매개되지 않음에 대한 이러한 상정은 오늘날에도 이 학문들의 위상에 강력한 영향을 미치고 있다.

기능주의와 물질성에 대한 유물론적 재해석

물질문화와 물질성을 마음의 표현 또는 외화로 보는 위와 같은 19세기 관점은 20세기에도 핵심적인 가정으로 남아 있었지만, 문화에 대한 기능주의적 해석의 영향 하에 급진적인 변화를 겪기도 하였다. 19세기 대부분의 고고학자들은 물질문화를 특정한 측면에 있어서나 진화로서의 일반적 측면에 있어서나 인류사의 표현으로 보았지만 보다 넓은 환경과의 관계에 대해서는 별다른 주의를 기울이지 않았다. 물질문화는 무엇보다도, 피트 리버스가 칭했던 것처럼, '마음의 발산물'이었다(Pitt Rivers [1875] 1906: 21). 그래서 피트 리버스가 문화의 진화에 대해 논했을 때도 이는 다윈의 진화론이라기보다는 인간 정신의 내적 능력의 발달이라는 스펜서나 헤겔류의 진화론이었다. 이는 다윈을 자신들의 패러다임으로 인용한 피트 리버스의 동시대인들에게도 해당한다. 1870년대-1880년대 한스 힐더브란트, 오스카 몬텔리우스와 같은 고고학자들은 형식을 종과 동일시하면서 형식학과 생물학적 진화 사이의 친연성을 노골적으로 언급하였다(Gräslund 1987: 101-107). 그러나 그래스룬트가 지적한 것처럼 이러한 친연성은 느슨한 비유로 사용된 것이거나 다윈 이론에 대한 터무니없는 오해에서 비롯된 것이었다. 어느 쪽이 되었든 적응적인 물질문화라는 개념은 찾아보기 어렵다. 적응적 물질문화라는 개념은 형식학에 대해 다윈적 접근을 한 애버그(Åberg 1929)와 고로드조프(Gorodzov 1933) 등의 연구에 와서야 나타났다.

물질문화에 대한 기능적 해석은 20세기의 이른 시기에 등장한 것으로 보인다. 그러한 기능적 해석은 부분적으로는 생물학적 유비를 통해 고무되었고 민족지에 대한 뒤르켐적 접근을 통해 또 다른 영향을 받기도 하였다. 이는 영어권 전통과 프랑스어권 전통에서 매우 상이한 방식으로 나타났는데 아래에서는 이에 대해 논할 것이다. 이 장의 후반부로 가면서 알게 될 것처럼, 여러 면에서 프랑스어권 전통이 보다 현재적인 관련성을 지니지만 필자는 주로 영어권에서의 전통에 대해 논할 것이다.

그 이유는 부분적으로 프랑스 전통에서 앙드레 르와-꾸랑의 선구적인 연구 이후 이 장의 주제와 멀어지는 방향으로 논의가 전개되었기 때문이다. 적어도 매우 최근까지 그러했는데, 최근에는 영어권 전통과의 간격을 좁히고자 하는 새로운 연구가 이루어지고 있다. 이에 대해서는 이 장의 끝에서 다룰 것이다.

::영어권 전통: 유물론과 물질문화

영어권 전통에서의 가장 이른 기능주의적 텍스트 중 하나는 영국고고학자 O. G. S. 크로포드의 것이다. 1921년 크로포드는 물질문화를 환경과 인간 사이의 상호작용을 증진시키기 위한 수단으로 발달된 '육체-외적인 팔다리'라고 명시적으로 기술하였다(Crawford 1921, 1장). 그러나 크로포드는 다음 인용문이 나타내듯 마음의 외화로서의 문화라는 19세기적 관점의 영향도 여전히 받고 있었다: '원초적인 도구는 두뇌의 최상의 기능이 표현된 것이다. 언어와 마찬가지로 도구는 지능이 구현된 것이다. 고고학자에게는 이것이 문제의 요점이고 고고학자가 시간을 들여 도구를 연구하는 것도 이 때문이다'(Crawford 1921: 17-18). 그래서 고고학적 기록은 '가장 친밀한 종류의 것, 인간의 육체-외적인 진화 과정에서 떨어져 나온 팔다리'로 구성되어 있다(ibid.: 19). 그러나 크로포드의 외적 팔다리는 마음의 외화일 뿐만 아니라 환경에 대한 인간 적응을 용이하게 하기 위한 수단이기도 하다. 이것이 크로포드의 연구에서 환경이 중요한 이유이다. 이와 같은 물질문화의 이원적 측면, 즉 19세기와 새로운 기능주의로부터 전해진 외화라는 견해는 20세기를 통해서도 남아 있었지만 점차 기능주의가 19세기의 사고를 대신해 갔다. 크로포드의 지리학적 배경도 분명 그의 기능주의 채택에 있어 일정한 역할을 하였지만 환경의 중요성에 대한 크로포드의 견해가 독특한 것은 아니었고(e.g.

Trigger 2006: 317) 1930년대와 1960년대 사이 주류 고고학으로 점차 통합되었다.

그러나 유럽에서 기능주의가 선사고고학 전분야를 재구성하게 된 것은 고든 차일드를 통해서였다. 크로포드처럼 차일드는 물질문화에 대한 환경적이고 적응주의적인 관점을 채택했다. 이는 1935년에 출판된 차일드의 고전적 논문 '선사시대 연구 방법과 목적 변화'에 매우 분명히 나타난다(Childe 1935: 10-11). 이러한 측면에서 차일드는 크로포드의 책을 명시적으로 인정하였지만 차일드는 크로포드와 달리 '물질문화'라는 용어를 폭넓게 사용하여 고고학에서 이 용어를 유행하게 했다고 볼 수도 있다. 물질문화에 대한 차일드의 개념은 물질적 예술이나 기념물에 대한 19세기 개념과 분명한 차이를 보인다. 차일드는 '물질문화'라는 용어를 적응적인 물건을 특정하게 지칭하기 위해 사용한다: '여기서 정의된 물질문화란 공동체가 그 생존이나 확장을 위해 발명하거나 학습한 장치의 유형일 뿐이다'(Childe 1935: 11); '물질문화를 환경에 대한 적응으로 이해한다'(ibid.: 10). 이에 반해 다른 모든 물건을 차일드는 '정신문화'라고 지칭한다. 그래서 물질문화에는 도구, 용기, 경작지, 거주지가 포함되는 반면 정신문화에는 부적, 무덤, 조각, 장식적 양식이 포함된다(ibid.: 14). 이는 처음에는 지극히 이상하게 들리지만 차일드는 물질문화에 대한 유물론적 정의를 위해 '물질적'이라는 용어를 따로 남겨 둔 것뿐이다. 이는 차일드가 죽을 때까지 보유했던 구분으로서 이십 년 후에 출판된 *과거 엮기 Piecing Together the Past* 라는 그의 책에서 반복된다(Childe 1956a: 44).

차일드는 역사에 대한 유물론적 관점을 물질화 과정 자체와 동일시하려 한 것처럼 보여 위와 같은 구분은 물질화 과정에 대한 차일드의 주장과 다소 긴장을 이룬다:

D 긁개를 만들기 위해 플린트 몸돌을 준비하라: (1) 보름달이 떴을 때; (2) 하루 종일 단식한 다음; (3) '힘의 언어'로 그에게 공손하게 말을 걸어라; (4) ⋯ 그를 돌망치로 쳐라; (5) 희생된 쥐의 피가 발린 ⋯ 기술적, 과학적 진보를 통해 (1), (2), (3), (5)는 (4)의 성공에 무관함을 알게 되었다. 이러한 행위들은 쓸데없는 부속물이고 이데올로기적 망상을 나타낸다. 고고학적 기록에서 사라진 것은 이러한 오류일 뿐이다.

(Childe 1956a: 171)

이 텍스트는 두 가지를 드러낸다: 첫째, 트리거가 지적했던 것처럼 진정한 의식과 허위 의식 사이의 구분, 즉 합리성과 이데올로기의 구분을 차일드가 받아들였음을 분명하게 나타낸다(Trigger 1994: 22). 둘째, 물질화 자체는 아니라 하더라도 물적 내구성이 이러한 구분과 연관되어 있다. 위 인용문에서의 마지막 문장은 이러한 측면에서 시사하는 바가 크다. 그러나 차일드가 말한 것과 달리 차일드는 고고학적 기록은 그러한 '망상'과 '오류'로 가득함을 뚜렷이 인식하고 있었다. 차일드의 해법은 존속된 것을 간접적 또는 이차적 양태, 즉 상부구조를 경유하여 존속의 일차적 기능에 공헌한 것으로 해석하는 것이었다(Childe 1935: 14; 1956a: 44). 이는 문화 유물론에서도 자주 나타나는 주장이다. 문화 유물론에서는 마법이나 음식 금기에 대한 믿음과 같이 완전히 비물질적인 관행으로 보이는 것이 실제로는 사회에서 적응적인 역할을 한다고 주장된다(이에 대한 고전적 사례에 대해서는 Harris 1974 참조).

물질문화에 대한 이러한 유물론적 정의는 고고학적 인식론에 꽤 중요한 함의를 지녔고, 1950년대에는 대서양 양편에서 고고학적 추론의 한계에 대한 염려를 증대시켰다. 물질문화에 대한 기능주의적이고 생태학적인 해석은 영국에서뿐만이 아니라 그 외 유럽(e.g. Tallgren 1937)과 북미(Steward and Setzler 1938; Bennett 1943도 참조)에서도 점차 강조되었다. 물질문화 분포를 상이한 종족 그리고/또는 인종 집단의 표현으로 보았고 차일드에게 중요한 영향을 미친 코시나의 취락고고학은 중부 유럽에서 보다 기능주의적인 노선을 따라 에른스트 웨일, 한스 에거스, 그리고 특히 허버트 얀쿤과 같은 학자들에 의해 수정되고 있었다(e.g. Kuna and Dreslerová 2007 참조). 그러나 물질문화에 대한 기능주의적 접근의 메시지는 현대 미국고고학에 대한 월터 테일러의 비판과 함께 미국에서 가장 크게 선포되었다(Taylor [1948]1983). 테일러의 핵심 중 하나는 고고학에서의 단순하거나 편협한 경험론을 비판하는 것이었다. 즉 고고학적 증거에 대한 해석은 자료 부족 때문만이 아니라 올바른 이론적 태도의 부족에 의해서도 제한되었다:

고고학자들이 고고학 유적에서 완전한 문화적 맥락에 대한 모든 증거를 얻을 수 없다는 것은 전적으로 옳지만, 역사학자나 민족지학자도 그들의 정보원에서 모든 자료를 얻을 수 없다는 것 또한 마찬가지로 사실이다. 인간의 과거를 다루는 연구에서 사건의 추론된 관계가 아니라 사건만을 경험적으로 증명할 수 있으므로 고고학적, 문헌적, 민족지적 기록 사이의 차이는 정도의 차이이지 종류의 차이가 아니다. 과거의 실재성을 다루는 다른 학생들처럼 고고학자들은 고고학적 발견물의 한계가 고고학적 해석을 제한한다고 여겨서는 안 된다.

(Taylor 1983[1948]: 96)

테일러의 주장은 물론 인문과학에 대한 광범위하고 통합적인 시각의 일부로서 고고학을 역사학과 민족지에 연결한 보다 넓은 이론적 틀 안에서 제시된 것이다(Deetz 1988). 테일러의 특수한 버전은 새로운 것이었다 하더라도 위와 같은 생각 자체는 새로운 것이 아니었다. 그렇지만 테일러의 주장은 고고학적 추론의 한계에 관해 중요한 문제를 제기하였고, 영국 고고학자인 크리스토퍼 혹스는 이 문제를 훨씬 더 명시적으로 다루었다.

고고학적 추론의 한계는 20세기의 2/4분기 동안 점점 더 중요한 주제가 되었다. 란달-맥이버는 1933년 고대 *Antiquity* 에 게재된 논문에서 '유일하게 가능한 고고학의 주제는 인간의 *물질적* 산출물, 인간 손의 가시적인 산물이다'라고 하여 인간의 사고, 신념, 감정은 고고학적 이해의 범위를 벗어나 있다고 주장하였다(Randall-MacIver 1933: 6, 강조는 원래의 문헌에서). 란달-맥이버에 따르면, 역사적, 민족지적 정보원에서 유추하여야만 그러한 물질에 대한 추론을 할 수 있다. 그러나 동시에 유추는 점점 더 의심을 받게 되었다(Wylie 1985). 1954년 혹스는 테일러의 책이 유럽고고학에서 지니는 관련성과 결합적 접근의 한계를 고려한 논문을 공간하였다(Hawkes 1954). 혹스에게 있어 고고학자가 텍스트에 접근하지 않고 과거 사회의 사고나 인지 방식을 이해한다는 것은 지극히 어려운 것이었고, 이는 결합적 접근이 결코 극복할 수 없는 장애물이었다(Hawkes 1954: 161). 혹스는 그의 주장을 그 유명한 네 단계의 추론의 사다리로 요약했다: 바닥에는 고고학적 잔존물에서 추론하기 쉬운 생산 기술이 있고, 그 위에는 생계 경제, 또 그 위에는 사회적 그리고/또는 정치적 제도가 있으며, 사다리의 맨 위에는 종교 제도와 정신적 삶이 있다(ibid.: 161-162). 그러나 혹스가 보기에 이러한 추론의 사다리는 고고학자에게 딜레마를 가져다 주기도 하였다: 가장 안전한 추론은 인간의 가장 동물적인 상태에서의 인간 행태와 관련된 것이고, 가장 덜 안전한 추론은 인간의 가장 인간적인 상태와 관련된 것이다. 다시 말해 고고학적 추론은 환경과의 관계에서 인간의 일반적인 측면을 다룰 때 꽤 탄탄하지만, 인간에게 보다 특정적인 특질에 관해서는 매우 취약하다. 혹스가 요약했던 것처럼 '이것이 고고학자에게 제공하는 것은 용두사미이다: 더 인간적일수록 덜 지적이다'(ibid.: 162). 이는 차일드의 유물론인데 여기에서는 존재론이 아니라 인식론에 적용되었다. 즉 유물론은 적어도 텍스트나 사회의 인지 양태에 관련된 다른 정보원이 없는 상태에서 성공적인 외화보다는 성공적인 고고학적 해석을 나타내는 것이다(도면 8). 이는 고고학적 자료의 물질적 특성 자체가 고고학적 자료를 유물론적 해석에 적합하게 한

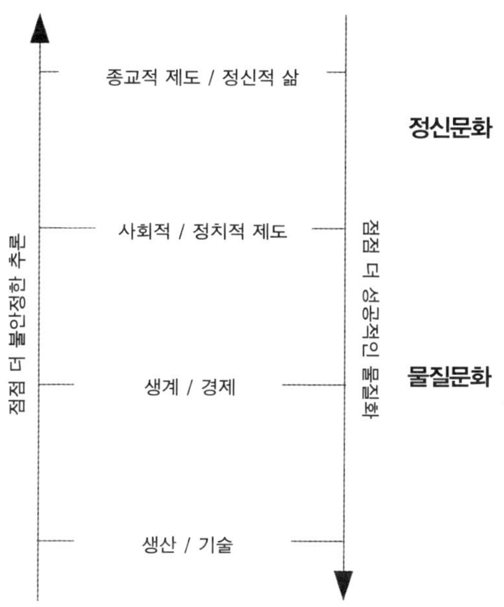

도면 8　물질문화와 정신문화에 대한 차일드의 구분과 병치된 혹스의 추론의 사다리
물질화와 유물론 사이의 대칭성을 드러냄; 사다리를 오르는 것이 (텍스트의 부재 상태에서) 점점 더 어려워진다 하더라도 가장 꼭대기에 있는 가로장은 기만과 오류로 가득 차 있으므로 광범위한 역사에 덜 관련됨

다는 사고와 연관되었는데 문화 유물론자에게도 완전한 허위는 아니라 하더라도 조금 더 논의의 여지가 있는 생각이다(e.g. Price 1982: 727).

혹스의 학생 중 한 명인 마가렛 스미스는 이 문제에 대해 문화적 상대주의의 측면에서 상술하였다: 과거 사회의 사고나 추론 양태를 알지 못한다면 고고학적 기록의 어떤 패턴에 대한 이유를 어떻게 추론할 수 있는가? 그녀는 브로니슬라우 말리노프스키가 연구한 트로브리안드 섬 얌 정원의 예를 이용하였다. 이들은 상호 가시성을 포함한 어떤 심미감을 통합하였기 때문에 이 정원의 규모와 생산성은 생계에 필요한 것을 훨씬 넘어섰다(Smith 1955: 5). 그녀는 이러한 정원의 잔존물을 발굴한 고고학자들은 유구의 구체적인 기능에 대해서 뿐만이 아니라 인구 규모에 대해서도 잘못된 추론을 할 것이라고 주장하였다. 민족지를 이와 같이 방해적 논거 또는 교훈적 이야기로 참조하는 것은 1960년대 고고학 문헌에서 흔한 일이었지만 스미스의 논점은 보다 구체적이다. 스미스는 고고학자가 해석이 그 해석을 낳았던 일련의 관찰로 다시 풀이될 수 있는 추론에 머물러 있기를 원한다. 다시 말해 그녀는 추론이 비-확충적이고 사실상 관찰에 대한 단순한 재기술이기를 원했다(ibid.: 5-6). 스미스에게 있어 합리적인 추론이란 서유럽 청동기시대 금공예품과 같은 물품의 이동에 대한 서술을 포함해야 하고, 보증되지 않은 추론은 과거의 족장 지위에 관한 서술을 포함한다:

> 고고학자는 고고학적 잔존물을 통해 선사시대의 경제적 측면을 추론할 수 있고, 즉 논증을 통해 나아갈 수 있고, 추론은 한정된 범위의 사회적 관행에 이르게 될 것이다 … 그러나 고고학자가 오두막을 통해 족장 지위를 추론하는 것은 … 논리적 연금술에 대한 요구와 다르지 않다.
>
> (Smith 1955: 6)

스미스에게 있어 고고학자는 자료의 성격에 따라 추론을 조정할 필요가 있지만 역사학이나 민족지를 흉내 낼 필요는 없다; 고고학은 매우 상이한 설명을 생성해야 한다:

물질적 잔존물에 한정될 때 고고학적 자료는 인간 활동에 대해 한 정된 범위의 결론만을 뒷받침하여 증명할 수 있다는 인식은 지나치게 야심 찬 고고학 프로그램과 양립 불가능하다. 필자가 보기에 이는 현실적 의미에서 '과거를 다시 만들려는' 시도 또는 존속한 잔존물을 통해 선사시대 사회를 인지하려는 요구와 양립 불가능 하므로 역사학 또는 사회인류학과 비교될 수 있다.

(Ibid.: 7)

다음 해 이오인 맥화이트는 고든 윌리와 월터 테일러 이후의 고고학적 해석 단계에 대한 북미 모델과 함께 혹스의 추론의 사닥다리를 참조하여 해석의 일곱 단계를 제시하였다(MacWhite 1956: 4). 그의 표에서는 바닥에 분류와 편년(I-II 수준), 생태학(III), 경제(IV), 역사학과 사회학(IV-VI), 가장 위에 심리학(VII)이 있다. 그의 논문의 대부분은 IV-VI 수준과 사회학적, 역사학적 해석에 중심적이라고 보이는 문화 개념 고찰에 관한 것으로서 이로 인해 모호함이 따르기도 한다. 이후 창은 이 모델을 비판하였는데, 특히 형식학이 사회학적 또는 역사학적 문제와 관련되지 않은 것처럼 분류를 바닥에 놓은 것에 대해 비판하였다(Chang 1967: 13).

이러한 비관론 또는 관점에 따라 현실론은 맥화이트의 논문과 같은 해인 1956년에 공간된 '고고학적 추론에서의 주관적 요소'라는 레이먼드 톰슨의 논문에서 그 절정에 이르렀다(Thompson 1956). 톰슨은 고고학적 추론은 두 단계에 달려 있다고 보았다. 첫 번째 단계는 자료의 잠재력과 관련해 자료의 특성(지시적 특성)을 평가하는 것이고, 두 번째 단계는 제안된 추정(입증적 추론)을 검증하기 위해 입증적 증거를 도입하는 것이다. 다시 말해 톰슨은 해석에서 발견과 정당화 과정 사이에 일반적인 구분을 하였던 것이고, 여기서 정당화는 항상 어떤 수준에서 유추에 의존하였다. 왜냐하면 고고학자는 언제나 물질적 잔존물에서 특정한 범위의 사회문화적 행태를 추론하기 때문이다. 이러한 단계에 대한 톰슨의 잘 알려진 결론은 두 경우 모두에서 고고학자의 배경, 기술, 지능의 형태에서의 주관적인 요소가 설득력 있는 추론 개발에 핵심적인 역할을 한다는 것이다. 그러한 배경, 기술, 지능은 우선 좋은 생각을 떠올리기 위해 요구되고, 추론을 검증할 때도 필요하다. 추론은 적절한 유비를 찾아 그 관련성을 증명하는데 달려 있기 때문이다. 첫 번째 단계와 관련해서는 이론의 여지가 없겠지만, 위와 같은 주관적 요소가 두 번째 단계에 적용될 때는 완전히 맥빠지게 하는 것이었다. 그러나 논문의 끝에서 톰슨이 추론의 최종적인 중재자로서의 전문적인 역량에 굴복하는 것을 절망의 원인으로 보지 않는다는 사실은 간과되는 경우가 많다. 고고학자이기 위해 훈련과 교육이 필요하다는 사실 자체가 그와 같은 개인적 특성이 사회적 맥락의 틀에 끼워 맞추어짐을 나타낸다. 그래서 톰슨의 논문을 고고학적 지식의 사회적 구성에 대한 초기적 논평으로 읽을 수도 있지만, 필자는 그와 같은 독해는 지나치다고 생각한다. 그럼에도 불구하고 어떤 면에서 이는 혹스, 스키스, 또는 맥화이트의 논문보다 훨씬 덜 제한적이고 덜 규범적이다. 그러나 몇 년 후에 이 논쟁에 참여하게 된 신고고학자들에게 톰슨의 논문은 해석을 제한하기 위한 시도의 완전한 철회로 읽혔다. 혹스 등이 지나치게 제한적이었다면 신고고학자들은 적어도 객관적인 평가 기준의 필요성을 인지하였다.

그럼에도 불구하고 원래 테일러를 촉구하였고 나중에 빈포드가 고고학에 한계가 거의 없는 것으로 보도록 고무한 것은 바로 고고학적 기록에 대한 위와 같이 편협한 시각이었다(Binford 1968a). 이를 달성하기 위해 테일러와 빈포드는 추론은 가장 엄격한 경험적 검증을 거쳐야 한다라는 점에서 스미스와 맥화이트에 동의했다. 그러나 혹스의 추론의 사다리가 근본적으로 시사한 것은 차일드의 존재론적 버전에 필적하기 위한 인식론적 측면에서의 물질문화와 고고학적 기록의 유물론적 개념이다. 그러한 유물론은 물론 매우 통속적인 것이었고, 부분적으로는 다윈류의 적응 개념과 함께 정통적인 소비에트 맑시즘 모델에 기반하였다(e.g. Friedman 1974). 이는 잇따른 논의에서 점점 더 논쟁의 대상이 되었다. 그 결과 중 하나로서 정신적인 것과 물질적인 것이 대립되었고 이는 탈과정주의에 대한 초기의 반발에 관해 많은 정보를 제공하는데 이에 대해서는 뒤에서 다시 다루겠다. 여기에서는 이러한 대립을 이해하기 위해 외화에 대한 원래 19세기의 견해가 기능주의와의 교차를 통해 어떻게 수정되었는지를 살펴보는 것이 중요하다.

물질성에 대한 기능적 견해가 그 이해의 초점을 옮기기는 했지만 물질문화와 물질화는 궁극적으로 마음의 표현이라는 19세기 사고는 여전히 강하게 남아 있었고 당시 이론적 선두에 있던 차일드, 테일러와 같은 고고학자들에게도 그러했다(e.g. Binford 1982a: 162). 테일러는 특히 강경하여 '문화는 사고로 구성된 정신적 구성물'이라고 보았다(Taylor 1983: 101). 테일러에게 있어 물질문화는 여전히 생각의 외화 과정에 관한 것이었고, 이를 테일러는 명시적으로 서술하였다:

이러한 생각 자체는 관찰 가능하지 않지만 신체의 행동-체계를 통해 대상화되고 관찰 가능해지며 시각적, 청각적으로 관찰 가능한 행태의 형태로 활성화된다. 다음 이 행태는 도끼, 자동차와 같은 물질적 대상물, 그리고 댄스 패턴, 음악적 톤과 리듬, 시각적, 토기공예적 표상 양식 등의 비-물질적 현현을 낳는다 … 이처럼 고고학자는 현상의 세 가지 질서를 다루는데 그 중 두 가지는 문화와 관련되어 문화적이지만 그 둘 중에서도 하나만이 문화이다.

(Taylor 1983: 101-102)

이처럼 문화는 배타적으로 정신적이고 행태와 물질문화는 문화의 표현, 마음의 표현일 뿐이다. 또 테일러는 문화는 정의상 관찰 불가능하고 비물질적이므로 '물질문화'라는 용어는 허위적이라고 기술함으로써 그와 같은 견해를 논리적 극단으로 밀고 간다. 테일러는 행태도 비물질적이라고 하여 육체성과 물질성 사이의 19세기적 구분을 재생산한다(ibid.: 102). 이러한 구분이 고고학적 추론의 한계에 대해 지니는 함의도 매우 분명했다. 모든 행태가 물질화되거나 테일러가 칭하는 것처럼 화석화되지는 않는다. 이는 어떤 행태 따라서 어떤 생각은 영원히 고고학자가 도달할 수 있는 범위 밖에 있음을 의미한다(Taylor 1983: 113). 그런데 테일러의 견해가 19세기 개념과 다른 것은 정신적인 것과 물질적인 것 사이에서의 행태의 매개적 역할에 있어서이다. 이를 예를 들어서 피트 리버스와 비교하자면, 물질적 예술은 마음의 직접적인 표현인데 단지 언어 등과 다른 종류의 것이다. 여러 측면에서 이는 매개되지 않음과 안정성(표 4 참조)이라는 두 축에 의해 정의된 외화에 대한 보다 복잡한 이해에서 외화에 대한 보다 단순하고 선형적인 개념 및 행태가 보다 중심적이고 매개적인 역할을 담당하는 개념으로의 전환을 나타낸다(도면 9).

거의 동일한 견해가 차일드에게서도 발견되는데 고고학적 기록에 대해 보다 명시적으로 다룬 그의 마지막 책 중 두 권, 즉 1956년에 출판된 *과거 연결하기 Piecing Together the Past* 와 *간단한 고고학 입문 A*

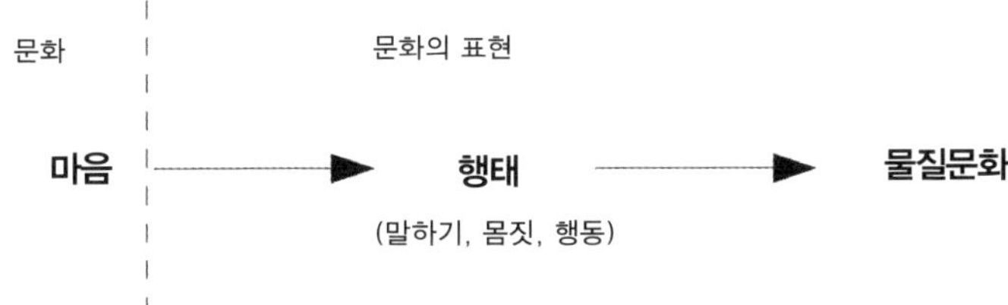

도면 9 20세기 중반에 등장한 외화에 대한 새롭고 단순화된 모델
마음과 물질문화 사이를 매개하는 개념으로서 행태가 지니는 핵심적 중
요성을 나타냄

Short Introduction to Archaeology 에서 특히 그러하다:

> 모든 고고학적 자료는 인간 사고와 목적의 표현이고 오직 그에 대
> 한 발견으로서만 가치가 있다.
>
> (Childe 1956b: 11)

> 고고학적 기록은 인간 행태의 화석화된 결과로 구성되고 그러한
> 행태를 최대한 재구성하여 그러한 행태가 표현하였던 사고를 재
> 포착하는 것은 고고학자의 몫이다.
>
> (Childe 1956a: 1)

> 고고학적 기록은 인간 행동의 결과인 물질 세계에 있어서의 모든
> 변화 또는 보다 간단히 말해 인간 행태의 화석화된 결과물이다.
>
> (Childe 1956b: 1)

뒤의 두 인용문은 행태의 매개적 역할을 드러내고 빈포드의 중범위이론
개발 전 연구 초기 단계에 빈포드도 썼을 수 있었던 것이라는 점에서 더
욱 흥미롭다(e.g. Binford 1962, 1964). 또한 차일드는 말하기의 단명성이

나 전쟁터에서의 군대의 움직임을 인용하면서 모든 인간 행태가 화석화 되지는 않는다는 테일러의 말을 반복한다(Childe 1956b: 1). 요는 외화에 대한 빅토리아시대의 개념에서 자유롭지 않지만 행태의 매개적 역할을 포함한 것은 20세기 중엽 물질화와 물질문화 개념의 재구성에 결정적인 역할을 하였고 그에 이어 외화 테제를 전적으로 폐기하는데 필수적이었다. 이러한 행태적 전환에 대한 기대는 차일드의 연구에 대한 아래 인용문에서 가장 명백히 나타나는데 여기서 문제가 된 것은 더 이상 정신적 출처가 아니라 물질적 효과였다:

> 모든 문화는 행위, 물질 세계에서의 행위에서 표현을 발견한다. 문화가 유지되고 전달되는 것은 행위를 통해서일 뿐이다. 누군가의 머리에서만 존재하는 믿음은 문화의 부분이 아니고 역사학이나 인류학에서도 존재 의미를 지니지 못한다. 문화의 영향을 받고 문화를 표현하는 행위 중 일부는 물질 세계에 영속적인 변화를 낳는다. 이 모든 것이 고고학의 범위 안에 든다. 고고학적 문화가 구성되는 물질을 제공하는 것은 이러한 인간 행위이다.
>
> (Childe 1951: 33; Childe 1956b: 10-11도 참조)

결정적으로 행태 또는 행위는 마음과 물질문화를 매개하는 것이 되었다. 물질문화는 여전히 마음의 표현으로 기술될 수 있었지만 이는 항상 관행의 매개를 통해서였다. 차일드는 관념론자였을 수 있지만 그보다 더욱 더 유물론자였다. 이러한 모순적 표현이 허용된다면 말이다.

::프랑스어권 전통: 기술과 도구

외화 테제에 대한 근본적으로 다른, 새로운 버전이 프랑스어권 전통에서 다윈류의 진화론과 뒤르켐류의 기능주의의 영향 아래, 특히 이러한 전통의 아버지인 앙드레 르와-꾸앙에 의해 등장하였다. 1930년대 '신체의 기술'이라는 논문에서 마르셀 모스에 의해 처음으로 밑그림이 그려졌지만 물질문화의 맥락에서 모스의 개념을 발전시킨 이는 르와-꾸앙이었다. 모스의 에세이에서는 상이한 사회나 문화의 모든 종류의 상황에서 몸이 사용되는 상이한 방식의 중요성이 제기되었다. 모스가 제시하는 예 중 하나는 서로 매우 다른 땅파기 기술에 적응된 영국군과 프랑스군이 일차세계대전 중 참호를 팔 때 어떻게 상대방의 삽을 제대로 사용할 수 없었는지에 관한 것이다(Mauss 1973: 71). 그러나 모스가 신체적 수행을 가장 강조하는 가운데 그러한 신체적 기술에 개입된 삽 등의 물건은 배경으로 물러나게 됐다. 르와-꾸앙이 한 것은 기술에 대한 그의 분석에서 물건의 중요성을 동등하게 고양시킨 것이었다. 프랑스 전통에서 그 이후의 학자들에게 자극과 영감이 되었던 것은 주로 르와-꾸앙의 연구였다. 르와-꾸앙의 첫 번째 주요한 연구는 *인간과 물질 L'Homme et la matière* (Leroi-Gourhan 1943) 그리고 *환경과 기술 Milieu et technique* (Leroi-Gourhan 1945)이었다. 이 연구들은 도구와 기술에 대한 백과사전적 검토뿐만이 아니라, 더욱 중요한 사항으로서, 이를 분석하기 위한 새로운 접근을 제공하였다. 구체적으로 르와-꾸앙은 물질의 특정한 속성(e.g. 단단함, 유연성), 행위의 형식(e.g. 자르기, 가열하기, 구부리기), 개입된 물질과 힘의 형식에 초점을 두었다(Audouze 2002: 283; Naji and Douny 2009: 412). 이러한 연구로부터 작동 연쇄(la chaîne opératoire)라는 르와-꾸앙의 개념과 이론이 나타났는데, 이는 프랑스어권 기술 학파와 거의 동의어로 쓰이고 프랑스어권 전통 밖에서도 여러 학자들에 의해 채용되었다.

작동 연쇄는 *몸짓과 말하기 Gesture and Speech* (Leroi-Gourhan 1993)로 번역된 르와-꾸앙의 다음 그리고 보다 잘 알려진 연구인 *Le geste et parole* (Leroi-Gourhan 1964)에서 중심이 되었다. 여기에서 외화 테제에 대한 새로운 버전이 명확히 제시되었고 작동 연쇄라는 개념은 그 중심에 놓여 있다. 작동 연쇄의 중요성은 인간 신체와 물질 세계 사이의 상호작용에 초점을 두어 기술을 분석하는 한 방법이라는 점에 있다. 르와-꾸앙은 모스로부터 몸짓과 그 효과의 중요성을 계승함과 동시에 도구의 중요성을 강조하였다:

> 기술에는 몸짓과 도구가 수반된다. 이들은 수반된 일련의 작동에 고정성과 유연성을 부여하는 '구문론'을 통해 순서적으로 조직된다. 이처럼 작동하는 구문론은 기억에 의해 제시되고 두뇌와 물리적 환경의 산물로 나타나게 된다.
>
> (Leroi-Gourhan 1993: 114)

르와-꾸앙은 기술의 진화를 생물학적 진화의 연장으로 보아 위와 같은 상호작용을 장기간에 걸친 진화론의 측면에서 고찰하였다. 그래서 그의 책의 주요한 부분에서 인간 신체의 진화가 다루어지고, 특히 인간의 가장 두드러진 특질 중 두 특질인 도구 및 언어와 연합된 두 기관으로서 손과 얼굴의 중요성이 다루어진다. 르와-꾸앙은 도구와 언어 모두 동일한 작동 논리를 통해 분석될 수 있고 이들의 진화는 앞서거니 뒤서거니 하여 일어났다는 점에서 도구와 언어를 거의 대칭적인 것으로 다룬다. 르와-꾸앙의 기본적인 생각은 기술 그리고 언어는 그 작동의 점차적인 외화라는 측면에서 진화한다는 것이다:

> 동물에게서 도구와 몸짓은 동력이 되는 부분을 갖춘 단일한 기관
> 과 나누어지지 않은 전체를 형성하는 활동적인 부분으로 합쳐진

다. 게의 발톱과 턱은 동물의 식량 획득 행태가 표현되는 작동 프
로그램의 한 조각이다. 인간의 도구는 이동 가능하고 그 특징이
종에 관련된 것이 아니라 종족적이라는 것은 기본적으로 중요하
지 않다.

(Leroi-Gourhan 1993: 237)

이처럼 도구는 이전에 신체의 일부에 의해 이루어진 기능을 수행하는
외적 기관이다. 예를 들어 최초의 석제 찍개는 앞니의 자르는 기능이 외
화된 것이다. 그러나 이는 단순히 이 장의 앞부분에서 논의된 크로포드
의 육체-외적 팔다리가 아니다. 외화되고 있는 것은 도구뿐만이 아니라
전체 작동이나 기능임을 깨닫는 것이 중요하다. 이러한 일반적인 주제는
'몸짓과 프로그램'이라는 제목의 챕터에서 다루어진다. 여기서 르와-꾸
앙은 인간이 점점 더 많은 자신의 기관과 기능성을 점차적으로 외화했
다고 논한다. 구석기시대 최초의 도구, 신석기시대 이후의 근력과 동력,
이십 세기 이후의 프로그램하고 기억하는 기능을 지닌 두뇌처럼 말이다.
찍개에서 컴퓨터로의 이동은 기술 외화에서의 진화를 나타낸다. 외화에
대한 이러한 개념은 19세기 말 피트 리버스가 제시한 것과 근본적으로
다르다. 피트 리버스의 모델은 마음의 외화에 관한 것이었고 반면 르와-
꾸앙의 모델은 기능이나 기관의 외화에 관한 것이다(도면 10).

르와-꾸앙의 유산은 그의 보다 거대한 진화론적 시각보다는 프랑
스 고고학에서 기술이나 물질문화를 분석하기 위한 수단으로 작동 연쇄
를 개발한 것이다. 1970년대 르와-꾸앙의 연구와 관련하여 출현한 학파
는, 로버트 크레스웰과 피에르 르모니에처럼, 작동 연쇄와 기술적 선택
의 문제에 훨씬 더 구체적으로 초점을 맞추었다(Lemonnier 1993b). 기술
을 사회적 맥락 내에 놓고 사회적 논리가 제공하는 정보에 따라 작동 연

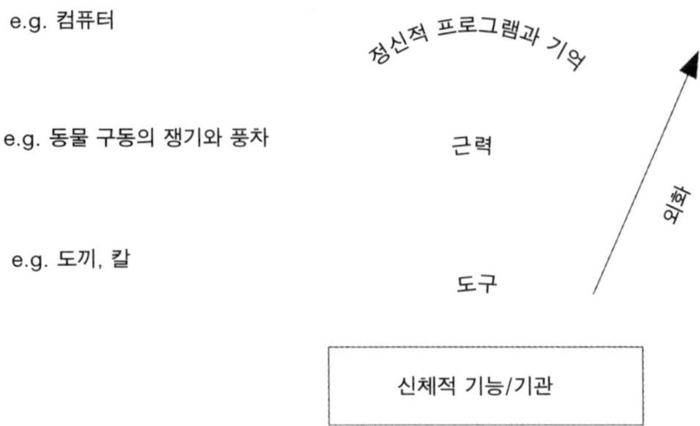

도면 10 진화론적 관점에서 본 기술의 외화에 대한 르와-꾸앙의 견해
마음의 외화에 대한 19세기 견해와 달리 이는 기능 또는 기관의 외화임

쇄를 이해하면서 이 학자들은 기술 체계가 사회의 뚜렷한 구성요소로서 다른 비-기술적인 체계(e.g. 마술, 종교)와 구별된다는 생각을 유지하는 경향이 있다. 어떤 의미에서 이와 동일한 구분이 기능과 양식에 대한 구분의 기저를 이룬다(Lemonnier 1993a: 10 참조). 프랑스의 일부 인류학자들은 최근 기술과 작동 연쇄에 대한 개념을 보다 광범위한 현상으로 확장하고자 했으며 그 개념을 모스의 신체의 기술에 대한 원 논의로 밀고 간다. 이는 영어권과 프랑스어권 전통에서의 최근의 관계 개선을 고려하는 이 장의 마지막에서 다시 다룰 주제이다. 그 전에 여기서는 영어권 전통에서의 최근의 동향을 제시하고 이것이 어떻게 마음에 대한 모든 관심을 없애고 행태에 주목하게 함으로써 외화 테제를 미묘하게 변형시켰는지를 보일 것이다.

어떤 측면에서 이러한 행태적 전환은 작동 연쇄에 함축되어 있는 수행적 접근과 일정한 유사성을 공유하지만 근본적인 차이가 남아 있다. 프랑스어권 전통에서는 수행이나 관행을 몸짓과 물질이 상호작용하는 공간으로 보았지만, 영어권 전통에서 행태로서의 관행은 대개 물질문화

기원으로서의 마음을 대체하였고 물질문화는 마음 대신에 행태를 표현
하게 되었다. 그러나 표현적 관계는 프랑스어권 전통에서 고안된 기술과
작동 연쇄 개념에 비해 사람과 물건의 관계를 똑똑히 나타내기에 매우
빈곤하고 단순한 것이었다. 영어권 전통에서 행태와 물질문화 사이의 관
계를 고찰하고자 한 시도 중 가장 이론화된 것은 마이클 쉬퍼와 그의 동
료들에 의한 것으로서 행태고고학이라 불린다. 행태고고학 곳곳에는 프
랑스어권에서의 접근과 유사한 점이 있다. 예를 들어 쉬퍼는 행태적 연쇄
에 대해 논하는데, 이는 생산 과정을 주요 단계로 나누는 방식에 있어서
작동 연쇄와 유사하다. 그러나 최근까지 쉬퍼는 행태와 물질문화 사이의
관계를 상관물 개념, 즉 행태 패턴과 물질문화 패턴 사이의 일정한 연합
이라는 사고 아래 포섭하여 행태와 물질문화 사이의 관계에 대해 이론적
으로는 다소 단순한 접근 방식을 보여 왔다(e.g. Schiffer 1975, 1976). 쉬퍼
의 보다 최근의 연구에 대해서는 나중에 다룰 것이므로 그에 앞서 고고
학에서의 행태적 전환기로 다시 돌아가 보자.

기능에서 의미로, 그리고 탈구조주의의 난국

어빙 라우즈는 문화와 물질문화에 대한 논의에서 마음이라는 개념을 전
체적으로 배제한 초기 고고학자 중 한 명이다. *하이티의 선사시대: 방법
에 대한 연구 Prehistory in Haiti: A Study in Method* 에서 라우즈는
엄격히 말해서 물질문화는 문화가 아니라 단지 문화에 대한 표현이라고
보았다(Rouse 1939: 15). 또한 라우즈는 차일드와 테일러처럼 물질문화와
문화 사이에 행태를 끼워 넣는다. 그러나 그 다음부터 라우즈는 차일드
나 테일러와 매우 다른 방향으로 나아간다. 정신을 문화의 근원이고 그

래서 문화에 등가적인 것으로 놓는 대신 테일러는 행태의 기준, 즉 관행의 사회적 규범에 대해 논하는데 라우즈는 이를 힘으로 기술한다(ibid.: 17). 따라서 문화는 정신적인 것이 아니라 다른 요소들과 함께 부분적으로 행태를 결정하는 일련의 사회적 힘이고 이것이 물질문화를 생성한다. 이러한 전환은 사회적 행위에 대한 베버류의 접근과 함께 파슨스류의 사회적 이론의 일반적 영향을 나타낸다. 라우즈가 말한 힘을 정신적인 측면에서 해석할 수도 있지만 라우즈가 정신이란 단어 사용을 피했다는 점은 시사적이다. 물질문화에 대한 라우즈의 개념은 여러 면에서 그 시대를 앞서 있었다. 그러나 라우즈는 궁극적으로 – 정신적이든 그렇지 않든 – 문화에 대한 규범적 개념에 의존하였기 때문에 라우즈의 접근은 다른 관념론적 접근과 함께 묶인다(e.g. Binford 1965: 203-204 참조). 문화에 대한 정신적인 개념이 마침내 공개적으로 해체된 것은 빈포드에 와서였다.

1962년에 발간된 중요한 논문 '인류학으로서의 고고학'에서 빈포드는 레슬리 화이트를 따라 잘 알려진 바와 같이 문화를 인간 유기체의 신체 외적인 적응 수단으로 기술하였다(Binford 1962: 218). 이러한 사고가 새로운 것은 아니고 적어도 1920년대 O. G. S. 크로포드로 거슬러 올라감을 이미 보았는데, 여기서 이러한 사고는 외화에 대한 19세기적 견해와 연결되었다. 그러나 역설적이게도 레슬리 화이트에게 있어 이러한 신체 외적 적응 수단 뒤에 놓인 것은 그가 상징하기라고 부른 정신적 기능이었다. 빈포드가 이용한 화이트 책의 첫 몇 줄은 실제로 아래와 같다: '문화는 상징하기에 달려 있는 사물과 사건의 신체 외적이고 시간적인 연속체를 의미한다'(White 1959: 3). 이는 또한 화이트의 연구에서 반복적으로 등장하는 주요한 주제였고 그의 접근에 기반을 제공하였다:

[문화]는 뚜렷한 질서나 부류, 현상에 대한 이름, 즉 '상징하기'라
칭해져 온 인간 종의 특이한 정신적 능력의 행사에 달려 있는 사
물과 사건이다 ⋯ 문화는 존재와 생존을 위한 투쟁에서 인간이라
는 특수한 동물 종에 의해 적용된 정교한 기제, 신체 외적인 방식
과 수단의 조직이다.

(White 1949: 363)

그러나 빈포드에 와서 문화의 정신적 요소의 우선성은 삭제되고 그러한
요소는 기술적, 사회적, 이데올로기적인 것을 통합하는 보다 큰 실체의
하부 체계에 지나지 않게 된다. 이러한 구분도 화이트에게서 나온 것인
데 화이트는 문화 체계에 대해 관념적, 사회학적, 정서적, 기술적이라는
네 가지 범주 또는 구성 요소를 제시하였다(White 1959: 6-7). 빈포드가
정서적인 요소를 삭제하였다는 점은 흥미로운데, 화이트에게 있어 정서
적 요소는 감정에 관한 인간의 능력을 의미했다. 그러나 화이트에게 정
신적인 것은 하부적 구성 요소가 아니라 위 네 요소 모두의 일부였다. 그
래서 빈포드는 기술적인 것까지 포함하여 네 가지 구성 요소 모두가 상
징에 의해 매개된다는 화이트의 주장도 삭제했는데, 화이트에 의하면 도
구 진화를 가능하게 하여 인간의 도구 사용을 동물의 도구 사용과 구별
되도록 한 것은 바로 상징적 매개이다(ibid.: 7). 이처럼 빈포드가 화이트
의 연구를 재가공할 때 정신적인 것은 이데올로기적인 것으로 환원되고
그와 동일시되었다. 그럼에도 불구하고 빈포드의 세 가지 하부 체계 모
두 화이트의 것과 마찬가지로 궁극적으로는 인간 생존을 위해 작동하여
일정한 적응적 기능을 지니고 있으며, 따라서 물질문화는 기술적, 사회
기술적, 관념기술적이라는 세 기능 중 하나에 따라 분류될 수 있다. 이
처럼 물질문화에 대한 빈포드의 정의는 차일드의 정의와 거의 동일하게

유물론적이다. 그러나 물질문화와 정신문화에 대한 차일드의 구분 대신에 빈포드는 물질문화에 있어서의 기능과 양식의 대립을 불러온다. 그러나 정신문화가 기능적일 수 있는 것처럼 집단 응집성 유지의 측면에서 양식은 적응적 기능을 수행한다고 볼 수 있다(Binford 1962: 220).

마음의 외화 이론이 마침내 폐기된 것은 문화에 대한 빈포드의 체계 개념에서이다. 차일드와 테일러의 기능주의는 이를 위한 필수적 서곡이었지만 차일드와 테일러가 여전히 마음을 궁극적인 원천으로 여겼던 곳에서 빈포드는 마음을 완전히 제거하였다. 빈포드는 피트 리버스가 혐오했던 것을 한 것이다. 즉 빈포드는 물질문화에 대한 연구를 마음에서 분리하였다. 이러한 변환은 1965년에 공간된 빈포드의 '고고학적 체계와 문화 과정에 대한 연구'라는 논문에서 보다 명시적으로 제시되는데, 이 논문에서 빈포드는 문화에 대한 규범적 견해를 그 관념론 때문에 비판한다:

> 요약하자면 규범적인 이론가는 인간 삶의 다양한 방식을 위한 관념적 기반, 즉 문화를 자신의 연구 분야로 보는 이론가이다. 정보는 문화적 산물 또는 현재는 사라진 사람들의 적절한 삶의 방식에 대한 규범적 사고의 객관화를 연구함으로써 획득된다. 그렇다면 고고학자의 임무는 문화적 산물로부터 지금은 사라진 사람들의 마음에 존재했던 규범적 개념을 추출하는 것에 있다.
>
> (Binford 1965: 203)

그에 반해 적응의 신체 외적 수단으로서의 문화라는 빈포드의 견해는 요소들의 체계 안에서 탈중심화되어 분산되어 있다:

문화체계에서 사람, 사물, 장소는 환경적 하부체계와 사회문화적 하부체계로 구성된 장에서의 구성 요소들이다. 문화적 과정은 이러한 하부체계의 역동적인 연접에 놓여 있다. 이처럼 복합적인 상호관계의 세트는 자동차의 기능이 가솔린, 배터리, 또는 윤활유와 같은 단일 요소에 의해 설명될 수 없는 것처럼 관념이라는 단일 요소로 환원되어서는 설명될 수 없다.

(Binford 1965: 205)

물질문화에 대해 위와 같이 다시 명확히 정리함으로써 1950년대 추론의 위기로 인해 제기된 문제를 꽤 중요한 측면에 있어 피해 갈 수 있었다. 이는 *고고학에서의 새로운 시각 New Perspectives in Archaeology* 첫 장에 명시적으로 제시되었다(Binford 1968a: 20-23). 여기서 빈포드는 고고학적 증거의 성격에 대해, 그가 보기에, 순진한 가정을 하는 추론의 한계에 대해 다루면서 불완전한 보존을 제한된 지식으로 간주한다:

이러한 추론은 고고학자가 발견하는 '사실'에 대해 일반화하는 것으로 고고학자를 제한하는 방법론에 기능적으로 연결되어 있다. 보존은 언제나 불완전하기 때문에 물질문화의 사실로부터 비-물질문화에 대해 추론한다는 것은 고고학자를 주요 자료로부터 멀어지게 하는 것이고 따라서 그 해석의 신뢰성을 감소시킨다.

(Ibid.: 21)

빈포드에게 있어 '어떤 주어진 문화적 사항이 "비-물질적 변수"의 작동과 독립적으로 사회문화적 체계에서 기능하였다고 보는 것은 실제적으로 불가능'하므로(ibid.) 물질문화에 대한 추론이 기술적 수준에서는 보

다 견실했다고 주장할 수 없다. 빈포드는 '문화 자체의 물질적 측면과
비-물질적 측면에 대한 이분법 그리고 제안된 신뢰성의 위계에 대한 그
와 같은 이분법의 관련성'은 의심스럽다고 보았다(ibid.). 그러나 이에 대
한 빈포드의 견해는 미묘하게 변한다. 관념기술적인 설명을 포함하려는
빈포드의 애초의 낙관주의는 과거인의 신념에 대한 관심의 쇠퇴와 함께
쇠퇴하였고 빈포드는 이를 물질문화 설명에서 많은 경우 관련이 없는
것으로 보게 되었다. 그러나 더욱 중요한 점은, 주로 탈과정주의의 등장
에 대한 반응으로서, 물질적인 것과 비물질적인 것 사이의 이분법에 대
한 빈포드의 입장이 역전되었다는 것인데, 이는 1980년대 호더에 대한
빈포드의 비판에서 매우 명확히 나타난다:

> 고고학자는 여러 형태와 배열 상태를 보이는 물질적 사물, 물질을
> 연구한다. 이러한 연합의 형태, 분포, 패턴을 관념적인 '체계'와 동
> 일시하는 것은 아무리 좋게 보아도 이상하다. 적응 체계는 물질과
> 에너지 원으로 구성된 물질적 체계이다. 체계를 조직하고 통합하
> 는데 정보가 중요할 수는 있지만 정보는 체계가 아니다. 문화적으
> 로 조직된 적응 체계도 마찬가지로 구체적이고 물질적이다. 그러
> 한 체계는 사물, 장소, 사람, 자원, 소통 경로, 에너지 수송관 등으
> 로 구성된다. 고고학자는 '화석화된' 사고를 발견하는 것이 아니
> 라, 어떤 수준에서 문화적으로 통합된 적응 체계 점유에서 유래한
> 물질의 배열을 발견한다. 고고학자는 알 수 있는 자연 세계에서의
> 적응 체계로서 체계를 연구하기 위해 그 참여인들이 그러한 체계
> 에 대해 어떻게 생각했는지를 알 필요는 없다.
>
> (Binford 1982a: 162)

고고학적 기록의 물질성에 대한 빈포드의 강조는 십 년도 더 전에 빈포

드가 혹스 등을 비판하면서 한 주장과 정확히 동일한 주장을 하고 있는 것으로 보인다. 이는 부분적으로는 사실이지만, 빈포드가 비물질적 문화에 대한 두 의미, 즉 내적이고 관찰되지 않는 신념 및 사고를 지칭하는 것과, 외적이고 관찰 가능한 과정 및 사건을 지칭하는 것 사이에 무언의 구분을 짓고 있음을 염두에 둘 필요가 있다. 빈포드가 물질성 개념에 비물질적 과정을 포함한다는 점에서 빈포드는 그의 이전의 입장에 대해 일관적이라고 볼 수도 있다. 그러나 비물질적 문화의 두 의미에 대한 빈포드의 구분은 관찰 가능성 및 외화 테제와 관련하여 정신적인 것에 대한 다소 단순한 개념에 의존한 것인데, 그러한 구분은 빈포드가 궁극적으로는 그의 입장을 뒤집어 그의 이전 논문에서 매우 옳게 비판한 물질적인 것과 비물질적인 것 사이의 이분법을 비록 변경된 형태로서이기는 하지만 여전히 유지하였음을 의미한다.

빈포드가 마음의 위치를 탈중심화하여 고고학에서 그렇게 오랫동안 영향을 미쳤던 물질문화의 외화 테제를 거부하였다 하더라도 체계 모델과 완전히 결별한 것은 아니었다. 한편으로 차일드 등에 의해 도입된, 기능주의의 핵심적인 개념인 행태는 중심적인 위치를 유지하였다. 이미 차일드의 글에서 행태, 즉 사람들이 한 것이 마음, 즉 사람들이 생각한 것보다 중요함을 감지할 수 있고, 빈포드를 통해 이는 보다 명시적이게 된다. 게다가 어떤 측면에 있어 행태는 물질문화의 원천으로서의 마음을 단순히 대체하였다. 물질문화는 여전히 무언가 다른 것에 의존적이고 부차적인 것으로 남아 있었고 빈포드가 한 것이라고는 마음을 행태로 교체한 것뿐이었다. 다른 한편 행태와 물질문화 간 관계의 특정한 형태는 마음과 물질문화 사이의 그것과 매우 달랐다. 후자가 발산 또는 외화라는 측면에서 이해되었다면, 전자는 대개 인과적 관계, 인간 행태와 그 환경 사이의 특정한 상호작용의 효과였다. 전자는 내적이고 정신적인 영역의 외화라기보다는 역동적인 체계의 자기-생성이었다. 이러한 측면에서 호더의 입장은, 명백하고 중요한 일정한 조건에 따라서이기는 하지만, 빈포드의 입장에 훨씬 가까운 것이었으므로 위와 같은 차이는 중요하다.

호더는 행태와 물질문화 간 관계의 중심성을 과정주의에서 계승하였다(e.g. Hodder 1986: 11). 호더는 강경하게 물질문화에 대한 19세기의 발산적 관점으로 되돌아가려 하지 않았다. 그보다는 사람들이 하는 것과 관련하여 물질문화를 이해하고자 하였다. 호더 등이 '행태'에 비해 '행동'이나 '행위'라는 용어를 일반적으로 선호했다는 것은 한 수준에서는 과정주의와의 이론적 차이를 나타내지만 다른 측면에서는 연속성을 드러낸다(e.g. Skibo and Schiffer 2008: 24). 그러나 빈포드와 달리 호더는 자신들의 세계에 대한 사람들의 믿음이나 생각에 대한 참조 없이 빈포드가 말하는 행태란 이해될 수 없다고 논한다:

> 모든 행위는 문화적 틀 안에서 일어나고 그 기능적 가치는 행위를 둘러싼 개념과 정향의 측면에서 평가된다. 어떤 물품이나 제도가 어떤 목적을 성취'하기에 좋다'라는 것은 그 자체로 목적인 것처럼 부분적으로는 문화적 선택이기도 하다.
>
> (Hodder 1982b: 4)

역설적인 의미에서 호더는 빈포드가 매우 다른 이유에서이긴 하지만 조용히 생략하였던 상징적 기능의 매개적 역할에 대한 레슬리 화이트의 강조를 다시 끼워 넣었을 뿐이다. 기능주의에 대한 호더의 비판은 '이론적 고고학: 반동적 견해'(Hodder 1982b)라는 논문에서 시작되었다. 이 논문은 행태와 물질문화 사이의 관계는 의미의 사회적 구조에 대한 렌즈를 통해 이해될 필요가 있다고 주장한 1980년대 전반 호더의 연구물 중 하나였고, 물질문화는 유의미하게 구성된다는 호더의 반복된 어구도 그러한 연구물에서 나왔다(특히 Hodder 1982a, 1984, 1986). 호더에게 있어 이는 선택적인 것이 아니라 불가피한 것이었고 고고학자가 이를 무시해도 실질적인 차이는 없다는 주장은 망상일 뿐이다(e.g. Hodder 1992: 16-18). 그와 반대로 빈포드에게 있어 이를 수용한다는 것은 고고학적 기록에 고고학자 자신의 문화적 이해를 부과하거나 고고학자들이 발견하려 하는 바로 그것, 즉 다른 문화적 인식을 미리 전제하는 것이라는 헤어 나올 수 없는 딜레마에 갇히게 되는 것이다(Binford 1989: 31). 그러나 중요한 점은 빈포드가 행태 뒤에서 마음을 제거했을 때, 호더는 마음을 복귀시키는 대신 행태와 물질문화 사이에 무언가 다른 것, 즉 의미를 끼워 넣었다는 것이다. 호더가 '마음' 그리고 신념, 사고, 의미처럼 마음과 관련된 정신적 현상에 대한 단어를 자주 사용하지만, 호더는 현상의 외화에 대한 모든 논의를 피하고 현상의 사회적 성격에 초점을 둔다(도면 11). 또한 호더는 이러한 사회적 성격에 대해 명시적으로 반규범적이고, 신념과 사고 생성에서 개인들과 그들의 문화–역사적 맥락 사이의 관계를 강조한다. 따라서 호더의 주요 관심은 마음이 아니라 의미에 있다고 보는 것이 더 공정할 텐데, 호더에게 의미는 외적이고 관찰 가능한 현상이다.

　　이는 19세기 관점과의 중요한 결별을 나타내는데, 호더는 당시 인문

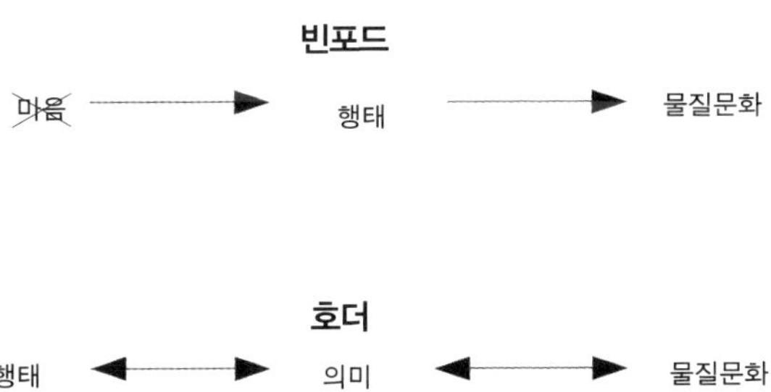

도면 11　행태와 물질문화 사이의 관계에 대한 빈포드(위)와 호더(아래)의 견해

학과 사회과학 일반에서 나타났던 언어적 전환의 영향을 받았다. 이러한 영향이 가장 명시적으로 드러나는 논문에서 호더는 내적 사고와 외적 행태 사이의 대립이라는 관점을 반대하였다. 의미와 관련된 내적 사고와 기능과 관련된 외적 행태라는 사고는 호더가 보기에 고고학을 유물론과 혹스의 사다리 중 가장 낮은 단계에 묶어 놓는다(Hodder 1989a: 254-255). 탈구조주의와 텍스트 개념을 참조하여 호더는 의미가 어떻게 물질 세계에 내재되어 있고 따라서 마찬가지로 외적인지를 보였다:

> 탈구조주의 내 언어에서 텍스트로의 전환은 고고학에 중요한 전환이다. 물질문화 뒤에 놓인 추상적인 사고를 강조하기보다 고고학자는 물질 세계 자체를 사고의 구조화와 구성에 기여하는 것으로 볼 수 있다. 텍스트 또는 물질문화의 의미는 관행적 행동의 맥락 안에서 텍스트 또는 물질문화가 수행하는 특정한 역할에서 유래한다.
>
> (Hodder 1989a: 257)

호더는 물론 (언어로서의) 텍스트와 물질문화 사이의 차이, 특히 단어와 달리 물질문화와 의미 사이의 관계는 임의적이지 않은 경우가 많다는 것을 잘 알고 있었다. 유물에 내재적인 자연적 속성은 유물을, 퍼스의 용어를 빌리자면, 순전히 임의적인 상징이기보다는 도상이나 지표(index)에 가까운 것으로 만들었기 때문에, 호더는 유물의 물질적 성격은 의미화의 그렇지 않으면 임의적인 성격을 제한하는 고정 장치 역할을 한다고 보았다(ibid.: 258-260; 또 Keane 2005, Preucel 2006, Preucel and Bauer 2001 참조). 호더가 보기에 기능과 의미 사이의 이분법을 중재하는 방법으로 사용된 것은 이러한 물질적 고정화였다. 물건의 물질적 특성은 기능적으로 분석되어 기능적 또는 일차적이고 표시적인 의미를 제공할 수 있지만, 이는 비임의적인 방식으로 이차적이고 함축적인 의미와 관련되는 경우가 많다. 따라서 죽이는데 사용된 화살촉의 일차적 의미와 위험한 것이라는 그에 대한 지각, 즉 두 번째 의미 사이의 연관은 결코 임의적이지 않다.

물질적 의미의 물질적 기반에 대한 호더의 주장은 부분적으로는 탈구조주의의 영향 하에 일부 고고학자들이 취한 호더가 보기에 지나친 입장에 대해 보다 명시적으로 대응하기 위한 시도였는데(Hodder 1992: 161-2; Buchli 1995: 189-191, 2004: 181도 참조), 그러한 입장에서는 물질문화의 고정화란 없다고 보았다(e.g. Bapty and Yates 1990; Tilley 1990). 예를 들어 예이츠는 '텍스트 밖에는 아무 것도 없다'라는 쟈크 데리다의 유명한 어구를 사용하여, 호더가 물질성 개념을 그의 맥락 개념의 중심에 있는 부재하는 기표로, 의미화 연쇄를 깨고 나오기 위한 방법으로 삼았다고 비판하였다: '기호로서의 물질문화가 스스로에게 등이 돌려져 유물의 *물질성*은 차이의 흐름을 차단한다'(Yates 1990: 157, 강조는 원 문헌에서). 위와 같은 예이츠의 비판은 텍스트 은유가 사회적 존재의 물질적 조건을 간과하는 것처럼 보인다는 점에서 텍스트 은유 전체를 특히 문제가 있는 것으로 본 이전의 비판에 대한 대응이기도 하였다(Barrett 1988). 호더에게 있어 물질문화의 물질성은 이처럼 주어진 것이었고 기표의 자유로운 흐름을 방해하여 의미의 기초를 두게 한 존재의 냉정한 사실이었다. 그러나 예이츠에게 이는 책임 회피의 구실일 뿐이었다.

어떤 면에서 1990년대 탈과정주의자들이 마주한 진짜 딜레마가 있었다. 한편으로 물질문화의 의미는 완전히 보는 이 또는 독자에게 달려 있고 따라서 고고학적 해석은 기본적으로 자유롭게 흐르며 완전한 현재의 구성물이었다. 다른 한편으로 물질문화의 물질성은 기호의 임의성 밖에서 일종의 고정 장치 또는 참조점으로 작동하였는데, 이는 고고학자들에게 적어도 과거의 의미를 이해할 수 있는 가능성을 허용했다. 탈과정주의는 전체적으로 두 번째 선택지를 취했다고 할 수 있다. 그러나 그러한 선택은 단도직입적인 것과는 거리가 멀었는데, 위와 같은 경로를 택한다는 것은 물질성을 상이한 방식으로 재정의하지 않는다면 기능과 의미 또는 패트릭의 용어를 빌리자면 고고학적 기록의 물리적 모델과 텍스트적 모델 사이의 이분법으로 다시 돌아감을 시사하는 것처럼 보였기 때문이다(Patrick 1985). 예를 들어 이 문제에 대한 1987년의 생스와 틸리의 논의에서는 물질적 의미의 다원성과 함께 물건의 구체성이 강조되었지만 그러한 구체성이 무엇인지에 대해서는 실제적으로 고찰되지 않았다(Shanks and Tilley 1987: 114-116). 이 둘을 중재하기 위한 호더의 시도에도 정말 문제가 있어 보인다. 호더는 어떻게 사물의 일차적이고 표시적인 의미가 그 이차적이고 함축적인 의미와 관련되는지에 대한 실제적인 설명 없이, 현재의 문화적 지각에 의존해 전자의 의미에서 후자의 의미로 건너뛴다. 앞서 인용한 호더의 예에서 화살의 죽이는 기능과 위험하다는 화살의 상징적 의미 사이의 연결은 우리 자신의 문화적 선입관 때문에 명백해 보일 뿐이다. 따라서 물질성이 비임의적이라 하더라도 비임의적인 물질성과 그에 대한 사회적 지각 사이의 연결은 설명되지 않은 채로 남는다. 이는 물질문화에 대한 기능적 또는 유물론적 견해에서는 문제가 되지 않았는데, 물질적 용어로 정의된 물질성과 기능은 연속적인 존재론의 일부였기 때문이다. 다시 말해 기능과 의미 사이의 간극은 좁혀지지 않은 채로 남아 있다.

사물로 돌아가기: 현 고고학적 담론에서의 물질성

1980년대와 1990년대 전반을 물질문화에 대한 기호론적 접근의 전성기로 정의한다면, 1990년대 중반부터 현재까지의 핵심어는 물질성이다(c.g. Meskell 2005; Miller 2005). 이러한 경향은 상이한 방식으로 나타났다. 예를 들어 여러 과정주의-정향적 고고학자들은 이테올로기와 인지의 측면을 물질화의 측면에서 논하기 시작하였고, 주목할 만한 논문으로 엘리자베스 드마레, 루이 제이미 카스틸로, 티모시 얼의 '이데올로기, 물질화, 권력 전략'(DeMarrais et al. 1996)이 있다. 그러나 물질성에 대한 이들의 개념은 19세기 외화에 대한 개념에 노골적으로 의존하고, 이들은 '물질화를 사고, 가치, 이야기, 신화 등을 의례적 사건, 상징적 물건, 기념물, 또는 문자 체계와 같은 물리적 실제로 변형하는 것'으로 정의한다(ibid.: 16). 비록 이들이 사고는 물질화에 일차적이기보다는 순환적인 과정임을 강조하지만 이는 여전히 외화에 관한 것이고 여러 측면에서 1970년대 너무 빨리 중단된, 이데올로기를 다루기 위한 신고고학 초기 낙관론의 부활일 뿐이다(그러나 보다 발전된 접근에 대해서는 DeMarrais et al. 2004 참조). 물질성에 대한 대안적이고 보다 비판적인 논의는 탈과정주의적 연구에서 나온다. 이는 기호론의 영향을 받은 이전 탈과정주의자들의 입장 때문이므로 아래에서는 이러한 동향에 대해 살펴보겠다.

기호론의 영향과 마찬가지로 물질성에 대한 관심은 고고학 밖에서도 널리 발견되고 그에 대한 논의는 대개 교차-학문적 수준에서 이루어져 왔다. 고고학 밖에서의 물질문화에 대한 일반적인 관심은 1980년대에 증대되었는데, 특히 물질문화가 사회의 단순한 반영물이기보다는 사회적 삶이 물질 세계를 통해 구성되는 것으로 보는 견해가 확산됨에 따라서였다(Appadurai 1986; Bourdieu 1977; Miller 1987). 이는 사물은 문제가

된다는 단순한 사실 정립에서 정점에 달했고(Miller 1998), 1990년대 물질
문화에 대한 관심은 대부분의 사회과학과 인문과학으로 확산되어 물질
문화연구라는 학제적 분야를 생성하였다(e.g. Buchli 2002; Miller and Tilley
1996). 그러나 다니엘 밀러가 지적하였듯 이러한 연구의 대부분이 사물
이 무엇인가에 대한 통속적이고 이론화되지 않은 개념에 의존하여 물질
성에 대한 이론이 결여되었다(Miller 2005: 7). 따라서 물질성에 대한 현재
의 담론이 앞 절의 끝에서 강조된 문제에 어떻게 관계되는가를 이해하
는 것이 중요한데, 특히 사물로의 회귀라는 최근 고고학에서의 요구를
통해 볼 때 그러하다(e.g. Domanska 2006a, 2006b; Olsen 2003).

　　이러한 문제는 물질성(materiality)이 물리적 특성(physicality)과 동일
시되었던 1991년 캠브리지 학회에 기반하여 편집된 *해석 고고학 Inter-
preting Archaeology* 이라는 책에서 버클리가 물질문화에 대해 한 논평
에 다시 나타난다: '물질문화 이해에 있어 '텍스트'의 적합성 또는 비적
합성을 논할 때 물질문화의 공통적으로 특유한 특성이 계속해서 거론되
었다 … 다시 말해 물질문화는 단단하고 영속성이 있으며 물리적인 것
이라는 사실말이다'(Buchli 1995: 189). 어떤 측면에서 버클리의 특징화는
물질성에 대한 통속적 개념에 가까운데 이는 나중에 밀러에 의해 비판
된다. 그러나 버클리는 이러한 물리적 개념에 여러 방식으로 자격을 부
여하는데 그 중 가장 유의미한 것은 내구성의 측면을 통한 것이다. 이에
대해서는 다시 살펴볼 것인데 버클리가 이후의 연구에서 정교화한 것이
기도 하다(e.g. Buchli 2004). 그런데 고고학에서 물질성의 개념에 있어 가
장 영향력 있는 발전은 처음에는 그 시간성보다 그 감각적 특성과 관련
되었다(Buchli 2004: 184). 예를 들어 필립 크리아도는 고고학적 기록에 있
어서의 물질성의 가시적 속성을 강조하였고, 대상화로서의 물질문화라
는 맑스주의적 개념을 채택하여 대상화는 상당히 중요한 방식으로 가시

성에 대한 의지에 관한 것이라고 강력히 주장하였다(Criado 1995). 물질성에 대한 이와 같은 논의에서 외화 테제의 귀환은 매우 흔하게 되는데 이에 대해서는 앞으로 살펴볼 것이다. 크리아도의 주장에서 직접적으로 흥미로운 점은 가시성 개념을 통한 물질성과 텍스트성 사이의 연결이다. 물질성 개념을 구체적인 방식으로 기초 짓는데 점차적으로 중요해진 것이 바로 물질성의 감각적 특성이기 때문이다(Buchli 2004: 184). 물질성에 대한 현상학적 접근에서 강조되는 것이 바로 그러한 감각적 특성이고 그래서 피트 리버스의 경우에서 본 것처럼 19세기에 표현된 물질문화의 기저가 되는 존재론을 은연중에 불러일으킨다.

　탈과정주의의 현상학 도입은 주로 쥴리안 토마스와 크리스토퍼 틸리라는 두 명의 영국 고고학자와 관련된다. 이론적으로는 둘 다 탈구조주의와 기호론적 접근에서 출발하여(e.g. Thomas 1991; Tilley 1990, 1991, 1993) 1990년대 중반 현상학, 특히 마틴 하이데거(Thomas 1996)와 모리스 메를로-퐁티(Tilley 1994)의 연구에 의해 고무된 개념을 가지고 연구하기 시작하였다. 틸리는 '현상학'이라는 용어를 보다 명시적으로 채택하였지만 하이데거가 현상학자라고 불릴 수 있는 것은 현상학이라는 단어의 가장 광범위한 의미에서 만이다. 그럼에도 불구하고 토마스와 틸리를 통합하였던 것은 체화된 경험 또는 세계-내-존재의 중요성에 둔 초점이었다. 이것이 물질성에 대해 지니는 함의가 필자가 여기서 살펴보고자 하는 것이고 이러한 측면에서 토마스는 보다 유용한 안내자이다(Thomas 1996: 70-78; Thomas 2006도 참조). '사물'에 대한 하이데거의 글(e.g. Heidegger 1970)을 참조하면서 토마스는 거친 물리적 대상물로서의 사물이라는 관념은 그 자체가 인간과 세계 사이의 특정한 관계 또는 존재 방식의 산물이라고 주장한다. 이러한 주장은 주체를 객체로부터 멀어지게 하는 것으로서 관계적인 것으로서의 객체에 대한 보다 내재적인 관념과 대비

된다. 이는 물질성에 대한 개념이 사물에 대한 인간의 관여와 독립적으로 정의될 수 없고 따라서 물질성의 의미는 그러한 관여의 성격에 따라 변한다는 것을 의미한다. 궁극적으로 물질성 자체가 역사를 지니고 있어야 하는 것이다(ibid.: 77). 따라서 물질성을 물리적 특성으로 정의하는 것은 단순히 물질성을 인간의 세계-내-존재에 대한 하나의 특수한 관계, 게다가 특이하게 근대적인 관계에 따라 정의하는 것이다. 이후의 텍스트에서 토마스는 물질성을 과정으로, '물리적 세계가 점차로 우리에게 드러나는' 물질화로 보는 것의 중요성을 강조한다(Thomas 2000: 154; Thomas 2004, 9장과 Thomas 2005b, 2006도 참조). 이 드러남이라는 개념은 물질성의 실체적 존재론보다는 관계적 존재론의 중요성을 강조한다. 즉 사물의 성격은 어떤 본질에 있는 것이 아니라 다른 사물과의 관계, 보다 구체적으로는 인간과의 관계를 통해 나타난다(Thomas 2004: 214-222).

물질성을 감각적 또는 지각적 측면에서 정의한 것은 현상학적 고고학의 가장 중요한 공헌 중 하나였고 시각적인 것의 지배를 탈중심화하고자 하여 물질성 개념을 넓히는데 도움을 주었다(Edwards, Gosden and Phillips 2006; Hurcombe 2007; 감각에 대한 인류학에서의 중요한 연구로서 e.g. Classen 1993; Howes 2004 참조). 그러나 물질성에 대한 이와 같은 감각적인 개념이 지닌 문제 중 하나는 고정된 참조점을 모두 제거하여 탈구조주의의 오류를 기호론적인 차원 대신 현상학적 차원에서 반복하는 것으로 보일 수 있다는 점이다. 토마스가 닫힌 물리적 세계에 대해 언급해야 했다는 것은 시사하는 바가 많다. 그런데 물리적 세계가 자연과학의 초연한 세계가 아니라면 과연 이 물리적 세계는 무엇인가? 이러한 딜레마에서 벗어날 수 있는 한 가지 방법은 인간 경험의 기본적 구조로서 호더가 원래 제안했던 것처럼 인지의 보편적인 문법이 아니라 틸리처럼 인간 신체에 기반한 지각의 공통적인 틀을 상정하는 것이다(Tilley 2004:

4-10). 그래서 틸리는 육체적 존재 구조 자체에 근거한 전후 또는 좌우와 같은 기본적 개념에 대해 이야기한다. 그러나 이 역시 많은 모호함의 여지를 남기고, 물질성에 대한 잉골드의 논문에 대한 응답으로서 틸리가 흥미롭게도 사물의 거친 물리적 세계와 사회적 세계 사이의 구분을 재확인하는 것은 아마도 이 이유 때문일 것이다. 틸리에게 있어 개념으로서의 물질성은 사물의 물리적 특성과 대조되는 사회적 특성에 관한 것이다:

> 다시 말하자면, 한편으로는 인간의 행동, 사고, 사회적 그리고 정치적 관계를 염두에 두지 않고 일어나는 돌의 과정적 세계가 있다. 여기서 우리는 '거친' 물질과 그 속성을 다룬다. 다른 한편 돌이 사람 및 사회정치적 관계와 관련하여 지니는 과정적 의미가 있다. 물질성이라는 개념은 돌의 거친 물질성을 넘어서는 주체-객체 관계를 고려하고 포용하려 노력하며 왜 어떤 종류의 돌과 그 속성이 사람에게 중요하게 되는지를 고려하기 때문에 이 개념이 요구된다.
>
> (Tilley 2007: 17)

물질성에 대한 현재의 논의에서 위와 같이 명확한 진술을 자주 볼 수는 없다. 고고학에서 사물로의 회귀에 대한 보다 최근의 요청 중 일부의 기저를 이루는 것은 바로 물리적 특성과 물질성 사이의 모호함이다.

사물로의 회귀에 대한 초기의 요청 중 하나는 노르웨이 고고학자 브르나 올센의 '텍스트 이후의 물질문화: 사물을 다시-소속시키기 (re-membering)'라는 논문에서 제기되는데(Olsen 2003; Olsen 2006도 참조), 이 주장은 최근 *사물을 옹호하며 In Defence of Things* 라는 책에서 확장되었다(Olsen 2010). 밀러를 따라 올센은 사회이론에서 사회적 삶의 물질성이 대부분 간과되었다는 주장으로 시작한다. 올센은 더 나아가 다시 부상하는 물질문화연구 분야도 실제적으로 물질성과 관여하지는 않고, 더욱 문제가 되는 것은 사물을 다루는 우수한 학문이어야 할 고고학이 오랫동안 물질문화에 실제적인 관심이 전혀 없었고 사회적 지위나 이데올로기와 같이 무언가 다른 것에 대한 대용품으로서 사물을 다루었다고 논한다. 올센의 비판에는 설득력과 호소력이 있지만 사물을 옹호하는 그의 수사에는 역효과를 낳는 측면이 있다. 특히 사물을 사람에게 대칭적인 것으로 보자는 요청과 사물의 자율성과 차이를 강조하는 것 사이에 존재하는 긴장이 관찰된다. 브루노 라투어, 미셸 깔롱, 존 러의 행위자-연결망 이론을 크게 참조한 대칭성에 대한 주장은 상대적으로 견실하지만, 자율성에 대한 주장은 단지 수사적일 뿐이고 사물이 무엇인가라는 물음을 초래한다. 실제로 올센 자신이 물질성을 어떤 의미로 쓰고 있는지가 궁극적으로 다소 막연하게 남아 있다. 아마도 이는 행위자-연결망 이론을 고고학적 사고에 통합하고자 하는 올센의 의제가 아니었을 수도 있다. 그럼에도 불구하고 올센의 연구, 특히 그의 최근의 책은 이 주제에 대한 성찰이 확장된 최고의 연구물 중 하나임은 분명하다.

에바 도만스카도 사물로의 회귀에 대해 유사한 요구를 하였지만 이 문제를 앞서 제기된 문제, 즉 한편으로는 사물에 대한 물리적이고 실증주의적인 기술, 그리고 다른 한편으로는 텍스트, 상징, 또는 은유로서의 물질문화에 대한 기호론적 접근 사이의 이분법을 넘어서는 방법을 어떻게 찾을 수 있는가와 관련해 보다 명시적으로 제시하였다(Domanska 2006a: 173; Domanska 2006b: 338도 참조). 올센과 마찬가지로 도만스카는 브루노 라투어의 행위 이론뿐만이 아니라 돈 이드의 물질적 해석학도 참조하지만, 도만스카 연구의 핵심은 인간-환경 관계에 대한 인류학자 기슬리 팔슨(Pálsson 1996)의 은유를 빌려 인간-사물 관계에 적용한 것이다. 도만스카의 전용에서 오리엔탈리즘, 부자주의, 공동체주의에 대한 팔슨의 개념은 각기 인간과 사물 사이의 지배, 조력, 평등의 태도를 지시한다. 그래서 오리엔탈리즘에서 사물은 단순히 도구인 반면 부자주의에서 사물은 인간적 특성을 띤다. 도만스카는 물건에 대한 일대기적 접근은 물건을 인간의 인생 주기의 측면에서 의인화한 최근의 그리고 가장 널리 알려진 부자주의의 표현이라고 제시한다. 공동체주의적인 물질성이라는 개념은 사물만 인간의 형태를 띠기보다는 인간과 사물 사이에 속성 교환을 한다는 대칭에 대한 개념(pragmatogonies)과 라투어의 연구를 참조한 것이다(Latour 1994; 그러나 Latour 1992: 159-160 참조). 그러나 이는 인간의 속성과 다른 사물의 속성이 있음을 전제하여 그러한 사물의 속성이 무엇인가라는 물음을 초래한다. 이는 설명된 적이 없어 다시 한번 부득이하게 물리적 특성에 근거한 물질성이라는 암묵적인 개념으로 돌아가야 한다.

사물로의 회귀에 대한 요구에서 올센과 도만스카가 공유하는 것은 물질성에 대한 모호성이다. 이들은 한편으로 사물에 자율적이고 암묵적인 물리적 특성(이에 대해서는 똑똑히 밝히지 않았다)을 부여하고, 다른 한편으로 사람과의 상호작용에서 사물의 대칭적인 역할을 강조한다. 물질성에 대한 현재의 담론을 고고연대측정법과 물질에 기반한 분석의 보다 실제적인 작업과 연결하려는 앤드류 존스의 시도에 대한 반응과 관련하여 위와 동일한 모호성이 나타났다(Jones 2004). 고고학적 이론과 고고학적 과학 사이의 필수적인 다리로서 물질성의 개념이 필요하다는 존스의 제안은 그 의도는 좋았다. 그러나 존스는 물리적 특성에 대한 통속적 또는 거친 관념 그리고 물질성에 대한 사회적 개념을 양자의 차이에 대한 고려 없이 너무 쉽게 결합하였다(e.g. 존스에 대한 줄리언 토마스(Thomas 2005a)의 대응 참조). 가장 많은 주목을 받은 것은 물질성에 대한 사회적 개념인데, 이는 특히 브루노 라투어와 그의 동료들의 행위자-연결망 이론의 광범위한 영향 때문이다. 구체적으로 이들의 행위자-연결망 이론은 행위성은 인간 주체에게서 탈중심화되어 사람과 사물, 집합체의 연결망으로 분산될 필요가 있다고 논한다. 이러한 사고, 특히 라투어의 글은 1990년대 후반부터 고고학에서 인용되고 있었다(e.g. Boast 1997: 187-189; Graves-Brown 2000; Jones 2002: 176-181; Knappett 2002, 2005; Knappett and Malafouris 2008; Pearson and Shanks 2001: 47-50; Shanks 1998). 이러한 관심 중 일부는 자칭 대칭고고학이라는 움직임으로 구체화되었다(Olsen 2007; Shanks 2007; Webmoor 2007; Witmore 2006, 2007). 또 이와 유사한 전개가 상이한 경로를 통해 일어났다. 1980년대 호더가 제안한 활동적인 물질문화라는 독창적인 개념은 보다 대칭적인 방식으로 물건에 대해 생각하기 위한 장을 마련했고, 이는 물질적 뒤얽힘이라는 콜린 렌프류(Renfrew 2001)의 개념에 중요했다(DeMarrais et al. 2004; Hodder 2011). 인류학자 알프레드 겔(Gell 1998)의 연구도 또 다른 영향을 미쳤는데 앤드류 존스(Jones 2005, 2007)와 같은 고고학자들은 물건의 행위성에 대한 겔의 생각을 취하기도 하였다.

대칭고고학을 예외로 하면 위와 같은 연구의 대부분이 물건에 대한 부자주의적 접근이라고 도만스카가 칭한 부류에 속하는데, 이러한 부류에서 물건은 비대칭적인 방식으로 인간적 또는 사회적 특성을 띤다(Hicks 2007: 251; Meskell 2004: 57; Miller 2005: 13). 그 이유는 매우 단순할 수 있다. 진정한 대칭고고학은 고고학 그리고 학문적 지식과 경계의 완전한 재구성을 요구하는데 대칭고고학은 인문과학과 자연과학의 전체적인 구분을 재구성하고자 하기 때문이다(Latour 1993). 이러한 요구가 어쨌든 타당한 것이라 하더라도 쉽게 달성될 수는 없다. 사회적인 것을 재구성하자는 라투어의 주장은 설득력이 있다. 라투어는 사회 또는 사회적인 것이라 불리는 추상체나 초실체란 없고 대신 그러한 연결망 사이의 특수한 상호작용의 산물이 있는데, 그와 같은 연결망과 그러한 연결망이 어떻게 서로 연결이 되는지 또는 되지 않는지가 사회학자, 인류학자, 고고학자가 주목해야 할 부분이라고 논한다(Latour 2005). 이러한 상향식 접근은 사회과학을 지배했던 뒤르켐류의 전반적인 경향을 뒤집어 평평하게 하고자 하는 명시적인 시도이다. 이는 인류학에서 주체의 횡포에 대한 밀러(Miller 2005: 36-37)의 참조 그리고 대칭고고학에도 반영되어 있다(Hicks 2007: 251-253 참조). 밀러에게 있어 물질성이라는 개념은 사회과학의 구조 자체를 재구성하기 위한 것이다(Henare, Holbrood, and Wastell 2007). 그러나 여기서 모순은 물건 행위성에 대한 논의가 사회적인 것에 대한 개념에 의지하거나 그렇지 않으면 은연중에 물질성에 대한 물리적 정의를 불러낸다는 점이다. 이러한 모순을 다루기 위한 최근의 시도는 아래와 같은 이유로 다소 불만족스럽다.

밀러는 아주 처음부터 외화 테제, 구체적으로 헤겔류와 맑시스트 버전의 대상화 테제의 부활을 주창했다(cf. Miller 1987, I부; Miller 2005: 7-10). 그러나 대상화와 외화 사이의 중요한 차이는 대상화는 단순히 외적 물질에 부과된, 인간 의식의 외화가 아니라는 점이다. 또한 외화 과정에서 대상이 대상 자신에 대한 거울을 의식에 제공한다는 점에서 대상은 다시 내화되어 의식을 변경한다. 변증법적 방식으로 주체는 객체를 만들지만 객체가 주체를 만들기도 한다. 여러 고고학자들이 물질성에 대한 논의에서 대상화에 대한 밀러의 이론을 채택하였다(e.g. Meskell 2005: 5; Tilley 2004: 218). 비록 밀러만이 대상화에 대한 이론을 자세히 다루었지만 말이다(그러나 Tilley 2006 참조). 그러나 잉골드와 토마스 모두 이 테제를 마음과 물질, 문화와 자연 사이의 이분법을 유지한다 하여 비판하였다(Ingold 2005: 123-124; 2007: 14; Thomas 2007: 18-20). 대신 이들은 세계에서의 물질 변형에 대해 논한다. 특히 잉골드는 물질성 개념이 보다 연관된, 사물의 물질적 속성에 대한 주의를 가로막는다 하여 물질성 개념 전반에 대해 매우 비판적이다(Ingold 2007: 1-3; 또 Ingold 2010도 참조). 잉골드는 맑스에게서 유래한 외화 개념을 인간 노동에 대한 명백히 잘못된 표상이라고 노골적으로 비판한다(Ingold 2007: 5). 잉골드가 보기에 물질적 속성은 발생적 힘을 포함하는데, 이에 대한 인지가 물질적 속성에게 마법 가루와 같은 행위성을 부여하는 것보다 훨씬 더 중요하다(ibid.: 12). '물질성에 반한 물질'이라는 잉골드의 논문에 대한 여러 반응에서 이원론에 대한 혐의와 함께, 물질성 개념은 물질적 속성에 대한 잉골드의 개념이 전제하는 것으로 보이는 물질성에 대한 물리적 개념으로 다시 빠지게 되는 것을 피하기 위해서라도 중요하다는 반론이 제기되었다(Knappett 2007; Miller 2007; Tilley 2007). 잉골드의 물질적 속성은 결국 물질성에 대한 통속적인, 물리적 정의에 의존한 것이다.

어떤 측면에서 이러한 논쟁의 주창자들은 마음과 물질 또는 문화와 자연이라는 명백한 이원론을 극복하여 사람과 사물은 서로 섞여 서로를 만든다고 주장한다는 점에서 매우 유사한 태도와 목적을 공유한다. 그러나 동시에 양측은 다른 측을 위와 같은 이분법을 극복하기보다는 유지한다고 비판하지만, 이들의 차이는 대개 실체에 대한 것이기보다는 특정한 철학자에 대한 개인적인 선호, 즉 맑스와 하이데거 중 누구를 선호하느냐에 기반한 것으로 보인다. 지나친 단순화가 될 수는 있지만 이들의 차이는 이원론을 변증법에서와 같이 생산적인 긴장으로 보느냐 아니면 르네 데카르트에서와 같이 방해가 되는 이분법으로 보느냐로 귀착될 수 있다. 이러한 맥락에서 최근 기술과 물질문화에 대한 프랑스적 접근은 위와 같은 이분법에 대한 절충안보다는 이분법에 전혀 구애 받지 않는 물질성에 대한 접근의 한 예를 제공하고 있다(Coupaye and Douny

2009; Naji and Douny 2009). 모스(Mauss 1973[1936]) 그리고 그 이후 르와-꾸앙(Leroi-Gourhan 1993)의 이정표적 연구에서 유래한 프랑스어권의 기술 인류학은 물질성 자체보다는 인간 신체와 물건을 수반하는 수행이나 관행에 일차적인 초점을 둔다. 이러한 접근은 물리적 그리고/또는 사회적 속성을 지니고 있는 주어진 또는 안정된 실체로서의 물질성보다는 만들어지고 있는 물질성에 관한 것이다. 여기에서는 체화와 물질성 사이의 관계를 강조하는 현상학적 접근과, 사람과 사물이 서로를 존재하게 하는 맑시스트의 변증법적 접근 모두에 관한 무언가가 포착된다. 그러나 이 분야에서의 통상적인 연구는 기술 연구를 대개 물건 생성을 수반하는 특정한 형식의 사회적 활동으로 한정하거나 물건의 변형에만 초점을 둠으로써 그 초점을 좁혀 온 경향이 있다. 이러한 전통의 몇몇 학자들은 최근 이 분야를 농경에서 마술에 이르는 모든 종류의 관행으로 확대할 것을 주장하였다(Coupaye 2009; Coupaye and Douny 2009; Naji and Douny 2009). 장-피에르 워니어와 그의 인간 행동학적 접근의 영향 하에 그러한 기술이 객체뿐만 아니라 주체에게도 (역으로) 영향을 미치는 방식에 관한 이해가 강조되고 있다(Warnier 2001, 2009). 여러 측면에서 이는 실제 세계에 영향을 미치는데 효력이 있고 또 완전히 개인적 또는 특이한 행동과 대비되는, 계승된 사회 그리고/또는 문화 체계의 일부를 형성하는 전통적인 모든 행동으로서의 기술이라는 모스의 원래의 정의로 돌아가는 것으로 보일 수 있다(Mauss 1973: 75).

영어권 전통에서 프랑스어권의 접근이 점차 가시화되고 인기를 얻게 된 것은 쉬퍼의 행태고고학의 부활과도 일치하는데 이는 아마도 우연은 아닐 것이다. 물론 쉬퍼와 그의 동료들은 1970년대 중반부터 자신들의 접근을 개발시켜 왔지만 행태고고학에서 가장 두드러진 측면은 언제나 형성이론이었다. 그러나 이는 행태고고학의 한 측면에 불과했고 또 다른 측면으로 물질문화와 인간 행태 사이의 관계가 있다. 사실 행태고고학자들은 행태고고학의 기본적인 전제는 사람과 사물 사이의 관계에 관한 것이라고 항상 주창해 왔다. 쉬퍼가 이러한 측면을 보다 구체적으로 발전시킨 것은 지난 십 년 간인데, 특히 최근의 두 공저에서 그러하였다(Schiffer and Miller 1999; Skibo and Schiffer 2008). 이를 통해 쉬퍼가 물질문화와의 상관물이라는 단순한 개념을 넘어서는 보다 정교한 행태 개념을 개발했음이 분명하게 드러난다. 또한 보다 광범위한 측면에서 물질문화 연구에서의 진전과도 명시적인 관련성을 보이는데, 그의 행태적 연쇄와 프랑스어권의 작동 연쇄 사이의 유사성에 있어 특히 그러하다(Skibo and Schiffer 2008: 9-10). 쉬퍼가 그의 접근을 수행-기반 이론이라고 부르는 방식 역시 흥미롭다. 쉬퍼와 행태고고학자들이 프랑스어권 전통과의 관련성을 보이는 유일한 영어권 고고학자들은 아니고, 마시아-앤 도브레(Dobres 2000)와 같이 기술에 대해 연구하는 영어권 고고학자들 역시 프랑스어권 전통과 영어권 전통 사이의 간극을 좁히는데 도움이 되었다.

위와 같이 행태고고학자들과 프랑스학파가 초점을 둔 수행에서 정말 문제가 되는 것은 물질성이 아니라 물질화, 즉 물건과 사람이 만들어지고 되돌려지는 과정, 물건과 사람이 어떠한 고정적인 본질도 지니지 않은 채 맥락적, 역사적 조건의 영향을 받는 과정임을 알 수 있다. 니콜 보이밴은 물질문화와 인류의 생물학적 진화 사이의 상호적으로 구성적인 관계를 참조하여 위와 같은 교차를 장기간에 걸쳐 고찰하였다(Boivin 2008). 그러나 물질화를 장기간에 걸친 것이든 단기간에 걸친 것이든 과정으로 보는 것은 비물질적인 것에 관한 문제, 또는 물질화되고 있는 것이 도대체 무엇인가라는 문제를 초래한다. 여기서 우리는 비물질적인 것이 관념적, 영혼적, 정신적인 것으로 사고되는 외화 테제로 다시 돌아가게 되지 않는가? 꼭 그렇지는 않다. 버클리는 최근 비물질적인 것이 매우 상이한 방식으로 지각될 수 있고, 특히 내재성과 초월성의 측면에서 이 문제를 재구성하여 정신적인 것과 물질적인 것에 대한 이원론 전체를 우회할 수 있다고 논하였다(Buchli 2010). 버클리는 신성의 비물질적인 측면을 현존케 하는 기독교의 두 형태, 즉 도상(icon)과 우상(idol) 사이의 대조를 참조한다. 도상과 관련하여 신의 현존은 초월적인 원형에 대한 참조를 통해 작동하는데, 이는 도상과 동시에 현존하지는 않아서 도상을 파괴해도 신성은 손상되지 않고 남는다. 그에 반해 우상과 관련하여 신성은 내재적이고 물건과 동시에 현존하여 우상을 파괴하면 신 또는 신의 부분을 파괴하는 것이 된다. 버클리의 논의를 물질문화 일반에 적용할 때, 외화 테제 그리고 정신적인 것으로서의 비물질적인 것이라는 관념과 관련된 문제는 그러한 문제가 물질적-비물질적 관계에 대한 초월적인 관점에서 나타난다는 것이라고 볼 수 있다. 여기서 비물질적인 것은 (원형으로서) 어떤 초월적 영역에 존재하는 것으로 상정된다.

역으로 비물질적인 것을 초월성보다는 내재성으로 독해하는 것은 물질성과 물질화에 대한 매우 상이한 존재론으로 이끈다. 궁극적으로, 그리고 아마도 역설적으로, 물질화는 물질에 관한 것이 전혀 아니라 형태나 조직에 관한 것이다(DeLanda 1997). 물질화되는 것은 사고나 신념처럼 물질적인 것의 위나 밖에 놓여 있는 것이 아니라 단지 물질 자체에 내재하지만 실현되지 않은 특성일 뿐이다. 이는 잠재적인 것(영원한 대상)과 실제적인 것(실제적인 존재 그리고/또는 계기) 사이의 화이트헤드류의 구분, 또는 가상적인 것과 실제적인 것 사이의 들뢰즈류의 구분에 해당한다. 이에 대한 예로 놋쇠 나사와 같이 당신 주위에 있는 아무 물건에 대해 생각해 보라. 놋쇠는 놋쇠를 구성하는 금속 합금과 나사 형태를 만든 특정한 생산 과정에 의해 정의되는 특정한 속성을 지니고 있다. 놋쇠 나사는 실제적인 물건이다. 그러나 구리와 아연이 섞이기 전에, 금속 주조를 위한 정밀한 틀이 만들어지기 전에, 놋쇠 나사는 서로 관련되지 않은 잠재성의 묶음이었다. 이는 놋쇠 나사가 실제적인 물건이 되기 전에 이상적인 형태의 일종의 플라톤적인 세계에 존재하는 잠재적 또는 가상적 물건이었다는 초월적인 주장을 하기 위한 것이 아니다. 대신 서로 조합되어 놋쇠 나사를 만드는 이미-존재하는 요소의 여러 특성은 그러한 요소들이 실제로 조합될 때까지는 가상적인 특성이었다는 것이다. 여기서 요점은 물질적 실제가 결코 실현되지 않는 가상적 또는 잠재적인 특성 또는 속성으로 가득 차 있다는 것이다. 당신이 관계를 가질 수 없었고 앞으로도 그렇지 않을 다른 인간들과의 잠재적인 관계에 대해 생각해 보면 필자가 무엇을 의미하는지를 대략적으로 이해할 수 있을 것이다. 이러한 의미에서 물건은 항상 무언가를 비축해 두고 있다. 물건은 항상 가상적이면서 동시에 실제적인 존재이다. 이는 화이트헤드와 들뢰즈에게 있어 새로움이 가능한 방식이다. 새로운 것이 세상에 나타날 수 있는 것은 이 때문이다.

이 문제를 위와 같은 방식으로 틀 지우면 사람과 나무, 건물 또는 물 등 어떠한 종류의 실체에도 적용되는 일군의 용어를 갖추게 되므로 물질성에 대한 사회적 정의 대 물리적 정의의 모순을 피할 수 있다. 게다가 물질성 개념 자체가 정신적인 것과 연합된 역사(이는 아리스토텔레스의 실체 존재론과의 연합으로까지 거슬러 올라갈 수 있다) 때문에 잉골드(Ingold 2007)가 이전에 제시했듯이 물질성 개념은 도움이 되기보다는 짐이 된다. 물질성은 궁극적으로 실체의 형식이 아니라 관계적 과정이고 실제로 문제가 되는 것은 어떤 종류의 실체가 있는가 뿐만이 아니라 실체들 사이의 관계이다. 여러 측면에서 이는 올센(Olsen 2010)이나 냅엣(Knappett 2005)과 같이 행위자-연결망 이론을 참조하는 학자들의 주장에서 보다 중요한 문제이다. 올센과 냅엣 모두 물질성에 대해 논하지만 이들의 논의에서는 물질성이라는 용어가 실제적으로 대체되어 물질성이나 사물의 정의에 관한 문제에 말려들지 않는다. 주어진 존재론(e.g. 정신적 그리고 물질적 존재 그리고/또는 실체)을 전제하지 않는 방식으로 초점을 실체와 그들 사이의 관계로 옮김으로써 물질문화와 고고학적 기록에 대한 이해가 다음 장에서 보게 될 것처럼 새롭고 흥미진진한 방향으로 나아갈 수 있다.

05

고고학적 실체

앞에서 고고학자들이 고고학적 기록을 정의하거나 인식하였던 세 가지 방식, 즉 고고학자들이 마주하는 잔존물과 고고학자들이 생성하는 아카이브로서, 퇴적물과 유형의 형성으로서, 그리고 물질문화로서의 고고학적 기록에 대해 살펴보았다. 필자의 주장은 현대 이론이 지닌 주요 문제 중 하나는 위와 같은 측면들이 각각 독립적으로 다루어진다는 것이다. 현장작업과 자료 수집, 형성과정, 물질성에 대한 다양하고 활발하게 논의되는 일군의 이론이 있지만, 이러한 이론들 중 어느 것도 다른 이론에게 말을 걸고 있지 않는 것으로 보인다. 이러한 종류의 파편화는 고고학적 이야기에 심각한 문제를 만들어 냈다. 필자가 새로운 해석적 딜레마라고 칭한 문제에서 나타나듯이, 고고학적 설명은 공허함과 공약불가능성 사이를 헤매는 경우가 많다. 이는 모든 고고학적 이야기를 판단하기 위한 것이 아니라, 이 문제가 고려할 이유가 충분한 실제적이고 흔한 문제임을 지적하기 위한 것이다. 이 장과 다음 장에서 고고학적 기록의 그처럼 다양한 측면을 연결하여 앞에서 살펴 본 바로 그 딜레마를 미연에

방지할 수 있는 방법을 모색해 볼 것이다. 그러나 이는 대단하거나 통합된 고고학 이론을 만들기 위한 것도, 이론적 다원론에 대한 비판도 아님을 분명히 해야 할 필요가 있다. 필자가 비판하는 것은 파편화인데, 이로 인해 고고학 이론이나 영역 간의 연관이 너무나 분리되어 사실상 절단되었다. 문제는 꽤 단순하다. 발굴, 조사, 또는 유물 분석에 대한 고고학적 관행을 아마도 고고학 외부 학문에서 도입된 보다 넓은 이론에 연관시킬 수 없다면 무언가가 잘못된 것이 확실하다. 그러한 연관성은 길고 우회적일 수도 있고 짧고 직선적일 수도 있지만 분명 추적 가능한 것일 것이다. 그러한 추적 가능성을 담보할 수 있는 한 가지 방법은 고고학적 기록에 대한 위 세 가지 담론 사이의 넓은 지형을 세밀히 나타내는 것이다. 이를 위해 이 장에서는 형성이론에서의 고고학적 기록과 물질성과 물질문화에 대한 담론의 측면에서 본 고고학적 기록 사이의 연관성을 찾아 볼 것이다(3장과 4장). 그러한 종합을 다음 장에서는 고고학적 기록의 나머지 한 가지 측면인 잔존물 그리고/또는 아카이브로서의 측면에 연계시킬 것이다(2장).

3장의 끝에서 살펴본 팰림세스트에 대한 논의를 상기해 보면, 핵심적인 요소는 지움과 기입 과정 사이의 긴장이었다. 이러한 과정을 물질성이라는 과정과 병치해 보면 물질화에 대한 역동적 개념을 얻을 수 있고, 보다 구체적으로 기입과 지움의 과정을 물질화와 탈물질화 과정으로 대신해 볼 수 있다. (팰림세스트로서의) 물건은 이처럼 쌍을 이룬 힘을 자신의 구성 안으로 접어 넣는다. 이처럼 간단한 생각에 대해 이 장의 대부분에 걸쳐 자세히 설명해 보겠다. 그러나 그 전에, 그리고 아마도 가장 핵심적인 것은 이러한 방식으로 물질성의 개념을 형성이론과 재편성할 때 우리의 초점 전체가 실체, 즉 단일하고 개체화된 존재로서의 물건 또는 사물로 옮겨간다는 점이다. 물질성에 대한 거의 모든 이전의 논의, 특히 고고학(그리고 유관 학문)에서 명시화되고 물질문화와 관련된 논의는 실체로서의 사물에 관해서 보다는 사물의 속성에 초점을 두었다고 할 수 있다. 그와 같은 논의에서 물질성이 물리적 속성에 의해 정의되든 또는 감각적 특질에 의해 정의되든 물건 속성의 측면에서 본 물건에 대한 견해가 전제되고, 물건 대 물건으로서의 문제, 즉 단일한 실체로서의 물건에 대한 문제는 보류된다. 그러나 물질성 대신에 물질화라는 개념을 불러옴으로써 물건의 이처럼 다른 측면, 즉 물건이 어떻게 단일한 실체가 되는지 또는 더 이상 단일한 실체가 아니게 되는지로 주의를 돌릴 수 있다. 이는 또한 형성이론과도 직접적으로 연결되는데, 형성이론 역시 이미 만들어진 것보다는 되기의 과정에 관한 것이라고 할 수 있다. 이러한 이유로 이 장은 어떠한 종류의 실체를 고고학자들은 마주치게 되는가라는 매우 간단한 문제에서 시작한다.

고고학과 실재론의 문제

고고학자들이 스스로에게 고고학자들이 고고학적 기록을 설명하거나 해석할 때 쓰고 이야기하는 것이 도대체 무엇에 관한 것인가를 묻는다면 그 대답은 다양할 것이고 하나의 서술 또는 설명에도 토기편, 건물, 사람, 형식학, 가구, 이데올로기, 종자, 경제, 치프덤, 기후, 사회 등과 같이 다양한 실체나 물건이 등장할 것이다. 때로 이러한 설명은 자본주의나 진화와 같은 틀을 통해 주어지기도 한다. 그러나 스퍼버가 얼마 전에 지적한 것처럼 이러한 실체 중 다수의 존재론적 위상이 대개의 경우 정의되지 않은 채로 남겨진다(Sperber 1992: 57). 이의 주요한 부분은 토기 조각으로부터 국가의 붕괴로 나아가기와 같은 추상화 과정에 관한 것이다. 이러한 의미에서 불가피하게 실체 중 다수가 고고학적이기만 한 것이 아니라 인류학자, 사회학자, 역사학자에 의해서도 인용된다. 위와 같은 실체의 널리 퍼진 사용만으로도 그러한 실체에 대한 고고학에서의 논의 부족이 대체적으로 설명된다. 그럼에도 불구하고 스티븐 쉐넌이 얼마 전에 간략하게 표현한 것처럼:

> 대부분의 사회고고학과 관련된 문제 중 하나는 사회고고학에서는
> 역할이 아니라 관행에 대한 증거를 가지고 모호한 역할로 구성된,
> 매우 일반화된 사회 제도에 관한 역사를 쓰고자 했다는 것이다.
>
> (Shennan 1993: 55)

그러나 위에서 쉐넌도 너무 성급한 것일 수 있다. 무엇이 관행*인가*? 이에는 고고학적 기록은 정확히 무엇에 *관한* 것인가라는 질문이 내포되어 있다. 스퍼버(Sperber 1992: 56)는 사실 또는 증거와 그러한 증거가 가리키는 실제를 구분할 필요가 있다고 본다. 그에 따르면 고고학은 흔적을 수집하고 연구할 수 있지만 고고학은 그러한 흔적에 대한 것이 아니다. 그러나 그러한가? 문제는 '증거'의 세계와 '~에 관한 증거'의 세계, 즉 한편으로는 토기편과 종자, 또 다른 한편으로는 계급, 종교와 같이 추상적인 사회적 실체를 구분한 바로 그 사실에 있을 수 있다.

레슬리 화이트는 문화 개념에 대한 크로버와 클럭혼의 책을 검토하면서 위와 같은 문제를 오래 전에 제기하였다. 화이트는 문화 개념에 대한 크로버와 클럭혼의 구성주의적 견해를 추상화라고 비판하며 화이트가 대립적인 경향이라고 인식한 것에 반해 문화의 실재성 또는 문화적 현상을 강력히 옹호했다:

[크로버와 클럭혼]은 과거 25년 동안 문화 개념에 있어 두드러진 – 아마도 지배적인 – 경향을 표현하였고, 이를 효과적으로 잘 하였다. 이러한 경향은 외적 세계의 객관적이고 관찰 가능한 사물과 사건으로서의 문화 개념에서 무형의 추상으로서의 문화 개념으로의 변화를 나타낸다. 우리는 이러한 경향을 잘 수립되었고 과학이라는 전통에서 유용함이 입증된 이론적 관점에서 방향을 틀어 멀어지는 것이라고 믿기 때문에 개탄한다. 과학의 연구 주제는 관찰 가능한 사물과 사건의 부류이지 추상이 아니다.

(White 1954: 467)

화이트가 위와 같은 글을 쓴 이후, 그가 파악했던 경향은 그가 두려워했던 방향으로 계속되었을 뿐이다. 실제로, 전체적으로 봤을 때, 추상적인 고고학적 실체의 존재론적 위상에 대한 문제는 제기된 적이 없다(그러나 Gibbon 1989: 167-171 참조). 이러한 문제가 고고학에서 명시적으로 표면화된 유일한 경우는 형식의 의미에 대한 1950년대 형식학적 논쟁에서일 것이다(Wylie 2002: 42-56). 당시의 문제는 한편으로는 형식은 고고학자의 구성물이라고 주장한 브루(Brew 1946)와 포드(Ford 1954)의 입장, 다른 한편으로는 형식은 물건을 만든 사람들의 행동이나 사고와 이러저러한 방식으로 관련된 실제적이고 경험적인 현상이라고 주장한 스폴딩(Spaulding 1953)에 의해 양극화되었다. 더늘은 이러한 대립을 에틱과 에믹 단위의 측면에서 특징지었는데, 에믹 단위는 현상에서 유래한 것이고 에틱 단위는 현상에 부과된 것이다(Dunnell 1986: 177). 그러나 이 형식학 논쟁에서도 형식이 어떤 종류의 존재론적 위상을 지니고 있는지에 대한 문제가 실제적, 직접적으로 다루어지지 않았다. 대체적으로 이 논쟁은 존재론적인 것이라기보다는 인식론적인 것이었기 때문이다. 존재론적 문제가 표면화되었을 때 이는 주로 정신적 틀이라는 측면에서 논의되었다. 즉 실제적 현상(에믹 단위)으로서의 형식은 물건이 아니라 민속적 분류학 또는 어빙 루즈가 양태로 지칭한 것과 같이 과거의 정신적 표상물 그리고/또는 사람들의 개념의 표현으로 이해되었다(e.g. Chang 1967: 71-88; Childe 1956a: 10; Rouse 1960). 그런데 더늘이 지적한 것처럼 또 다른 해석은 형식은 단순히 행태에 의해 생성되어 반복적으로 나타나는 구조라는 것이다(Dunnell 1986: 177). 그러나 이는 그러한 구조의 존재론적 위상에 대한 문제를 불러온다.

고고학적 실체의 존재론적 위상에 관한 이 문제를 과학적 실재론에 관한 보다 넓은 논의 안에 놓는 것이 유용하다. 과학철학에서 실재론의 문제는 대체로 쿼크나 유전자와 같이 그 효과를 통해서만 관찰되는 이론적 실체의 성격에 대한 논의에서 유래한다(e.g. Maxwell 1962). 이러한 논쟁은 논리실증주의의 여파로 일어났고 그로 인해 관찰 가능성의 결여라는 이유로 쿼크나 유전자와 같은 실체는 과학적 지식에서 제외되었다. 그 결과 이 제외된 실체는 관찰 가능한 실제를 설명하는데 도움이 되는 허구 또는 구성물로서 여러 상이한 방식으로 파악되게 되었다(e.g. Gibbon 1989: 18-20 참조). 위와 같은 실체들에 대한 반실재론적 견해는 쿼크나 유전자와 같은 대상의 실재성을 옹호한 1960년대-1970년대 실재론적 이론의 등장에 의해 반박되었다(e.g. Bhaskar 1975; Gibbon 1989: 143-159). 반실재론은 1980년대 바스 반 프라센(van Fraassen 1980)의 두드러지고 논쟁된 연구를 통해 다시 돌아왔다. 반실재론자들은 자신들의 과학사를 알기 때문에 지나치게 조심한다. 과거에 과학자들은 근대 과학이 실재하지 않는 것으로 여기는 에테르나 플로지스톤과 같은 모든 종류의 이론적 실체를 제안하였다. 언젠가는 유전자와 쿼크에게도 동일한 일이 일어날 수 있다. 이에 대해 실재론자들은 관찰 가능한 실체와 이론적인 실체 사이의 구분 자체가 절대적인 의미에서 유지되기란 불가능하기 때문에, 위와 같은 실체에게 어떠한 실재성도 부여하지 않으면 성숙한 구성주의의 잠재력을 잃게 된다고 주장한다. 이러한 주장은 지극히 중요한데, 맥스웰이 그의 독창적이고 획기적인 논문에서 지적한 것처럼 현미경 발명의 경우에서와 같이 관찰 가능한 것과 관찰 불가능한 것 사이의 경계는 경험적으로 변할 수 있으므로 양자를 구별할 선험적 근거 설정은 불가능하기 때문이다.

위와 같은 개요는 훨씬 더 복잡한 주제를 단순화한 것이므로 상이한 형태의 실재론 그리고 반실재론과 더불어 비실재론적 또는 도구주의적 접근을 구별하는 것이 중요하다(위 논쟁의 요약에 대해서는 Wylie 1986, 2002 참조). 이 장의 목적과 관련하여 중요한 점은 관찰 가능성과 실재론 사이의 관계이다. 고고학에서 이러한 주제를 고찰한 처음의 그리고 드문 시도 중 하나는 '간접적인 과거 관찰을 위한 고고학적 체계'라는 존 프리츠의 논문이다(Fritz 1972). 이 논문에서 위 주제는 고고학적 지식 구조에 대한 논리실증주의적 주장과 연결된다. 프리츠는 고고학자는, 여러 다른 과학자들과 마찬가지로, 프리츠가 멀리 떨어진 현상, 즉 직접적으로 관찰되지 않는 현상을 이해하려 함을 알고 있었다. 그러한 현상에는 아원자 입자, 이드, 장기간에 걸쳐 일어나는 과정, 그리고 물론 과거의 사건과 같은 것들이 포함된다(Fritz 1972: 136). 프리츠가 생각한 것처럼 고고학의 목적이 선사시대 과거를 이해하는 것이었다면 그의 물음은 간단해진다: 고고학자가 과거를 관찰할 수 없다면 어떻게 과거를 이해할 수 있겠는가? 핵물리학처럼 위와 동일한 문제에 직면한 다른 과학과 비교하여 프리츠는 관찰을 매개하는 도구를 통해 그러한 이해가 가능하다고 보았다. 물리학자가 전자를 '보기' 위해 거품 상자에 의존하는 것처럼 고고학자는 과거를 '보기' 위해 고고학적 기록에 의존한다. 프리츠는 중요한 문제를 지적하였지만 그의 해결책은 시작부터 잘못되었다. 프리츠는 고고학적 기록은 고고학에서의 개념적 용어 체계가 고고학적 기록 독해에 도움이 된다는 의미에서 도구이고 따라서 주목 받을 필요가 있는 것은 이러한 개념적인 용어 체계라고 보았다. 프리츠는 논문의 나머지 대부분에서 논리실증주의적 사고에 따라 그러한 용어 체계를 개괄하는 것에 주력한다. 사실 그가 트라울에서 현미경에 이르는 고고학자들이 실제 사용하는 도구를 고려하지도 않았다는 것은 역설적이다. 그러한 도구들을 고려했다면 프리츠의 주장은 6장에서 보다 자세히 논의될 것과 같이 진체적으로 보다 흥미로운 경로로 나아갔을 수 있었을 것이다.

보다 최근 철학자 피터 코소(Kosso 1992, 2001)는 고고학과 역사학이라는 보다 넓은 맥락에서 실재론의 문제를 다루었다. 모든 역사과학은 엄격하게 말해서 소멸되었거나 더 이상 존재하지 않아 관찰 불가능한 과정과 대상을 상정한다. 살아 있는 몸, 침식, 또는 행태는 모두 뼈, 화석, 돌, 흙의 형태적, 맥락적 특징을 통해 추론된다. 코소는 사건과 그에 대한 인지 사이에는 언제나 시간적 지연이 있기 때문에 어떤 의미에서 모든 관찰은 과거 사건에 관한 것이라고 주장한다. 또 코소는 사건의 과거성이나 현재성은 실제적으로 무관하고 중요한 것은 물질적 흔적에 관한 것이든 기록적 증언에 관한 것이든 또는 살아 있는 사람에 관한 것이든 관찰을 통해 획득된 정보라고 본다. 코소는 관찰과 관련된 실재론의 문제를 보류하고 인식론적 특징에만 초점을 두는데, 스스로도 그렇다고 분명하게 말한다(Kosso 1992: 26). 이처럼 코소가 보기에 물리학자가 전자를 관찰하는 것처럼 고고학자는 과거를 관찰한다. 다시 말해 물리학자와 고고학자는 전자나 과거를 직접적으로 관찰하는 것이 아니라 전자나 과거가 생성한 효과나 흔적을 통해 관찰한다(Fritz 1972도 참조). 코소의 논문은 그 경험적 위치에 있어 역사과학과 비역사과학 사이에 대칭성 또는 동등성이 있음을 주장하기 위한 것이다. 인식론적 관점에서 코소는 강력한 주장을 한다. 그러나 실재론의 문제를 피해 가면서 코소는 관찰 가능성에 대한 적어도 두 매우 상이한 의미를 뭉뚱그린다. 움직이는 몸, 침식 과정, 또는 행태는 원칙적으로는 모두 관찰 가능하지만 실제에 있어서는 그렇지 않다. 이는 쿼크나 유전자에 대해서는 해당되지 않는데, 쿼크나 유전자는 순전히 이론적 실체이고 따라서 원칙적으로 관찰 불가능하기 때문이다. 관찰 가능한 효과라는 측면에서는 위와 같은 동등성이 있을 수도 있지만 관찰 불가능한 원인이라는 측면에서는 분명 그러한 동등성은 있을 수 없다. 선험적인 근거에 기반하여 관찰 가능한 것과 관찰 불가능한 것을 구별할 수 없다는 맥스웰의 독창적인 주장을 받아들인다 하더라도 – 코소(Kosso 1992: 26)는 받아들이는데 – 그것이 반드시 역사적 현상과 동시대적 현상 사이에 어떠한 유의미한 구분도 할 수 없다는 것을 의미하지는 않는다.

실재론의 문제에 관해 철학자들은 여러 상이한 입장을 취해 왔지만, 다수의 철학자들에게 있어 이는 주의를 딴 곳에 쏠리게 하는 것이다. 이안 해킹은 관찰 가능성을 두고 일어난 과학적 실재론에 대한 전체 논쟁은 결론을 내리지 못할 수 밖에 없게 되어 있다고 본다(Hacking 1983). 이 논쟁은 과학에 대한 표상적 이론에 근거하는데 실제에 대해서는 항상 다원적인 표상이 있을 것이기 때문이다. 그러한 표상들이 동등하게 그럴듯하지는 않다 하더라도 말이다. 해킹의 대안은 과학적 실재론을 표상이 아니라 개입의 측면에서 생각하는 것이다(Hacking 1983: 146). 이에 따르면, 실재적인 것은 우리가 영향을 줄 수 있는 것 또는 우리에게 영향을 미치는 것이다. 실재론에 대한 이러한 견해에서 전자나 쿼크는 우리가 전자나 쿼크에 대해 무언가를 할 수 있고 전자나 쿼크가 다른 것에게 무언가를 할 수 있기 때문에 실재적이다. 이는 버클리 주교의 관념론에 대해 돌을 차 반박한 사무엘 존슨을 떠올리게 한다(Hill and Powell 1934: I: 471). 이 돌을 실재적이게 한 것은 존슨이 그의 발로 돌을 움직일 수 있었다는 것 또는 그 돌이 그의 발가락에 통증을 일으킬 수 있었다는 것이다. 여기서 존슨의 행위를 실재론에 대한 표상적 이론보다 개입적 이론을 나타내는 것으로 볼 수 있다. 존슨은 이를 의도하지 않았다 하더라도 말이다. 이와 비교 가능한 접근이 페미니스트 과학철학에서도 나타났는데, 특히 쥬디스 버틀러(Butler 1993)의 물질화와 수행성 개념을 기술과학의 문제로 확장한 캐른 배러드의 연구에서 그러하다. 배러드는 대상과 관찰 도구의 상호 구성적인 특성 그리고/또는 개입을 선호하여 내적작용(intraaction) 개념을 통해 표상주의적 주장을 피하려는 행위자적 실재론을 제안한다(Barad 1998, 2003, 2007).

위와 같은 입장에서는 전자나 쿼크가 플로지스톤이나 에테르처럼 결국 무시될 가능성에 대해 염려하지 않는다. 이들이 연구자를 위해 작동을 하고 있고, 이들이 기각된다면 이들이 작동을 중지했기 때문일 것이라고 보기 때문이다. 작동하는 것이 중요한 것이라는 위와 같은 사고는 물질적 수행으로서의 과학적 관행의 중심적 중요성과 이것이 실재적인 것으로 여겨지는 것에 영향을 미치는 방식에 대한 전체적인 관점을 변화시킨다. 이에 대해서는 다음 장에서 자세히 살펴볼 것인데, 관찰 가능성이라는 주제를 현미경, 거품 상자와 같은 장치로 확장할 때 실재론의 문제는 과학이 작동하는 구체적인 관행에 종속된다. 이는 과학과 기술 연구의 출발점이고 행위자-연결망 이론도 주로 이로부터 등장하였다(Lynch and Woolgar 1990). 여러 측면에서 과학과 기술 연구는 실재론과는 전혀 관련이 없고 구성주의의 한 형태라고 할 수 있다. 라투어는 구성주의가 실재론이고 또 실재론이 구성주의라고 주장하겠지만 말이다(Latour 2003). 중요한 점은 그러한 구성주의는 과학 지식 사회학자들의 사회적 구성주의와 구별될 필요가 있다는 것이다. 그래서 과학과 기술 연구 구성주의에서, 적어도 라투어의 자세한 설명에 의하면, 실제는 연구자들이 알고 있는 문화 또는 사회적 정보에 기반한 세계관에 의해서가 아니라, 개개의 사람, 기계, 표본, 건물 등과 같은 다양한 행위자 세트의 협력을 통해 구성된다. 사회 구성주의는 자연, 실제와 같이 불가사의한 용어를 사회와 같은 또 다른 불가사의한 용어로 교체할 뿐이다. 이는 사회적인 것이 무엇이고 어떻게 구성되는가라는 물음을 불러온다.

위와 같은 물음은 보다 문제가 될 수 있고 고고학뿐만이 아니라 모든 사회과학에 적용되는 실재론 논쟁의 또 다른 측면으로 이어진다. 통상적으로 과학적 실재론의 문제는 주로 물리학과 같은 특정한 과학에만 관련된 것이고, 생물학, 지질학, 고고학을 포함한 다른 과학은 애초 이론적 실체를 상정할 필요가 없으므로 이러한 문제에 직면하지 않는다고 여겨진다. 후자에서는 나무, 암석, 토기라는 관찰 가능한 세계를 다룰 뿐이다. 물론 분자 생물학, 유전학 같은 경우에는 어느 정도의 교차가 이루어지기는 하지만 말이다. 어느 정도 이는 환원주의적 존재론에 대한 편견을 반영한다. 그러나 마찬가지로 문화, 사회와 같은 초실체의 존재에 대해 의문을 제기할 수도 있다. 원자를 관찰할 수 없는 것처럼 문화나 사회를 관찰할 수는 없다. 문화나 사회는 이론적 실체인데, 존재의 분자적 수준에서가 아니라 집합체 수준에서 상정된 것이다. 문화 또는 사회의 존재론적 위상이란 무엇인가? 또 치프덤, 계급, 경제, 남성성과 같은 사회적 현상에 대해 이야기하기 위해 고고학자들이 사용하는 다른 많은 추상적인 개념의 존재론적 위상은 무엇인가? 대부분의 고고학자들이 그와 같은 용어는 표상적 또는 이론적 추상물, 반복적으로 나타나는 현상에 대한 설명 방식이라고 볼 수 있다. 물론 이는 가장 유사한 실체들에 대한 사회이론적 정당화이다 – 위와 같은 용어들은 실질적인 개념이라기보다는 방법론적인 것이고 이들을 실재적인 것으로 다루는 것은 물화와 같은 엄청난 잘못을 하는 것이다. 물화한다는 것은, 문자 그대로, 무언가를 물건으로 바꾼다는 것이다. 이는 다음과 같은 질문을 불러온다: 이들이 물건이 아니라면 어떤 종류의 실체인가? 이들을 추상, 개념, 표상으로 칭하고 말아도 괜찮은가? 만일 그렇다면 이는 우리를 정신적 실체와 물질적 실체에 대한 데카르트적 이원론에 빠지게 하는가? 이들의 존재론적 위상은 무엇이고 이들은 물건과 어떠한 관계를 지니고 있는가?

이 장의 목적 중 일부는 이러한 문제에 답을 하는 것이고 어떠한 종류의 실체를 고고학자들이 은연중에 불러내는가를 검토하는 것이다. 이처럼 복잡하고 풀기 어려운 문제로 뛰어들기 전에, 필자는 고고학자들이 물건이라 칭하는 그러한 실체들의 존재론적 위상에 대한 질문으로 시작하지 않을 것임을 미리 말해 두고자 한다. 사실 필자는 일부러 다소 순진한 입장을 취하여 뼈조각, 철정, 유리병을 물건으로 보는 고고학자의 상식적 이해가 상당히 탄탄하고 준비가 되었다고 가정한다. 누군가가 고고학자에게 그러한 것들이 존재하느냐고 묻는다면 대부분의 고고학자는 생각하지도 않고 그렇다고 대답할 것이다. 필자도 마찬가지다. 그러니 이 모든 친숙한 물건을 남겨 두고 그 존재론적 위상의 문제가 더욱 애매한 종류의 실체에 주목하자. 다만 미리 말해 둘 필요가 있는 것은 애매한 실체에 대한 필자의 논의는 고고학자가 물건이라 칭하는 위와 같이 애매하지 않은 실체를 참조하면서 끝나고, 그러한 과정에서 이 물건들에 대한 고고학자의 개념도 바꿀 것이라는 점이다. 궁극적으로 필자의 목적은 모든 논의된 실체를 이 장의 도입부에서 기술된 보다 넓은 물질화 개념에 연결하는 것이다. 그렇다면 이 애매한 실체란 무엇인가? 실재론과 관찰 가능성에 대한 필자의 이전 논의를 통해 볼 때 두 가지가 확실히 두드러지는데, 바로 과거의 사건과 사회적 집합체이다. 양자 모두 고고학적 담론에서 일정한 방식으로 사용되고, 어떤 경우 한 용어가 두 실체를 통합할 수도 있다. 예를 들어 사회 진화라는 개념은 사회적 집합체와 과거 사건 양자를 통합한다고 할 수 있다. 아래의 논의에서는 우선 이 두 측면을 구분하여 자세히 검토할 것인데, 먼저 고고학적 사건에 대해 살펴보겠다.

고고학적 사건

고고학적 기록은 부재로 시달린다(Lucas 2010c). 고고학자들은 과거에서 온 물질문화의 많은 부분이 부패나 파괴 과정 때문에 현재까지 존속하지 않음을 너무나도 잘 알고 있다. 2장과 3장에서 살펴본 것처럼, 그러한 염려가 원전 비평에서 형성이론에 이르는 고고학적 방법론의 주요한 부분을 이룬다. 그 중에서도 고고학자를 가장 번뇌에 시달리게 하는 것은 살아 있고 숨을 쉬는 존재로서의 사람들일 것이다. 물론 이들의 잔존물이 남아 있는 경우도 있지만 유골은 살아 있는 존재와 같지 않다. 연구 대상이 살아 있어 연구자가 연구 대상과 관계할 수 있는 민족지학자에게 고고학자가 은연중에 또는 공공연하게 느끼는 부러움은 언제나 위와 같은 부재를 일깨워 주고 고고학의 목적 정의에 상투적으로 쓰이는 '유물 뒤에 있는 인디언에 도달하기'라는 문구에도 포함되어 있다(Braid-wood 1958: 734). 이에 대한 켄트 플래너리의 '고고학의 목적은 인디언과 유물 뒤에 있는 체계에 도달하는 것'이라는 고전적인 대응은 고고학자들의 부러움을 달래 주는 역할을 하였다(Flannery 1967: 120). 물론 어느 면에서 플래너리는 옳았다. 민족지학자들도 사람보다는 친족 체계, 종교적 믿음 등에 관심이 있다고 할 수 있기 때문이다.

이는 부분적으로 인간 주체에게 특권을 부여하는 것에 관한 것이기도 하다. 고고학자가 토기편을 무척 좋아하기도 하지만 고고학자는 민족지학자, 사회학자, 역사학자처럼 궁극적으로는 사람에 관심이 있다. '얼굴 없는 덩어리'로 이루어진 고고학적 서사에 대한 트링함의 비판은 플래너리에 대한 재반격으로 볼 수 있다(Tringham 1991). 탈인간중심적 고고학에 대한 최근의 요구(e.g. Normark 2010)에도 불구하고 고고학에서 사람에게 특권 부여하기가 중단될지 아닐지에 대해서는 논쟁의 여지가 있다. 이는 복잡한 문제이고 이에 대해서는 이 책의 마지막 장에서 다시 다루겠다. 어쨌든 앞에서 논의된 것처럼 인간과 사물이 서로 너무나도 얽혀 있기 때문에 사람들의 부재에 초점을 두는 것은 문제의 중심에서 벗어나는 것이라고 할 수 있다. 잃어버린 것은 인간 주체가 아니라 사람, 물건, 동물, 건물, 경관을 연결하는 살아 있는 상태이다. 다시 말해 고고학자가 민족지학자를 부러워하는 진짜 이유는 사람에 대한 접근 가능성이 아니라 삶에 대한 접근 가능성 때문이다. 고고학자는 죽은 이를 다룬다. 부패된 물체가 고고학적 기록 중 사실상 관찰 불가능한 것, 즉 원칙적으로는 관찰 가능하지만 사실상 그렇지 않은 물체의 중요한 범주를 구성하지만, 이 관찰 불가능한 부류의 가장 중요한 측면은 물체가 아니라 사건이다(Lucas 2008, 2010c).

이때 사건이란, 특히 고고학에서 말하는 사건이란 무엇인가라는 의문이 생긴다. 고고학 문헌에서 고고학적 사건의 성격에 대해 자세하거나 지속적인 논의를 찾아보기는 사실 어렵다. 과정이나 구조와 같이 보다 주요한 개념과 관련된 경우를 제외하면 말이다(예외에 관해서는 Brooks 1982; Chang 1967: 105-109 참조; 또 Beck et al. 2007; Bolender 2010; Lucas 2008도 참조). 고고학적 이론에 관한 책의 색인에서 사건이란 단어를 찾아보면 실망하게 될 것이다. 사실 사건이란 개념은 심각하게 축소되어 대개는 거의 공허한 용어가 된다. 고고학적 문헌에서 '사건'이란 단어는 통상적으로 극히 다양한 영역에 걸쳐 사용되어 농업 혁명, 마야의 붕괴, 또는 특정한 무덤 모두가 사건이라고 칭해질 수 있다. 이들은 분명 상이한 기간 동안 전개되었고 매우 상이한 해석적 맥락과 관련되지만 말이다. 바로 이러한 기호론적 궁핍 때문에 사건 개념을 재정의하기가 쉬워진다. 그럼 사건 개념을 재활성화하기 전에 고고학 문헌에서 나타나는 사건 개념에 따라 이 개념을 검토하여 사건 개념이 어떻게 그러한 위상을 얻게 되었는지를 살펴보자.

전통적 역사학의 보다 특수주의적 접근과 개별 사건의 복원에 반해 신고고학의 특징 중 하나는 선사시대에 작동한 일반적인 과정을 발견하고자 한다는 것이다. 분명 그러한 주제는 문화-역사적 고고학과 구분되는 과정고고학의 출현을 정의하는 것이다. 이러한 구분에 대한 고전적인 정의는 루이스 빈포드가 '역사적 고고학 대 과정적 고고학에 대한 논평'이란 논문에서 내린 정의라고 할 수 있는데, 이 논문에서 빈포드는 사블로프-윌리의 역사-발전적 해석의 패러다임에 도전을 한다(Binford 1968c). 역사적 사건이 기본적 사실을 구성하고 그러한 기본적 사실은 과정적 해석과 독립적으로 재구성될 수 있다는 사고에 대한 빈포드의 비판이 위와 같은 이견의 근원에 있다. 빈포드는 역사적 사건의 어떠한 순서도 인과적 관계를 전제로 하고 따라서 과정적 설명을 전제로 한다고 논한다. 그에 따르면, 역사적 사건은 역사적 과정과 독립적이지 않고 사실상 역사적 과정에 종속된다. 다시 말해 사건의 특수성은 인식론적으로 순진한 경험론이나 귀납론에 연결되고, 여기서 사건과 과정에 대한 관계는 사실과 이론 사이의 관계와 같다. 비록 빈포드는 사건을 과정으로 대체하려 하지는 않았지만, 사건을 과정에 종속시켜서 사건에서 어떠한 유의미한 해석적 힘도 사실상 박탈한다. 이는 사건 개념의 축소에서 첫 번째 단계이다. 두 번째 단계는 탈과정주의에서 일어난다.

교차-문화적 일반화에 대한 반응으로서 탈과정주의는 과정주의 고
고학이 간과했던 역사적 특수주의의 일부를 다시 가져오려 했다. 그러나
탈과정주의는 단일한 사건에 대한 전통적인 역사적 관념으로 돌아감으
로써가 아니라 인간 행동과 행위성 이론의 역할을 강조함으로써 그 목
적을 달성하였다(Dobres and Robb 2000). 그래서 행위성은 사건 개념이
이 영역에서 수행했을 역할을 대신하게 되었다. 어쨌든 탈과정주의적 반
응의 핵심적 요소는 역사학으로서의 고고학에 대한 관심의 부활이었는
데, 이는 부분적으로는 유럽고고학에서 고고학과 역사학 사이에 존재하
였던 보다 밀접한 관계가 지속된 것이었을 뿐이다(Hodder 1987). 그러나
이는 전통적인 역사학으로의 회귀가 아니라 1930년대 이후 역사이론에
서의 변화에 영향을 받은 것이었는데, 특히 프랑스 아날 학파의 영향을
받았다(Last 1995). 역사이론에서의 이와 같은 전환의 일부는 위에서 개
괄된 과정과 사건에 대한 주장과 다르지 않았다. 아날 역사학자들은 전
통적인 기술적 또는 사건에 기반한 역사 이해 대신 보다 일반적인 사회
적, 역사적 과정을 이해하고자 하였다. 그러나 그러한 과정에서 사건이
란 개념은 이 새로운 역사에 대립되는 무언가라기보다는 단기적인 역사
로서 재구성되었다.

아날 역사학과 고고학의 관련성을 논한 호더(Hodder 1987: 6)의 이정
표적인 연구에서 사건은 해석적 잠재력을 지니고 있을 수 있다고 본 측
면이 있다. 호더는 중요한 사건과 중기적, 장기적 역사 사이의 관계를 알
아보기 위해 중요한 사건을 결과를 지닌 것 그리고 사건의 연쇄로 보는
브로델의 정의를 참조한다. 그러나 시간에 대한 척도적 모델 때문에 이
러한 관계는 곧 구조와 사건 사이의 대립으로 붕괴된다. 일반적으로 사
건이라는 개념은 중기적, 장기적 척도와 관련하여 아날 학파에서 항상

모호했고, 브로델(Braudel 1980: 27)은 '사건'이라는 단어를 그에 함축된 의미 때문에 없애고 '단기적 역사'로 대체할 것을 제안하기도 하였다. 고고학에서 단기적 역사로서의 사건은 대체로 고고학적 '민족지'와 동의어로, 즉 단기간에 걸쳐 다시 나타나는 일상적인 관행에 대한 서사로서 사용되게 되었다(Harding 2005). 따라서 대부분의 현대 고고학에서 '사건'이라는 단어가 지니는 의미는 완전히 잘못된 것은 아니라 하더라도 부적당한 것이다. 이제 사건은 중기 또는 장기 구조와 구분되는 소규모 구조에 대한 약칭으로 빈번히 쓰인다. 과정이라는 개념에 반해 사건에서 설명적 힘이 박탈되었다면, 구조에 반해 사건은 일반화된 개념으로서 시간의 척도적 모델에 완전히 흡수되어 특수성에 대한 거의 모든 의미를 상실한다.

위와 같은 입장에서 유래한 문제 중 하나는 핵심적인 문제일 수 있는 것으로서 두 존재론 사이의 관계인데, 이는 한편으로는 특수한 발생으로서의 사건, 그리고 다른 한편으로는 지속적인 관행 또는 신념 세트로서의 구조라는 두 시간적 차원에 존재한다. 그리고 이는 개인과 사회 사이의 관계에 대한 이후의 논의를 반영한다. 필자가 강조하는 특수한 문제는 이러한 시간적 차원의 연접에 관한 것으로서, 구조와 사건이 시간적으로 어떻게 관계되는가이다. 이에 대해 대개는 구조는 관행이나 일과로 구성되고, 이는 다시 개별적인 사건으로 구성된다고 답할 것이다. 다시 말해서 구조는 단지 재발하는 사건이고, 따라서 구조는 사건의 재발 정도에 따라 대규모 또는 소규모일 수 있다는 것이다. 이는 예를 들어 사건과 활동을 구분한 창(Chang 1967: 105-109)의 논의의 기반인데, 여기서 활동은 패턴이 인지될 수 있는 유사한 사건들에 대한 추상적 범주이다. 그러나 문제가 있는데, 활동에 포섭될 수 없는 독특한 사건의 경우는 어떠한가? 그처럼 독특한 사건은 재발하는 사건에 어떻게 관련되고, 더 나아가 독특한 사건을 재발하는 사건과 어떻게 구별하여 정의하는가?

1982년 사건에 대한 브룩스의 논의는 정반대의 접근을 제공하여, 브룩스는 사건을 동물 도살이나 법정 재판과 같은 특정한 활동이나 과업으로 본다(Brooks 1982: 68). 당시 집합적 사건에 대한 브룩스의 방법은 재발적 사건을 상정함으로써 창을 따르는 것이 아니라 그 시간적 근접성에 따라 사건을 문자 그대로 모으는 것이었다. 그래서 일화는 한 유적에서 어느 하루에 일어난 모든 사건이고, 시리즈는 그 유적에서 일어난 모든 일화의 총체이다. 브룩스의 틀은 처음에는 완전히 특수한 것으로 보일 수 있다. 그러나 브룩스는 사건과 일화가 구조화되고 재발할 수 있음을 인지하면서도 그의 사건 위계와 개인에서 집단으로의 위계를 횡단함으로써 이를 설명한다. 그의 논문에 대한 여러 논평에서 나타나듯 브룩스의 안은 다소 혼동되었는데, 이는 부분적으로 독특한 사건과 재발하는 사건에 대한 그의 논의의 결여와 관련된다. 창과 브룩스의 논의에서의 문제 또는 공백은 특수한 발생으로서의 과정주의적 사건 또는 전통적인 역사적 사건과, 상대적으로 짧은 지속 기간을 지니며 반복적으로 발생하는 탈과정주의적 사건 사이의 관계를 다루지 못했다는 것이다.

최근의 논문에서 벡 등(Beck et al. 2007)은 용감하게도 위와 같은 관계를 다루고자 하였다. 역사학자 윌리엄 슈얼의 연구를 참조하여 벡 등은 사건이란 구조를 구성하는 물질적 자원과 정신적 틀을 재구성하여 애초의 구조를 변형하는 특수한 발생 순서라고 본다(Beck et al. 2007). 네 가지 사례 연구를 통해 이들은 사건 분석이 고고학에서 지닌 잠재력을 제시한다. 발생 순서로서의 사건이 장기간에 걸쳐 일어날 수 있지만 구조에 비해 사건은 일반적으로 지속 기간이 짧다. 어떤 면에서 그러한 관점은 통속적으로 쓰이는 구조 개념을 사건에 대한 보다 전통적인 관념과 결합한다. 이러한 접근은 고고학적 설명에서의 사건의 성격을 다시 생각하기 위해 슈얼의 생각과 관련하여 열린 학회를 통해 확대되었다 (Bolender 2010). 중점 사안은 볼렌더의 책(Bolender 2010)과 학회 발표 요지에서 제기되었지만 안일한 추상화라는 결정적인 단점이 남아 있다. 다시 말해 사건은 특정한 발생의 폭포와 같은 연속으로 정의되지만 이 폭포의 세부 사항은 생략되고 사건 개념은 지나치게 안일한 약칭이 된다. 그 결과 사건과 구조 연결에 관한 모든 문제가 발생과 사건의 대립을 통해 재생산된다. 구조와 관련하여 전체로서의 발생의 연속, 즉 사건에 초점을 둘 때 위 저자들은 경로 의존성, 다시 말해 역사적 순서에 대한 가장 중요한 식견을 실제로 제거한다(e.g. Griffin 1993; Mahoney 2000).

위와 관련하여 그리고 고고학적 사건에 대한 모든 개념과 관련하여 문제는 역사학적 또는 사회학적 관점에서 정의된 사건은 통상적인 고고학적 대상물과 사실 잘 맞지 않는다는 것이다. 구조나 관행과 같은 추상은 매우 일반화되었기 때문에 고고학적 자료에 맞추어질 수 있다. 그러나 정의상 사건 개념은 매우 특수하다. 그런데 고고학적 기록을 지속과 변동이라는 측면에서 역사적으로 이해하고자 한다면 사건에 대한 일종의 등가물이 필요하다. 문제는 고고학자가 사건에 대한 고고학자의 일상적 또는 통상적 이해라는 측면에서 고고학적 사건을 보는 경향이 있다는 것이다. 그래서 고고학적 사건은 거의 항상 이러한 기준에 따른 집합체이다. 또한 서사에 쓰인 사건이 실제에 있어서의 사건과 비교될 수 있는가라는 또 다른 문제가 있다. 역사학자 데이빗 카는 루이스 밍크, 헤이든 화이트, 폴 리꾀르의 연구와 같은 1980년대 서사적 역사의 재개념화를 통해 실제 사건과 역사적 사건 사이의 기본적인 불연속성이 발견되었다고 논한다(Carr 1986). 그에 따르면, 역사적 서사에서의 사건은 서사 구조를 통해 변경되기 때문에 이러한 사건은 실제로 일어난 사건과 비교될 수 없다. 이는 역사와 허구 사이의 구분을 전체적으로 붕괴하지는 않았다 하더라도 불분명하게 하였다. 그리하여 이는 실제에 있어서의 사건과 서사에서 나타나는 사건 사이의 연계를 사실상 단절시켰다. 이는 사건에 대한 서사 구조의 실제성을 주장함으로써 카가 교정하고자 했던 주제이다(Carr 1991; 또 Passmore 1987 참조). 이는 호더(Hodder 1993, 1995)의 몇 편의 논문에서 간접적으로 다루어진 경우를 제외하면 고고학에서 본격적으로 다루어진 적이 없다. 고고학적 기록의 '실제' 사건이란 무엇인가?

통상적으로 이해되는 과거의 사건이란 측면에서 고고학적 기록을 해석할 때의 보다 어려운 문세 중 하나는 기록의 집합체적 특성이다. 고고학적 방법론이 얼마나 정교하든, 고고학적 기록을 구성적 요소로 해부하기 위해 얼마나 노력하든, 고고학적 기록은 그러한 사건의 잔여물에 대한 팰림세스트일 것이기 때문이다(3장 참조; 또 Bailey 2007 참조). 무덤 구덩이를 파거나 그것을 다시 메우는 것과 같은 고고학적 기록에서의 단일한 사건이라는 겉으로 보기에 확실한 예도 삽질하기라는 다중적 사건의 순서로 나누어질 수 있지만 그러한 사건은 분별 불가능할 것이다. 그처럼 다중적인 삽질하기 행위를 단일한 사건으로 다루느냐 그렇지 않느냐는 이를 집합체로서 어떻게 보느냐에 달려 있다. 예를 들어서 무덤을 파고 있는 사람에게 특정한 가장자리에서부터 파는 것이 중요했다면, 파기의 진행이나 순서가 유의미함에도 불구하고 무덤 파기가 단일한 사건으로 취급될 때 그러한 의미는 간과된다. 이 예가 억지스럽다고 여겨진다면 다음에 발굴장에 갈 때 무엇이 사건을 구성하는가에 대해 생각해 보라. 다시 말해 고고학적 기록은 통상적으로 이해되듯이 사건과 관련하여 해상도가 높거나 낮은 팰림세스트로 이루어진다. 또한 높은 해상도의 팰림세스트를 가지고 있을 때도 고고학자는 이들을 비교 가능한 것으로 만들기 위해 보다 큰 시간적 덩어리나 국면으로 모으는 경우가 많다. 이는 팰림세스트의 해상도가 크게 다를 수 있기 때문이다. 이 문제는 고고학자가 사건이 무엇인가를 문제삼지 않거나 물건에 대한 사건의 관계를 보다 심각하게 성찰하지 않는 한 만만치 않아 보이고 실제로 그렇다. 다음 절에서는 이 사건-물건 관계를 풀어서, 사건의 측면에서 물건이 어떻게 해석될 수 있는가보다 물건의 측면에서 사건이 어떻게 해석될 수 있는가에 대해 생각해 보겠다.

::물건으로서의 사건

서구적 사고에서 지배적인 형이상학이 물건을 실제의 근본적인 소재로서 그에 특권을 부여하는 한 물건과 사건 사이의 관계는 통상적으로 비대칭적인 것이다. 사건에 기반한 철학이나 과정 철학은 원자적 철학처럼 오래된 족보를 지니고 있지만 철학과 과학은 사건보다 물건에게 특권을 부여하는 경향이 있다. 세 번째 접근은 이들을 동등한 것이고 실제를 이해하기 위해 함께 필요한 상이한 형식의 실체나 세부적 특성으로 고려하는 것이다. 예를 들어서 데이비슨은 사건은 물건과 같은 방식으로 개체화될 수 있고 사건을 물건과 유사하지만 다른 기본적인 존재론적 범주로 받아들이지 않을 이유가 없다고 논한다(Davidson 1969). 실제로 문제는 실체 중 하나를 다른 하나로 포섭할 때 생긴다. 물건에 기반한 존재론에서는 변화나 시간에 대한 설명이 문제가 되고 사건에 기반한 존재론에서는 지속이나 재발을 다루어야 한다는 문제가 생긴다. 이러한 견해들 모두에서 물건과 사건이 어떻게든 구별될 수 있다고 전제되는데, 이는 결코 논쟁의 여지가 없는 사실이 아니다(Casati and Varzi 2008; Dretske 1967; Hacker 1982; Mayo 1961; Quinton 1979). 예를 들어서 철학자 콰인은 물건과 사건은 양자 모두 시공간의 이질적인 덩어리를 점유하고 그 지속의 측면에서만 다를 뿐이므로 사실상 같은 것이라고 주장한다(Quine

1960: 171; 1970: 30). 그러나 정지된 공처럼 사건 없는 물건이나 천둥 소리처럼 물건 없는 사건을 생각해 볼 수 있다. 그렇다면 물건과 사건은 구별 가능한 것인가?

이는 분명 복잡한 문제이다. 물건과 사건 사이의 구분 자체가 다소 유동적이고, 어떤 실체를 가리켜 '이것은 물건이다' 그리고 다른 실체를 가리켜 '저것은 사건이다'라고 할 수 있지만 구름, 비누 거품, 그림자처럼 훨씬 더 모호한 부류의 현상이 있기도 하다. 물건과 사건 사이의 구분에 대한 한 가지 매우 중요한 측면은 공간과 시간에 대한 각각의 관계에 관한 것이다. 먼저 물건과 공간을 고려해 보자. 물건은 배타적 또는 소유적인 방식으로 공간을 점유하여 두 물건은 공간의 같은 지점에 동시에 존재할 수 없지만 하나 이상의 사건이 동일한 시공간적 덩어리에서 일어날 수 있다고 여겨져 왔다(Quinton 1979: 201-202). 물건은 침투가 불가능하여 공간의 한 삼차원적 구역의 경계를 지으며 동시에 그 구역을 배타적으로 점유한다. 공간이 텅 빈 용기로 간주되지 않는 한 어떤 의미에서 물건은 공간적인 차이를 정의한다고도 할 수 있다. 물건 없는 공간을 지각하는 것이 불가능하다면 물건은 공간의 가능성을 정의해야만 한다. 이제 사건과 시간을 고려해 보자. 사건은 상황에 있어서의 변화를 나타낸다. 감지할 만한 변화가 없다면 사건을 가리킬 수도 없을 것이다. 이는 일어남 또는 발생으로서의 사건이라는 우리가 일상적으로 사용하는 의미를 나타낸다(Dretske 1967: 481-482; Shipley 2008). 사건은 변화 가능하여 시간에 있어 인접해 있지만 반드시 배타적이지는 않은 순간들을 점유한다. 동일한 상태로 지속되는 경향이 있는 물건과 달리 사건은 변화나 시간적 차이를 나타낸다. 시간이 사건을 위한 텅 빈 용기가 아닌 한 또는 사건 없는 시간이란 생각할 수도 없는 한 사건은 시간의 가능성을 정의한다.

　표면적으로는 위와 같은 방식으로 물건과 사건을 만족스럽게 구별할 수 있는 것처럼 보인다. 그러나 문제는 언제나 반례가 있을 수 있다는 점이다. 커피에 우유를 더할 때처럼 상호침투하는 액체나 기체와 같이 보다 유동적인 실체를 고려할 때 공간에 대한 물건의 소유적 관계는 사라진다. 이러한 실체를 물건의 범주에서 제외할 수도 있지만, 그렇다면 이들은 무엇인가라는 새로운 문제가 나타난다. 또한 박하 잎처럼 보다 견고한 물건에서 나온 냄새는 어떠한가? 박하 잎을 문지른 손가락에서처럼 박하 잎 냄새는 분명 다른 물건에 스며든다. 여기서 물건의 침투 불가능성을 구제할 수 있는 유일한 방법은 물건의 일차적 특성과 이차적 특성 사이에 데카르트-로크류의 구분을 하여 물건을 그 일차적 특성인 공간적 연장을 통해서만 정의하는 것이다. 그러나 그러할 때 이는 순환논법이 되고 만다. 아무 것도 일어나지 않은 현상에 있어서도 시간은 여전히 흐르기 때문에 사건 및 변화와 함께 관계도 무너진다. 즉 정지된 공은 정지된 시간을 의미하지 않는다. 실제로 안정적인 상태의 지속이라는 관념 자체가 시간을 내포하고 따라서 모순적이게도 변화를 내포한다. 또한 변화를 나타내는 사건은 이전과 이후의 상태나 변화 없음의 조건을 전제로 한다. 움직이는 공은 정적인 물건에서 이동하는 물건으로 변하고 대개는 다시 멈추어 있는 공으로 되돌아 간다. 이것이 없다면 변화의 한계나 사건의 한계를 지을 수 없을 것이다. 물건과 관련해서 문제가 많았던 구름의 예를 다시 들어 보자. 구름은 사건과 관련해서도 문제가 많지만 다른 이유에서이다. 바람이 부는 날 구름은 지속적으로 변하고 따라서 사건의 시작과 끝 구분이 불가능해진다. 이 경우 사건보다는 과정에 대해 이야기할 수 있을 것이다.

　이처럼 물건과 사건에 대해서는 쉽게 정의하거나 구분할 수 없고, 물건과 사건은 시공간과 뗄래야 뗄 수 없이 엮여 있다. 시간과 공간을 통합된 실체(시-공간)로 결합한다면 물건과 사건 또한 결합해야 한다. 따라서 보다 사건-기반적인 존재론이나 과정 존재론을 고려하는 것이 유용할 수 있는데, 이들은 지배적인 물건-기반 존재론에 최상의 교정 수단을 제공하기 때문이다. 이러한 측면에서 핵심적인 인물은 철학자 알프레드 노쓰 화이트헤드이다. 처음에는 자연의 개념에 대한 그의 1919년 강의에서 그리고 이후 그의 주요한 연구물인 *과정과 실제 Process and Reality*에서 화이트헤드는 자연에 대한 유물론적 이론, 자연의 흐름을 중요시하기보다는 원자적이고 물건-중심적인 이론을 반박했다(Whitehead 1978). 세계는 정적인 요소로 구성되기보다는 지속적인 흐름 또는 되기의 상태에 있다는 것이다(Whitehead 1978; 2004). 화이트헤드는 기자의 대피라밋에 대해 사건으로 논하였지만 그의 생각에 대해 보다 자세히 설명한 것은 현재 런던 템스강의 제방 위에 있는 클레오파트라의 바늘이라는 또 다른 이집트 기념물을 통해서였다(Whitehead 2004: 166-172). 화이트헤드는 이 방첨탑을 지속적인 일어남 또는 발생으로 보았는데, 이 방첨탑은 기원전 12년 헬리오폴리스에서 알렉산드리아로, 다음 1878년 알렉산드리아에서 런던으로 위치가 옮겨졌을 뿐만 아니라, 미시적 수준에서 그을음과 때가 쌓이고 표면 입자가 부식되었으며 원자적 수준에서 분자의 상호교환이 일어났다는 측면에서 지속적으로 변하고 있다. 이 방첨탑과 같은 물건을 보통 안정적인 실체(화이트헤드가 지속적인 물건이라고 부른 것)로 인지하지만, 그럼에도 불구하고 이러한 물건은 보다 기본적이고 일시적인 사건(화이트헤드가 실제적인 실체 또는 실제적인 발생이라고 부른 것)으로 이루어진 특수한 형식의 네트워크이다.

화이트헤드의 존재론은 복잡하여 여기서 자세히 논한다면 이 장의 주제와 멀어지게 될 것이다. 중요한 점은 물건의 사건과 같은 성질에 대한 개념 그리고 물건을 사건의 안정적인 네트워크 또는 보다 고고학적인 용어를 고르자면 '안정성'이 핵심적인 용어가 되는 '유형'으로 보는 것의 중요성을 유지하는 것이다. 그래서 물건은 유형이고 유형은 물건이다. 양자 사이의 구분은, 그러한 구분을 할 수 있다면, 종류가 아니라 정도의 문제이다. 이를 침투성과 지속성이라는 특질, 즉 한편으로는 물질적 재구성에 얼마나 불침투적인가, 또 다른 한편으로는 얼마나 지속적인가에 의해 정의되는 그리드 위의 이상적인 점으로 생각할 수도 있을 것이다(도면 12). 토기와 같은 유물은 깨지기 전까지의 사용 기간이 짧을 것이지만 토기의 현 상태를 완전히 바꾸지 않고 변경하기란 어렵다. 이에 반해 건물은 몇 세기 동안 수리, 보수, 변경되며 서 있으면서도 여전히 건물로서 기능할 수 있다. 이러한 차이에도 불구하고 토기와 건물 모두 유형일 뿐만 아니라 물건이다. 따라서 유형으로서의 물건은 고고학에서의 유형에 대한 통상적인 개념보다 기계나 유기체에 가까운 것인데, 이 개념에 대해서는 이 장에서 나중에 다시 다루겠다. 즉 자율적이거나 반자율적인 실체로 작동하지만 물질 흐름의 들어오고 나감을 다양하게 허용하는 물질의 조직인 것이다. 그러한 유형은 어떤 의미에서 살아 있거나 생명이 주어진 것이다. 이들의 여러 부분이 통상적으로는 생명이 없는 것으로 여겨지지만 말이다. 확장된 유생성(animacy)에 대한 개념이 흰개미의 둥지와 같은 유형에 대해 주장되었고 마찬가지로 건물이나 다른 사이보그에 대해서도 적용된다(e.g. Knappett 2005: 16; Turner 2000). 이러한 묘사는 보다 오래된 이론적 언어인 체계이론과 사이버네틱스에 관한 언어를 떠올리게 한다. 오늘날 체계이론을 영향으로서 불러온다는 것이 역설적으로 보일 수 있지만, 1970년대 고고학에서 적용된 체계이론과 여기서 사용되는 체계이론 사이에는 근본적인 차이가 있다. 1970년대 문화는 체계였고 이데올로기나 기술은 하부체계였다. 이러한 문화 체계는 사회적 현상의 추상물, 물화이다. 필자가 이야기하는 체계는 돌과

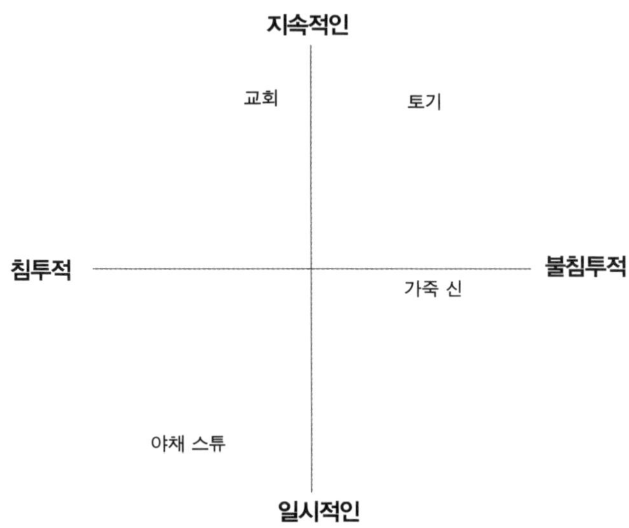

도면 12 물건 그리고/또는 사건을 정의하는 힘의 그리드
이러한 그리드는 일차적(객관적) 특성과 이차적(주관적) 특성 사이의
어떠한 존재론적 구분도 평평하게 함에 주의할 것

흙, 뼈와 살로 만들어진 구체적이고 물질적인 유형이다. 지금까지 사건에
대해 논하였으므로 이제 두 번째 문제인 고고학적 추상물로 넘어가자.

고고학적 추상물

고고학자들은 추상적인 실체를 구체적인 실체보다 많이는 아니라 하더
라도 적어도 그만큼 참조한다. 실제로 고고학자가 인류학과 같은 유관
분야에서 발전된 이론을 더 많이 통합할수록 이 추상적인 실체들은 고
고학적 담론에서 더욱 더 두드러지게 된다. 이는 1장에서 논의한 새로운
해석적 딜레마의 주요한 문제 중 하나로 인용되었고, 고고학에서 일반
적으로 쓰이는 실체와 일반 사회이론에서 우세한 실체 사이의 존재론적

연속성의 결여라고 다시 표현될 수 있다. 행위성 개념의 특수한 경우로서 존슨이 제시한 것처럼,

> 압도적 대다수의 고고학자가 과거의 물질적 잔존물을 문화, 국면, 형식으로 계속 구분하고 있다. 이 세 단어 모두 단순하여 전문 용어에서 자유로운 것으로 여겨질 정도로 상식적인 것으로 보인다. 그러나 이 셋 모두 결코 상식적인 것이 아니다. 특히 셋 모두 고고학적 기록에 나타나는 행위성의 가시성을 낮추는 작용을 한다. 특히 변이성보다는 유사성에 의해 특징지어지는 실체의 측면에서 그 '기록'의 구성을 통해, 즉 개인적 행위성이 보다 직접적으로 드러나기보다는 덜 직접적으로 드러나는 실체의 측면에서 그러한 작용을 한다.
>
> (Johnson 2006: 123)

다시 말해 문화나 형식과 같은 고고학적 개념에 의해 묘사되는 실제는 행위성과 같은 개념에 함축된 실제와 맞지 않는다. 전자와 후자 사이에는 어떤 시차 또는 전치가 있다. 행위성이라는 특정한 경우에 이를 받아들이든 그렇지 않든, 그러한 시차는 고고학자가 생각하는 것보다 만연해 있다. 문제는 이에 대해 무엇을 할 것인가이다. 여러 고고학자들이 사회 이론의 용어에 맞도록 고고학적 용어를 수정할 필요가 있고, 형식, 문화와 같은 실체는 다루기가 지나치게 까다로워 효과적이지 못하고 실제로 매우 제한적이며, 이러한 실체는 예전에 편년 등을 구축할 때는 유용하였지만 현재는, 물리학에서의 필로지스톤이나 에테르처럼, 다른 고고학적 추론의 시대에 속하는 이론적으로 시대착오적인 것이라고 할 수 있다. 이는 분명 어느 정도 사실이다. 이러한 전통적인 고고학적 실체는 비

판적으로 주의 깊게 다루어질 필요가 있다. 존슨이 논한 것처럼, 이들은 모든 종류의 이론적 함의를 지니기 때문에 결코 상식적인 것이 아니다. 사회이론에서 나온 개념도 마찬가지이다. 그래서 아마도 보다 큰 문제는 고고학적 실체의 존재론적 함의가 아니라 사회 및 사회적인 것에 대한 통상적인 기술과 관련된 것일 수 있다. 고고학적 개념 자체를 문제 삼기 전에 사회적인 것에 대해 먼저 살펴볼 필요가 있다.

::사회와 개인

예전의 영국 수상 마가렛 데처는 '사회란 없다'라는 말을 한 적이 있다. 사실 사회와 같은 사회적 현상의 실재성에 대해 의문을 제기하는 것은 새로운 일이 아니고 20세기가 되면서부터 약화되기는 하였지만 사회과학에서 상수와 같이 항상 있어 온 일이다. 이러한 주제는 사회과학의 아버지인 에밀 뒤르켐으로 거슬러 올라갈 수 있다. 뒤르켐은 사회적 현상이나 개념의 측면에서 사회를 연구하는 것의 중요성을 강조하였다. 이는 동어반복적인 것으로 보일 수도 있지만 뒤르켐은 18-19세기 사고에서의 지배적인 입장을 반박하고 있었다. 당시에는 사회에 대한 해석이 개인의 행위로 환원되어 집단적인 행위는 단순히 개인적 행위의 합으로 여겨졌다. 뒤르켐 이전의 스펜서와 콩트처럼 뒤르켐에게 사회는 그 부분의 합 이상이었기 때문에 개인적 심리가 아니라 사회적 현상의 측면에서 이해될 필요가 있었다. 이처럼 출현적인 속성을 예시하기 위해 뒤르켐은 유기체나 금속합금과 같이 다른 과학에서 빌려 온 은유를 사용하였다(Durkheim [1895] 1964: xlviii; [1898] 1953: 26). 뒤르켐이 사회를 일종의 물건으로 고려하였다는 것은 사회적 현상을 기술하기 위해 뒤르켐이 사용하는 언어에서 입증된다. 뒤르켐은 사회를 개인과 구별되는 별개의 실제라고 보며 사회적 기층 또는 독자적인 사회에 대해 논한다(Durkheim

1964: xlix; 1953: 26). 그러한 구절은 문자 그대로 받아들여져서는 안 된다
거나 이 주제에 대한 뒤르켐의 불명확성을 나타낼 뿐이라고 보기도 한
다(Lukes 2006: 9; 또 Gross 2006: 47-48도 참조). 그러나 뒤르켐의 주장을 일
관적으로 따르다 보면 그 존재론적 결과는 분명해진다. 즉 사회적 현상
은 실재한다.

사회적 현상의 존재론적 위상에 대한 뒤르켐의 견해가 무엇이었든
간에 대부분의 사회학자들과 인류학자들은 토기나 사람이 실재하는 것
과 같은 의미에서 사회적 현상을 실재하는 것으로 보는 것에 반대하여
그러한 주장을 물화라고 비판하는 경향이 있다. 사회적 실제는 사회와
같은 초개인적인 실체가 아니라 관찰 가능한 것, 즉 개인과 그들의 행위
에 내재되어 있다는 것이다. 예를 들어 베버는 사회 연구를 개인들의 행
위 및 관계에 기반한 것으로 보고 개인을 넘어서는 어떠한 사회적 또는
집단적 실제도 강경히 거부하였다(Weber 1978: 13-15). 이러한 입장은 대
부분의 사회이론가들이 20세기 전반에 걸쳐 유지하였던 것이기도 하다.
그러나 동시에 개인의 행위와 관계를 사회적 용어로 설명한다는 것은
개인을 넘어서는 제도나 사회구조와 같은 개념을 불러온다는 것을 의미
했다. 그러한 개념이 대개는 개인들이 지니고 있던 표상으로 정의되었
다 하더라도 말이다. 여기서 뒤르켐의 사회적 기층이라는 유령이 그 배
경으로 숨어 들었고, 개인적인 것과 사회적인 것이라는 두 실제로의 분
열은 끊임없는 위협이었다. 그러한 위협은 1970년대-1980년대 개인과
사회 사이에 중간적인 용어를 만들어 내어 개인과 사회의 존재론적 분
기를 막으려 했던 관행이론 개발의 주요한 동기 중 하나였다(Bourdieu
1977; Giddens 1984; Porpora 1989). 로이 바스카의 비판적 실재론에서부
터 존 설의 연구의 영향을 받은 보다 최근의 사회적 존재론 운동에 이르
기까지 사회적 현상의 성격에 대해 설명하고자 하는 여러 철학적 시도

가 있었다(Bhaskar 1979; Collier 1994; Lawson et al. 2007; Searle 1995, 2006; Weissman 1999). 이 모든 접근이 기본적으로 동일한 중심적인 문제, 즉 개인의 행위를 통해서만 그 존재가 받아들여지는 존재론을 지닌 사회적 현상 설명에 대한 것이었다. 이는 철학자 설이 표현했듯이 숨겨진 또는 비가시적인 존재론이다(Searle 1995: 4-5).

위와 같은 역설은 사실 뒤르켐(Durkheim [1895] 1964)이 *사회학적 방법의 규칙 Rules of Sociological Method* 에서 제시한 사회적 사실에 대한 그의 원래 정의에서도 꽤 명확하다. 여기서 뒤르켐(Durkheim 1964)은 두 가지 기준에 따라 사회적 사실 개념을 정의했다. 첫 번째는 사회적 사실은 사물이라는 것인데, 이는 반드시 물질적 대상이 아니라 외적으로 관찰 가능한 모든 현상을 의미한다. 두 번째는 사회적 사실이 심리학적 사실의 존재와 달리 존재하는 한 사회적 사실은 사회적이라는 것이다. 어떤 의미에서 다른 분야의 그의 동시대인들 중 다수와 같이 뒤르켐은 새로운, 경험적으로 검증된 개념을 사용하여 현상 자체로 되돌아가고자 하였다. 그러나 사회적 사실의 두 측면, 즉 실제적으로 관찰할 수 없는 현상에 뒤르켐이 부여한 사물성의 특질에는 모순이 있다. 교회와 같은 제도를 사회적 사실로 고려하면 이는 분명 그 건물, 종교적 물건, 사제, 그리고 이들이 함께 나타나는 여러 사건들을 통해 관찰 가능하다. 그러나 어떤 의미에서 교회 자체가 사회적 사실로 관찰 가능한가? 이는 사회적 사실의 모순이다. 뒤르켐에 의해 그리고 더 나아가 사회과학 일반에서 취해지는 의미로 사회적임에 있어 사회적 사실은 실제로는 전혀 관찰 가능하지 않다. 물론 마찬가지로 전자가 거품이나 구름 상자에 남기는 흔적을 통해서가 아니면 전자도 관찰 가능하지 않다. 바로 이 이유로 바스카와 같은 이들이 사회적인 것의 실재성에 대해 주장했던 것이다(Bhaskar 1979: 57). 그러나 여러 측면에서 사회과학에서의 실재론 문제는 자연과학에서보다 훨씬 더 두드러진다. 자연과학에서는 어떠한 수의 이론적 실체도 특정한 현상을 설명하기 위해 제안될 수 있다. 그에 반해 사회과학에서 이 문제는 개인과 사회라는 한 기본적인 이분법으로 좁혀지는 것으로 보인다. 전체적으로 학자들은 일종의 별도의 실체로서의 사회의 실재성을 일반적으로 부인하고, 사회의 실재성이 개인에게 의존하여 존재하지만 어떻게든 여전히 개인으로부터 분리된 일종의 의사(quasi) 위상을 지닌다고 주장하였다.

일부에게 있어 사회적 현상의 실재론 전반의 문제 그리고 사회-개인 이원론은 전체적으로 막다른 골목에 이르렀다. 뒤르켐의 원래의 문제 그리고 이 책에서 다루고자 하는 문제는 인간의 집합적 현상을 어떻게 설명할 것인가이다. 이러한 맥락에서 가브리엘 타르드의 연구에 대한 최근의 관심 부활은 사회과학에 뒤르켐의 방안에 대한 대안 그리고 그와 함께 새로운 반사실적 선구자를 제공하였다(Barry and Thrift 2007; Borch 2005; Candea 2010; Latour 2002a, 2005; Toews 2003; Vargas et al. 2008). 사회적 이론에 대한 이러한 수정적 관점에서 뒤르켐의 오류는 가시적인 집합적 현상(e.g. 대인 관계)을 설명하기 위해 비가시적인 추상적 현상(e.g. 사회, 사회구조)을 제안한 것이었다. 그에 반해 타르드의 접근에서 그러한 집합체는 반복 그리고 보다 구체적으로 모방이라는 개념을 통해 설명되었다(Tarde 1899; 1903). 타르드는 20세기 전반 미국 사회학, 특히 1920년대 쿨리, 미드와 같은 학자와 함께 시카고 사회학파에서 나온 미시적 상호작용 전통에 어느 정도 영향을 미쳤지만(Leys 1993; Kinnunen 1996), 주류 사회이론에서는 다소 잊혀졌다. 타르드에 대한 최근의 관심 부활은 행위자-연결망 이론의 인기와 관련되는데, 이는 공공연하게 반-뒤르켐적이고 미시적 상호작용 전통과 훨씬 더 가까운 친연성을 지니고 있다. 그러나 미시적 상호작용 전통과 행위자-연결망 이론 사이에는 중요한 차이도 있는데, 가장 근본적인 차이는 무엇이 사회적 행위자로 여겨지는가의 문제이다.

행위자-연결망 이론에 대해서는 최근의 수많은 문헌에서 다루어졌고, 특히 고고학자들에 의해서도 수없이 다루어졌으므로 이 이론에 대해 여기서 자세히 살펴볼 필요는 없다(4장 참조). 간단히 말해 두 주요 개념은 행위소(actant)와 공동체(collective)이다. 또한 행위자-연결망 이론은 공동체 또는 연결망의 특성에 초점을 두고 이를 상황에 따라 형성되고 분산되는 유동적인 실체로 본다(Callon and Law 1997). 이러한 공동체는 개별적인 행위소로부터 형성되고, 이 행위소에는 과속방지턱에서부터 스캘럽, 파스테르에서부터 단지까지 어느 것이든 포함될 수 있다. 여기서 중요한 점은 사람에게 특권이 부여되지 않는다는 것이다. 특히 사람을 넘어서는 물질 세계를 포함하고 그와 함께 인간과 비인간 사이의 바로 그 구분을 해체한, 행위소에 대한 확대된 관점은 여러 측면에서 급진적으로 새롭지만 동시에 놀랍도록 뻔한 방식으로 집합체의 문제에 접근한다. 잃어버린 질량이라는 개념을 통해 이를 가장 잘 다룬 이는 라투어이다. 우주에 대한 물리학자의 설명에 암흑 물질 또는 잃어버린 질량에 대한 문제가 있는 것처럼, 사회에 대한 사회학자의 설명에도 마찬가지의 문제가 있다(Latour 1992). 라투어는 물건은 이 잃어버린 질량을 구성하고, 더 나아가 이 잃어버린 질량을 다시 도입하면 사회구조와 같은 추상적인 실체는 더 이상 필요하지 않게 된다고 주장한다. 이러한 잃어버린 물건은 같은 역할을 할 것이다. 이는 처음으로 개인-사회에 대한 이원론적 존재론 전체를 피해 사회과학의 경관을 다시 생각할 수 있다는 점에서 시사하는 바가 매우 크다. 라투어는 개인과 사회에 대한 이원론적 존재론을 대체하기 위해 평평한 존재론을 제안하였는데, 이제 사람, 건물, 토기, 돼지 등 모든 실체가 동등한 수준에 서 있기 때문이다(Latour 2005).

이러한 접근은 사변적 실재론의 기치 아래서 출현하고 있는 최근의 물
건 정향적 존재론과 많은 공통점을 지닌다(Bryant, Srinicek and Harman
2011; Harman 2002, 2005; Mackay 2007).

누군가에게 있어 이러한 접근은 '사회적'이라는 용어의 사용 자체가
다소 수상스러운 만큼 반-뒤르켐적일 뿐만이 아니라 반-사회적이기도
하다(Latour 2005; 또 Dolwick 2008; Webmoor and Witmore 2008 참조). 그러
나 이를 단지 사회적인 것에 대해 다시 생각하기 위한 한 가지 방식으로
볼 수도 있는데, 이는 필자가 이 책에서의 논의를 위해 취하는 입장이기
도 하다. 여기서 보다 직접적인 문제는 위와 같은 논의가 형식, 문화와
같이 보다 통상적인 고고학적 실체에 관해 무엇을 의미하는가이다. 사회
적인 것을 자동차에서 집, 접시에서 사람에 이르는 여러 실체들의 연결
망 또는 공동체라는 측면에서 다시 생각함으로써 우리는 이미 고고학적
실체와의 존재론적 연속성 생성에 절반 이상 가까이 다가간 것이다. 고
고학적 기록에 반영된 종교, 사람다움, 계급과 같은 사회적 추상을 찾고
자 더 이상 고심하지 않아도 되는 것이다. 존재론적 장을 이미 평평하게
했으므로 이제 해야 할 일은 구체적인 실체가 고고학적 기록에 나타남
에 따라 그들 사이의 연관을 쫓는 것이다. 이에 대해 상술하기 위해 그리
고 고고학적 실체와 공동체에 대한 행위자-연결망 이론의 개념을 연결
하기 위해 고고학적 방법론에서 널리 사용되지만 전체적으로 별다른 이
론적 주목을 받지 못한 개념인 유형에 대해 검토할 것이다.

::고고학적 유형

고고학에서의 유형 개념은 여러 면에서 매우 느슨한 용어로서 여러 방
식으로 사용되지만, 가장 흔한 의미 중 두 가지는 그 퇴적적 또는 공간
적 발견물-맥락(e.g. 패총 유형)에 기반하여 연합된 물건의 수집물, 그리

고 한 유적이나 지대에서 발견된 한 가지 형식의 물건의 수집물(e.g. 토기 유형)로서 종종 공작이라고도 칭해진다(e.g. Carver 2009: 224; Joukowsky 1980: 279; 또 Joyce and Pollard 2010 참조). 이 두 의미는 꽤 달라 보이지만 아래에서 살펴볼 것처럼 실제로는 교차적이다. 이 절에서는 고고학적 유형이 무엇인가를 이 개념에 이론적 깊이를 더하면서 일관성을 유지할 수 있는 방식으로 보다 잘 정의할 수 있는지를 살펴보고자 한다. 이를 위해 사물을 모으거나 수집함이라는 유형이라는 단어의 의미 자체를 기억하는 것이 도움이 될 것이다. 우선은 유형이라는 용어가 고고학에서 사용될 때 지닌 다양한 함의를 살펴보고자 하는데, 퇴적적 유형과 형식학적 유형 사이의 주요한 구분부터 시작해 보겠다.

퇴적적 유형 개념은 종종 맥락 개념과 동의어인 것으로 여겨진다. 예를 들어, 고든 차일드는 '고고학적 맥락은 *연합association*을 드러내야 한다. 동시기적인 사용을 시사하는 일군의 형식이 함께 발견되면 이들은 *연합되었다*고 말해진다. 단순한 물리적 병치는 연합을 보장하지 않는다'(Childe 1956a: 31, 강조는 원 문헌에서). 차일드는 '유형'보다는 '맥락'이라는 단어를 사용하지만 그의 정의는 분명 퇴적적 유형 개념에 가깝다. 물론 '맥락'이라는 용어는 광범위한 함의를 지니지만(맥락 개념과 그 변화하는 의미의 검토에 대해서는 Papaconstantinou 2006 참조), 차일드의 정의에서 제기된 중요한 측면은 단일한 퇴적물이나 층과의 연결이 아니라, 유형은 임의적인 병치가 아니라 유의미한 연합으로서의 물건의 수집품이라는 것이다. 차일드에게 연합의 예로는 짓밟혀서 집 바닥에 박힌 유물이나 부장품의 수집품이 포함되고, 강 자갈 속에서 발견된 석기는 물리적 병치의 한 예 또는 브레이드우드의 용어를 쓰자면 '집합체(aggregation)'의 한 예가 된다(Childe 1956a: 31-32). 형성이론의 출현 이후 위와 같이 단순한 진술은 더 이상 하기 어렵게 되었고, 바닥 유형이 어느 정도나 집합체와 구분되는 연합인지는 따져 보아야 할 문제이다(3장 참조). 그럼에도 불구하고 위와 같은 구분은 고고학적 방법과 이론에서 중요한 역할을 해 왔다.

차일드의 정의에서 주목해야 할 또 다른 특징은 '형식 집단'이라는 것이다. 다시 말해 유형은 단순히 개별적인 물건의 수집품이 아니라 사물의 형식으로서의 물건을 수집한 것이다. 차일드는 19세기 스칸디나비아에서 개발된 발견물 조합이라는 중요한 개념을 지칭하고 있는 것일 수 있는데, 이 개념에서는 발생순서배열법을 통한 연대측정 수단으로서 형식의 반복적인 조합에 주목하였다(3장 참조). 물론 발견물 조합이 배타적으로 연대측정에 관한 것일 필요는 없다. 형식의 유의미한 연합으로서 발견물 조합은 문제가 되는 특정한 물건 그리고/또는 형식과 맥락에 따라 다중적인 방식으로 해석될 수 있다(e.g. 특수한 무덤 유형은 젠더 정체성의 측면에서 독해될 수 있다). 형식 집단으로서의 발견물 조합이 형식학을 통합할 때, 형식 집단과 형식학 자체를 구별하기 위해 주의해야 한다. 실제로 이 둘 사이의 구분이 1970년대 스칸디나비아 고고학에서 매츠 말머(Malmer 1976)와 보 그래스룬트(Gräslund 1976) 사이에 이루어진 논쟁의 중심에 있다. 물론 형식학은 앞에서 언급한 것처럼 유형의 다른 주요한 정의에서 보다 두드러진다. 그러나 그러한 형식학적 유형은 단일한 형식이나 물건의 부류라는 보다 특정한 용어로서 대개 특징지어진다. 그래서 토기 유형, 석기 유형, 또는 동물상 유형에 대해 이야기하는 것이다. 그러한 유형은 토기, 석기, 뼈로의 사물에 대한 매우 광범위한 분류에 의해 정의된다. 그러한 분류를 칭하기 위해 보통은 '형식학'이라는 단어를 일반적이고 총칭적인 용어로서 사용하지 않는다 해도, 이러한 맥락에서 '형식학'이라는 단어를 사용하는 것이 지나친 혼란을 일으키지 않아야 한다.

형식학적 유형이 퇴적적 유형과 매우 달라 보인다 하더라도 형식학적 유형은 여전히 (형식의) 모집단의 한계를 정의하는 공간적 매개변수를 필요로 하고 대개 그러한 매개변수는 궁극적으로 퇴적적인 용어로 정의된다. 예를 들어서 고고학자가 임의의 토기나 동물 뼈 한 무리를 가져다 연구하지는 않는다. 이러한 수집품은 출처에 의해 한정되는데, 이는 단일한 (대개는 큰) 퇴적물에서 전체 유적 또는 심지어 지역에 이르는 것 중 어느 것이든 될 수 있고 또 연대 범위에 의해 정의된다(e.g. 캠브리지 지역에서 나온 철기시대의 유형). 유형의 퇴적적인 개념이 발견물 조합과 형식학을 지칭하는 것처럼, 유형의 형식학적 개념은 퇴적 또는 시공간적 연합을 시칭한다(도면 13). 그래서 유형에 대한 고고학적 개념은 언제나 두 요소를 조합하고, 퇴적적 유형과 형식학적 유형 사이의 차이는 주로 이 두 요소 중 어느 것을 보다 부각시키느냐에서 나온다. 여기서 필자가 제기하는 문제는 이를 어떻게 이론화하고 앞 절에서 논의된 공동체에 대한 행위자-연결망 이론과 연결시키느냐 하는 것이다.

사물을 모으거나 수집하기라는 유형의 기본적인 의미를 상기해 보자. 이 문제는 모으는 과정이라는 측면에서 퇴적물과 형식을 어떻게 보는가로 다시 표현될 수 있다. 보다 쉬운 것, 퇴적물부터 시작하자. 퇴적물은 대개 그 발견물의 봉투 또는 용기로 여겨진다. 이는 한정적인 관점일 수 있지만(3장 참조), 퇴적물을 흙, 토기편, 플린트 도구, 뼈조각을 모으는 구체적인 과정의 일부이기보다는 추상적인 용기로 볼 때만 그러하다. 퇴적을 형성이론의 측면에서 보는 것이 중요하고, 특히 모으는 과정

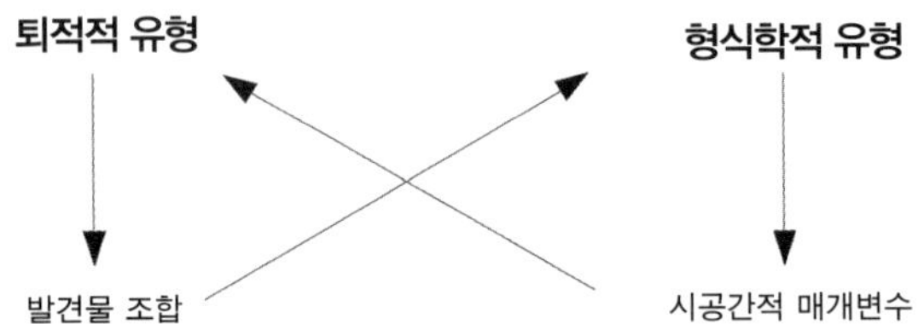

도면 13 고고학적 유형의 두 기본적인 의미와 그 상호의존적인 특성

의 특성과 행위성에 초점을 두는 것이 중요하다. 여러 측면에서 중요한 퇴적적 유형이 반드시 개별적인 층은 아니고 보다 큰 퇴적 맥락일 수 있는데, 이는 무덤, 건물처럼 용기 역할을 한다. 그러한 공간은 공간적 연속체를 실체들이 모이는 무게 중심으로 나누어 그러한 실체에 대한 용기 역할을 하며 어떤 물건은 안에 들이고 다른 어떤 물건은 들이지 않는다. 이러한 퇴적 맥락은 포함을 통한 모음을 용이하게 한다. 그렇다면 형식은 어떠한가? 어떻게 형식이 모으기 과정을 구성하는가? 대부분의 고고학자들이 고고학자의 형식, 구성물, 표상물을 과거의 규범, 관행 구조, 또는 정신적 틀을 다소 모호하게 반영하는 것으로 볼 것이다. 단어의 의미에 충실했을 때 이러한 유형은 어떠한가? 한편으로 유적에서의 토기 수집과 같은 형식학적 유형은 고고학자는 다른 물건들로부터 토기편을 분류하고 구별하여 토기편을 서로로부터 세분한다는 점에서 진정한 유형이다. 그에 따라 토기가 담긴 가방과 상자는, 처음부터 그렇게 시작된 것은 아니지만, 구체적이고 물리적인 유형이다. 어떤 의미에서 고고학자가 통상 하는 것은 퇴적적 유형을 형식학적 유형으로 전환하는 것이다. 이에 대해서는 6장에서 보다 자세히 살펴보겠다. 형식을 과거에 정말로 존재했던 실체를 어떻게든 지칭하는 것으로 생각한다 해도 어떤 의미에서 형식은 여전히 유형으로 간주될 수 있다.

기억해야 할 점은 형식학은 물건들 사이의 유사성 관계에 기반하고 그러한 유사성은 우연한 것이 아니라 과거의 구체적인 생산 관행에 직접적으로 연결되어 있다는 것이다. 다시 말해 형식학은 궁극적으로 물건의 재생산을 중심으로 한 문제와 관련되어 있다. 형식은 단지 연쇄를 이루는 물건에 대한 약칭일 뿐이다. 그러한 재생산은 통상 이전에는 정신적 틀, 요즈음에는 일군의 사회적 규칙 또는 문법과 같은 추상적인 원형의 측면에서 이해되었다. 통상적인 관행이론에 따르면 그러한 재생산은 사회구조를 통해 일어나는데, 사회구조는 논의되고 있는 사회적 현상의 매개변수를 개괄한다. 또한 각 물건이 사회구조에 의해 생산된 것처럼 재생산된 각 물건은 동시에 이 사회구조를 재생산한다. 그래서 토기를 만들 때 도공은 일련의 규칙을 참조하고 이러한 과정에서 그와 같은 규칙을 강화한다. 사회구조에 대한 이러한 관행이론적 관점은 정신적 틀을 상정하였던 이전의 규범이론과 별 다를 바가 없다. 일련의 규칙이나 구조에 대한 관념이 관행과 관련하여 순환적이라고 보는 것을 제외하고 말이다. 어느 쪽이든 재생산은 추상을 통해 가능해지고, 형식은 특수한 것에 대한 일반적인 것의 관계로 파악된다. 이를 파악할 수 있는 또 다른 방법이 있는가? 원형 없이는 안 되는가? 어떻게 한 물건이 다른 물건을 닮게 되는가?

작동적 순서에 대한 프랑스어권 학파의 입장, 특히 물질성이 물질과 체화된 행위의 상호작용을 통해 출현하는 방식에 대한 르와-꾸앙의 독창적인 생각에 따르면(4장 참조), 재생산은 일련의 내화된 규칙 또는 정신적 틀에 의해 인간 주체의 안에서부터 일어나는 것이 아니라 인간 신체와 특정한 제작 과정에서 사용된 물건의 외적 구성에 달려 있다. 재생산은 규칙이 아니라 기억에 의존하고 그러한 기억은 생산에 개입된 모든 요소들 사이에 분포한다. 예를 들어 때로 누군가가 필자에게 이러저러한 것을 특수한 컴퓨터 프로그램으로 어떻게 하느냐고 물어본다. 그러나 필자가 그것을 어떻게 했는지 생각해 볼 때 기억나지 않는 경우가 많아 컴퓨터 앞에 앉아서 직접 살펴보아야 한다. 이처럼 기억은 필자의 손가락, 키보드, 화면에 분산되어 있다. 그렇다면 형식을 기술의 반복을 통해 생산된 일련의 물건으로 볼 필요가 있는데, 여기서 기술이란 몸짓과 물질의 상호작용으로 이해된다. 엮기 과정에서 한 형식의 각 물건을 서로 연결하는 것은 기술의 이러한 반복이다. 그래서 형식은 반복 과정을 통해 함께 엮인 물건이나 유형의 세트를 구성한다. 우연찮게도 이러한 맥락에서의 개념이 타르드의 모방 개념과 보이는 유사성은 의미가 있다.

정신적 틀이나 사회적 규칙과 같은 추상 및 원형의 언어로 쉽게 빠지게 되는 이유 중 하나는 고고학적 기록에서 위와 같은 기술의 다중적인 행위의 증거를 뚜렷이 볼 수 있지만 각 행위의 순서를 알 수 없기 때문이다. 한 형식 세트는 그 관계가 분해될 수는 없고 추론될 수 있을 뿐인, 연결된 물건-사건의 순서를 나타낸다는 점에 있어 사실상 팰림세스트이다. 그래서 고고학자가 한 가지 형식의 토기를 100점 가지고 있을 때 이 토기 각각은 서로의 반복이라고 할 수 있다. 그러나 고고학자가 반복의 순서나 엮기의 성격을 알 수 있는 방법은 없고, 고고학자가 가지고 있는 시리즈가 얼마나 완전한지를 알 수 있는 방법에 대해서는 말할 필요도 없다. 형식을 추상적 또는 초실체적 측면(e.g. 정신적 틀, 일련의 규칙)에서 다루고자 하는 고고학적 경향이 강화되는 것은 고고학적 기록에서 형식의 연속적 성격을 알 수 없기 때문이다. 이러한 연쇄는 여러 잃어버린 연결고리와 함께 팰림세스트로 붕괴되어 비가시적으로 남게 된다. 그러나 그럼에도 불구하고 이는 여전히 연쇄이다. 형식학에 관한 주요한 주제는 그러한 반복이 서로 간에 얼마나 유사하게 이루어지는가, 즉 연쇄를 이루는 물건들 사이에 얼마나 많은 변이성이 허용되는가에 관한 것이다. 이러한 연쇄에는 공백이 있겠지만 그렇다고 하여 닮음의 정도를 고찰하지 못할 이유는 되지 않는다. 이를 좌우하는 실제 상황은 물론 다양하겠지만 여기서 직접적으로 문제가 되지는 않는다. 보다 중요한 것은 형식의 생성을 일련의 관행의 산물로 보는 것이다.

요약하자면 유형에 대한 고고학적 개념에서 퇴적과 형식학이라는 두 상이한 의미가 통합되지만 각각은 서로를 필요로 한다. 필자는 고고학적 유형 개념을 공동체에 대한 행위자-연결망 이론에 연결하고자 한다면 유형의 의미를 사물 수집하기나 모으기로 이해할 필요가 있다고 보았다. 그리고 이러한 목적으로 퇴적과 형식학을 포함과 연결이라는 서로 다른 그러나 보완적인 모으기 행위로 보자고 제안하였다. 다음 절에서는 사회적인 것의 특성을 명시화하기 위한 한 방법으로서 포함과 연결이라는 개념이 유형에 대한 보다 일반적인 이론에 어떻게 연결될 수 있는지를 보임으로써 이 두 개념을 심화하고 이 두 개념과 행위자-연결망 이론에서의 공동체 개념 사이의 연계를 완성할 것이다.

::고고학적 실체에 대한 새로운 분류학; 또는 새로운 물건에 대한 과학으로서의 고고학

공동체나 유형에 대한 문제 중 하나는 물건이나 행위자의 연결망이 끝없는 연결망과 구분되는 새로운 실체를 언제 구성하는가이다. 사회가 단순히 손톱, 사람, 자동차와 같은 물건의 끝없는 연결망인가, 또는 사회적인 것을 보다 뚜렷하고 안정적인 덩어리로 잘게 써는 중간적인 실체가 있는가? 원자적 수준에서 실제를 의자, 탁자, 바닥, 컴퓨터로 분할하는 원자의 동질성이 아니라 차별적인 조합이 있는 것처럼, 이를 사회적 수준에서도 주장할 수는 없는가? 이는 사회적 실체가 의자나 탁자와 같은 속성을 지녔다는 것이 아니다. 사회적 실체는 덜 튼튼하고 보다 침투적일 수 있지만 사회적 실체에도 연합의 안정성이라는 기본적으로 동일한 측면이 개입된다. 필자가 보기에 이처럼 안정성에 초점을 둘 때 물질문화에 대한 피트 리버스의 논의 그리고 안정성이 피트 리버스의 진화론적 이론에서 담당했던 중요한 역할로 되돌아가게 된다는 것은 역설적이다(4장 참조). 아래에서 이어질 논의는 불가피하게 그와 다소 다르겠지만 말이다. 특히 피트 리버스에게 있어 안정화는 문제가 있는 개념이 아니라 단지 물건임으로 인해 생긴 부산물이었다. 그러나 우리에게 중요한

문제는 바로 그 안정화에 대한 것, 즉 물건이나 유형 또는 공동체나 연결 망이 어떻게 안정화되는가에 관한 것이다.

이는 메뉴엘 드란다가 다룬 문제로서, 드란다는 들뢰즈의 이론을 따라 유형이론에 대한 개념을 개발하였다(DeLanda 2006). 필자가 드란다(e.g. Normark 2010)나 들뢰즈(e.g. Shanks 1992)의 연구를 처음으로 참조하는 것은 아니지만, 고고학적 유형에 대한 필자의 이전 논의의 맥락에서 이들의 생각을 전개해 보고자 한다. 사회에 대한 드란다의 유형이론은 본질주의적, 즉 형식학적 주장보다는 어떻게 제도, 부족, 민족과 같은 집합적인 실체가 그 부분들로 환원될 수 없는 방식으로 존재할 수 있는지를 설명하고자 하고, 또 그러한 종합적 실체의 기반으로 역사적 유동성을 강조한다. 유형은 외부성의 관계에 의해, 즉 그 내적 구성보다는 환경에 대한 관계에 의해, 다시 말해 다른 몸과 유형에 의해 정의된다(DeLanda 2006: 10). 이때 유형의 구성적 부분은 유형 사이를 움직일 수 있다는 점에서 일정한 자율성을 지니고 있다. 유형의 안정성은 영역화와 탈영역화라는 결합된 과정을 통해 한편으로 결정되고, 다른 한편으로는 부호화와 탈부호화에 의해 결정된다. 예를 들어, 만남의 장소 역할을 하는 건물은 영역화를 통해 일요 예배와 같은 종교적 의식의 유형을 안정화하는 역할을 한다. 유사하게, 언어와 텍스트의 사용(e.g. 기도문, 찬송가집)은 부호화를 통해 이러한 유형을 안정화하는데 도움이 된다. 이처럼 부호화와 영역화는 연결망의 관계를 엄밀하게 하거나 단단하게 하여 집합적 수준에서 안정성 및 새로운 실체를 생성하는 역할을 한다.

이상을 어떻게 고고학적 유형 개념에 적용할 수 있을까? 앞 절에서 논의된 것처럼 부호화와 영역화를 고고학적 유형의 기저를 이루는 용어 쌍으로 이해한다면, 우리가 결국 다루고 있는 것은 한편으로는 사물 사이의 엮기, 즉 부호화이고, 또 다른 한편으로는 수용, 즉 사물을 밀치

기 그리고/또는 잡아당기기 위한 방화벽과 무게 중심으로 작용하는 고
정되고 한정된 공간의 생성, 다시 말해 영역화이다. 이 중 엮기는 채프먼
의 파편화 테제에서 사용되는 개념과 분명 통하는 바가 있다. 이 책에서
는 사람다움이나 파편화와의 어떠한 본질적으로 고유한 연합도 배제하
지만 말이다(Brittain and Harris 2010 참조). 또는 두 개념을 라투어의 '순환
하는 참조'와 '계산의 중심' 개념에 각기 연결되는 것으로도 볼 수 있다
(Latour 1987). 그러나 여기에서 두 용어는 표 5에서와 같이 다소 상이한
방식으로 쓰일 것인데, 이 중 엮기부터 살펴보겠다.

엮기의 안정화하는 힘을 어떻게 이해할 수 있을까? 근본적으로 물건
은 반복을 통해서만, 즉 물건의 연합이 이전의 물건이나 사건을 불러일
으킬 때만이 엮일 수 있다. 그러한 반복은 두 가지 형태 중 하나를 띨 수
있다. 첫 번째로는 동일한 신부, 동일한 신도, 동일한 건물과 같이 동일
한 요소가 모여 있는 교회에서의 정기적인 일요 모임과 같이 되풀이되
는 연합일 수 있다. 또는 같은 일요일에 세 다른 교회에서 열린 세 다른
모임과 같이 요소는 다르지만 각 유형이 유사성을 통해 다른 유형을 불
러일으키는 되풀이되는 참조일 수 있다. 두 경우 모두에 있어 개별적 사
건으로서의 엮기는 매우 일시적이지만 그 구조나 패턴은 오랫동안 지속
될 수 있다. 본질주의적 또는 형식학적 접근에서는 여러 유형의 구조적
유사성에 그 초점이 고정되기 때문에 이 두 반복적 과정 사이의 차이는
문제가 되지 않는다. 그러나 유형이론에서 그러한 차이는 엮기의 상이한

표 5 엮기와 수용이라는 개념을 통해 명시된 고고학적 유형 개념

엮기(부호화)		수용(영역화)
반복으로서의 모으기		모임으로서의 모으기
되풀이되는 연합 (발견물 조합)	되풀이되는 인용 (형식학 그리고/또는 연속적 물건)	무게 중심 (건물, 공간)

과정 자체를 반영하는 것이기 때문에 중요하다. 본질주의적 또는 형식학적 접근이 규칙화에 관한 것이라면 유형이론은 인용에 관한 것이다. 규칙화라는 개념은 관행이론(e.g. Giddens 1984)을 통해 잘 알려져 있지만 인용에 대해서는 좀 더 자세한 설명이 필요할 수 있다.

고고학에서의 인용 개념은 대개 기억 관행에 대한 최근의 연구에서 나왔다(e.g. Mills and Walker 2008; 이 책의 3장도 참조). 앤드류 존스는 선사시대 토기에 대한 연구에서 이를 매우 명확하고도 영향력 있게 제시하였다(Jones 2007: 135-140). 그에 따르면 비커라는 한 토기 형식에 주로 적용된 장식 문양이 침선문 토기라는 다른 토기 형식에 인용, 즉 모방된다. 인용 개념은 한 물건의 형태가 다른 매체로 모사되는 스큐어모프(e.g. 금속 용기나 직물의 토기 버전; Ortman 2000, Tilley 1999 참조)와 같은 고고학적 현상 전 범위를 포함하도록 확장될 수 있다. 사실 필자가 보기에 인용은 두 개의 동일한 또는 거의 동일한 물건에도 적용된다. 다시 말해 인용이라는 개념은 앞서 일련의 물건이라는 개념 하에 논의된 것처럼 고고학자들이 전통적으로 형식이라고 부르는 것의 기저를 이룬다. 어떤 면에서, 어제 만든 것과 똑같아 보이는 저장 용기를 만드는 도공은 어제 만든 용기 또는 더 나아가 그가 이전에 만들거나 본 모든 용기를 인용하고 있는 것이다. 인용 개념을 이렇게까지 확대하면 그 개념이 지닌 강점을 잃게 된다고 보는 이도 있을 것이다. 이러한 지적은 부분적으로 사실이고 따라서 인용의 정도와 그 빈도를 구별하는데 주의해야 한다. 인용 자체는 사물 사이의 안정된 엮기를 보장하지 않는다. 인용이 충분히 되풀이되고 충분히 폭넓을 때만이 인용은 연결망을 안정화할 수 있다. 이는 항상 정도의 문제이기는 하지만 말이다.

안정화, 수용 또는 무게 중심 생성의 다른 과정에 대해 잠깐 살펴보도록 하자. 이러한 과정에서 보다 영구적 또는 영속적인 유형이 보다 일시적인 유형의 용기 또는 무대로 작용한다. 위에서 언급한 일요 정기 모임에 사용된 교회가 한 예가 될 것이고, 더 나아가 모든 건물이나 건설된 공간이 그 규모와 무관하게 이러한 기능을 할 수 있다. 여기서 그 자체로서 되풀이된 인용의 산물인 교회는 교회라고 불리는 다른 건물을 물질적으로 참조한다는 점에서 장례, 결혼, 세례, 주일 예배와 같이 보다 일시적인 공동체에 대한 무게 중심 역할을 하기도 한다. 교회 건물의 영속성과 규모가 이러한 모임의 영역화를 낳고 이를 통해 이러한 모임을 고정되고 안정된 장소에 정착시키는 역할을 한다.

위와 같이 쌍을 이루는 엮기와 수용이라는 과정에 주목함으로써 유형이 어떻게 안정화되는지를 이해하고, 이를 통해 사회적인 것에서 새로운 실체가 어떻게 등장할 수 있는지를 이해하기 시작할 수 있다. 새로운 종류의 실체에 대한 얘기를 시작할 수 있는 것은 이러한 안정화 과정의 두 측면이 교차되는 때와 곳에서, 즉 교회가 건물이자 그 건물 안에서 일어나는 보다 일시적인 모임이 되는 때와 곳에서일 것이다. 동시에 교회 자체가 다른 공간에 연결되는 것은 바로 일시적인 모임이 일시적이고, 흩어지며, 다른 것으로 넘어가기 때문이다. 결혼식에서 피로연을 위해 마을회관으로 옮겨가기, 하객들이 각자의 집으로 흩어지기, 신혼부부가 신혼 여행지로 떠나기처럼 말이다. 의자, 탁자 등의 실체와 달리 사회적 실체에게 특유한 것은 그 상대적인 침투성이다. 그렇다고 사회적 실체가 완전히 침투적이라는 얘기는 아니다. 교회에서는 통상적으로 특정한 형식의 모임만 이루어지는 것처럼 말이다. 사회적 실체는 의자와 같이 단단한 실체보다 인간의 몸과 같은 유기체를 닮았는데, 유기체 역시 들어왔다 나갔다 하는 물질의 흐름을 허용하거나 막는다(도면 14).

이처럼 새로운 종류의 실체에서 흥미로운 점은 이들이 상이한 시공간적 척도에서 존재하기도 하는 방식이다. 물리학에서 분자적 실체는 맨

도면 14 유기체로서의 건물: 18세기 아이슬란드 뗏장과 돌 복합체에 대한 '부검'
장기 및 다양한 순환 체계로 구성된 이 이미지에는 바닥 아래 지하수의
순환을 위한 배수 장치가 부각되어 있음

눈이 아니라 매개 장치를 통해서만 볼 수 있는 것으로 상정되는 것처럼, 고고학에서도 마찬가지로 집합적 실체를 다른 종류의 장치를 통하지 않고서는 볼 수 없는 것으로 상정할 수 있다. 스베틀라나 앨퍼스는 네덜란드 경관 전경 및 지도와 관련하여 이 점을 주장하였는데, 그러한 전경과 지도는 인간이 통상적으로 볼 수 없는 것을 보게 한다(Alpers 1989: 133). 현미경처럼 지도는 새로운 종류의 실체(e.g. 도시)를 관점에 따른 부분이라기보다는 전체로서 감지하게 한다. 보다 일반화된 지도 제작 기술을 채택함으로써 고고학자들은 그렇지 않으면 볼 수 없을 사물을 볼 수 있게 된다. 이는 연대측정법과 통합되었을 때의 달력 체계에도 마찬가지로 적용된다. 이들은 인간의 통상적인 경험을 넘어서는 시간적 지평을 제공하여 인간이 지각할 수 있는 것보다 훨씬 더 느린 템포로 성장하는 실체들의 역사를 추적해 볼 수 있게 한다. 시간 관점주의자 등은 고고학적 기록은 그처럼 보다 장기적인 지평과 보다 느린 속도의 과정을 제공하는 데 적합하다고 주장하여 위와 같은 특징이 고고학에서 지닐 수 있는 강

점을 부각시켰다(3장 참조). 다만 한 가지 문제점은 이들은 상이한 시간 척도에서 작동하고 있는 일반화된 과정 규명에 주력하는 경우가 많다는 것이다. 그러나 필자가 보기에 중요한 것은 보다 특수화된, 느린 실체를 찾는 것이고 사실 그러한 실체들은 대개 바로 우리 눈 앞에 있다(e.g. 몇 백 년 또는 몇 천 년을 견뎌 온 건물이나 구조물). 이러한 맥락에서 시간 관점주의자들이 사용하는 지속적인 장소라는 개념이 가장 유력하고 적절하다고 할 수 있다(e.g. Schlanger 1992). 남아 있는 문제는 이를 어떻게 고고학적 기록에 보다 구체적으로 연결하는가이다. 고고학자는 분명 안정화하는 연결망의 측면에서 발굴해 낸 것들을 이해하거나 검토할 수 있다. 그러나 이는 반쪽짜리 이야기일 뿐이다. 고고학적 기록 정의에는 엮기나 영역화만큼 분산과 탈영역화도 중요하다. 연결망의 불안정화에 어떤 종류의 과정이 개입되고, 이는 고고학적 기록 이해에 어떠한 함의를 지니는가?

잔여물에 대한 이론을 향하여

앞에서 영역화 과정으로서 교회의 예를 논할 때 이는 또한 엮기의 산물임을 언급하였다. 바꾸어 말하자면 교회는 이전의 보다 일시적인 유형, 즉 사람, 기계, 돌, 유리, 마차, 말 모두가 일정한 기간 동안 모인 구성적 사건의 잔여물이다(실제 교회에 대한 연구에서 유사한 접근을 한 훌륭한 예로서 Edensor 2011 참조). 그러나 석공은 또 다른 건물을 지으러 가고 말은 농장으로 돌아가며 남은 물질은 다른 사업에 쓰이는 등, 위와 같은 연합은 결국 분산된다. 이처럼 일시적인 유형에서 남겨진 것들 중 주요한 것은 교회 자체이고 또 그 주변에는 건설 잔해가 묻혀 있을 수 있다. 그런데 잔여물로서의 건설 잔해는 유형 자체보다 훨씬 더 오래 지속된다. 마찬가지로 토기와 같은 물건도 유형의 잔여물이다. 도공의 창고에 있는 토기를 다시 방문해 보면 그 유형은 도공의 손, 진흙, 물, 모래, 도구, 바퀴 등을 함께 모은 과정을 나타내고, 그러한 과정에서 대개의 경우 도공의 작업 창고가 무게 중심을 이룬다. 물건으로서의 최종적인 토기는 교회와 마찬가지로 이러한 유형의 잔여물이다. 유형은 거의 항상 일시적이고 유형에서 조합되는 요소들의 대부분이 유형을 떠나 다른 곳에서 다시 조합된다. 도공의 손은 점심을 먹는데 쓰이고, 도구는 벤치 위에 놓이며, 남아 있는 진흙 덩어리는 밖으로 던져져 나중에 비에 쓸려 가거나 새로운 반죽의 일부로 쓰이지만, 토기 자체만은 남아 있는다. 전부는 아니라 해도 거의 모든 물건이 엄격하게 얘기하자면 이전 유형의 잔여물이다. 또 그러한 모든 잔여물이 불가피하게 새로운 유형으로 다시 통합되어 엮기나 수용 과정의 부분으로 작용할 수 있다. 교회는 모임 연결망을 영역화하는 용기로서 작용하고, 반면 토기는 다중적이고 되풀이되는 연합 엮기 안에서 결혼 만찬을 포함한 다양한 모임의 일부로 작용한다. 분명 잔여물에 대한 위와 같은 정의는 잔여물이라는 용어의 일반적인 의미에 부합되지 않고, 고고학에서 특히 그러하다. 그러나 그렇다고 그렇게 생소한 것도 아니다. 이 장의 마지막 절에서는 엮기와 분산, 그리고 담기와 노출이라는 쌍을 이룬 과정을 통해 잔여물로서의 물건과 잔여물에 대한 통상적인 고고학적 개념 사이의 연관에 대해 고찰할 것이다.

::기억과 고고학적 기록

3장 마지막에서의 팔림세스트에 대한 논의를 상기해 볼 때, 결정적인 요소는 지움과 기록 과정 사이의 긴장이었다. 고고학적 기록은 완전한 보존과 완전한 지움이라는 이 두 가상적 극단 사이에 놓이는데, 이는 언제나 가상적으로 남을 뿐이다. 이는 유형과 물질적 실체 일반에도 적용될 수 있어 기입과 지움이라는 이러한 과정은 물질화와 탈물질화의 측면에서도 마찬가지로 고려될 수 있다. 엮기와 영역화는 물질화 또는 기입의 두 측면일 뿐이고 언제나 상대 힘과의 긴장 상태에 있을 것이다. 이는 항상 (탈)물질화 정도의 문제이다. 이러한 물질화 개념을 통해 앞에서 분리된 사물의 존재론으로서의 물질성과 사물의 일대기로서의 형성이론을 결합할 수 있다. 고고학자에게 중요한 문제는 물질화에서의 변동이 어느 정도로 이전 조직의 흔적을 보존하는가이다. 필자가 보기에 물질 세계는 어느 주어진 시간에도 위와 같은 (탈)물질화 과정의 아카이브이다.

위와 같은 개념을 고찰하기 위해, 기억의 측면에서 지질학적 기록을 분석한 제프리 보우커의 연구를 출발점으로 삼아 위 과정을 기억이라는 개념에 연결하고자 한다(Bowker 2006). 보우커의 연구는 라이엘의 중심적인 연구에 초점을 둔다. 라이엘의 지질학의 원리는 세 권으로 구성되어 1830-1833년에 처음 출판되었는데, 이는 파괴와 구성의 규칙적 주기의 측면에서 지구의 역사에 대한 그림을 제시하고자 한 시도였다. 이러한 과정의 결과 중 하나는 지구상의 어느 한 지점에서도 사건의 완전한 순서는 결코 현존하지 않고 항상 간극이 존재할 것이라는 점이다. 그의 동시대인들에게 이러한 간극은 격변, 즉 지구의 표면에 나타나는 극심하고 급작스러운 변화의 증거로 해석되었다. 라이엘에게 있어 그러한 간극은 기입과 지움이라는 쌍을 이룬 과정의 불가피한 효과일 뿐으로서 지구 역사의 실제적인 템포보다 보존이나 기억 과정에 대해 보다 많은 것을 나타낸다. 라이엘에게 이러한 역사는 격변적인 것이 아니라 점진적으로 증대하는 것이었다. 보우커는 라이엘이 지구 자신의 아카이브를 불완

전하게 생성하는 지구라는 관점에서 지질적 기록을 이해했다고 논한다
(Bowker 2006: 55-56). 보우커는 지질적 기록의 불완전함을 예시하기 위
해 이루어진 조사라는 라이엘의 비유로 우리의 주의를 환기시킨다. 라
이엘에 의하면, 각 조사가 얼만큼의 시간적 간격을 두고 이루어지느냐에
따라 인구 통계에 대한 연속적 기록으로서의 아카이브는 점진적 또는
혁신적 변화를 보일 것이다(Lyell 1933: 31).

　라이엘의 관찰은 근본적으로 시간 평준화에 대한 현대적인 문제와
같은 것이다(3장 참조). 그러나 보우커의 묘사에서 흥미로운 점은 일종의
자기-아카이브로서의 지질적 기록이라는 사고이다. 분명 라이엘도 그의
여러 동료들처럼 신의 손이라는 개념을 통해 '자연의 책'과 성경 사이에
서 유사성을 끌어내었던 지구사에 대한 신학적 해석에 반발하였다. 라이
엘이 보기에 자연의 책에는 자연 이외의 또 다른 저자가 없고 이러한 의
미에서 지질 기록은 자기-아카이브였다(Bowker 2006: 55). 이러한 사고
를 고고학적 기록에 적용하면 어떨까? 별로 쓸모 없는 것처럼 보인다 하
더라도 잠깐 이를 심각하게 고려해 보자. 고고학자들은 대개 고고학적
기록의 원작자를 신 대신에 과거의 사람들 또는 문화나 자연에서 찾는
다(쉬퍼의 문화적 변형과 자연적 변형 참조). 어떤 의미에서 이에는 큰 문제가
없다. 어쨌든 고고학적 기록은 통상적으로 인간적 요소와 자연적 요소의
결합이라는 특징을 지니는 것으로 파악되기 때문에 인간적 행위자와 자
연적 행위자를 원인으로 파악하는 것은 고고학적 기록이 자기-생성적이
라는 것에 대한 또 다른 표현이다. 그런데 문제는 자기-아카이브의 '자
기' 부분이라기보다는 '아카이브'라는 부분에 있다고 할 수 있다. 고고학
적 기록은 통상적으로 일련의 잔여물, 흔적, 또는 결과로 여겨졌다. 이때
원인과 결과, 과거와 현재, 사건과 대상, 또는 보다 일반적으로 역동적
맥락과 체계의 맥락, 정적인 맥락과 고고학적 맥락이 서로 대립되게 된

다. 아카이브의 요점은 아카이브가 과거에 대한 기록인 만큼 미래로 전달될 수 있다는 것이다.

아카이브로서의 고고학적 기록에 대한 재개념화를 어떻게 시작할 수 있을까? 물론 고고학적 기록의 한 가지 의미는 바로 고고학자가 생성하는 아카이브라는 것이다. 그러나 이는 고고학자 자신의 고고학적 활동과 *그로 인해* 생성되는 잔여물(e.g. 도면, 사진, 표본, 발견물)이라는 측면에서 이해된다. 이에 대해서는 6장에서 다시 논의하도록 하겠다. 여기서는 발견물을 포함하여 성층화된 퇴적물로서의 고고학적 기록이 어떻게 고고학자의 개입 이전에 형성된 아카이브로 파악될 수 있는지에 관한 보다 불분명한 문제에 대해 살펴보겠다. 고고학적 기록의 아카이브적 성격을 명시적으로 인지한 소수의 고고학자 중 한 명은 고고학적 잔존물을 기억에 비유한 로랑 올리비에이다(Olivier 2008). 올리비에의 책은 기억으로서의 고고학이라는 사고에 대한 풍부한 여담을 제공하고, 특히 올리비에는 고고학적 기록이 보존과 상실 및 지움 사이의 긴장을 연접한다는 측면에서 어떻게 기억-물건(e.g. 기념품, 유품, 추억거리)과 같은지를 강조하기 위해 팰림세스트 개념을 인용한다(Olivier 2008: 200). 올리비에는 고고학이라는 학문이 지니는 근본적인 모순으로서 고고학자는 과거에서부터 존속된 것만을 연구할 수 있지만 존속된 것이 존속될 수 있었던 것은 존속 과정에서 변했기 때문이라는 점을 강조한다(ibid.: 267). 따라서 고고학적 기록은 과거 자체에 대한 증거나 진술이 아니라 반복과 변형을 통해 시간적으로 구성된 기억에 대한 기호나 징후로 파악되어야 한다(ibid.: 272). 여러 측면에서 이는 올리비에의 책에서 가장 급진적인 점이다. 통상적으로 고고학자는 고고학적 기록의 불완전함을 개탄하지만 고고학자가 과거를 이해할 수 있는 것은 바로 이 상실 때문이다(ibid.: 274).

그러나 고고학적 기록에 대한 위와 같은 기억의 비유가 단지 은유적인 것에 지나지 않는 것이 아닐까? 위와 같은 비유가 고고학을 다른 방식으로 하는데 실제적으로 어떠한 도움을 줄 수 있을까? 이에 답하기 위해 기억은 오직 인간이나 지각이 있는 존재만이 소유하는 무언가라는 사고의 취약성이 강조되는 방식으로 기억과 팰림세스트 사이의 연관성을 끌어내는 것이 유용하다. 그와 같은 사고는 자기-아카이브로서 고고학적 기록에 접근하는데 결정적인 장애가 되기 때문이다. 역설적이게도 기억에 대한 가장 흔한 은유 중 하나인 눌러 찍기라는 은유가 완벽한 예가 된다. 폴 리쾨르는 밀랍 덩어리 위의 도장 자국이라는 은유를 인용하여 이미지(*eikon*)를 자국(*tupos*)에 비유한, 기억에 대한 소크라테스적 견해를 상기시킨다(Ricoeur 2004: 13). 프로이드는 신비로운 편지지에 대한 그의 1925년 논의에서 이 은유의 보다 최신 버전을 제공하였다(Freud 1957). 이 신비로운 편지지란 이전의 자국을 지워 새로운 자국을 남길 수 있고 또한 밀납 종이 아래 밀납 판의 이중 표면을 통해 원래의 자국을 보존할 수 있게 하는 장치였다. 이러한 정의는 이 책에서 필자가 제시한 팰림세스트 개념도 나타낼 수 있다. 이러한 은유에서 흥미로운 점은 기억이 매우 물질적인 과정을 통해 특징지어지는 방식이다. 그리고 아마도 더욱 자극적인 것은 이들이 전혀 은유가 아니라 상이한 종류의 기억에 관한 것이긴 하지만 기억에 대한 실제적인 예라는 점이다. 이들을 은유로 보는 이유는 단지 마음과 물질 사이의 존재론적 분열 때문이다.

흔적이 물질적 기억으로 정의될 수 있다는 사고는 과거가 현재에 보존되거나 현재와 동시기에 존재하는 방식의 중요성을 베르그송적인 의미에 충실한 방식으로 부각시킨다(Bergson [1908] 1991). 밀납 덩어리 위의 자국이나 모래 위의 발자국은 사건의 기호가 아니라 사건 자체, 글을 쓰는 누군가 또는 사막을 가로질러 걸어간 동물의 실제적인 물리적 잔재이다. 탄자니아 라이톨리에서 발견된 호미니드의 발자국은 360만년 전에 일어난 사건의 여파가 현재로 확장된 것이다. 이러한 의미에서 시간은 일련의 순간이거나 순간의 연속이 아니라 과거가 현재로 확장되어 있는 연속체이다. 이것이 바로 베르그송이 기억을 특징짓는 방식이다(Bergson 1991). 베르그송에게 있어 과거, 현재, 미래 사이의 관계는 순차적인 방식으로 특징지어질 수 없고 이질적인 연속체 또는 그가 지속(*durée*)이라고 부른 것으로 파악될 필요가 있다. 따라서 과거는 현재에 보존되고 기억의 가능성을 보장한 것은 이러한 특질이다. 이러한 특질이 없다면 기억은 상상과 구분되지 않았을 것이다. 기억은 바로 이 시간적 연속체이고, 베르그송은 이를 회상이나 습관적 기억과 구별하기 위해 순수 기억이라 부른다. 유사한 주장이 매우 상이한 관점에서 에드먼드 후설에 의해 제기된 바 있다(Husserl 1977). 후설은 경험의 유동적 또는 지속적인 특성을 설명하기 위해 기억(보유)에 대한 특별한 개념을 개발한 현상학의 창시자이다(Lucas 2005: 22-24 참조).

흥미로운 점은 베르그송과 후설 모두 해결하고자 노력했던 과거의 현재로의 보존이라는 문제는 근본적으로는 현재적인 현상이지만 동시에 과거에 관한 것이기도 하다는 점에서 고고학적 기록의 모순과 기본적으로 같다는 것이다. 또한 베르그송과 후설 모두 기억 개념을 통해 이 문제를 해결하려 했다. 양자의 기억 개념의 의미가 서로 매우 다르긴 하지만 말이다. 그렇다면 기억 개념이 고고학적 기록의 모순을 푸는데도 적용될 수 있을까? 올리비에는 그렇다고 보지만 구체적인 실현 방안은 제시하지 않았다. 확실히 지난 몇 년 간 고고학에서는 기억에 대한 연구가 상당히 활발히 이루어졌다(Boric 2009; Bradley 1998, 2002; Gosden 1994; Jones 2007; Mills and Walker 2008; van Dyke and Alcock 2003). 기존 연구에서는 매우 상이한 지적 계보가 제시되지만 대개는 집단적 기억에 대한 모리스 알박스의 연구로 거슬러 올라간다(Halbwachs 1980, 1992). 알박스는 그가 베르그송적인 심리주의라고 본 것에 반대하면서 뒤르켐의 사회적 존재론을 채택하여 기억에 대한 집단적 틀이라는 개념을 제시하였다. 집단적 기억에 대한 알박스의 개념에서 중심을 이루는 것은 집단적 기억이란 기본적으로 베르그송이 주장하듯 현재에 과거를 보존하는 것이 아니라 재구성하는 것이라는 점이고, 이러한 사고는 최근의 기억 연구를 지배해 왔다. 다시 말해 알박스는 베르그송의 철학에 핵심적인 지속이라는 기억의 측면을 베르그송에게서 제거하였다. 알박스는 현재에 지속되는 과거에 관한 것에서 현재에 재-생성되는 것에 관한 것으로 기억에 관한 수사 전체를 역전시켰다고 할 수 있다. 이처럼 기억에 대한 최근의 고고학적 연구 대부분이 기본적으로 기억에 대한 뒤르켐적인 접근을 하고 있다는 점에서 기억 연구에 별다른 도움이 되지 않는다.

위와 같은 전통의 실패는 산 기억과 죽은 기억에 대한 알박스의 구분이 최근에 다시 부흥하고 있다는 점에서도 드러나는데, 이는 기억과 역사에 대한 피에르 노라의 반대로 이어진다(Halbwachs 1980; Nora 1989). 산 기억은 현재에도 활동적이고 감정적인 역할을 하는 기억이고, 그에 반해 죽은 기억은 현재에 대한 관심사에서 절단되어 과거에 대한 초연한 지식으로 존재한다. 노라는 알박스의 구분을 취해 이를 기억과 역사 사이의 깊고 현재적인 분열로 번역한다. 여기서 역사는 알박스의 죽은 기억 개념을 구체화하고, 반면 기억은 그 진정한 자신에 대한 그림자에 불과하여 과거를 아카이브화하고 보존하는 행위로 환원되지만 잊혀짐에 대한 두려움을 제외하면 그러한 행위에 어떠한 실제적인 목적도 결여되었다. 현재적인 기억은 기억, 대상, 사물, 사건, 또는 장소의 현장 구성을 중심으로 전개되는데, 여기서 과거와 현재 사이의 분열은 명확하지만 완전하지는 않다. 이러한 기억의 현장은 과거가 현재와 연속적이고 어떠한 의미의 분열도 경험되지 않는 기억의 환경과 대조된다.

역사, 고고학, 기억에 대한 알박스와 노라의 견해는 더 없이 중요하지만 이들은 총체적 또는 절대적인 잊기의 가능성을 간과하는 경향이 있다(Ricoeur 2004 참조). 이는 실제로 노라가 과거와의 단절이 너무나 완전하다는 이유만으로 대부분의 고고학적 잔존물이 기억의 현장 역할도 하지 못할 것처럼 보일 수 있다고 논할 때 드러난다(Nora 1989: 20-21). 기억의 현장에 대한 노라의 개념은 이러한 분열이 지닌 모호성을 포착하지만, 중석기시대 플린트 분산지에는 분명 아무런 모호함도 없고 잊기가 전부이다. 그러나 정말 그러한가? 여기서 문제는 기억에 대한 물질성의 위치에 관한 것이다. 현재 그러한 흔적의 존속 자체가 잊기가 총체적이지 않았음을 나타낸다고 할 수 있기 때문이다. 그렇다면 문제는 오히려 그러한 모호성을 고고학자로서 어떻게 다룰 것인가이다. 문제는 과거에 대한 물질적 흔적이 현재에 보존되었지만 모든 사회적 기억이 사라졌다는 의미에서 물질성에서 집단적 기억을 분리하는 것에 있다. 고고학적 기록을 기억 아카이브인 것처럼 다룰 수는 있지만 잊혀진 물질성만이 잊혀지지 않을 때, 즉 숨겨지지 않을 때 잊혀진 집단적 기억을 잊혀진 물질성에 다시 연결하는데 어떠한 도움을 줄 수 있을까? 어떤 의미에서 알박스에 의해 개발되고 대부분의 최근 담론의 기저를 이루는 집단적 또는 사회적 기억에 대한 뒤르켐적인 개념은 사실 애초 위와 같은 구분을 미리 상정한다는 점에서 문제의 원인이다. 기억은 집단적인 것과 개인적인 것, 또는 정신적인 것과 물질적인 것으로 구분된 무언가가 아니다. 기억은 모든 실체가 지니는 면모이다(Bowker 2006 참조). 고고학자에게 있어 문제는 그러한 실체를 기억이라는 측면에서 어떻게 볼 것인가이다. 사실 고고학자에게 필요한 것은 잔여성에 대한 이론이다.

::잔여성과 고고학적 실체

고고학자들은 잔여물을 연구하지만 잔여물이란 것이 정확히 무엇인가? 필자는 교회나 토기와 같은 대부분의 물건을 이전 유형의 잔여물로 볼 수 있다고 하였다. 잔여물에 대한 일상적인 개념처럼 잔여물은 남겨진 것, 부재하거나 사라진 무언가의 잔재물이다. 그러나 이는 잔여물의 의미를 완전히 포착하지는 못한다. 왜 그러한가? 잔여물 개념에는 교회 건축 과정에서 생긴 폐기물처럼 원하지 않은 잉여, 비루함이나 버려짐에 대한 함의가 있기 때문일 수 있다. 그러나 이는 교회가 물건인 만큼 그 자체로서 유형이기도 하다는 것, 또는 교회가 결혼, 장례, 미사 등과 관련된 영역화인 만큼 다중적 유형의 핵심적 부분이라는 것을 간과했기 때문이다. 그래서 교회는 단 한 가지 방식으로서가 아니라 다중적인 방식으로 잔여물이다. 고고학자들은 교회가 잔여물이 되는 다양한 유형을 이해하려 노력한다.

잔여물과 유형 사이의 위와 같은 관계를 어떻게 이해할 수 있을까? 기본적으로 이는 한 물건이 어떠한 종류 그리고 얼마나 많은 유형의 잔여물인가와 관련된다. 이는 단순한 문제가 아니고, 여러 잔여물에 대해 고고학자는 단지 매우 일반화된 진술만을 제공하는데 그칠 수 있다. 고고학자가 파편으로부터 유형을 재구성하는데 매우 능숙해졌음에는 의문의 여지가 없지만, 잘 알려진 것처럼 유형의 대부분은 어떠한 물질적 잔여도 남기지 않기 때문에 그러한 재구성은 언제나 부분적이다. 이는 그러한 유형을 구성하는 물건(e.g. 매립지의 깨진 도기나 음식 찌꺼기)이 존속되지 않는다는 것이 아니라 그러한 물건은 대개 그 퇴적에 앞서 수 천 개는 아니라 하더라도 수 백 개의 유형에 연관되므로 고고학자가 완전한 배열을 얻을 수 있다고 가장하는 것은 지극히 순박하다. 다시 말해 존속하는 유형의 요소들을 유형 자체의 물질적 잔여성과 뭉뚱그려서는 안

된다. 전자의 경우는 단순히 사물에 관한 것이고 후자의 경우는 사물의 조직에 관한 것이다. 이러한 의미에서 상기되어야 할 점은 유형에 대한 기억을 포함하는 잔여물이라는 개념이다. 고고학적 기록을 유형의 잔여물이라는 측면에서 생각한다면, 그러한 잔여물의 조직이 아무리 희미하게나마 모집단의 조직을 포착하는 한 그러한 잔여물은 유형 자체에 대한 기억을 소유하는 것으로 여겨져야 한다. 추구되어야 할 것은 이러한 조직의 잔여물이지 단순히 그 부분을 이루었던 요소나 물건이 아니다.

어떤 조건에서 기억이 보존되는가? 무덤을 장례의 잔여물로 고려해 보자. 장례식에는 물건(e.g. 시신, 부장품, 관)의 수집품이 수반되는데, 대부분의 장례식에서 이러한 물건은 가상적 중심 주위의 궤도에서처럼 다양하게 이동 가능하다(도면 15). 장례식 끝에는 그러한 요소들 중 모두는 아니라 하더라도 일부가 무덤이라는 중점에 모여 안정되고 다른 요소들은 흩어져 다른 이동하는 유형과 결합한다. 그래서 무덤은 이러한 유형에 대한 기억 일부를 보유한다. 토기의 경우를 무덤의 경우와 비교해 보자. 무덤처럼 토기 자체는 유형 자체가 아니라 유형의 잔여물이고 이는 앞에서 논의되었다. 그러나 토기와 무덤 사이에는 차이가 있다. 무덤을 구성하는 구성 부분이나 물건은 쉽게 분리될 수 있는 반면, 진흙, 모래, 물과 같은 토기의 구성 부분은 쉽게 분리될 수 없다. 요점은 그러한 구성 부분들이 도자기라는 새로운 물질로 변형되었다는 것이다. 그러나 무덤에 있어 이는 그렇지 않다. 이것이 함의하는 바는 무엇인가? 간단하게 말하자면, 무덤이 언제 분산되는가, 무덤의 구성 요소 중 한때 무덤의 일부였던 것에 대한 기억을 보유하는 것이 있는가? 그러할 가능성은 매우 낮다. 아마도 관과 같이 무덤과 배타적으로 연합된 물품을 제외하고는 말이다. 그러나 토기는 다르다. 토기를 두 조각을 내든 이십 조각을 내든 각 토기편은 전체 토기에 대한 기억을 보유할 것이다. 토기의 부분이 전

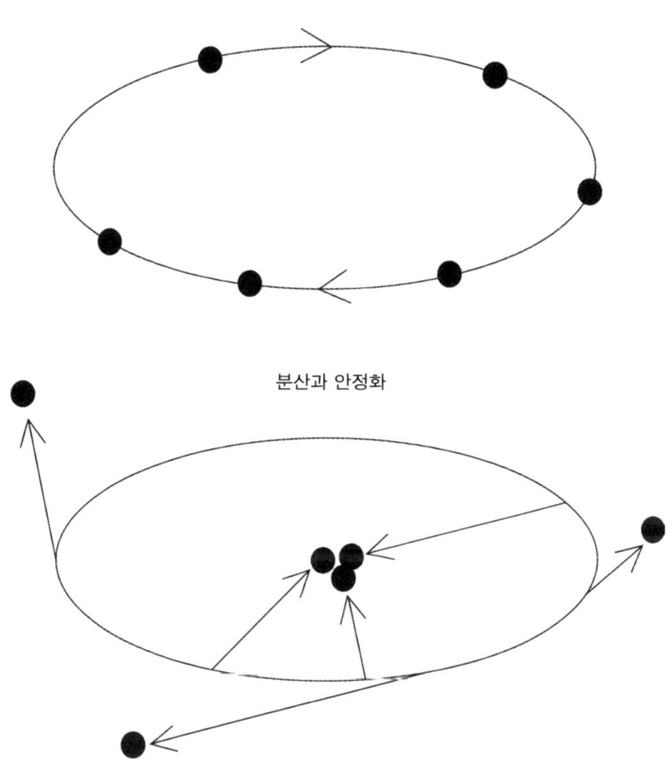

도면 15 유형이 안정되고 분산되는 방식에 대한 도형적 표상

체 토기의 축소인 한 토기는 무덤보다 차원 분열적이라고 할 수 있다.

그러나 이는 문제를 지나치게 양극화하는데, 정말로 중요한 것은 이와 같은 부분-전체 관계이기 때문이다. 대체로 토기편이 작을수록 토기편이 환기시키는 전체는 흐릿해진다. 조그만 편을 발견하면 이를 도자기로 식별할 수는 있겠지만 어떠한 종류의 용기에서 나온 것인지를 알기는 어렵다. 유사하게, 교회 중 마름돌, 유리, 못 편과 같은 건축 폐기물만 남아 있다면 이에 기반하여 여기에 건물이 있었음을 알 수는 있지만 어떠한 종류의 건물인지는 알 수 없다. 잔여성의 측면에서 궁극적인 속성은 불가역성의 속성, 즉 유형의 일부가 해체 이후에도 이 유형에 대한 자국을 지니는 정도이다. 따라서 한 물건이 어떠한 잇따른 유형에 들어서든 이 물건은 여전히 그 흔적을 지니고 다닌다. 진흙, 물, 불을 결합하면 그 결과로 상대적으로 안정적이고 불가역적인 변화가 일어나는데, 이러한 결과물은 깨진 후에도 이와 같은 물질화의 흔적을 보유한다. 교회를 짓기 위해 돌, 목재, 유리를 조합하면, 이러한 요소들은 토기편이 토기를 생각나게 하는 것과 같은 방식으로 전체를 생각나게 하는 것은 아니지만 여전히 특정 종류의 유형에 대해 상대적으로 특수화된 물질이다. 즉 이들의 특정힌 물질화는 이들이 ⊥ 부분을 이루는 다양하게 특정한 전체를 환기시킨다. 근대의 기계류에서는 이것이 극단적으로 이루어져 조그만 부분이 개별적 물건을 위해 고도로 특수화되어 있을 때 하나의 작은 부분에서 전체를 재생성할 수 있다.

그러나 이는 반쪽짜리 이야기일 뿐이다. 문제는 물질화가 어떻게 기억을 보존하느냐에 관한 것인 만큼 탈물질화 또는 탈물질화의 결여가 어떻게 보존제 역할을 하는가에 관한 것이기 때문이다. 다시 무덤의 예를 들어 보자. 토기 용기와 달리 무덤은 순전히 내부적 또는 내재적인 시각에서 봤을 때 훨씬 더 가역적인 것으로 보인다. 무덤을 분해하면 무덤을 구성하였던 것과 대체로 동일한 부분들(e.g. 시신, 부장품, 토광)로 분리될 수 있다. 그러나 무덤은 그 요소 중 일부에 수반되는 부패를 제외하면 몇 천 년 동안은 아니라 하더라도 몇 세기 동안 (상대적으로) 안정적으로 남아 있다. 왜 그러한가? 유일한 답은 이러한 유형을 분해하려 위협하는 분산적 힘의 부재나 약함일 것이다. 실제로 무덤이 묻혀 있다는 사실 자체가 무덤을 특히 그러한 분산적 힘으로부터 보호한다. 이로 인해 유형은 격리되거나, 또는 미생물과 화학물질은 여전히 무덤을 공격할 수 있으므로, 적어도 부분적으로 격리된다. 사실 모든 실체는 일정한 형태로 격리된다. 이러한 격리가 그렇지 않으면 연속적인 유형의 흐름에 안정성을 생성하기 위한 조건이라고 할 수 있다. 이는 물건을 가능하게 하는 것이다. 모든 범죄 과학자들이 알고 있는 것처럼 범죄 현장은 빨리 봉쇄될수록 좋은데, 분산적 힘이 항상 작용하고 있기 때문이다. 범죄 현장 조사자는 현장에서 물질과 힘의 흐름이 들어오고 나가는 것을 통제하여 현장을 격리한다. 이처럼 잔여성의 질 파악은 유형의 안정성에 달려 있다. 이러한 안정성은 다시 유형 주변에 방화벽을 만들어 다른 유형, 즉 환경과의 연계를 차단하는 것에 부분적으로 달려 있고, 고고학적 기록에 있어 과거와 현재 사이의 결정적인 연속성을 가리킨다(도면 16). 고고학적 개입으로 인해 이 방화벽은 무너지고, 무덤과 같이 이전에는 안정적이었던 실체가 분산되며, 유형의 부분들이 완전히 새로운 유형 세트로 다시 연결된다. 다음 장에서는 이에 대해 살펴보겠다.

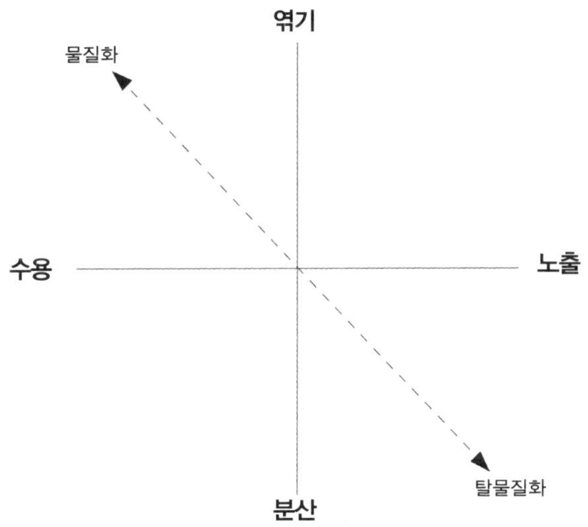

도면 16 엮기 그리고/또는 분산, 수용 그리고/또는 노출 과정의 측면에서 본
　　　　모임과 분산의 힘 그리드
　　　　엮기와 수용이 함께 작용함에 따라 물질화는 증진되고, 반면 유형이 분
　　　　산되거나 유형의 방화벽이 무너짐에 따라 탈물질화는 가속됨

06

고고학적 개입

앞 장에서 고고학적 실체의 성격에 대해 고찰하고 과학적 실재론의 문제도 다루었다. 전자와 같은 이론적 실체이든, 토기와 같은 관찰 가능한 실체이든, 어떠한 실체도 관찰자로부터 독립적일 수는 없기에 그 논쟁은 다소 무익하다. 더욱 중요한 것은 실체가 관찰자 의존적이라는 점뿐만이 아니라 실체가 바로 과학 관행을 통해 구성된다는 주장에는 유력한 근거가 있다는 점이다(Barad 2007). 라투어(Latour 2003)는 이를 구성주의라고 부를 텐데, 그의 구성주의는 매우 특별한 의미를 지닌다. 이를 구성주의라고 부르는 이유는 인간이 실제를 만들어 내서가 아니라 실제가 과학자, 그들의 도구, 다양한 물질 요소의 상호작용을 통해 구성되기 때문이다. 라투어가 표현했듯이, 보다 많이 또는 보다 잘 구성될수록 더욱 더 실제적인 것이다. 고고학에 대해서도 같은 주장을 할 수 있다.

예를 들자면, 19세기 후반에서 20세기 초반 영국 고고학자들은 선사시대 집이 지하에 파진 구덩이로 이루어졌다고 믿었다. 이러한 이른바 수혈 주거지는 여러 발굴에서 관찰되고 보고되었으며 다양한 형태를 보였지만, 그에 대한 식별은 고전적인 자료에 크게 의존한 것처럼 보였다 (Evans 1989b: 438). 기둥으로 축조된 구조물이 알려지지 않은 것은 아니지만 이는 독일 고고학자 게르하르트 버수 이후에야 널리 인정되었다. 이차세계대전 당시 영국 망명객이었던 버수는 영국 철기시대 유적에 독일의 유사-전면 발굴법을 적용하였다. 그의 발굴법, 즉 그의 개입 양태는 선사시대 취락 인식에 형태적 변화를 낳았다. 그에 따라 기둥으로 축조된 구조물이 널리 인정되었고, 더욱 중요한 것은 이전 세기의 수혈 주거지로 해석된 유구가 채석 구덩이, 쓰레기 구덩이, 자연적 웅덩이 등 무언가 다른 것이 되었다는 점이나. 이는 고고학적 실제가 개입과 관련하여 어떻게 변할 수 있는가에 대한 좋은 예이다. 수혈 주거지는 오랫동안 통했지만 고고학적인 개입 양태가 바뀌면서 더 이상 통하지 않게 되었다.

분명 전자와 수혈 사이에는 차이가 있다. 예를 들어 적어도 수혈 주거지와 관련해서 지속적으로 남아 있는 관찰 가능한 물건이 있고 변한 것은 단지 명칭이라고 주장하는 사람이 있을 수도 있다. 그러나 이러한 주장은 실재론에 대한 표상적 이론으로 되돌아가게 할 뿐이다. 따라서 개입과 물건 생성 사이의 관계에 초점을 두는 것이 더욱 생산적이다. 이러한 측면에서 맥스웰이 실재론에 대한 그의 논문에 끝으로 남긴 말이 주목된다. 여기서 맥스웰은 과학의 가장 흥미진진한 측면 중 하나는 현저하게 새로운 종류의 실체가 출현한다는 점이라고 하였다(Maxwell 1962: 27). 같은 맥락에서 고고학에도 이를 적용해 보자. 고고학자들은 새로운 종류의 실체(e.g. 방이 있는 무덤, 선사시대 취락, 청동제 도끼, 클로비스 포인트)를 발견하는데, 이들은 기하급수적인 속도로 박물관과 수장고를 채우고 있다(Lucas 2001a: 212). 또한 이들을 발견하는 과정에서도 공책, 도면, 사진, 책 등 광범위한 산물이 생성된다. 고고학은 물질적 관행 또는 물질화하는 관행이고, 이러한 관점은 고고학적 실체에 관해 5장에서 논의된 주제와 아카이브와 관련하여 2장에서 논의된 주제 사이의 연계를 이해하는데 도움이 된다. 이 장에서는 5장에서 이루어진 물질성과 형성 이론 사이의 종합을 고고학적 운용이라는 고고학적 기록의 세 번째 측면과 연결하여 파편화된 개념이었던 것을 봉합하고자 한다. 고고학적 운용이나 과정은 여러 방식으로 특징지어질 수 있는데, 이에 대한 검토를 이 장의 서론으로 삼고자 한다. 이 책에서 택한 접근은 기존의 것과 두 가지 측면에서 다르다. 첫째, 대부분의 기존 논의에서 고고학적 운용은 선형적 과정으로 제시된다(e.g. 자료 수집에서 해석으로). 이는 필연적인 처음이나 끝이 없이 상호작용하는 분야의 연결망으로서 고고학적 관행이 지닌 다중적 위치화라는 특성을 잘못 나타낸다. 둘째, 대부분의 기존 접근에서는 환원적으로 개념적이거나 표상적인 입장을 취하는 경향이 있어 고고학적 과정이 물질적인 관행이기보다는 순전히 지적인 훈련인 것처럼 제시된다. 모든 고고학적 연구가 이렇다는 것은 아니지만 그와 같은 접근이 지배적이고 통상적인 것은 사실이다. 이에 이 장에서는 위와 같은 방향을 따라 고고학적 관행에 대한 조작적 정의를 제시할 것이다. 그에 앞서 이 책 전체의 구조를 따라 이 문제에 대한 기존의 견해를 간략하게 살펴보겠다.

고고학적 운용에 대한 기존의 견해

2장에서 논의된 것처럼, 19세기 말에서 20세기 전반 이전에는 고고학적 방법에 대한 논의가 명확히 이루어진 경우가 드물다. 고고학적 방법이 언급될 때는 대개 사실의 수집과 그러한 사실을 설명하기 위한 이론 제시라는 매우 단순한 대립 형태로서였다. 플린더스 페트리는 1904년 영

어로 쓰여진 아마도 첫 번째의 고고학적 방법에 관한 책이라고 할 수 있
는 그의 책을 쓰면서 고고학은 '과학의 가장 막내'라는 생각을 다시 긍정
하며(Petrie 1904: vii) 고고학적 작업에 있어서의 일반적인 조직의 결여를
개탄하였다. 페트리는 체계적인 고고학을 위한 매우 간단한, 2단계 절차
를 제안하였다:

(1) 모든 알려진 물건이 보이는 변이성의 코퍼스를 통해 사실을 완전
     히 정의하면 모든 물건이 정의될 수 있다;
(2) 통계적 방법과 비교를 통해 빌전 순서를 따라 물질을 배열하면 원
     래의 구성 순서가 드러난다.

(Petrie 1904: 122-123)

이를 넘어서는 것은 역사적 상상의 몫이었다. 페트리는 이를 해석과 관
련하여 증거를 평가하는 법적 절차에 비유했다(2장 참조; Petrie 1904, 13장;
Petrie 1906). 그러나 역설적인 것은 페트리 책의 주요 부분은 발굴 기술
에 관한 것이지만, 어떤 의미에서, 세 단계에 걸친 고고학적 운용에 대한
은연중에 내포된 그의 관점을 읽을 수 있다는 점이다:

1.   발굴과 기록에 의한 사실의 수집과 제시 (1장~10장)
2.   그러한 사실 조직; 이에는 코퍼스의 개발과 연대기적 순서로의 배
     열이 수반됨 (12장)
3.   그에 대한 역사적 해석 (13장)

명시적인 삼단계 접근에 대한 개요는 랜달 맥이버에 의해 제시되었는데,
그는 '과학으로서의 고고학'이라는 그의 논문에서 페트리에 동조하여 그

의 연구를 자주 참조하였다(Randall-MacIver 1933: 8):

1. 현장에서의 수집과 기록
2. 실내에 들여놓기, 보존, 전시
3. 비교 연구와 출판

페트리가 그의 고고학에서의 체계적인 방법에 대한 요구에서 중간 단계를 골랐다는 것은 다소 이상하다. 페트리 책의 대부분이 발굴과 기록에 대한 체계적인 접근에 관한 것임을 고려할 때 특히 그러하다. 그 이유 중의 일부는 19세기 사고의 유산일 수 있는데, 그러한 사고에서 가장 중요한 것은 수집품을 모으는데 수반된 일보다 수집품에 대해 수행된 일이었다(2장 참조). 영국에서 현장작업 방법으로 관심의 초점을 옮기는데 도움을 준 것은 페트리 그리고 그의 *고고학 방법과 목적 Methods and Aims in Archaeology* 과 같은 책이었다. 그러나 이에는 오랜 시간이 걸렸다. 그래서 크로포드의 *인간과 그의 과거 Man and his Past* 에서는 발굴에 대한 한 짧은 챕터가 있을 뿐임에 비해 그의 방법에 관한 챕터에서는 연합과 분류에 관한 것이 전부를 차지한다(Crawford 1921). 발굴에 대한 관심의 일반적 결여는 차일드의 연구 일반에서도 발견된다(e.g. Childe 1956a, 1956b). 2장에서 이미 논의된 것처럼 발굴과 자료 수집에 관한 책이 영국고고학에서 보다 정규적으로 나타나기 시작한 것은 20세기 3/4분기가 되어서였다.

동시에 고고학적 운용과 관련된 담론의 파편화도 일어났던 것으로 보인다. 한편으로 자료 수집을 다루는 현장작업 안내서가 축적되었고, 다른 한편으로 자료 조직과 해석에 주로 초점을 둔 이론적 텍스트가 축적되었다(2장 참조). 이 두 분야는 서로 거의 참조하거나 소통하지 않는

다. 이는 특히 북미에서 명확히 나타난다. 현장 방법에 대한 진술은 19
세기부터 발견되지만 제대로 된 최초의 교재는 1949년에 출판된 하이
저의 *고고학적 현장 방법에 대한 안내서 Guide to Arhaeological Field
Methods* 였다(Heizer 1949). 최초의 출판 이후 이 책은 여러 판으로 발
간되었고 여러 경쟁 서적이 등장하였다(Heizer and Graham 1968; Hester,
Shafer and Feder 1997; Joukowsky 1980). 하이저보다 일 년 앞서 월터 테일
러는 그의 유명한 *고고학 연구 Study of Archaeolgy* 를 출판하였다. 이
책에서 테일러는 발굴을 다소 무시하고 수집에 대한 해석적 문제에만 초
점을 두었다. 테일러는 고고학적 운용을 19세기로 거슬러 올라가는 인문
과학의 원대한 전망을 통해 보았다. 역사학과 인류학에 대한 고고학의 관
계를 논하는 맥락에서 테일러는 1930년대 베흐와 페브르가 제안한 역사
과학과 비실험과학의 4단계 모델을 수용하여(Berr and Febvre 1957) 인문
과학의 절차에는 다섯 가지 단계가 있다고 제시하였다(Taylor 1983: 32-38):

1.　개념적 틀에 의한 문제 정의

2.　경험적 자료 수집, 분석, 비판

3.　연대기적 순서에 따른 자료 정리

4.　이러한 연속에서 호혜적 관계 찾기와 입증(즉 통합과 종합 또는 역
　　사적 복원)

5.　교차문화적이고 비교적인 방식으로 문화의 특성 이해하기

테일러는 1단계~3단계는 고고학, 역사학, (민족지로서의) 인류학의 세 학
문 간 공유되고, 4단계는 역사학과 인류학에서만 공유되며(테일러는 이 단
계에서의 역사학과 인류학을 각기 역사 쓰기학과 민족학이라고 불렀다), 5단계는
인류학의 독자적인 영역이다. 이는 분명 문화(그리고 인류학)가 모든 사회

과학을 통합하는 보편적 개념 역할을 한 19세기 관점이고(4장 참조), 심지어 위 위계에서 고고학은 보잘것없는 위치로 전락한다: '고고학 자체는 문화적 정보 수집을 위한 방법과 일련의 특수화된 기술에 불과하다. 고고학자로서의 고고학자는 기술자일 뿐이다'(Taylor 1983: 43).

테일러의 주장은 고고학자가 해석 작업을 역사학자와 인류학자에게 넘겨야 한다는 것이 아니라 고고학자가 고고학자로서 지닌 특수한 기술은 해석 과정의 처음 세 단계와만 관련이 있다는 것이다. 그 다음에는 고고학자가 역사학적, 인류학적 해석 훈련을 받아야 하는데, 여기서 해석이란 일단 가공되면 역사학, 민족지학, 고고학의 어떠한 종류의 자료에도 적용 가능해야 하는 것이다. 테일러의 관점은 당시 북미의 여러 학자들에게 영향을 미쳤는데, 그 중에서도 고든 윌리와 필립 필립스는 메이틀랜드의 구절을 빌려 와 고고학 또는 적어도 아메리카 고고학은 인류학이 아니면 아무것도 아님을 긍정하였다(Willey and Phillips 1958: 2). 또한 이들은 인류학과 고고학에 수렴적인 모델을 제시하여 테일러의 절차적 틀을 더욱 단순화하였는데 조작적 수준에서는 테일러의 것과 유사하였다(Willey and Phillips 1958: 4). 윌리와 필립스는 모든 과학의 운용은 관찰, 기술, 설명이라는 세 단계로 축소될 수 있다고 보았다. 그에 따르면, 관찰적인 수준에서 고고학과 인류학은 상이한 경험적 자료에 기초를 두어 분명 가장 뚜렷이 구분되지만 고고학과 인류학이 설명적 수준에 접근함에 따라 양자는 서로 점점 더 가까워진다.

그러나 고고학적 과정에 대한 모델은 윌리와 필립스처럼 최소한의 순서로 모델을 축소한 이들과 1967년 스워츠가 제안한 것처럼 모델을 확장하고자 했던 이들 사이에서 왔다갔다했다. 스워츠는 과학적 방법과 역사적 방법 모두에서 광범위한(그러나 설명되지 않은) 전례에 기반한 7단계 운용 순서를 제시하였다(Swartz 1967: 487):

1. 준비 – 배경 지식과 연구 계획
2. 획득 – 현장작업을 통한 자료 수집
3. 분석 – 분류와 맥락적 연합을 통해 시공간적 틀에 자료 배치하기
4. 해석 – 연합 그리고/또는 유추에 기반하여 유물의 생산과 사용 이해하기
5. 통합 – 과거 삶의 방식 복원과 문화적 분류학과의 종합
6. 비교 – 교차문화적 규칙성 식별
7. 추상 – 문화에 대한 일반 법칙 정립

스워츠의 논문은 비록 인용되는 경우가 드물지만 명확성에 대한 모범적인 예이고 독창적이지는 않다고 하더라도 당시 북미 이론의 대부분을 압축, 통합하였다. 주목할 만한 것은 빈포드나 신고고학 출현에 대해서는 어떠한 언급도 피하고 있다는 점이다. 그러나 이 논문에서 스워츠의 주안점은 각 단계가 이전 단계에 달려 있다는 점에서 이러한 단계의 개념적 순서를 강조하는 것이다. 스워츠는 또한 5단계와 6단계는 양자 모두 4단계에 달려 있고 7단계로 이어진다는 점에서 순서적이기보다는 병렬적이라고 본다. 이러한 의미에서 이들은 고고학의 궁극적 목적, 즉 7단계의 일반 법칙에 이르는 대안적 경로를 나타낸다.

월리와 필립스의 틀 그리고 그에서 파생된 스워츠의 틀에서 흥미로운 것은 이러한 단계와 일관적인 일군의 개념 개발에 주어진 중요성이다. 월리와 필립스가 *아메리카 고고학의 방법과 이론 Method and Theory in American Archaeology* 첫머리에 썼듯이,

고고학은 역사학과 인류학 일반 등의 분야에 자료와 일반화를 제공하면서도 고고학적 이론을 구성하는 일군의 체계적인 개념과

전제가 결여되었다고들 한다. 이러한 기존의 관점에 따르자면 고고학자는 자신의 연구가 도움이 되는 연구 분야에서 자신의 이론적 기반을 빌려 오거나, 그렇지 않으면 이론적 기반 없이 연구를 진행해야 한다 … 현장작업은 이론적 기반 없이 수행될 수 있을지도 모르나 이론 없는 통합과 해석은 있을 수 없다.

(Willey and Phillips 1958: 1)

명시적인 고고학적 이론 개발에 대한 생각은 이후 중범위이론과 관련하여 빈포드에게서도 발견된다. 그러나 현장작업이 이론적 진공 상태에서 수행될 수 있다는 사고는 자료 수집과 해석 사이의 분열과 관련하여 매우 의미심장한 것이다. 그래서 윌리와 필립스는 문화-역사적 통합과 종합이라는 이들의 중간 수준과 최상위 수준에서 작용한 개념 생성에 주력한다(Phillips and Willey 1953; Willey and Phillips 1955; Willey and Phillips 1958). 여기서 이들은 발전적인 문화적 순서(석기, 고식, 형성적, 고전적, 후고전적)에 적용된 종합적 용어뿐만이 아니라 (북미의 분류적 틀을 참조하고 수정하여) 구성 요소, 국면, 전통, 수평이라는 이들의 잘 알려진 단위를 개발하였다. 그러나 하위 수준에서 작용하는 현장작업이야말로, 위 학자들은 문제가 없는 것 그리고/또는 이론적이지 않은 것으로 여겼지만, 이 수준에서 작용하는 개념 검토를 위해 필자가 이 장에서 주목하는 바이다.

위와 같은 관점의 변동에 관한 첫 번째 낌새는 신고고학에서 찾아볼 수 있는데, 이러한 관점은 현장작업 방법에 있어서의 성찰성이 보다 중시되면서 등장하였고 일차적으로는 표본추출이론과 관련되었다(Binford 1964; Mueller 1975; Watson, LeBlanc and Redman 1971: 114-126). 표본추출에 대한 초점은 통계적 방법을 사용한 가설 검증을 수반하는 고고학적 해석의 새로운 인식론과 연계되었다(2장 참조). 따라서 자료의 질 통제는 결정적이었다. 전반적인 고고학적 운용과 새로운 과학적 인식론 사이의 연계는 고고학적 설명의 연역-법칙적 모델에 스워츠의 7단계 운용 순서를 맞추기 위해 이를 수정한 프리츠와 플록에게서 가장 명확히 드러난다(Fritz and Plog 1970: 410-411):

1. 가설 수립
2. 시험의 예상 결과 정립
3. 연구 전략 정립
4. 자료 획득(즉 현장삭업)
5. 자료 분석
6. 가설 검증
7. 연구 평가

이후 빈포드는 이 모델은 고고학적 기록에 적용될 수 없다고 비판하였지만, 빈포드 자신도 깨달았듯이 이 모델은 여러 고고학자들이 추구하는 방향에 폭넓은 영향을 미쳤다(Binford 1983: 14-15).

　고고학적 관행에서의 이러한 변동은 이론을 현장작업에 통합하려는 실제적인 염려를 나타내지만 그 효과는 이론과 현장작업의 재-통합보다는 고고학적 운용의 상이한 단계에 따른 이론의 급증을 가져왔다(표 6). 그래서 데이빗 클라크는 다섯 수준의 고고학 이론을 제안하였는데, 이 중 마지막 세 수준은 복구 이론, 분석 이론, 해석 이론이라는 고고학적 과정의 세 단계와 관련된 것이다(Clarke 1972: 16-17; 그리고 Clarke 1978: 12-13; Sullivan 1978 참조). 몇 년 후 쉬퍼가 고고학적 이론을 사회적 이론, 재구성 이론, 방법론적 이론이라는 세 폭넓은 영역으로 구분하면서 위와 거의 동일한 구분을 하였다(Shiffer 1988). 이 중 방법론적 이론은 고고학

적 과정과 관련된 것으로서 고고학 자료에 대한 발견, 분석, 추론과 관련
된 세 하부 이론으로 세분된다. 출판 시점에 있어서의 차이에도 불구하
고 클라크와 쉬퍼 모두 사실상 현장작업 이론을 표본추출의 문제로 환
원하여(Clarke 1972: 16; Schiffer 1988: 474-475) 연구 계획에 대한 빈포드의
1964년 논문(Binford 1964)과 비교하여 별다른 이론적 발전을 보이지 못
했다. 1950년대 윌리와 필립스의 경우에서처럼 '실제적인' 이론적 초점
은 여전히 분석적이고 추론적인 수준에 머물렀고(e.g. Clarke 1978) 상대
적으로 최근까지도 그러한 상태가 유지되었다.

빈포드가 현장작업 이론화에 대한 문을 열었다면, 이는 이론에 관
심이 있는 대부분의 고고학자들이 이후 무시하기로 한 문이었고 이에
는 빈포드 자신도 포함된다. 이미 언급한 것처럼, 부분적으로 이는 20세
기 후반 여러 고고학자들이 지닌 특수한 인식론적 모델과 관련되었고,
현장작업은 이론과 얽히게 된다는 인식에도 불구하고 여전히 현장작업
을 설명이나 해석과 대립하여 자료 수집이나 기술과 동일시했다(Hodder
1997). 1980년대 이론과 자료 사이의 관계에 대한 시각이 변하여 양자가
서로로부터 독립적이기보다는 상호의존적인 것으로 여겨지게 됨에 따
라(2장 참조; Gibbon 1989; Hodder 1986; Kelley and Hanen 1988; Wylie 1992b)

표 6 1970-1980년대 고고학 이론에 대한 상이한 구분 틀(Clarke 1972,
Schiffer 1988, Sullivan 1978)

Clarke (1972)	Sullivan (1978)	Schiffer (1988)
전-퇴적과 퇴적 이론	형성 이론	복원 이론
후-퇴적 이론		
복구 이론	복구 이론	복구 이론
분석 이론	분석 이론	
해석 이론		사회 이론

현장작업이 더 이상 해석과 분리된 것으로 여겨지지 않게 되는 것은 시간 문제일 뿐이었다. 그러한 변동은 1980년대 후반에서 1990년대 전반까지 거슬러 올라갈 수 있지만(Carver 1989, 1990; Hodder 1989b; Richards 1995; Tilley 1989), 현장작업에 대한 이론화로 되돌아간 문헌이 다수 등장한 것은 21세기 전환기가 되어서인데 그 중 대부분은 탈과정주의적 시각에서 쓰여진 것이었다(e.g. Andrews, Barrett and Lewis 2000; Bender, Hamilton and Tilley 1997, 2007; Chadwick 2003; Edgeworth 2003, 2006; Hamilton and Whitehouse 2006; Hodder 1997, 1999, 2000; Jones 2002; Lucas 2001a).

현장작업에 대한 이 모든 최근의 이론화에 함축된 것은 물론 고고학적 과정의 상이한 단계가 그렇게 뚜렷이 구별되지는 않는다는 사고이다. 그러한 사고의 가장 이른 표현 중 하나가 실제 고고학적 과정은 설명의 개념적 또는 논리적 과정을 반드시 따를 필요는 없다는 왓슨, 르블랑, 레드맨의 인식이다: '논리적인 측면에서 문제, 가설, 그리고 그와 관련된 자료의 발생 순서는 비물질적이다 … 중요한 것은 이들의 발생 또는 현현의 시간적 순서가 아니라 이들의 개념적 관계이다'(Watson, LeBlanc and Redman 1971: 14-15). 그래서 이들은 고고학적 운용의 실질적 순서와 논리적 또는 개념적 순서를 구분하고, 많은 경우 이 둘은 서로를 반영하지만 꼭 그래야 할 본질적인 이유는 없다. 그러나 개념적 순서라는 사고는 고고학에 지배적인 영향을 미쳤고 현재도 여전히 그러하다. 고고학적 과정에 대한 호더의 해석학적 접근은 전통적으로 선형적이고 분절화된 접근을 보다 명시적으로 재가공한 것 중 하나이고, 하덴함에 있는 신석기시대 둑이 돌아가는 울타리에 대한 해석 제시에서 가장 잘 드러난다(Hodder 1992: 213-240; 1999: 34-40). 분명 상호 연계되고 보다 광범위한 통합체를 표현하지만, 호더가 제안한 해석학적 나선에서는 현장작업, 분석, 해석에 대한 전통적인 구분이 통합된다. 그런데 호더는 이에 신석기

시대 울타리와 같은 유적 이해를 위한 정보를 제공하는 보다 광범위한, 일련의 배경 지식이라는 네 번째 영역을 추가한다(도면 17). 이 폭넓은 배경 지식은 현장작업 전과 해석 이후에도 존재하고, 고고학자는 자신의 현장작업과 해석이 그와 같은 폭넓은 맥락에 차이를 낳기를 바란다. 이는 오래된 선형 모델 대신 원으로 파악될 수도 있다. 호더는 의도적으로 나선이란 표현을 사용하였는데 특정한 연구와 일반적 지식의 언접을 통해 나타나는 움직임이나 변화를 강조하기 위해서였다. 그러나 다소 역설적인 것은 이 모델은 그 구조에서 고고학적 과정에 대한 몇 십 년 전 클라크의 흐름 모델과 매우 유사하다는 점이다. 호더는 이를 그의 책 *고고학적 과정 The Archaeological Process* 에서 실제로 재생산한다(Hodder 1999: 4). 이는 양자 간의 중요한 차이를 부인하자는 것이 아니다. 클라크의 모델에서 자료와 이론은 고고학적 과정에서 서로 다른 단계로 구분되었지만, 호더는 자료와 이론은 모든 단계에서 서로 얽혀 있다는 것을 분명히 하였다. 그러나 단계의 구분 자체는 단계가 반복적이고 역동적인 과정의 일부라는 일반적 개념처럼 손상되지 않은 채로 남아 있다.

그와 같은 구조는 고고학에서의 과학적 관행에 대한 앤드류 존스의 매우 매력적인 연구에서도 찾아볼 수 있는데, 여기서 존스는 고고학적 과정에 의해 생성된 파편화의 효과를 강조한다(Jones 2002: 39-49). 호더처럼 존스는 해석이란 고고학적 과정의 모든 단계에서 일어난다고 논하고, 지난 세기 다양한 전문화로 인해 파편화된 고고학 관행을 재통합하는 것이 중요하다고 강조한다(Lucas 2001a: 65-74 참조). 그러나 선형성이란 개념은 여전히 함축적인 채로 남아 있고 선형성이 고고학자가 하는 것을 정확하게 묘사하는가라는 문제를 불러온다. 물론 어느 정도는 선형성이 고고학자가 하는 것을 묘사하는데, 고고학자는 발굴하고 처리하여 그 결과를 쓴다. 그러나 선형성이라는 개념은 훨씬 더 복잡한 관행의

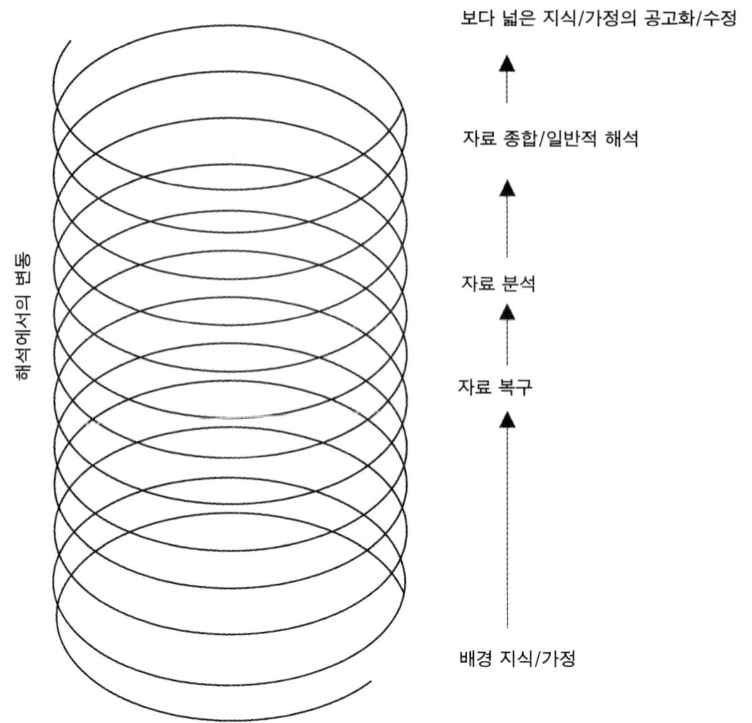

도면 17　고고학적 운용에 대한 호더의 버전
해석학적 나사(Hodder 1992 수정)

연결망을 지나치게 단순화하는데, 선형성이라는 개념의 기저가 되는 것
이 고고학적 과정에 대한 실질적이기보다는 개념적인 관점이기 때문이
다. 고고학적 과정이 일련의 관행보다는 주로 논리, 추론, 해석 과정으로
서 고려되고 있는 것이다. 그렇다고 하여 관행이 무시된다는 것은 아닌
데, 이는 호더와 존스의 예를 통해 분명히 알 수 있다. 다만 관행이 지적
과정에 종속된다는 것이다. 클라크와 호더 사이의 중요한 철학적 차이에
도 불구하고 양자 모두 고고학적 과정을 지적 노력으로 여기고, 그러한
지적 노력이 관행을 통해 표현되더라도 관행 자체를 출발점으로 삼지는

않는다.

위와 같은 관점이 처음으로 변하게 된 것은 호더의 학생이었던 생스와 틸리를 통해서이다. 이들의 기존 공동 연구(e.g. Shanks and Tilley 1987)에서도 관행으로서의 고고학이 분명히 강조되지만 고고학적 운용에 대한 보다 관행-기반적 접근은 그 이후에 이루어진 이 둘의 개별적 연구에서 찾아볼 수 있다. 그 중 하나는 1989년에 공간된 틸리의 논문 '무대로서의 발굴'인데, 여기서 틸리는 발굴 및 유적 보고서와 관련하여 대본과 공연의 관계를 뒤집어 현장작업을 극적인 공연에 비유한다(Tilley 1989: 278). 역동적인 물질적 잔존물 생산으로서의 발굴에 대한 틸리의 기술은 결정적인 전환점이 되지만 그 논의에서 매우 일반적인 수준에 머문다. 틸리는 남서부 영국의 선사시대 경관에 대한 프로젝트의 일부로서 이루어진 바바라 벤더, 수 해밀튼과의 공동작업에서 그러한 주제를 훨씬 더 심도 깊게 고찰하였다(Bender et al. 1997, 2007). 마이클 생스는 다소 상이한 경로를 취해 공예로서의 고고학이라는 개념을 전면에 내세워 1990년대 전반 이후의 그의 연구물에서 명확히 제시하였는데, 특히 *과거 경험하기 Experiencing the Past* (Shanks 1992)라는 책에서 그러하였다. 그러한 개념이 가장 간단명료하게 제시된 것은 랜달 맥과이어와의 공동 논문이다. 이 논문은 원래 1991년 아메리카 고고학 대회에서 발표되었지만 5년이 지나서야 '고고학 공예'라는 제목으로 공간되었다(Shanks and McGuire 1996). 이 논문에서 이들은 고고학을 '문화적 생산이나 기술의 양태'로 보아야 한다고 주장한다(Shanks and McGuire 1996: 76). 이 논문은 고고학은 추상적이고 지적인 훈련이기보다는 사회적으로 내재된 관행, 즉 '공예'라는 관점에 의해 고무되었다. 이러한 관점은 사회학과 과학철학 분야에서 증대한 연구물, 특히 과학 및 기술 연구와 관련된 것의 영향을 받았다(ibid.: 79; Lynch and Woolgar 1990).

공예로서의 고고학에 호소하는 것은 사회학적 사고에 대한 라이트 밀의 연구(Mills 1970: 215-248; 그리고 Ingold 2008: 83-86 참조)나 역사학적 사고에 대한 콜링우드의 연구(Collingwood 1946: 213-249)와 같은, 인문학의 연구 방법에 관한 이전 견해와 통하는 바가 있지만, 생스의 개념은 그 폭이 훨씬 넓다. 게로(Gero 1985)를 따라 생스와 맥과이어는 고고학적 과정에 대한 전통적인 모델에 적용된 함축적인 학문적 평가 위계를 비판하였다. 그러한 위계에서는 바닥 단계에서의 현장작업 및 분석과 그러한 작업을 하는 이들이 정상에서의 이론과 종합 작업보다 낮게 평가된다:

> 이러한 상품 생산의 과학적 양태에서 상위의 분석 수준은 그 관행에서 하위의 분석 수준의 산물을 각기 전용하여, 이론가는 선사학자보다 큰 명성을, 현장 지휘자는 실험실 조교보다 높은 위치를, 종합자는 동물상 분석가보다 많은 주목을 얻거나 받는다. 고고학 관행은 운영하고 위원회에 참석하며 종합, 일반화, 이론화하는 이들과, 분류하고 파며 식별하는 이들로 구분된다.
>
> (Shanks and McGuire 1996: 82)

이에 반해 생스와 맥과이어는 고고학적 관행을 비선형적이고 비위계적인 것, 이론적이면서 동시에 실질적인 여러 상이한 활동으로 구성된 것으로 보고자 한다: "최종 산물에 이르는 하나의 옳은 경로란 있을 수 없다. 편 세척에서부터 이론 구축에 이르기까지 고고학적 관행에 위계란 없다"(ibid.: 83). 생스는 이러한 사고를 최근 수행 개념을 통해 더욱 비정통적인 방향에서 추구하였다(Pearson and Shanks 2001; Shanks 2004).

생스의 연구는 고고학의 사회정치적 성격을 인지하고자 하는 보다 폭넓은 움직임의 일부로 고려될 수 있다. 이러한 운동에서는 지식 생산이 현재의 위치지어진 관행의 측면에서 이해되어야 한다. 유사한 움직임이 북미에서 여성주의적 관점 및 젠더 관점에서 나타났는데, 특히 조안 게로의 연구에서 그러하다. 고고학의 사회정치적 맥락을 강조하면서 게로와 그녀의 동료 굿윈은 아르헨티나 고-인디언 유적에서의 젠더화된 지식 생산에 관한 연구를 수행하였다(Gero 1996; Goodwin 1994; 그러나 Politis 2001 참조; 또 Moser 2007도 참조). 게로에게 있어 이 연구 및 그 후속 연구에서 나타난 핵심 주제 중 하나는 모호성과 확실성에 관한 문제이다(Gero 2007도 참조). 문화적 생산으로서의 고고학적 운용이라는 이 모든 사고의 발전은 지극히 중요하고, 이에 영향을 미친 여러 같은 성격의 연구가 이 책의 논의에 핵심적인 역할을 한다. 특히 고고학적 관행의 비선형적 특성과 사회적 특성이 강조될 필요가 있다. 그런데 고고학적 운용에 대한 필자의 관심은 원래 다른, 세 번째 각도, 즉 고고학적 관행의 물질성과 이를 통해 고고학적 담론이 구성되는 방식에서 유래했다(Lucas 2001a, 6장; 2001b). 이러한 세 가지 관심사 모두 서로 연관되어 있으므로 이 장의 나머지 부분에서는 이들의 교차에 대해 상술하고자 한다. 이를 위해 그러한 접근에 대한 철학적 배경 요약으로 시작하는 것이 유용하다.

고고학적 운용 재고

1980년대 후반 이후 구성주의적 전환의 영향을 받아 고고학적 지식은 단순히 발견되는 것이 아니라 만들어지고, 단지 증거와 검증의 내적 문제에 관한 것이 아니라 지식이 생성되는 사회적, 정치적 상황과 같은 외적 문제에 관한 것이기도 하다는 인식론이 주요해졌다(e.g. Hodder 1984; Shanks and Tilley 1987: 186-208; Wylie 1992a, 1996). 그러한 전환은 사회과학과 인문과학을 가로질러 공통적으로 이루어졌고, 그 주요 요소 중 하나는 단지 지적 운용으로서보다는 관행의 한 형태로서 학문적 지식에 초점을 두는 것이었다. 미셸 드 세르토(de Certeau 1988)는 역사에 대한 프랑스 이론, 특히 *지식의 고고학 The Archaeology of Knowledge* (Foucault [1969] 2002)의 영향을 받은 중요한 초기 시각을 제공한다. 이 책에서 푸코의 주요 관심사는 역사에서의 담론의 성격을 검토하고 동시에 그의 이전 연구에 대한 이론적 기반을 제공하는 것이었다. 그러나 전반적으로 푸코의 책은 당시 역사가 겪고 있는, 푸코가 인식론적 돌연변이라고 본 것, 즉 기록물을 역사 쓰기에서의 출처로 보는 인식론에서 기록물을 기념물로서 연구한 인식론으로의 돌연변이를 성안하기 위한 시도였다. 그러한 돌연변이에 의해 역사는 기억 작업의 형태를 띠게 된다 (Foucault 2002: 7-8). 드 세르토는 그의 중요한 논문 '역사 쓰기 운용'에서 위와 같은 사고를 취하는데, 이 논문은 원래 1974년에 공간되었다. 이 논문에서 드 세르토는 역사 쓰기 운용이라는 개념을 역사학이 수행되는 장소나 사회 제도, 사용되는 분석 절차, 그 산물로서의 텍스트라는 세 요소들 사이의 관계를 통합하도록 확장한다(de Certeau 1988: 57). 드 세르토의 접근은 순전히 인식론적인 관점의 한계를 넘어 역사적 관행에 대한 매우 광범위한 개념을 포용한다는 점에서 놀랍도록 그 시대를 앞선 것이었다. 특히 중요한 것은 역사학자의 일차적 자료인 기록물을 아카이브의 조성과 아카이브의 형태가 역사적 작업에 영향을 미치는 방식을 통해 구성된 것으로 보는 것이 지니는 중요성에 대한 그의 강조이다(ibid.: 72-77).

역사 쓰기 운용에 대한 드 세르토의 논의는 지극히 중요하지만 과학적 운용에 대한 브루노 라투어의 연구에 의해 다소 가려졌다. '활동 중인 과학'에 대한 라투어의 연구는 여러 다른 학자들의 연구와 함께 역사

보다는 과학 관행에 대한 글쓰기 장르의 정밀화와 확장을 낳았다. 이들의 여러 통찰은 다른 분야에도 적용될 수 있지만 말이다. 과학적 운용에 대한 위와 같은 연구는 탈실증주의라고 불리는 역사학과 과학철학의 일반적 전개의 일부를 이룬다. 탈실증주의는 1960년대 등장하여 토마스 쿤의 획기적인 연구물인 *과학 혁명의 구조 The Structure of Scientific Revolutions* (Kuhn 1962)에서 특히 두드러진다. 1970년대 대개 '구성주의적'이라고 광범위하게 분류되는 다양한 접근이 개발되었다. 중요한 측면에서 서로 다르기는 하지만 이들은 공통적으로 인식론적인 문제를 과학이 실제로 수행되는 방식 안에 재배치하여 인식론적인 문제에서 과학철학을 분리하거나 적어도 인식론적인 문제를 더욱 문제화하였다. 그 차이는 주로 지식 사회학에서의 에딘버그 학파의 전통적인 사회학적이고 역사학적인 접근(e.g. Bloor 1976; Shapin and Schaffer 1985)에서부터 보다 상세한 민족지적이고 미시적인 연구(Knorr 1981; Knorr-Cetina 1999; Latour 1987; Latour and Woolgar 1986; Lynch 1985; 매우 훌륭한 개관으로 Golinski 1998; Shapin 1982, 1995 참조)에 이르기까지 관행이 받아들여지는 방식에 있다. 여러 철학적 입장에서 본 과학적 관행의 다중적 측면(e.g. 현장, 기입, 도구)에 대한 문헌이 풍부하지만, 지금은 고전이 된 라투어의 책 *활동 중인 과학 Science in Action* (Latour 1987)은 최근까지 가장 명확하고 종합적인 정보를 제공한다.

위와 같은 통찰을 통해 현장작업은 자료 수집이라기보다는 필요한 한 또는 가능한 한 그러한 개입이 이루어지고 유지되게 하는 여러 요소들(e.g. 사람, 트라울, 자동차, 테잎, 돈)을 동원한 현장이나 공간에 대한 개입임을 알 수 있다. 그러나 이는 문제의 절반만 설명할 뿐인데, 현장작업에는 개입만 수반되는 것이 아니기 때문이다. 이에는 현장작업 관행의 결과로 그리고 현장작업 관행을 통해 생성된 물건(e.g. 도면, 표본, 사진, 발견물)이라는 넓은 의미에서의 유물 생성도 수반된다. 이러한 물건은 아카이브라 불릴 만한 것을 구성한다. 이러한 과정에서 새로운 물질 유형이 생성된다는 점에서 이는 물질화 과정을 통해 일어난다고 할 수 있다(e.g. Lucas 2001a, 6장; 2001b 참조). 그렇게 생성된 유형 또는 아카이브 자체가 이동적인데, 이들은 박물관이나 강당과 같은 다른 장소나 현장으로 옮겨져 유형 생성이나 유지로 이어질 수 있다. 이처럼 현장작업은 정부 부처, 유산 기관, 고고학적 조직, 지방 자치 단체, 은행처럼 고고학적 현장 밖의 여러 장소와 관련될 수 있고, 이는 과학적 학문으로서의 고고학이라는 안과 사회라는 밖 사이의 구분을 완전히 분열시킨다.

여기서 두 가지가 강조되어야 한다. 첫째, 고고학적 현장작업에 대한 위와 같은 관점은 기술과 해석을 둘러싼 논쟁에 포함된 인식론적 문제와 구별되는, 현장과 고고학적 증거의 물질적 구성에 초점을 둔다는 점에서 기존 연구와 다르다. 이는 필자의 독창적인 생각은 아니고, 이와 관련하여 매트 에지워쓰의 연구가 특별히 언급될 필요가 있다. 1991년에 완성된 그의 박사학위논문 연구의 일부로서 원래 수행된, 고고학적 발굴에 관한 그의 분석은 현재까지도 참신하고 이에 필적할 만한 연구는 거의 없다. 최근에 와서야 공간된 이 연구는 물질적 관점에서의 고고학적 운용에 대한 뛰어난 분석이고 시대를 꽤 앞선 것이다(Edgeworth 2003). 이 책이 지닌 몇 가지 문제점 중에서도 노골적인 이분화를 피하고자 하는 명시적인 시도에도 불구하고 여전히 그러한 경향을 보인다는 문제가 있지만, 이 책은 영국 청동기시대 유적 발굴 참여-관찰자의 시각에서 고고학적 사실이 현장에서 어떻게 생성되는가에 대한 가장 훌륭하고 지속적인 분석 중 하나를 제공한다. 위와 같은 맥락에서 이론적으로 보다 정교해진 최근의 연구로 발굴에서 사람과 사물 사이에 이루어지는 상호 구성적인 관계에 주목한 톰 애로우의 연구(Yarrow 2003, 2006, 2008; 그리고 Edgeworth 2006의 논문도 참조), 고고학적 기록과 그 아카이브 사이의 변형적 관행에 대한 팀 웹무어와 크리스 위트모어의 연구(Webmoor 2005; Witmore 2004, 2009)가 포함된다.

두 번째로 강조되어야 할 사항은 필자는 고고학적 증거가 구성된다고 주장하는 것이 아니라는 점이다. 적어도 통상적인 의미에서는 말이다. 고고학자는 고고학적 자료를 발명하거나 창조하지 않는다. 고고학적 자료는 고고학자의 생각에서 나온 허구나 사회적 구성물이 아니다. 그렇다고 하여 단지 주어진 것만도 아니다. 고고학적 자료는 땅 아래와 위에서 이루어지는 고고학적 개입에 의해 동원되는 몸 그리고/또는 물건 유형의 물질적 상호작용을 통해 생성된다. 이처럼 여기서 사용되는 아카이브라는 개념에서는 토기편과 유적 평면도, 토양 표본과 사진이 분리되지 않고, 통상적으로 고고학에서 따로 떨어뜨려진 범주, 즉 실제 잔존물과 그에 대한 고고학적 기록이 서로 뒤섞인다. 다음 절에서는 이에 대해 보다 자세하게 살펴볼 것인데, 개입, 보다 구체적으로는 생산의 한 양태로서 고고학적 기록에 대해 고찰함으로써 시작할 것이다. 그 다음 절에서는 아카이브라는 산물에 대해 논하고 다른 유적에서 자신을 순환시킬 수 있는 이동적인 유형으로서의 그 기능을 고려할 것이다. 전체적으로 이들은 고고학적 경제의 일부라고도 부를 수 있는 것을 형성한다.

현장에서의 고고학적 생산 양태

자주 인용되는 학문으로서의 고고학의 즐거움 중 하나는 고고학에는 물리적 작업이 수반된다는 점이다. 이러한 물리적 작업이 선사시대 도랑의 한 부분을 삽으로 떠내는 것이든 경관을 걸어다니는 것이든 현장작업은 비현장 또는 심지어 비실험과학에 수반되는, 책상 주위에서 주로 이루어지는 관행과 크게 다른 개입 행위이다. 그러나 여기서 필자의 의도는 학문 간 차이를 지나치게 강조하는 것이 아니라 물질적 개입으로서 고고학적 현장작업이 지닌 특정한 성격에 초점을 두는 것이다. 특히 물건과 몸의 동원으로서의 고고학적 개입이 유적과 아카이브를 어떻게 중재하는지를 고찰할 것이다. 여기서 짚고 넘어가야 할 명백한 사항 중 하나는 상이한 기술이 상이한 유적을 생성하는 것처럼 유적에 모아진 물건의 성격은 개입의 성격에 영향을 미칠 것이라는 점이다. 예를 들어 전자 측량기를 사용한 유적 발굴 계획에서는 그리드 구획용 못의 필요가 감소되고 이는 다시 유적 공간에 대한 고고학자의 지각을 완전히 바꾸어 놓는다. 마찬가지로 사진을 통상적으로 사용하게 되면서 사진을 찍기 전에 청소하는 관행이 시작되었을 뿐만 아니라 발견물의 위치와 트렌치 모서리의 깔끔함에 영향을 미친 완전히 새로운 일련의 미학이 요구되었다(Chadha 2002; Witmore 2009: 529-530). 기술 자체보다 더 중요하지는 않더라도 마찬가지로 중요한 것은 기술이 유적 생성에 동원되는 방식이다. 북미의 단위-수준 접근을 사용한 유적 조사와 단일-맥락 방법을 사용한 유적 조사에서는 동일한 도구 세트가 서로 매우 다른 방식으로 사용되어 매우 달라 보이는 유적 그리고 그에 따라 매우 달라 보이는 아카이브를 생성해 낼 수 있다.

한 유적이 취하는 물질적 형태가 아카이브를 생산하는 만큼 통상적인 인과의 연쇄를 뒤집어 아카이브에 의해 생산된다고도 할 수 있다. 예를 들어 19세기 폼페이와 헤르쿨라네움에서의 발굴 방법이 어떻게 18세기 웨버에 의해 만들어진 축측 도면의 영향을 받았는지를 고려해 보는 것도 흥미로울 것이다. 1730년대에서 1750년대 사이 폼페이 발굴은 전면적 제거에 의해서보다는 재를 통한 터널링 방법으로 이루어졌다. 그 결과는 대부분 매우 혼란스러운 것이었는데 건물에 대한 지식이 없는 방문자들에게 특히 그러하였다. 건물과 도시가 완전히 제거된 오늘날 폼페이와 헤르쿨라네움 주위를 걷는 것은 완전히 다른 경험이다. 흥미로운 것은 이러한 전이에서 아카이브가 했을 수 있는 역할이다. 스위스 공학자 칼 제이콥 웨버가 1750년대 고용되어 두 유적에서 작업을 하였는데, 웨버는 발굴 방법을 향상시키기는 했지만 여전히 터널링 방법을 사용했다. 보다 영향력 있던 것은 그의 높은 수준의 계획이었는데, 이에 적용된 측면투상법은 고고학에서 측면투상법이 사용된 첫 번째 예였다. 이 기술은 건축가와 군사 공학자에게서 빌려온 기술인데 이들은 이 기술을 16세기 전반부터 사용해 오고 있었다(Parslow 1995: 168-170). 그러한 기술은 잔존물 자체에서는 결코 찾아볼 수 없고 웨버의 건축학적 도면을 통해서만 보일 뿐이다. 그러나 일단 그러한 도면이 존재하게 되자 같은 방식으로 실제 건축물을 보아야 할 필요가 생기게 되었고 그래서 터널링에서 전면 발굴로 발굴 방법을 바꾸게 되었는데 이에는 1860년대 피오렐리가 선구적인 역할을 하였다.

이처럼 유적과 아카이브 모두 개입 행위를 통해 동시에 생성된다. 수혈 횡단면, 도랑 사이의 1m 통로, 표토가 제거된 유적, 이 모든 것에서 '자연적인' 것이란 없다. 고고학적 개입이 없었다면 이들이 그렇게 보이게 되는 일은 없었을 것이다. 발굴 그리드와 날짜에 따라 정렬된 현장 수첩은 한 묶음의 맥락 용지와 매우 달라 보이고, 각각은 매우 상이하고 특정한 개입 양태와 관련된다. 그런데 필자는 특정한 개입 전통 간 차이보다는 개입이 유적과 아카이브를 중재하는 방식의 일반적 과정에 관심이 있다. 이를 분해와 모으기라는 두 관련된, 매우 물질적인 과정으로 보고자 한다.

현장작업, 구체적으로는 발굴을 분해로 보는 것은 과학적 절차를 환원주의적인 것으로 보는 관점과 통하는 바가 있다. 화학자가 전체를 이해하기 위해 물질을 원자적 요소로 분해하는 것처럼 고고학자는 유적을 전체로 이해하기 위해 분해한다. 기계 굴착기를 사용하는 것에서 이쑤시개를 사용하는 것에 이르기까지 실체를 분해하는 여러 상이한 방법이 있다. 흙을 삽으로 퍼내거나 체로 칠 수 있으며 한번에 제거하거나 일정한 규격에 따라 제거할 수 있다. 실체 분해에는 여러 변이와 가능성이 있고 실체 분해 방식은 실체의 내용을 특징짓는 방식에 영향을 미친다. 이는 층위학과 표본추출 방법론 문제에 있어서의 주요한 관심사이다. 그러나 이러한 환원주의에 대한 공통적인 비판은 마지막 통합의 결여, 즉 일단 부분들이 분리되면 그걸로 충분하다는 태도이다. 그래서 전형적인 발굴 보고서에는 층위, 발견물, 동물 뼈, 식물 잔존물, 토양 등에 대한 상이한 절이 있고, 통합은 이루어지지 않거나 편년과 같은 최소의 수준에서 이루어진다(Jones 2002: 40-50). 이는 일반적으로 분석과 종합 사이의 지속적인 변증법 또는 해석학, 그 작동을 보기 위해 무언가를 분해할 필요, 그리고 반대로 부분은 전체로 함께 소속되고 이것이 어떠한 의미를 지니게 되는 것은 부분들이 서로에게 관련되는 한에서라는 사실을 잊지 않기 위한 필요로 이해된다.

고고학적 과정에 대한 위와 같은 현대적 시각은 탈실증주의적 인식론과 맞는다. 이러한 시각에서는 현장작업이나 연구실 작업이 중립적이거나 객관적인 자료 수집을 통해 구성되었다가 이후 해석적인 분석과 종합 과정을 거치는 것이 아니라 상이한 수준에서이기는 하지만 마찬가지로 해석적이다. 그러나 이와 같은 시각에서는 현장작업의 구성적인 부분으로서 물질적 파편화와 재조립이 담당하는 중요한 역할을 인식론적인 것이 아니라 존재론적인 것으로 보아 인식론적인 논의에서 생략하는 경향이 있다. 현장작업은 근본적으로 물질적 해체와 조립이라는 이원적 과정에 관한 것이다. 물건을 분리 그리고/또는 해체 후 그룹화하는 물질적 행위에는 토기나 뼈, 사진과 도면에 대한 새로운 유형 생성이 수반된다(도면 18). 아카이브에는 발견된 물건과 만들어진 물건, 토기편과 도면이 통합되어 있지만, 여기서 문제가 되는 것은 이들을 구별하는 것보다는 양자가 동원되어 새로운 유형이나 유형 세트를 생성한다는 것을 이해하는 것이다. 이처럼 새로운 유형이나 유형 세트는 현장에서 다른 곳으로 옮겨질 수 있고, 이는 라투어의 변경 불가능한 이동적인 것들이다. 다른 방식으로 표현하자면, 필자의 이전 연구에서 논의된 것처럼, 아카이브는 반복적인 유적 분석을 가능케 하여 고고학자는 아카이브나 출판물을 통해 유적을 계속해서 다시 방문할 수 있다(Lucas 2001a: 212-214). 반복 가능성과 이동성은 아카이브를 정의하는 핵심적 특징 중 둘이다. 아래에서는 이 분해와 모으기라는 주제에 대해 한 과정씩 자세히 살펴

도면 18 **모으기 과정**
　　아이슬란드의 중세 후 유적 출토품 분류 (저자 사진)

보기로 하자.

::분해

물질적으로 얘기해서 도대체 고고학자는 현장에서 무엇을 하는가? 이는 분명 현장작업의 성격에 달려 있다. 다양한 형태의 지형 또는 원격 조사와 같이 어떤 개입은 유적에 별다른 물질적 효과를 남기지 않기 때문이다. 그러한 경우 개입은 주로 모으기에 관한 것이다(다음 절 참조). 그러나 다른 형식의 현장작업은 유물의 지표 수집에서와 같이 최소한으로든 총체적 발굴에서와 같이 최대한으로든 장소의 특성을 물질적으로 변경한다. 그러한 경우 개입은 대개 물질적 전치 또는 보다 구체적으로 분해에 관한 것으로서 전치와 부분적 재결합이 잇따른다. 생각해 보면 고고학자가 발굴에서 하는 것은 물질의 연속적인 덩어리를 보다 작은 덩어리로 쪼개는 것이라고 할 수 있다. 고고학자는 유적의 표면에서 유적과 마주치게 되고 유적은 자신을 하나의 단단하지만 이질적인 실체로 제시한다. 고고학자가 가장 먼저 하는 행위는 개입 지대를 정함으로써 이러한 물질적 연속체의 경계, 발굴의 한계를 정하는 것이다. 잇따른 행위를 통해 더욱 더 경계가 지어지고 그 지대의 보다 작은 분절들이 제거되는데, 이는 대개 토양에서 감지되는 차이(e.g. 상이한 층들)에 따라 이루어진다. 또 결정적으로 각 분해 행위 이후 남아 있는 물질적 연속체는 그 형태를 바꿔 새로운 한정 가능성을 제공한다. 이러한 방식으로 새로운 층 또는 물건이 계속해서 등장하는데 이는 분해 순서에 의해 부분적으로 결정된 방식으로 이루어진다. 고고학자는 자주 물건, 즉 퇴적물 주위의 배경 그리고/또는 현장을 분해하거나 한 물건의 출현을 위해 다른 퇴적물을 제거할 필요가 있다.

이는 움직임이라는 고고학적 개입의 중요한 측면을 부각시킨다. 움직임은 상이한 방식으로 사고될 수 있다. 한 수준에서 움직임은 단순히 현장작업이 이루어지는 템포나 스피드일 수 있다. 예를 들어 단기적이고 일회적인 프로젝트보다 장기적이면서 계절적인 프로젝트가 지니는 이점 중의 하나는 계절 사이의 시간이 물질을 연구하고 현장작업의 결과와 방향에 대해 비판적으로 성찰하기 위해 사용되어 발굴 이후의 분석이 발굴 전략에 반영될 수 있다는 점이다. 이는 보다 압축된 프로젝트에서 불가능한 것은 아니지만 빨라진 작업 속도 때문에 훨씬 더 어려워진다. 존슨은 영국의 경관 조사 전통 그리고 동일한 장소로 반복해서 돌아가는 것이 어떻게 발굴과 판이한 독특한 개입 형태를 만들어내는가에 대해 유사한 주장을 한다(Johnson 2007). 움직임의 또 다른 측면은 움직임의 정도이다. 그래서 경관-기반 프로젝트에는 단일-유적 발굴에서보다 훨씬 더 이동적인 개입이 수반되는데, 단일-유적 발굴은 경관-기반 프로젝트에 비하면 거의 정착적이고 유적에 대해 매우 상이한 관점을 드러내는 경우가 많을 수 있다(e.g. Bradley 2003). 물론 보다 일반적으로 지표조사와 발굴 현장작업 관행은 서로 매우 상이한 형태의 개입을 수반하여 고고학자들을 거의 적대적인 집단으로 나누는 경우도 많다(e.g. Bender et al. 2007: 247-248, 253-257). 움직임의 세 번째 측면은 방향성이다. 이는 지표조사와 발굴 모두에서 결정적이지만 서로 판이한 방식으로 그러하다. 틸리의 지표조사 작업은 움직임의 방향성이 어떻게 동일한 경관에 대한 매우 상이한 경험을 만들어 내고 상이한 세부 사항을 드러낼 수 있는지를 보여 준다. 발굴에서 층위는 개입 과정에서의 방향성을 결정하는 주요 요인이다. 그러나 여러 유적, 특히 경작-지대 유적에서는 유구가 주로 수평적으로 배열되어 있어 발굴 순서를 보다 자유롭게 결정할 수 있다. 에지위쓰는 한 부분을 다른 부분보다 먼저 파야 할 층위적 이유가 없음에도 불구하고 유적의 특정 부분을 먼저 발굴하는 것이 유적의 다른 부분에 대한 이해에 영향을 미치는 방식에 관한 몇몇 흥미로운 예를 제공한다(Edgeworth 2003).

속도, 정도, 방향이라는 움직임에 관한 이 세 가지 측면이 지표조사와 발굴 모두에서 고고학적 개입의 특성을 이해하는데 중요하지만, 이는 분해라는 이 절의 주요 주제에서 벗어나는 것이다. 다시 되돌아가야 할 점은 분해가 어떻게 유적이라는 물질적 연속체에서 나온 별개 물건의 식별 및 묘사와 불가분적으로 엮이게 되는가이다. 한정과 분해가 발굴 동안의 재귀적 과정에서 엮이게 된다면, 이는 분리라는 또 다른 행위에 있어서도 마찬가지이다. 퇴적물이 분해될 때 퇴석물은 굴착기, 삽, 트라울, 체와 같은 수단 중 어떤 것이 사용되느냐에 따라 크고 작은 부분들로 축소된다. 이 모두는 토양을 상이한 방식으로 쪼개고, 이와 연합된 분리라는 행위에도 영향을 미친다. 이러한 분해 과정 동안 물질적 덩어리의 대부분이 파내어진 흙더미로 이동된다. 반면 발견물이나 표본과 같은 어떤 구성물은 가방에 담겨 꼬리표가 붙여지는데, 이 경우에는 분리도 동시에 이루어진다. 처음에는 같은 가방에 담긴 발견물과 표본은 도자기, 뼈, 석기와 같이 상이한 물질이나 개별적 파편이 분리됨에 따라 분해의 또 다른 단계를 거치고, 반면 토양 표본은 플로테이션 기계에서 부유물과 침전물로 분해된다. 이러한 측면에서 개입으로서의 고고학은 분해라는 일련의 관행으로 고려될 수 있지만, 여기서 결정적으로 분해는 발굴에서 생성된 물건을 정의하는 한정과 분리 행위에 의해 매개된다.

한정과 분리라는 행위는 유적과 아카이브 사이에 필요한 연계를 제공하여 중요하고, 하나에서 또 다른 하나로 부분이나 속성의 전달을 가능케 한다. 단단한 토양 덩어리를 분해하는 과정에서, 발견물과 표본에서 토양을 분리할 때 유적의 부분은 아카이브의 부분이 된다. 한 층을 분해할 때, 층의 경계를 한정할 때, 손가락으로 층의 일부를 부수어 가루로 만들 때 차원이나 질감과 같은 층의 속성은 도면과 단어를 통해 종이로 옮겨진다. 다시 말해 분해는 동시에 모으는 행위의 시작, 즉 아카이브 모으기의 시작이다.

::모으기

현장 아카이브에 대한 통상적인 이미지는 기록, 즉 고고학자가 현장에서 관찰하는 것에 대한 표상이라는 이미지이다. 이러한 기록의 중요성은 이러한 기록이 현장에서 마주친 물리적 잔존물의 사본으로 여겨진다는 사실에 있다. 통상적인 고고학적 담론에서 이러한 모사는 객관성과 정확성으로 특징지어진다. 아카이브가 원본에 가까울수록, 즉 유적 재생산에 가까울수록 더 좋다는 것이다. 아카이브는 원본과 같이 되려 하고, 이것이 아카이브의 주목적이다(Roskams 2001: 35). 새로운 기록 기술이 새로운 모사 가능성을 제공함에 따라 이러한 목적은 종종 아카이브의 급증, 그 규모의 계속적인 성장으로 이어진다. 그러나 이러한 개념에는 두 가지 문제가 있다. 첫 번째 문제는 모사 개념 자체에 내재적이다. 아카이브가 사본으로 여겨지기 때문에 아카이브는 항상 원본과 같아지려 노력해야 하는 부담을 지니지만 동시에 정의상 아카이브는 원본과 결코 같아질 수 없다. 따라서 아카이브는 언제나 원본에 보충적인 것, 부수적인 것이고 그 자체로는 부족한 것으로 여겨질 것이다(Derrida 1996). 두 번째 문제는 의미론적 상승 문제와 관련된다(Baird 2004; Gooding 1990; Quine 1960: 271-276). 즉 세계와 그 세계에 대한 이야기 사이의 존재론적 분열, 토양, 뼈, 석기와 그에 대한 고고학자의 도면 및 기술 사이의 존재론적 분열을 어떻게 가로지를 수 있을까? 이는 기본적으로 표상의 문제이다. 아카이브는 겉으로 보기에 아카이브가 모사하고자 하는 것과 완전히 다른 성격을 지니고 있다. 여기서 아카이브는 읽혀지도록 의도된 일련의 기입이고, 아카이브가 모사하고자 하는 것은 물리적 물건의 모음집이다. 여기서 아카이브라는 개념을 표상이나 모사보다는 번역이나 전이의 과정으로 다시 생각함으로써 두 문제 모두 피해갈 수 있다.

'번역'이라는 용어는 순전히 언어적 과정인 것으로 여겨지는 경향이 있어 이 용어에도 나름의 문제가 없는 것은 아니고, 또 원본과 사본에 대한 대립을 불러일으킨다. 그러나 필자는 로만 야콥슨을 따라 '번역'은 언어 내적, 간언어적, 간의미론적인 세 가지 방식으로 이해될 수 있다고 본다(Jakobson 1959). 첫 번째는 무언가를 동일한 언어로 바꾸어 말하기이고, 두 번째는 다른 언어로 바꾸어 말하기이며, 세 번째는 소설을 영화로 번역하는 것에서처럼 완전히 다른 부호 체계로 재의미화하는 것을 지칭한다. 이 중 두 번째가 번역의 통상적인 의미이고, 세 번째가 여기서 필자가 사용하는 '번역'의 의미에 가장 가깝다. 또 '번역'이라는 용어는 일정한 형식의 균형적인 운동이나 전치를 지칭하기 위해 기하학에서 사용되기도 하는데, 이 역시 개입 중 일어나는 유적과 아카이브 사이에서의 속성 이동에 관한 무언가를 포착한다. 이는 여기서 가장 중요한 문제이다. 재생산으로서의 아카이브는 의미론적 상승보다는 기둥 구멍과 같은 한 물건의 속성이 어떻게 재생산되거나 기둥 구멍에 대한 도면으로 변형되는가에 관한 것이다. 따라서 유적에서 아카이브로의 이동은 물질적인 것에서 개념적 또는 표상적 영역으로의 이동에 관한 것이 아니라, 한 물질적 형태에서 또 다른 물질적 형태로 물질적 속성을 번역하는 것으로 파악되어야 한다. 과학 사회학자들이 잘 논하였듯이(e.g. Latour and Woolgar 1986; Lynch and Woolgar 1990: 5-6) 고고학적 지식 생산에 대한 위와 같은 연속적 관점은 의미론적 상승의 문제를 불필요한 것으로 만든다. 이는 에지워쓰의 그렇지 않았다면 획기적인 연구가 지닌 주요한 결점이라고 할 수 있는데, 그는 그가 물질적 거래와 기입 행위라고 부르는 것 사이에 뚜렷한 경계를 긋는다(Edgeworth 2003). 발견물 가방에서 기록 용지철이나 심지어 디지털 방식으로 저장된 자료에 이르기까지 아카이 브는 유적 자체처럼 물질적이되 단지 그 물질성이 상이한 형태를 띨 뿐 이다.

위에서 제시된 의미에서 아카이브를 번역으로 재고하면 아카이브 그 리고 번역 원본과 사본 사이의 통상적인 비대칭이 뒤흔들리게 된다. 번 역 과정에서 일어나는 것은 일방향적이 아니라 양방향적이기 때문이다. 즉 아카이브는 유적과 관련하여 단순히 수동적인 역할을 하는 것이 아 니라 유적 자체에 다시 영향을 미친다. 이러한 과정은 활동적인 모사라 는 사고를 나타내는데, 이는 발터 벤야민의 예술과 관련한 기계적 재생 산에 대한 논의와 마이클 터우시그의 모방 개념에서도 볼 수 있다(Benja-min 1992: 211-244; Taussig 1993). 단면도를 고려해 보자. 통상적으로 단면 도는 퇴적물 또는 일련의 퇴적물의 횡단면을 나타낸다고 여겨진다. 그러 나 단면도를 그리기 위해서는 우선 땅 속에 수직면을 준비해야 한다. 땅 속을 이러한 방식으로 절개하는 이유는 고고학자는 이미 토양이 마치 그림인 것처럼 읽는 것에 익숙해 있기 때문이다. 다시 말해 고고학자가 유적에 형을 부여하는 방식, 유적에 개입하는 방식은 고고학자가 유적을 번역해 읽는 바로 그 방식을 위해 계획되었다. 즉 고고학자는 유적이 아 카이브의 물질적 형태와 최대한 가까운 형태를 띠기 원한다. 그러나 정 통적인 믿음과 달리 그 역은 성립하지 않는다. 아카이브는 단순히 고고 학자가 땅 속에서 보는 것의 수동적인 모사가 아니다. 고고학자는 자신 의 아카이브의 물질적 형태에 따라 땅을 그러한 물질적 형태로 만든다 (도면 19). 이는 한 장의 모눈종이처럼 유적을 가로질러 배치된 그리드 못 이나 종이 위의 연필치럼 트라울로 층의 가장자리를 구분하는 것과 같 은 여러 다른 예들에서도 볼 수 있다.

도면 19 번역 과정

한 물질적 매체에서 다른 물질적 매체로의 속성 동원; 아이슬란드의 중세 떼장으로 축조된 경계벽의 고고학적 단면도

더 나아가 이러한 예가 부각시키는 것은 고고학적 개입 동안 유적과 아카이브를 매개하기 위해 사용되는 도구, 장비, 장치가 지니는 핵심적 중요성이다. 이들의 역할은 과학적 관행에 대한 논의에서 널리 인정되고 있다(e.g. Baird 2004; Gooding 1990; Knorr-Cetina 1999; Lefèvre 2004; van Helden and Hankins 1994). 어떤 측면에서 그러한 도구와 장비는 고고학자들이 고고학적 사이보그라고 부를 만한 것으로서 인간 신체와 상호 교환 가능한 인공기관으로 고려될 수도 있다(cf. Clarke 2003; Haraway 1991). 고고학 현장작업자는 언제나 줄자, 연필, 카메라, 트라울 등과 같은 다른 사물의 보다 큰 유형의 일부를 지닌 또는 그러한 부분으로서의 사람이지 결코 사람 자체는 아니다. 현장작업과 같은 고고학적 개입이 가능한 것은 고고학적 개입이 일련의 몸과 물건을 함께 동원하고 모으기 때문인데, 이는 전체적으로 유적이 아카이브로 번역되게 한다. 물론 이는 고고학적 혁신이 아니라 다른 분야, 특히 지도 제작과 공업적 도면에 적용된 것을 빌려 와 고고학에 적용한 것이다. 고고학자들이 현재 통상적으로 사용하는 번역 과정의 대부분은 너무나도 당연하게 여겨져 명확하고 문제가 없는 것으로 보이지만 이전에는 논쟁의 대상이었을 수 있다. 라투어의 관점에서 보자면 이들은 블랙박스화 되었다. 즉 고고학자들은 더 이상 이들이 어떻게 또는 왜 작동하는지에 대해 염려할 필요가 없고 그냥 사용하기만 하면 된다(Latour 1987; 그리고 Pinch 1985: 29-30 참조). 블랙박스에서 꺼내어진 새로운 번역 장치에 대한 보다 현재적인 예는 청동기시대 집 문 앞에서 본 경관을 기록하기 위해 사용된 목재 틀(Bender et al. 1997, 2007)이나 선사시대 울타리에서의 소리경관을 기록하기 위해 사용된 소 방울(Hamilton and Whitehouse 2006)과 같은 현상학적 전통에서의 실험적 프로젝트에서 찾아볼 수 있다.

그러나 보다 통상적인 번역 장치에서는 시각적 분야가 지배적이다.

다른 감각보다 시각 및 시각적 담론에 특권을 부여하는 것은 16-17세기 지도 제작 발달과 밀접한 관련을 지니고 있다(Lefèvre 2004; Pickles 2003). 그래서 가장 블랙박스화된 것이 시각적 번역 장치라는 점에 놀라울 것은 없다. 고고학적 평면도와 단면도를 그릴 때 현장작업에서의 물질문화는 기록과 아카이브 구성에, 땅 속에 있는 것을 기입으로 번역하는데 필수적으로 중요하다. 통상적인 방법에서 고고학자가 유적에 배치한 그리드 및 땅에 박은 물리적 못은 번역 과정에 기초적인 실마리를 제공하여 공간을 동질화하고 유적 공간을 데카르트적 그리드로 변형하는 역할을 한다. 일단 유적에 이러한 그리드 못이 박히면 고고학자는 그 유적을 종이 위로 번역하는 서막의 일부로서 유적 주위를 상이한 방식으로 움직이기 시작하고 유적을 상이한 방식으로 경험한다. 유적의 그리드는 유적과 도면의 그리드 쳐진 조각을 동등한 것, 단위가 같은 것으로 만든다. 이를 통해 고고학자는 유적이 마치 큰 한 장의 종이인 것처럼 유적에서 활동할 수 있게 된다. 이처럼 그리드 못은 번역 과정에서 일차적인 실마리이고 그리드 구획에 사용된 줄자는 그리드의 일시적인 연장이라고 할 수 있다. 계획틀은 미니어처에서도 동일한 작용을 하고 장치로서 원근화에 사용된 15세기 *그리글리아griglia*와 유사성을 지니는데 이는 알브레히트 뒤러가 그린 네 점의 원근화 중 하나이다(도면 20). 그런데 뒤러의 *그리글리아*와 고고학적인 계획틀 사이에는 사용 방식에 따른 한 가지 결정적인 차이가 있다. 전자에서 그림을 그리는 사람은 그리드를 시각적 가이드로 사용하기 위해 한 곳에서 움직이지 않음으로써 소실점을 지닌 알베르트적 투영을 생성한다(Alpers 1989: 138). 그에 반해 후자에서 도면 작성자는 거리점을 지닌 천동설적인 투영을 생성하기 위해 이동해야 한다. 1990년대 전자 지표조사 설비의 도입은 통상적인 고고학적 사이보그를 크게 재조직하여 현재 인간의 신체는 인공기관, 버튼을 누르도

도면 20 번역 장치

　　(위) 도면 작성자가 움직여야 하는 고고학적 계획틀(필자의 사진); (아
　　래) 예술가가 움직이지 않아야 하는 예술가의 관점틀(*그리글리아*; Al-
　　brecht Dürer의 1525년 *화가 설명서*의 목판화)

록 된 첨부물과 같고, 반면 새 번역 기계는 그리드 못, 자, 연필, 종이, 인
간 신체가 해 왔던 나머지 모든 일을 한다.

　　19세기 후반 전문적인 고고학의 탄생과 함께 사진기라는 시각적 기
입을 위한 새로운 번역 기계의 탄생이 있었다. 사진기는 지도 제작과 완

전히 다른 형식의 번역을 수행한다. 지도 제작이 관점과 공간에 관한 것이라면 사진은 관점과 시간에 관한 것이다. 스틸 사진이든 비디오이든 사진 번역을 특징짓는 것은 유적과 아카이브 사이의 공간적 동형성이 아니라 시간적 동형성이다. 사진은 시간상 특정한 순간 또는 순간들에서의 유적을 번역한다. 이를 통해 사진은 순간의 단명함을 포착하여 유적과 통하는 바가 있게 된다. 엘리자베스 에드워즈는 인류학에서의 사진 사용과 어떻게 사진이 오랫동안 그곳에 있지 않을 무언가를 포착하는 방식으로 여겨질 수 있을지에 관해 논했다. 사진은 구제 민족지에서 핵심적 도구였고, 에드워즈는 인류학의 대상이 인식되는 순간 사라지고 있다는 말리놉스키의 개탄을 인용한다(Edwards 2001). 이러한 맥락에서 사진기와 사진적 이미지는 이원적으로 공명한다. 현장작업의 단명함을 포착하기 위한 고고학에서의 사진 사용과 고고학적 잔존물에 대한 그 파괴적 또는 변형적 효과에 깊은 친연성이 있을 수 있다.

　지도 제작과 사진술을 통한 시각적 번역이 고고학적 아카이브의 주요한 부분을 구성함에는 의심의 여지가 없다. 그런데 시각적 번역은 텍스트를 통해, 쓰기를 통해서도 이루어진다. 퇴적물의 색상 등을 기록하는 유적 일지나 단위 형태는 시각적 특질을 위한 텍스트적 번역 생성에 의존한다. 대개 이는 일상적인 언어 사용을 통해 이루어지지만 여러 고고학자들, 특히 토양 전문가들은 이러한 번역을 돕기 위해 먼셀 색 체계와 같은 인공물을 사용한다(Goodwin 2000 참조). 유사한 인공물이 함유물의 정도 및 특성과 같은 다른 시각적 특질을 특징짓기 위해 사용된다. 그러나 텍스트적 번역은 비-시각적 감각, 특히 촉각을 통합하기도 한다. 퇴적물의 강도나 그 입자 구성은 주로 촉각을 통해 기록되고 이러한 과정을 돕기 위해 인공물이 자주 이용된다. 후각, 미각, 청각이라는 다른 감각은 훨씬 덜 일반적으로 사용되고 이는 대개 통상적인 부호화의 일부이기보다는 비공식적인 메모나 대화로 전락된다. 고고학적 번역에서 시각적 담론의 지배는 상당히 명백하다. 고고학적 기계의 거의 대부분이 시각적 현상을 기록하기 위한 것이고 새로운 디지털 기술과 함께 이러한 지배가 더욱 강조된다. 이러한 경향을 바꾸기 시작한 것은 최근의 현상학 연구이지만 그러한 맥락에서의 번역 장치는 시각적 인공물에 비해 단순하고 정교화되지 않은 경향을 보인다(e.g. Hamilton and Whitehouse 2006). 그러나 보다 일반적으로 고고학자가 현장에 관여하는 방식을 바꾸기 위한 새로운 디지털 기술의 범위는 점점 더 관심과 논의의 초점이 되고 있다(e.g. Charest 2009; Morgan 2009; Ryzewski 2009; Shanks 2009; Witmore 2006).

요약하자면 아카이브는 현장작업의 성격을 미리 형상화하거나 구성하고 기입이 그 장치의 특정한 성격 때문에 현장작업이 수행되는 방식을 언제나 앞서 결정한다. 이러한 측면에서 고고학적 개입의 전체 과정은 매우 양가적이다. 아카이브는 현장작업을 통해 생성될 뿐만 아니라 동시에 특수한 형식의 물질적 관여로서 현장작업의 성격을 구성한다. 이러한 과정에서 아카이브는 현장과 아카이브 사이의 구분 자체를 유동적이고 모호하게 하고, 아카이브가 유적을 떠나고 나서야 어떠한 구분이든지 실제로 나타난다. 아카이브를 실제로 정의하는 것은 바로 운반 가능하거나 이동 가능한 것이다. 독립적인 유형으로서 아카이브가 존재하게 되면 유적이 아닌 아카이브 중심으로 담론이 전개된다. 고고학적 담론은 주로 계획, 사진, 노트, 통계에 관한 것, 즉 원본에 관한 것이 아니라 사본에 관한 것이다. 이는 너무나도 깊게 자리잡혀 고고학자들은 더 이상 이를 알아차리지도 못한다. 어느 정도 이는 아카이브 보존이 거의 유적 보존만큼 중요한 문제로 여겨지는 방식에서 점점 더 현실로 나타나고 있다. 아카이브 자체가 영국고고학적 자료 서비스(www.ads.ahds.ac.uk)나 미국 디지털 고고학 기록(www.tdar.org; Kintigh 2006; Richards 2002, 2008)에서 볼 수 있는 것처럼 기념물 그리고 문화유산의 일부가 되어가고 있다.

순환하는 참조

생산 양태로서의 현장작업에 대한 앞 절에서의 논의는 약간 바뀌어 고고학적 작업의 다른 장소나 유적, 특히 연구실이나 수장고에 대해서도 재생산될 수 있다. 그런데 고고학적 생산의 장소나 공간을 논의할 때는 현장과 '집' 사이의 뻔한 이분법에 빠지기 쉽다(e.g. Lucas 2001a: 12-13). 그러나 위트모어가 지적한 것처럼 이는 보다 다중적이고 이질적인 공간을 단순화한다(Witmore 2004, 2007). 실제로 현장 안에서도 발굴과 지표조사의 차이(Bradley 2003), 학문적 현장작업과 상업적 현장작업의 차이(Bradley 2006), 아마추어적 발굴과 전문적 발굴, 또는 훈련 발굴과 연구발굴의 차이(Everill 2007)와 같이 현장의 성격을 상이하게 구조짓는 다원적인 변이가 있다. 게다가 이러한 범주화는 동일한 지점에서 중복되기가 쉬워 필자가 방금 제시한 이분법적인 방식에 의해 시사되는 어떠한 배타성도 부인된다. 이처럼 '집'뿐만이 아니라 현장 자체도 동질적인 유적이 아니고, 현장에는 연구소, 대학, 상업 기관, 박물관, 도서관 등이 포함된다. 그렇다고 하여 그와 같은 현장을 분류하고자 하는 시도를 거부하겠다는 것이 아니다. 위와 같은 사례는 분명 존재하고 특정한 역사적 관행 때문에 반복적으로 일어나는 운용의 무대로서 안정되었다. 또한 상이한 현장들 사이의 차이에도 불구하고, 현장을 움직이는 실험실과 같은 것으로 만드는 다양한 발굴과 지표조사 안내서 및 배우고 가르치는 맥락에 의해 상이한 현장들 사이의 유사성이 대부분 유지된다. 유적 잔존물 성격의 차이가 무엇이든 간에 고고학자는 자신들의 개입을 위해 유적의 막사, 트라울, 삽, 양동이, 지표조사 도구 등의 동일한 물질적 조건 세트를 재생산하려 한다. 이는 이동 실험실을 구성하고, 이러한 의미에서 발굴은 기존 통념과 반대로 반복 가능한 실험이다.

문제는 실험실, 고고학과, 박물관, 회의실과 같은 지점이 현장에서 생산된 유물이나 유형의 순환 통로 역할을 하는 방식이다. 그러한 물건이 유적을 통해 순환하는 반복적인 방식은 유적, 유물, 유형을 견고화하고 안정화하는데 도움이 된다(Latour 1987, 1999). 이는 라투어가 '순환하는 참조'라 칭하는 것으로서 선형적인 경로보다는 확장하는 연결망을 따라간다. 이 절에서는 아카이브의 후-현장 삶 초기, 즉 현장과, 학계 및 여타 맥락에서의 아카이브 순환 사이에 아카이브에 어떠한 일이 일어나는가에 대해 논의할 것이다. 아카이브가 박물관과 고고학이라는 두 상이한 학문적 줄기에 들어설 수 있으므로 아카이브는 어느 정도 분기된다. 아카이브의 '발견된' 구성 요소, 즉 발견물은 박물관에 들어서고, 반면 '만들어진' 구성 요소, 즉 기록은 고고학에 남아 있을 것이라고 생각하기 쉽지만, 이는 지나친 단순화이다. 고고학자는 여전히 발견물을 연구하고 사용하며 기록은 때로 박물관 전시 대상이 될 수 있다. 이를 단순한 이분법으로 환원하기보다 이러한 유적과 유물의 네트워크로 연결된 특성을 놓치지 않는 것이 중요하다. 고고학이 유적 구성에 연관되어 있는 만큼 고고학은 이러한 유적을 통과하는 일정한 경로에 대한 약칭이다. 여기서는 박물관이 아니라 학문으로서의 고고학에 초점을 둘 것이다.

::문헌 생산으로서의 고고학

고고학의 대부분은 텍스트 생성에 관한 것임을 인지하는 것이 중요하다. 여기서 텍스트는 쓰여진 단어와 모든 종류의 이미지(e.g. 사진, 선화, 그래프)를 어떠한 형태로든(전통적인 인쇄 매체로든 또는 디지털 매체로든) 통합하는, 상대적으로 자기-포함적인 '물건'을 의미한다. 물론 텍스트의 정의를 이러한 방식으로 확장함으로써 고고학적 산물의 범위에서의 유의미한 변이성, 특히 단어와 이미지 사이의 유력한 구분과 각 학문적 담론에서 집중하는 대개 함축적인 평가를 놓칠 위험이 있다(e.g. Cochrane and Russell 2007). 그러나 필자에게는 고고학적 활동을 통상적으로 정의하는 유물, 토양 표본, 건물 잔존물과 구분되는, 이 넓은 범주의 고고학적 산물을 나타내기 위한 용어가 필요하다. 그래서 필자는 텍스트를 언어적 실체인 단어보다 책, 일시, 슬라이드쇼와 같은 물질적 산물로 고려한다. 무엇이 고고학적 활동의 가장 큰 부분을 구성하는가에 대해 생각해 보면, 그것은 강의 노트에서 학회 논문, 현장 노트에서 전공 논문에 이르는 텍스트 생산에 관한 것이다. 관행적 경험에 부여된 가치가 무엇이든 간에 학계에서 텍스트 생산은 학생 교육과 학문적 인정의 주요한 기반을 이룬다. 그러한 텍스트를 보는 한 가지 방식은 텍스트가 고고학적인 운용 무대, 즉 강의실, 회의장, 유산국 사무실, 심지어 현장에서 어떠한 종류의 일을 수행하는가를 보는 것이다(이미지에 대한 그러한 접근에 대해서는 Perry 2009; Shanks and Webmoor 2010). 이는 풍부한 잠재력을 지닌 연구 분야로서 앞 절에서 살펴본 현장작업의 물질성을 보는 방식, 테잎, 조사 도구, 트라울, 연필이 유적이나 현장 구성에서 작동하는 방식에 대한 논의의 연장이다. 또 이는 필자가 여기에서 할 수 있는 것보다 훨씬 더 광범위하게 다루어질 필요가 있으므로 이러한 문헌 생산의 성격을 보다 일반적으로 고고학적 지식 구성의 측면에서 고려할 것이다.

문헌 생산의 지배적인 기능은 고고학뿐만이 아니라 모든 학문에 해당되지만 항상 그랬던 것은 아니다. 17세기에 부상한 실험과학에서 실험과 증명 사이에는 주요한 구분이 있었다. 실험은 사적으로 수행되었고 반복적으로 다양한 조건 하에서 수행되었다. 반면 증명은 완성된 실험으로서 공개적으로 수행되어 회의록에 기록되었다(Shapin 1988). 17세기 증명은 출판에 대한 선구로서 얼마 되지 않아 주요한 설득 수단이자 과학적 관행의 최종 결과물이 되었다(Shapin 1984). 19세기 고고학에 대해서도 유사한 주장을 할 수 있는데, 당시 고고학회 모임에서 중요한 것은 논문 발표가 아니라 유적 현장 답사였다. 그러한 현장 답사는 실험 과학에서의 증명과 등가물이었고 현장 답사에서 고고학자는 발견물을 직접적으로 관찰하고 논의할 수 있었다. 20세기 전반에는 유적 보고서가 지식 인가에서 점점 더 중요해졌고 삼인칭 어법이 쓰이면서 점점 더 탈인격화되었다(Hodder 1989b).

실험 과학의 맥락에서 샤핀이 논했던 것처럼 현장작업이나 실험에 대한 출판물은 가상적 증거 역할을 한다(Shapin 1984). 실험적 증명이나 현장 답사, 유적 방문을 할 수 없는 이에게 출판된 텍스트는 사건에 대한 증인으로 작용한다. 이는 과학 공동체의 규모가 커짐에 따라 점점 더 흔한 일이 되었을 것이다. 17세기 실험 과학의 신뢰성 수립에 중심적인 것은 목격 행위였다. 이는 여러 측면에서 자연과학과 역사학 모두에서 증거의 위상을 통합하였고 법학으로까지 거슬러 올라가는 특징이었다(2장 참조). 출판된 보고서는 대리 증인 역할을 하였고, 이는 과학적 보고 초기 대부분의 보고가 일인칭 서사로 이루어진 이유이기도 하다(Dear 1985). 삼인칭 표현은 대개 기구 설치에 관한 설명으로 제한되었고 기술자와 실험 조교의 작업과 관련되었다. 19세기 동안 출판된 보고서가 일인칭적 서사에서 삼인칭적 서사로 어떻게 변하였는지를 보는 것은 흥미롭다. 왜 이러한 변동이 일어났는지는 과학적 텍스트의 시각적 요소와 인식론적 덕목으로서의 객관성 출현에서의 유사한 변동과 관련해서 이해될 수 있다(Daston and Galison 1992, 1997).

다스턴과 갈리슨이 주장했듯이 객관성은 주관성 부재라는 칸트 이후의 의미로 정의되었다. 객관적임에 있어서의 주제는 주로 문제에서 스스로를 어떻게 분리하느냐에 관한 것이었고 따라서 새로운 형식의 과학적 자아나 주체 양성과 연계되었다. 과학적 보고나 기록의 맥락에서, 그리고 이 경우 시각적 표상의 맥락에서 이는 인간의 투입량은 최소화되고 산출량은 최대한 자동화된 이미지 생산을 의미했다. 이는 과학적 도면에도 영향을 미쳐, 예를 들어, 식물이나 동물 묘사에 이상화된 이미지나 콜라주가 사용되는 대신에 다양한 표본이 점점 더 선호되어 형식의 다양성을 보이고 도해서라는 19세기의 공통적인 문헌적 산물로 이어졌다. 텍스트적 표상에서의 객관성이라는 이 새로운 인식론적 덕목의 다른 면은 삼인칭적 서사 선호와 일인칭적 서사 배제였다. 그러나 객관성에 대한 그러한 이상은 언제나 극심한 긴장 상태에 있었다. 다스턴과 갈리슨은 이에 대한 두 가지 반응이 19세기 후반에서 20세기 전반 궁극적으로 구체화되었다고 논한다. 이들에 의하면 하나는 보다 수학적이고 시각적인 표상 형태를 사용하여 주관적인 요소를 더욱 축소하려는 시도이고, 또 다른 하나는 주관성을 받아들이되 훈련된 판단이라 불리는 것을 통해 그를 통제하는 것이다. 특히 후자는 동시기 대학에서의 과학 제도화와 관련하여 매우 중요해졌고 교육의 표준화되고 집단적인 형태로 이어졌다.

객관성이라는 이상과 주관적 요소 수용 사이의 긴장은 20세기 전반에서 중반 고고학적 텍스트에서 점점 더 부각되었다. 그 중에서도 특히, 예를 들어, 텍스트의 경우 현장 일지와 기록 형식이 미리 표시된 용지의 표준화된 기록 사이의 긴장, 유적 평면도와 유물 도면의 경우 예술적 기교와 시각적 전통 사이의 긴장은 객관성이라는 이상과 주체의 역할 간 계속된 긴장을 증명한다. 예를 들어, 도면 그리는 법에 관한 안내서에 자주 나타나는 긴장, 구체적으로 층 사이를 구분하기 위해 실선을 그릴지 아닐지에 관한 긴장을 고려해 보자(Adkins and Adkins 1989: 82, 125). 흔한 해결책은 고고학자가 본 것을 그린 자연적인 단면도와 고고학자의 해석을 보여 주는 해석적인 단면도를 그리는 것이고 것이었다. 묘사적 도면과 해석적 도면 사이의 그러한 구분은 고고학적 논문의 공통적인 특징이고 단위 용지에서 물리적 기술과 해석 사이의 공통적인 구분을 반영한다. 방법 안내서의 증가에 표현된, 훈련된 판단이라는 개념은 고고학적 자아 양성의 중요한 부분을 구성하고 실제로 이른 시기의 텍스트에 명시적으로 언급되어 있다. 바빙튼의 1865년 캠브리지대학에서의 *고고학 입문 강좌 Introductory Lecture on Archaeology* (Babington 1865: 63-68)에서는 고고학자에게 필요한 자질에 대해 몇 쪽에 걸쳐 다룬 반면, 페트리(Petrie 1904)의 *방법과 목적 Methods and Aims* 및 드룹(Droop 1915)의 *고고학적 발굴 Archaeological Excavation*에서는 한 챕터 전부에서 이 주제를 다룬다. 그러나 이와 같은 안내서가 흔해진 20세기 중반부터 그러한 자질에 대한 명시적 또는 집중적 논의는 줄어들어 독자가 배워 재생산해야 할 절차에 대한 보다 자세한 설명으로 대체되었다. 그래서 전형적인 근대 안내서에는 유적 형식, 계획 방법, 단면도 작성법, 촬영법 등에 따른 상이한 트렌치 조사법에 관한 장이나 절이 대개 기술에 관한 지극히 자세한 사항과 함께 포함된다(e.g. Barker 1982; Carver 2009). 이전의 안내서에도 그러한 설명이 제시되었지만 최근의 텍스트에서는 훨씬 더 중심적인 역할을 한다. 객관성은 교육 스타일 자체에 배어 들어 있었던 것이다.

그러한 인식론적 덕목은 현재 영국 현장 고고학자회, 유럽 고고학자 연합, 미국 전문 고고학자 명부와 같은 고고학적 조직의 행동 강령과 실행 표준으로 나타난다. 이때 윤리적이고 책임감 있는 행동이 강조되고 이 장의 앞에서 논의된 고고학적 운용의 통상적 구조, 즉 적절한 연구 계획, 적절한 기록 기준, 적절한 물질 보관과 조사 결과 유포 의무라는 구조를 따르는 경향이 있다. 바람직한 실행에 대한 보다 자세한 안내는 현장 지침서 등의 안내서, 대학 과정 등에 반영되어 있다. 그러나 위와 같은 윤리적 요구가 이러한 추상적인 텍스트에만 존재하는 것은 아니고 관행 그리고 특히 현장에서 이용되는 도구 등의 물건에도 배어들어 있다. 이는 비인간적 실체들 사이에 분포하는 행위성일 뿐만이 아니라 도덕성이기도 한 것이다(Bennett 2010). 랭던 위너의 '유물에도 정치가 있는가?'는 이 문제에 대한 획기적인 논문으로서 많은 논쟁을 불러일으켰는데, 이 논문이 매우 널리 인용되었다는 점도 무시할 수 없는 이유이다(Joerges 1999a, 1999b; Winner 1980; Woolgar and Cooper 1999). 보다 최근 라투어는 자체폐쇄문, 안전띠, 과속방지턱과 같은 물건이 윤리적, 법적 요구를 구체화하는 방식에 대한 몇몇 고전적인 예를 제시한다(Latour 1992; 그리고 Latour 2002b도 참조). 이러한 각각의 예에서 특정한 행위가 인간에게서 물건에게로 위임되었다. 그래서 나간 후 문을 닫는 것은 피스톤과 스프링 장치에게 위임된다. 여기서 중요한 것은 그러한 위임의 이유이다. 이는 문을 연 후 닫는 것에 대해 인간 사용자를 신뢰할 수 없음을 나타낸다. 문이 닫히길 원하는 이유는 열이 방이나 건물 밖으로 빠져나가는 것을 막거나 외부에서 오는 소음을 줄이기 위해서 등 다양할 수 있고, 이를 통해 돈을 절약하거나 조용한 환경을 만들 수 있다. 그러한 행위와 관련된 효과의 연쇄는 도서관에서의 정숙과 같은 일정한 도덕적 부호와 불가피하게 엮이게 된다. 따라서 자체폐쇄문은 단순히 기능적 장치가 아니라 도덕적 장치이기도 하다. 도덕적 행동은 문에게 위임되는데, 이는 문의 디자인과 구성이 베어백이 '다른 수단에 의한 윤리'라 부른 것으로 여겨질 수 있음을 의미한다(Verbeek 2006: 369). 고고학적 사례를 생각해 내는 것이 어렵지는 않다. 기록해야 할 일련의 항목이 미리 표기되어 있는 용지를 고려해 보면, 이는 단순히 표준화된 기록 생성에 관한 것이 아니라 기록 생성에서의 고고학자의 선택 범위와 성격을 정의하여 도덕적인 고고학자를 생성하는 것에 관한 것이기도 하다.

따라서 객관성은 인식론적 입장이기보다는 인식론적 덕목으로 이해될 필요가 있다. 객관성은 인식론적 문제이기 전에 윤리적 문제이다. 이처럼 세계 관찰과 세계에 대한 쓰기 또는 표상 사이의 공간을 점유하는 객관성은 문헌 생산의 평가에 도움이 된다. 이러한 방정식의 한 부분이 없다면 다른 한 부분의 가치도 자동적으로 절하된다. 논문만 쓰고 발굴을 하지 않는 고고학자에 대한 오래된 경구는 잘 알려져 있다. 그러나 마찬자기로 문제가 되는 것은 발굴은 하지만 쓰지는 않는(e.g. 보고서 미간) 고고학자이다. 사실 꼭 꼬집으라면 후자가 전자보다 문제가 많다고 여겨지는 경우가 대부분이다. 전자의 경우 해당 고고학자 자체의 문제로 여겨지지만 후자의 경우 학문으로서의 고고학 전체가 문제가 된다. 이러한 의미에서 그 비대칭은 고고학적 운용에 대한 방향을 분명하게 나타낸다. 전반적인 고고학적 과정이 개입에서 아카이브로, 아카이브에서 출판이라는 텍스트화로서 특징지어지고, 텍스트화의 정도에 기반하여 평가된다. 이는 현장 노트 그리고/또는 아카이브로부터 출판된 모노그래프에 이르는 담론적 종결로의 진행이라는 측면에서 이해될 수도 있다. 여기서 현장 노트는 불완전한, 작업 중인 텍스트 또는 초고이고 그에 비해 출판물은 통상 최종적인 것으로 여겨진다. 물론 학사적으로 봤을 때 출판물이 최종적이지 않은 경우가 많고 유적은 다시 해석될 수 있다. 특히 아카이브라는 불완전한 텍스트로 돌아간다면 말이다. 그러나 이 경우는 단지 그 진행이 기역적임을 나타내는 것일 수 있다. 즉 고고학자는 단순한 진행보다는 아카이브와 출판물 사이의 진동을 다룬다는 것을 보여준다. 그럼에도 불구하고 담론의 구조는 불완전한이라는 용어와 완전한이라는 용어를 중심으로 하는 한 세트로 남는다.

이는 이러한 구조 위반에 대한 긴장이 감지되는 세 영역을 살펴 보다 심층적으로 연구될 수 있다. 첫 번째는 현장에 있으면서 중간보고서, 언론, 전시를 위해 일관적인 서사를 생성해야 할 요구이다. 이는 고고학자들을 불편하게 만드는 경우가 많은데, 고고학자가 모든 정보를 검토할 기회가 없었거나, 아직 모든 발견물을 분석하지 않았거나, 아직 조사 과정이 다 끝나지 않았기 때문이다. 고고학자는 마지막에 해야 할 일을 하고 있는 것이다. 두 번째 관련된 문제는 현장에 있으면서 고고학 비전공자에게 현장작업 결과를 설명하거나 보여 주는 것 그리고 이에 대한 많은 고고학자들의 분노이다. 고고학자가 전문적인 서사를 생성하여 고고학적 과정을 끝낼 때까지 일반인이 진행 중인 고고학을 보면 안 되는 것처럼, 거기에 있어서는 안 되는 것처럼, 일반인이 있어야 할 적절한 장소는 박물관이나 서점이고 이들은 고고학을 마지막에 가서야 봐야 하는 것처럼 말이다. 그 이전은 너무 이르다. 단체 관광이 조직될 때나 고고학 이면이 홍보될 때 이는 대개 울타리, 통로, 기호 등을 통해 주의 깊게 통제된다. 마지막으로 출판되지 않은 프로젝트라는 문제가 있다. 보고서가 발간되지 않았거나 보고서를 구하기 어려운 유적 또는 보고서 발간에 몇 십 년이 걸리는 유적을 고려해 보자. 이에 대해 고고학적 손해를 보고 있는 것처럼, 최악의 경우 그 유적이 애초 발굴되지 말아야 했을 것처럼 느낄 수 있다. 이 모든 경우에 있어 그 긴장은 시기적 전치에 의해 나타난다. 처음 두 경우에는 무언가가 너무 일찍 이루어지고 있다. 마지막 경우에는 무언가가 아예 일어나지 않고 있다. 고고학자는 준비가 되기 전에 일관적인 서사를 만들어 내거나 최종적 서사를 마냥 기다려야 하는 것이다. 이러한 전치를 통해 위와 같은 예들은 고고학 작업에 대한 담론

구성에서 불완전성이나 완전성의 역동성을 드러낸다. 이러한 긴장은 드문 것일 수도 있고, 또는 고고학자가 인정하려 하는 것보다 훨씬 더 흔한 것일 수도 있다. 어느 경우든 이들은 텍스트화 과정을 둘러싼 긴장을 나타내므로 여기서 강조될 필요가 있다.

이러한 개념적 구조에 함축된 것은 고고학 학문에서의 표상이나 목소리 내기의 정치이다. '적절한' 또는 '완전한' 고고학자가 되기 위해 완전한 담론을 생산해야 할 필요, 출판을 위한 쓰기를 해야 할 필요가 있다. 고고학에서의 표상성을 주목할 때 권력과 저자되기 사이에는 명백한 상관관계가 있다. 쓰고 출판하는 고고학자는 그렇지 않은 고고학자보다 가시적이다. 현장작업과 프로젝트 논문의 측면에서 저자되기는 목소리 내기 또는 현존의 척도에 따른 경우가 많고, 이는 담론의 완전함과 직접적으로 관련된 작업에 부여된 가치 평가를 반영한다. 이러한 척도의 바닥에는 발굴자가 있고, 텍스트에서 그 또는 그녀의 현존은 거의 언제나 배제되거나 기껏해야 감사의 말 정도에 나타날 뿐이다. 발굴자가 아카이브의 주요한 생산자인 경우가 많음에도 불구하고 말이다. 여기서 요점은 발굴자는 불완전하거나 주변화된 담론성과 함께 놓이고 책임자는 저자로서 대개 담론의 중심이 된다는 것이다. 유적의 특정 측면에 대한 보고서를 생산하는 전문가는 중간적인 위치를 차지한다. 전문가들은 유적의 일부에 대한 최종적인 담론을 생성하기 때문에 최종적 텍스트를 생산한다. 텍스트에서 보다 민주적인 목소리 내기 방식을 찾고자 하는 고고학자들도 있다. 텍스트가 여러 저자에 의해 저술되는 자연실험과학의 전통을 따르는 것이 그러한 예가 된다. 계급 투쟁과 관련된 20세기 전반 유적에서 작업하였던 북미고고학자 집단인 루드로우 공동체는 또 다른 선택지를 택했다. 그러나 이러한 예들은 고고학에서의 목소리 내기와 표상 정도는 담론성의 척도 및 그 완전함의 정도와 직접적으로 연관되었음을 나타낼 뿐이다.

그러나 보다 최근의 사고에서는 보다 개방적이고 불완전한 담론이 옹호되고 있다. 가장 전형적으로 표현하자면, 이는 거대 서사에서 멀어지는 움직임이되 특정한 수준에서 그러하고, 계획적으로 불완전함을 통합하는 새로운 형태의 담론(e.g. 웹에 기반한 하이퍼텍스트 생성)이다. 이는 역동적인 텍스트이다. 어떤 측면에서 그처럼 역동적인 텍스트는 현장 아카이브와 같다. 적어도 원칙적으로 아카이브는 언제나 역동적이고 작업이 행해지거나 추가가 될 수 있기 때문이다. 이처럼 역동적인 텍스트에 관해 흥미로운 점은 이들은 참소성의 문제를 게워 낸다는 것이다. 웹사이트를 참고할 때는 날짜를 언급할 필요가 있는데 웹사이트가 바뀔 수 있고 아마도 바뀔 것이기 때문이다. 보다 느린 속도로이기는 하지만 유사한 문제가 인쇄된 연구물의 판과 관련해서도 일어난다. 이 참조성의 문제는 지식 생산과 관련하여 보다 중요한 결과를 지닌다. 라투어가 제시한 것처럼 새로운 사실이 수립되게 되는 방식 중 한 가지는 문헌에서의 인용 정도이다. 이는 타인들이 과학적 진술에 부여하는 신뢰 정도를 반영하기 때문이다. 그러한 '증거 시합'은 주장이 점차 사실로 전환되도록 동맹을 맺고 주장의 옹호자를 모으는 것에 관한 것이다(Latour 1987, 1990). 논문이나 책이 더 많이 인용될수록 담론에서 부각되어 그 중요성을 반영한다는 생각에 대체로 동의할 수 있을 것이다. 그러나 정말 중요한 것은 참조의 장기적인 지속성이다. 논쟁이 될 만한 지식은 원래의 논문을 인용하는 출판물이 쏟아져 나오게 할 수 있지만 진정한 가치 검증은 몇 년이 지나서도 그 논문이 꾸준히 인용되거나 교재가 될 때 이루어진다. 그러한 인용은 해석을 안정화하여 사실로 전환시키는 역할을 한다.

자연과학 그리고 또는 실험과학에서의 인용의 중요성에 대한 라투어의 견해는 뜻하는 바가 많지만 그의 의견이 고고학과 같은 과학에 어떻게 적용될 수 있을지에 대해서는 의구심이 든다. 고고학적 문헌에서의 진술은 유적 보고서나 유물 분석에서와 같이 이미 사실로 제시되었거나, 그 이론적 기반이 유행할 때만 인용되는 해석으로 제공되는 경향이 있다. 이는 마치 증거 시합이 고고학에는 존재하지 않았던 것과 같다. 이는 거의 논쟁을 유발하지 않는 대부분의 실험과학 논문에도 마찬가지로 적용된다. 그렇다 하더라도 문제는 진술이 어떻게 안정화되어 사실이 되는가인데, 여기서 사실이란 실제의 성격에 대한 수용되고 논쟁의 여지가 없는 진술일 뿐이다. 실험에 대한 보고에서 모든 종류의 진술이 만들어져 일부는 이미 사실이고(대개 실험 조건) 다른 일부는 그러한 상태에 도달하기 위한 희망에서 제공된다(대개 실험 결과). 그러나 고고학적 현장작업에 대한 보고서에서 결과에 대한 진술이 이미 사실인 것으로 주어지거나 다루어지지 않는 경우는 드물다. 그 애매한 성격에 주의를 끌기 위해 잠정적으로 표현된 진술도 잇따른 인용에서 은연중에 보다 확실한 양태로 변할 수 있다. 실험과학자와 달리 고고학자는 현장작업 결과에 대해 훨씬 덜 애매해 보인다. 왜 그러한가?

실험과학과 고고학의 문헌적 산물을 비교해 보면 그 답은 꽤 명백하다. 경험과학 보고서는 간략한 경우가 많고, 여러 자료와 연구실 작업이 통상적이거나 반복적인 현상으로 걸러져 나오게 되는 매우 응축된 텍스트이다. 중요한 것은 개별 사건이나 특수한 것이 아니라 일반적 패턴의 출현이고 이 패턴이 사실에 대한 후보로서 제공된다. 그런데 이는 역사적 전개이다. 이른 시기의 실험과학 보고서는 매우 자세하고 특수한 것에 많은 관심을 보였다(Dear 1985). 이는 부분적으로 자연의 기이한 사건에 대한 초기의 관심과도 관련이 있다(Daston 1998). 실험과학에 있어 중요한 점 중 하나는 실험과학은 통상적으로 자연에는 존재하지 않는 현상을 생성해 내고는 한다는 것이다(Hacking 1983: 220-232). 그에 반해 고고학적 현장작업에서 문제가 되는 것은 바로 그 특수한 것이고, 이것이 현장작업에 관한 텍스트가 수 백 쪽에 달하는 경우가 많은 이유이다. 최소한의 형태로라도 모든 발견물과 층을 제시하는 것이 필수적이라고 여겨진다. 현장작업 결과를 출판하고자 하는 대부분의 고고학자들이 직면하는 문제는 수용할 만한 수준의 세부 사항에 대한 필요와 읽을 수 있을 만하고 비용-효율적인 규모 사이에서 어떻게 균형을 맞추는가이다. 새로운 디지털, 웹 기반의 미디어를 통해 그러한 세부 사항을 보다 다양하고 융통적으로 제시할 수 있게 되었다고 하더라도 말이다. 이처럼 실험과학과 고고학의 문헌적 산물에서의 차이는 각 경우에 있어서의 지식 생산과 사실의 성격에 있어 매우 중심적이다. 그러나 동시에 고고학적 현장작업 보고서가 매년 수많은 새로운 사실을 제시함에 따라 그러한 보고서를 인용하고 이를 역사적 또는 민족지적 텍스트와 결합하여 과거에 대한 해석적 서사를 생성하는 다른 고고학적 텍스트는 새로운 사실을 전혀 생성하지 않는다. 다른 고고학적 텍스트는 진술을 사실로 제시하고자 하여 실험고고학 양태로서 일반화를 제공한다. 또는 단순히 이야기를 제공하는데 이에는 일반화가 포함될 수도 있지만 사실적이 되는 것은 관심 밖의 일이다. 그와 같은 해석적 진술이 유적 보고서에 주어진 진술과 같은 의미에서의 사실의 수준으로 고양된 경우는 거의 없다.

이는 실험과학에서와 고고학에서는 매우 다른 형태의 지식과 사실을 다루고 있음을 시사한다. 이러한 차이가 자연과학과 사회과학, 또는 보다 엄격하게 말해 특수한 것과 관련된 과학과 일반적인 것과 관련된 과학 사이의 일종의 구분을 나타낸다는 것은 아니다. 빈델반트의 보편적 법칙에 관한 과학과 시각적 과학 구분은 크게 도움이 되지 않는다(e.g. Lyman and O'Brien 2004). 문제는 특수한 것과 일반적인 것 사이의 대립이 아니라 일반성과 특수성의 정도에 관한 것이다. 반복 불가능한 실험

으로서의 발굴이라는 일반적인 관점에서 이를 생각해 보는 것이 도움이
된다. 에지워쓰는 발굴에 대한 반복적인 실험이 가능할 뿐만 아니라 흔
하고, 유구에 대한 해석은 유사한 유구나 동일한 유구의 다른 부분(e.g.
울타리 둑을 따라 난 분절들; Edgeworth 2003)에 대한 발굴을 반복함으로써
검증될 수 있다고 보았다. 역으로 실험과학에서와 같이 실제로 반복되는
실험은 거의 없고, 각 실험은 문제를 해결하기 위해 또는 기대되는 결과
를 얻기 위해 이전의 실험을 수정한다고 보기도 한다(Knorr-Cetina 1999).
다른 누군가의 실험을 반복한다는 것은 대개의 경우 어렵고도 논쟁의
여지가 많은 작업이다(Collins 1985). 반복 가능성이 반복해서 나타나는
현상과 독특한 현상 사이의 구분에 달려 있는 한 이는 어떤 의미에서 필
자가 일반성 또는 특수성의 정도로서 의미하는 바를 포함한다. 무엇이
반복해서 일어나는 현상인지 그리고/또는 독특한 현상인지 자체가 해석
이고 주어진 맥락과 문제에 따라 변한다.

그러나 여기서 핵심적인 문제는 이러한 특수성과 일반성의 정도를
이들에 대한 인용 정도, 또는 라투어의 용어를 사용하자면 이들의 이동
성에 연결하는 것이라고 할 수 있다. 예를 들어 유적 보고서에는 특정한
현장에서 무엇이 발견되었는가(구조물, 토기, 동물 뼈)에 대한 일정한 수의
진술이 주어진다. 다른 유적을 발굴하고 있는 다른 고고학자가 유사한
특성을 지닌 유사한 범위의 유구를 발견할 때 이 고고학자는 통상적으
로 기존의 보고서를 인용할 것이다. 원래 유적에서 나온 일정한 물체에
관한 진술이 새로운 유적에서 나온 것에 대한 진술에 병치되고 그와 연
결을 맺는다. 유사한 특징을 지닌 또 다른 유적들이 발굴됨에 따라 그 연
쇄는 확장된다. 그러한 인용은 전통적인 유럽의 발견물 보고서에서 매우
흔하고 형식학적 연대 측정법과 같은 중요한 고고학적 방법의 기저를
이룬다. 이때 위와 같은 연쇄는 대개 배경으로 물러나 블랙박스화된다.

예를 들어서 로마-영국의 토기를 연구할 때 필자는 여러 일반적 텍스트나 심지어 다른 유적 보고서에서 나온 일정한 용품이나 용기에 대한 연대 범위를 사용했다. 이러한 연대 범위는 일정한 형식 그리고 연대측정된 어떤 물건 사이의 이전의 연합에 언제나 기반하였는데, 그러한 물건으로는 주로 핵심적인 유적에서 나온 동전이 사용되었다. 그러한 핵심 유적은 대개 한 세기까지는 아니라 해도 몇 십 년 전에 발굴되었고, 위와 같은 연쇄를 따라갈 수 있는 유적보다는 그렇지 않은 유적이 더 많다. 물론 이와 같은 원래의 연합이 때로는 수정될 필요가 있다. 그러나 누군가가 유형을 연구하고 여러 상이한 출처의 형식학적 연대를 지닌 토기를 비교할 때마다 원래의 연합이 검증되기 때문에 원래의 연합은 대개 강화되고 더욱 블랙박스화될 뿐이다.

이러한 효과는 연대와 같은 것에 대해서 뿐만 아니라 형식의 정의에 대해서도 적용된다. 여러 원래의 연합과 정의가 처음으로 특징지어진 유적은 대개 형식 유적으로 알려지게 된다. 이러한 유적의 특징은 다른 유적으로 이동하고, 더 멀리 이동할수록 더욱 일반적이 되고 덜 특수하게 된다. 예를 들어 1857년에 발견된 스위스 라 떼느 유적이 어떻게 한스 힐데브랜드 그리고 이후 오토 티슐러의 편년과 함께 1870년대-1880년대부터 급속하게 유럽 철기시대 후기 라 떼느 시기에 대한 형식 유적이 되었는지를 고려해 보자. 이처럼 유적을 따라 시기나 문화의 이름을 정하는 것은 초기 유럽 선사시대 고고학에서 흔한 관행이었고 물건과 유적이 동원되는 방식을 나타낸다. 유적 자체는 해당 시기나 문화 이해 또는 정의에 있어 예전처럼 중요하지 않더라도 말이다. 그러나 고고학에서 그러한 이동성은 대개의 경우 분명 제한적이다. 비커나 비커-형식 토기가 서유럽의 후기 신석기시대에서 전기 청동기시대 유적에서는 널리 발견되지만 아메리카 대륙이나 근동에서는 어떠한 시기의 유적에서도 발견되지 않을 것이다. 고고학적 실체를 보다 이동적이게 하는 유일한 방법은 그 속성을 단순화하는 것이다. 예를 들어 토기 일반에 대해 이야기할 때 전 세계에 걸쳐 토기 생산과 정착 또는 농경을 연결할 수 있게 된다. 문제는 그러한 일반화가 다양한 정도로 유효하게 작용하지만 불가피하게 극히 드물다는 것이다. 그러나 또 다른 한편으로 대부분의 고고학자는 자신이 다루는 실체를 지구적 척도에서 유통시키는 것에 별 관심이 없다. 그런데 이 모든 측면에서 간과된, 고고학자가 통상적으로 다루는 또 다른 실체 세트, 즉 치프덤과 국가 또는 사람과 문화와 같은 실체 세트는 엄격하게 말해서 고고학적이지 않다. 이는 고고학에서의 거대 개념으로서 지구적인 것이고 영국 남쪽의 청동기시대 유적에서 미국 중서부의 13-14세기 유적에서만큼 쉽게 순환될 수 있는 것이다. 이러한 종류의 실체는 고고학적 문헌의 핵심적인 부분을 이룸에도 불구하고 앞 장에서는 거의 다루어지지 않았다. 이러한 개념들은 왜 그리 이동적인가?

우선 이들의 이동성은 고고학보다 넓다. 대부분의 경우 이들은 유관학문, 특히 사회인류학과 역사학에서 유래하였다. 고고학자가 자신의 유적이 치프덤의 특징적인 면모를 나타낸다고 할 때는 이중의 유통이 이루어지고 있다. 한편으로 고고학자는 가치 있는 물건의 불균등한 분포나 기념물적 건물의 현존과 같은 고고학의 일정한 특징을 단순화하여 보다 이동적이게 한다. 또 다른 한편으로 고고학자는 민족지적 맥락에서 치프덤이라는 개념을 빌려 오는데, 이 개념은 그 자체로도 폴리네시아 사회와 같은 특정한 맥락이 단순화되어 이동적이게 된 것이다. 이러한 두 단순화가 지닌 측면이 많지 않기에 이들은 쉽게 결합된다. 고고학자들이 사람다움에 대해 논의할 때도 정확히 동일한 과정이 진행된다. 파편화를 고고학적 기록에 대한 단순화로 사용하고 이를 민족지적 문헌에서 유래한 척도 분열적 또는 개인적 사람에 대한 일반화된 특징과 연결하는 과정이 진행되는 것이다. 그러한 유통은 이론적 스펙트럼을 가로질러 공통적이다. 어떤 고고학자에게 어느 때에는 그러한 유통이나 일반화가 유효하게 적용된다. 이러한 의미에서 그러한 실체는 실재적이라고 할 수 있다. 그러나 이에 대해서는 일반적인 합의가 이루어지지 않았다. 이 자체가 반드시 문제가 되는 것은 아니지만 고고학이 그러한 유통을 통해 얼마나 많은 것을 실제로 얻을 수 있는가를 고려해 볼 필요는 있을 것이다. 즉 고고학자들이 그렇게 많은 것을 단순화할 때 그러한 유통에서 실제로 무언가를 배울 수 있는가?

이는 이 책 처음에 제시된 해석적 딜레마 문제로 돌아가게 한다. 한편으로, 고고학적 실체가 지나치게 이동적이 되면 고고학적 증거의 거의 모든 형상에 들어맞을 수 있어 공허해질 위험이 있다. 다른 한편 매우 많은 실체가 고고학적이지 않은 경험적 맥락에서 유래하므로 아무리 많은 단순화도 그러한 실체가 고고학적 자료에 들어맞게 하지는 못할 것이다. 이것이 필자가 고고학자는 경험적 근원에 최대한 가까이 남아 물질성, 과정, 그리고 개입으로서 고고학적 기록이 지니는 특정한 성격에 대해 비판적으로 성찰해야 한다고 본 이유이다. 필자는 다른 학문과의 적극적이고 건강한 대화나 여행 개념에 대해 반대하지 않는다(e.g. Bal 2002). 그러나 고고학자는 고고학자 자신의 학문을 보다 심각하게 여길 필요, 즉 고고학자가 물질 세계에 관여하는 특수한 방식과 그러한 세계의 특성에 주의를 기울일 필요가 있다.

07

'새로운' 사회고고학?

5장과 6장에서 고고학적 기록이라는 개념을 중심으로 전개된, 점점 더 파편화되고 있는 담론들 사이의 연결을 일부 다시 벼려 만들고자 하였다. 5장에서 물질성과 형성이론 사이의 관계를 물질화와 탈물질화 과정을 통해 논했고, 물건과 사건을 유형의 측면에서 그리고 잔존물을 유형의 불가역성이라는 측면에서 검토하였다. 물질화와 탈물질화 과정 사이의 긴장 자체가 궁극적으로는 기입과 삭제 과정을 통한 기억이라는 측면에서 해석되었다. 이는 자기-아카이브로서의 고고학적 기록이라는 사고로 이어졌다. 6장에서 논의되었던 바와 같이 고고학적 개입은 이러한 과정의 계속으로 고려될 수 있다. 단 급진적인 방식으로 말이다. 이처럼 고고학적 운용 자체가 재물질화의 한 형태이고 오래된 부분(e.g. 토기편, 석기, 토양)과 새로운 산물(e.g. 사진, 도면, 텍스트)을 결합하여 새로운 유형과 물건을 구성한다. 그러나 이는 단순히 재물질화가 아니고 동시에 탈물질화이기도 하다. 적어도 그러한 경우가 많다. 발굴 트렌치를 고려해보자. 발굴은 파괴라고 여겨지는 경우가 많다(2장 참조). 분명 물질적 의미에서 발굴은 발굴 경계 내의 과거에 대한 모든 물질적 기록을 지우는 역할을 한다. 문자 그대로 그리고 비유적으로 남게 되는 것은 땅에 파인 구덩이이다. 그곳에서 일어난 고고학적 행위에 대해 트렌치 자체가 말해 주는 것은 대부분의 경우 매우 적다. 물질적으로 이야기하자면 기계로 한번에 전체를 팠을 때와 비교해 더 깔끔하게 파졌다는 점을 제외하면 아무런 차이가 없어 보일 수 있다. 그렇다면 고고학적 발굴의 실제적인 물질적 흔적은 어디에 있는가? 그러한 흔적은 도면 기록, 사진, 발견물 가방, 표본이라는 새로운 형태로 변형되었다. 그래서 발굴 아카이브는 동시에 발굴 과정과 유적 자체의 아카이브이다. 이처럼 운용 또는 물질화라는 측면에서 고고학적 기록은 모든 고고학적 요소를 동시에 가로질러 주어진 것이자 생성된 것이다.

고고학적 실체의 성격과 고고학적 개입의 성격 사이에는 중요한 대칭성이 있다. 양자 모두 여러 요소를 모으기와 분해하기라는 측면에서 이해되어야 하고, 양자 모두 아카이브이자 기억 작업의 형태로 이해되어야 한다. 필자는 과거에 대한 고고학적 이해를 이해하기 위해 사용되는 것과 동일한 언어와 접근이 과거 이해를 위해서도 사용되는 것이 결정적으로 중요하다고 생각한다. 대칭성뿐만이 아니라 연속성의 측면에서도 말이다. 고고학적 유적은 과거 유형의 잔존물이자 그러한 잔존물을 통합하는 새로운 유형을 생성한다는 이중적인 의미에서 유형의 관점에서 고려될 수 있다. 이처럼 고고학적 기록의 상이한 면모를 다시 연결할 수 있게 되는 것은 모으기/분해하기의 과정으로서의 탈/물질화 개념을 통해서이고, 이러한 과정에서 고고학적 담론의 파편화에 대항할 수 있다. 여기서 필자가 사용하는 '물질화'라는 용어는 정신적인 것과 같은 별개의 존재론적 영역으로서의 비물질적인 것에 대한 어떠한 함의도 지니지 않음을 강조해 둘 필요가 있다. 4장의 마지막에서 논의된 바와 같이 물질화라는 개념에 함축된 긴장은 잠재적인 것 또는 들뢰즈-화이트의 용어를 사용하자면 가상적인 것과 실제적인 것 사이의 긴장이지 정신적인 것과 물질적인 것 사이의 긴장이 아니다. 물질화는 이미 존재하는 실체에 고유한 풍부한 잠재성에서 나온 새로운 조합이나 유형의 실제화에 관한 것이다. 실체는 언제나 무언가를 비밀로 하고 고고학자가 어느 한 시점에서 볼 수 있는 것보다 많은 것을 지니고 있다. 이는 새로움이 가능한 방식이다.

다루어져야 할 한 가지 주요한 문제가 남아 있는데, 바로 이 책에서 옹호된 접근과 같은 종류에 동반하는 것처럼 보이는 탈인간중심주의에 대해 많은 이들이 느끼는 불편함 또는 불편함의 결여이다. 대부분의 고고학자들은 아니라 해도 여러 고고학자들에게 있어 고고학은 궁극적으로 인간에 관한 것이다. 실제로 여성주의에 의해 고무된 고고학자들이 과정주의를 비판하며 주력한 부분이 과거의 재인간화, 선사시대 덩어리들에게 얼굴을 부여하는 것이었다(Tringham 1991). 대칭적인 고고학을 위한 사물에 대한 보호 요구는 고고학에 대한 위와 같은 관점을 공공연히 반박하는 것이 아닌가(Johnson 2010: 226)? 탈인간중심주의는 복잡한 문제이므로 그 내에서도 다양한 입장을 구분할 수 있도록 주의해야 한다. 한편으로 행위자-연결망 이론이나 물건 정향적 존재론을 채택하면 '사회적'인 것 또는 실제 일반에 대한 이해의 중심에서 인간 존재가 전치됨은 분명하다. 고고학적 기록 설명에 관한 한 인간과 비인간을 균형적으로 다루어야 한다. 다른 한편으로 어떠한 종류이든 인간의 특권을 미리 상정하지 않고서는 고고학적 기록에 대한 이야기를 아예 시작도 할 수 없음 또한 분명하다. 인간의 현존이 고고학적인 것을 정의하는 것이고 이를 예를 들어 지질학적 또는 고생물학적 기록과 구별하는 것이다. 그러나 그러한 현존이 학문의 중심점이라는 측면에서 읽혀져서는 안 된다. 인간은 단지 학문의 한계를 정할 뿐이다. 물론 이는 인간의 특별함에 대한 깊은 신뢰를 반영하는 구성물이다. 예를 들어 인간 이외의 어떠한 종도 두드러지는 물질적 또는 화석 기록을 가지고 있지 않다. 개별적인 과학자가 자신의 커리어를 특정한 종 연구에 바친다 해도 고생물학에서 그들은 모두 함께 뭉뚱그려진다. 또한 고고학적 기록이 다른 종과 지질학적 과정으로 가득 차 있는 것처럼 지질학적 기록은 인간 현존의 흔적을 포함한다. 그러나 실제는 고고학적 명칭이 나타내는 것보다 혼종적임을 인정한다 하여도 인간은 여전히 초파리나 전자와 같은 실제적 존재이고, 초파리나 전자가 특정 연구의 초점이 되지 말아야 할 이유가 없는 것처럼 인간이 특정 연구의 초점이 되지 말아야 할 이유도 없다. 인간으로서 왜 다른 모든 종보다 인간 자신의 종에 특별히 관심이 가고 인간의 과학 분과에서 그에 특권을 부여하지 않겠는가?

필자가 보기에 여기서 문제는 이 특권 주기라는 개념을 어떻게 이해하는가이다. 행위자-연결망 이론이나 물건 정향적 존재론 옹호자들의 비판은 초월적 주체에 대한 칸트적 개념을 통해서든 사회에 대한 뒤르켐적인 개념을 통해서든 인간 주체가 세계에 대한 설명에서 특권을 부여 받는 방식에 관한 것이 대부분이다. 필자가 이해하는 한 행위자-연결망 이론이나 물건 정향적 존재론 옹호자들은 연구 대상으로서 인간에게 특권을 부여하는 것 자체를 거부하지는 않는다. 그럼에도 불구하고 행위자-연결망 이론의 영향을 받은 여러 연구에서, 인간 주체가 인정되지 않는 곳에서의 인간 주체의 부재하는 현존은 추가적인 고찰을 필요로 한다(e.g. Fowles 2010). 따라서 고고학은 무엇보다도 사물이 아니라 사람에 관한 것일 것이고 것이어야 한다. 보다 적절한 질문은 고고학적 서사에서 다른 사물에 대해 사람이 어떻게 다루어지는가이다. 이는 5장에서 다루어진 고고학적 실체 및 새로운 종류의 존재에 관한 논의와 관련하여 특히 중요하다. 이 문제를 인간과 물건에 대한 두 가상적인 주창자 사이의 간략한 대화를 통해 고찰해 보도록 하자.

의장: 지금 당신이 읽고 있는 책을 생각해 보세요. 이를 어떻게 설명하겠습니까?

인간주의자: 그 책의 내용(저자)에 대해 이야기하는 것이든 그 물리적 형태(e.g. 표지 디자이너, 레이아웃 설계자, 프린트 작동자)에 대해 이야기하는 것이든 분명 그 책은 인간 정신의 산물입니다.

탈인간주의자: 아니오, 인쇄 기계, 건물, 컴퓨터, 트럭 등의 다른 행위자들을 잊어서는 안 됩니다. 마치 인간의 본질만이 문제가 되는 것처럼 그 책은 인간의 본질로 걸러져 나올 수 없습니다. 그 책은 인간과 비인간, 다중적 행위자들로 이루어진 유형의 잔여물입니다.

인간주의자: 글쎄요, 그렇지만 저자 되기라는 측면을 생각해 봅시다. 물론 그 책이 쓰여지기 위해서는 인간 저자말고도 컴퓨터(또는 타자기나 펜과 종이)가 필요했지요. 그러나 이러한 '행위자' 중 한 명만이 이러한 목적으로 다른 모든 행위자를 당신의 용어를 사용하자면 '동원'했을 수 있습니다. 중요한 것은 인간의 의도입니다.

탈인간주의자: 인간은 그들이 좋아하는 모든 것을 의도할 수 있지만 컴퓨터(또는 다른 기입 물건)가 존재하지 않으면 그러한 의도는 실현될 수 없습니다. 기입하고자 하는 의도와 이러한 기입을 수행하는 물건은 함께 나타난다고 할 수 있습니다. 구석기시대 사람이 책을 쓰고자 하는 의도를 가진 적이 있다고 생각하시나요? 그러한 생각 자체가 말이 안 됩니다.

인간주의자: 물론 그렇습니다. 그러나 이는 내 요점을 강화할 뿐입니다. 컴퓨터나 타자기, 펜과 종이를 누가 만들었지요? 인간입니다!

탈인간주의자: 사실 컴퓨터는 인간과 다른 기계에 의해서 뿐만이 아니라 다른 컴퓨터에 의해 만들어졌습니다. 이는 당신이 예로 들고자 하는 다른 물건에 대해서도 마찬가지입니다. 지금 당신은 누가 책을 만들었는가에 대한 당신의 첫 의견이 지닌 오류를 반복하고 있을 뿐입니다. 다른 행위자들을 무시하기로 하면서 말이죠.

인간주의자: 그렇습니다. 그러나 이러한 생각을 내고 이러한 물건을 디자인한 것은 인간입니다. 이러한 물건은 인간이 없다면 존재하지 않았을 것입니다.

탈인간주의자: 물건이 제공하는 가능성이라는 측면에서 마찬가지로 물건을 디자인하는 다른 도구들이 없어도 그러한 물건의 존재는 불가능하지요. 당신이 한 손에는 자갈을, 다른 한 손에는 망치와 뾰족한 골각기만을 가지고 있을 때 당신이 만들 수 있는 상이한 형식의 석기에 대해 생각해 보세요. 인간이 어떠한 생각 또는 디자인을 가지고 있든 이는 사용되는 다른 도구에 의해 제한되거나 가능해집니다. 제 질문으로 다시 돌아가겠습니다. 당신이 좋아하는 아무 물건이나 골라 보세요. 그럼 인간의 손만으로 만들어진 물건이 매우 드물다는 것을 알게 될 것입니다. 가장 시원적인 호미니드 도구인 찍개 제작에도 찍개의 날을 만들기 위해 다른 돌이 필요했습니다.

인간주의자: 그렇다고 하더라도 돌 두 개만으로는 손도끼가 만들어질 수 없습니다. 인간은 없어서는 안 될 행위자인 것이지

요. 당신의 이의를 받아들여 당신에게 마찬가지로 묻습니다. 당신이 좋아하는 아무 물건이나 골라 보세요. 그 물건 생산에 관련된 행위자들을 대체할 수는 있지만 그러한 행위자 중 일정하게 유지되는 행위자가 인간일 때 당신에게는 물질문화만 남을 것입니다. 인간을 치워 보세요. 그럼 더 이상 물질문화도 없을 것입니다. 이래서 물질문화가 다른 사물들과 구분되는 것이고 우리가 고고학을 할 수 있는 것입니다. 고고학자는 물건에서 사람을 알아보기 때문이지요.

고안된 것이기는 하지만 위 대화는 사람과 사물 사이의 관계에 대한 주제와 문제 중 일부를 요약한다. 한편으로 직감적으로는 물질문화 문제에서 인간이 다른 모든 사물보다 중요한 것처럼 보인다. 다른 한편으로는 인과관계를 아무리 오래 따져도 인간은 언제나 다른 사물에 의해 은연중에 가려질 것이다. 그러한 사물은 고고학자가 물질문화의 기원을 역사(기술의 진화)에서 찾든 관행(의도의 외화)에서 찾든 쉽게 사라지지 않을 것이다. 대부분의 물건은 그 생산 과정에서 언제나 다른 물건을 끌어들이지만 물건을 만들고자 하는 의도는 물건의 가능성에 선행할 수 없다. 그러한 의도와 가능성은 함께 생긴다. 그렇다면 이러한 교착 상태를 어떻게 해결할 수 있을까? 어떠한 방식으로든 인간에게 특권을 부여하지 않고 인간 현상으로서의 물질문화, 인간의 과거에 대한 과학으로서의 고고학에 대해 어떻게 이야기할 수 있을까?

이에 대한 답은 인과관계에 대한 통상적인 사고에서부터 멀어지는 것에 놓여 있다. 문제는 단순한 인과관계로 설명을 한정할 때 고고학자는 은연중에 설명에서의 선후 관계, 즉 원인과 결과 관계를 보유하고 있다는 것이다. 무언가는 다른 무언가의 결과가 되어야 하고 그것으로 환원되어야 하며 그것의 기원이 되어야 한다. 인간에게 특권을 부여하는 것이라고 보는 이들은 주요한 인과관계라는 측면에서 접근하여 잘못된 방향으로 나아가고 있는 것이다. 대안적인 주장의 가능성이 보이는 것은 이들의 마지막 주장에서일 뿐이다. 여기서 인간은 필수적인 것, 대체 불가능한 것으로 묘사된다. 어떠한 물질문화 품목에도 그 존재에 개입된 인간이 아닌 행위자가 있는 것처럼 인간 행위자의 개입이 있다. 문제는 이러한 필요 조건을 설명에서의 특권화된 위치라는 관점에서 독해하는데 있다. 물질문화 설명에서 인간은 필요하지만 충분하지는 않고 항상 중심적이지도 않다. 인간은 기원적인 설명이기보다는 결합 조직으로 작용한다. 이는 인간 역사에 대한 매우 상이한 관점으로 이끄는데, 그러한 관점에서는 인간 역사를 기원보다는 식민지화라는 측면에서 본다. 이는 사물이 궁극적으로 언제 어디에서 어떻게 왔느냐보다는 인간이 어떻게 연결을 촉진하고 동원하는가에 관한 것이다.

클라이브 갬블은 인간 진화에 대한 서사라는 측면에서 어떻게 이 문제가 기원 연구와 어젠다에 의해 지배되어왔는지에 관해 논의하였다. 그는 인간이 어떻게 확산하여 지구를 식민지화하였는지에 초점을 두는 접근을 옹호한다(Gamble 1993). 갬블의 요점은 조방적인 식민지화라고 할 수 있는 것에 관한 것인데, 그는 이를 인간이 직접적인 환경, 즉 주변의 물질환경을 식민지화한 방식에 대해 보다 일반적으로 적용한다. 이를 집약적인 식민지화라고 하자. 그러한 집약적인 식민지화는 렌프류가 물질적 뒤엉킴이라고 부른 것의 측면에서 이해될 수 있다. 렌프류는 물질적 뒤엉킴이라는 개념을 세피언트 역설과 관련하여 논한다(Renfrew 2001). 생물학적으로 현대적인 인간의 출현 이후 복합사회가 출현하는데 왜 3,000년이라는 오랜 시간이 걸렸는가(이처럼 복잡한 주제에 대한 보다 최근의 다양한 논의에 대해서는 McBrearty and Brooks 2000, Renfrew and Morley 2009

참조)? 무엇이 그러한 차이를 낳았는가? 간단하게 얘기하자면 그 답은 물질문화와의 인간의 뒤엉킴이다. 새로운-사물다움에 대한 호더의 논의에서 취해진 물질적 뒤엉킴이나(Hodder 2004; 또 Hodder 2011 참조) 브쾨르나 올센이 옹호하는 호더의 관점과 유사한 관점이 주목된다:

> 올두바이 계곡에서 탈근대시대에 이르기까지 이어진 한 역사가 있다면 이는 증가하는 물질성에 관한 역사이고 점점 더 많은 과업이 인간 이외의 행위자에게 위임되는 역사, 점점 더 많은 행위가 사물에 의해 매개되는 역사이다.
>
> (Olsen 2003: 88)

역사와 물질적 뒤엉킴 사이의 연계 또는 라투어의 표현을 빌리자면 인간 이외의 행위자에게로의 과업 위임은 매우 중요한데, 특히 그 진화론적 함의 때문이다. 그러한 함의란 이 물질적 뒤엉킴이 중력을 생성하여 역사적 변동의 성격에 영향을 미친다는 것이다. 호더는 이러한 뒤엉킴이 증가될수록 비활동적이 될 것이라고 예상하는 이도 있겠지만 사실은 그 반대임을 지적한다. 렌프류의 세피언트 역설로 돌아가자면 인간의 역사가 실제로 시작된 것은 물질문화의 급증 및 뒤엉킴의 증가와 함께이다(Hodder 2004: 50). 필자 역시 이 뒤엉킴의 문제를 역사의 짐이라는 맑스의 개념과 어떻게 우리가 역사적 중력에 민감해질 필요가 있고 어떻게 이것 자체가 역사적으로 가변적인지에 연계시킨 바 있다(Lucas 2007a). 대부분의 선사시대, 즉 렌프류의 '창조적 폭발' 이전 시대는 참을 수 없는 가벼움으로 특징지어질 수 있을 것이다. 당시의 물질적 뒤엉킴이 훨씬 적어서 과거의 무게는 훨씬 가벼웠기 때문이다.

물질적 뒤엉킴이라는 개념과 필자가 집약적인 식민지화라고 부른 개념은 역사적 과정에 대해 매우 상이한 은유를 불러일으킨다. 진화론의 일방향적인 궤도와 기원 연구 대신에 확장되는 영역이라는 개념이 적절하다. 역사는 시간적인 궤도를 따라가거나 주어진 기반 위에서 이루어는 것이 아니라 시간과 공간을 지니고 움직이면서 세계를 변경한다. 그럼 이 모든 것이 탈인간중심적 고고학과 관련하여 우리를 어디에 남겨 놓는가? 기본점으로 돌아가 고고학은 인간에 대한 관심을 통해 정의되고 이는 고고학 연구의 매개변수 자체를 제공한다. 고고학자가 곤충에서 칼에 이르는 모든 종류의 실체를 연구하지만 인간은 이러한 실체를 함께 연결하는 날실과 씨실, 연결 조직을 제공한다. 인간과 연관되지 않은 곤충은 방법론적 도구로서가 아니면 고고학자에게는 흥미롭지 않다. 또 순전히 인간적인 것도 고고학자에게 흥미롭지 않다. 고고학자에게 흥미로운 것은 인간이 자신의 환경을 조방적으로든 집중적으로든 식민지화함에 따라 나타나는 새로운 실체, 새로운 세계이다. 어느 의미에서 고고학에는 이에 대한 단어가 항상 있었으니, '사회' 또는 '사회적인 것'이 바로 그것이다. 5장에서 논의된 것처럼 사회적인 것과 관련된 문제는 사회적인 것이 내재적인 집합 과정이기보다는 추상물, 유사-초월적 실체로 물화되었다는 점이다. 들뢰즈와 드란다의 영역화와 부호 개념을 참조한 필자의 수용과 엮기라는 개념은 사회적인 것을 물질적 관행에 기초한 것으로 유지하기 위한 것이었다. 필자가 보기에 고고학은 새로운 실체, 새로운 유형에 대한 과학이고 이는 인간이라는 구성 요소가 연결 조직 역할을 하는 한 사회적인 것이라고 할 수 있다. 사회는 사람, 돌, 접시, 말(horse)로 구성된 실제적이고 물질적인 유형이지 인간 개개인을 통해서만 존재하는 규칙, 신념, 경향, 구조 등으로서의 초월적 실체가 아니다. 이러한 의미에서 고고학은 인간에 대한 것이라기보다는 사회적 도덕관에 관한 것이다. 원한다면 이를 탈인간중심적 또는 심지어 탈인간적이라

고도 부를 수 있지만, 고고학자는 인간이 들어선 이후의 세계를 연구한
다는 의미에서만 그럴 수 있다. 이러한 의미에서 사회적인 것은 탈인간
적인 것이다.

::참고문헌

Åberg, N., 1929. Typologie (Typologische Methode), in *Reallexikon der Vorgeschichte* (vol. 13), ed. M. Ebert, Berlin: Walter De Gruyter, 508-16.

Adkins, L., & R. Adkins, 1989. *Archaeological Illustration*, Cambridge: Cambridge University Press.

Allen, S. H., 1995. 'Finding the Walls of Troy': Frank Calvert, Excavator. *American Journal of Archaeology*, 99(3), 379-407.

Allen, S. H., 1999. *Finding the Walls of Troy. Frank Calvert & Heinrich Schliemann at Hisarlik*, Berkeley: University of California Press.

Allison, P. M., 1992. Artefact Assemblages: Not 'the Pompeii Premise', in *Papers of the Fourth Conference of Italian Archaeology*, ed. E. Herring, R. Whitehouse, & J. Wilkins, London: Accordia Research Centre, 49-56.

Almgren, B., 1995. The Development of the Typological Theory in Connection with the Exhibition in the Museum of National Antiquities in Stockholm, in *Oscar Montelius. 150 years*, ed. P. Åström, Stockholm: Kungl Vitterhets Historie och Antikvilets Akademien, 23-39.

Alpers, S., 1989. *The Art of Describing. Dutch Art in the Seventeenth Century*, Harmondsworth: Penguin.

Altekamp, S., 2004. The Resistance of Classical Archaeology against Stratigraphic Excavation, in *Digging in the Dirt. Excavation in a New Millennium*, ed. G. Carver, Oxford: Archaeopress, 143-9.

Ammerman, A. J., & M. W. Feldman, 1974. On the 'Making' of an Assemblage of Stone Tools. *American Antiquity*, 39(4), 610–16.

Andrén, A., 1985. *Den urbana scenen. Städer och samhälle i det medeltida Danmark*, Malmö, Sweden: Liber.

Andrén, A., 1998. *Between Artifacts and Texts. Historical Archaeology in Global Perspective*, New York: Plenum Press.

Andrews, G., J. Barrett, & J. S. C. Lewis, 2000. Interpretation Not Record: The Practice of Archaeology. *Antiquity*, 74, 525–30.

Appadurai, A. (ed.), 1986. *The Social Life of Things. Commodities in Cultural Perspective*, Cambridge: Cambridge University Press.

Ascher, R., 1961. Analogy in Archaeological Interpretation. *Southwestern Journal of Anthropology*, 17, 317–25.

Ascher, R., 1968. Time's Arrow and the Archaeology of a Contemporary Community, in *Settlement Archaeology*, ed. K. C. Change, Palo Alto, CA: National Press Books, 43–52.

Atkinson, R. J.C., 1946. *Field Archaeology*, London: Methuen.

Atkinson, R. J.C., 1956. *Stonehenge*, Harmondsworth: Penguin.

Atkinson, R. J.C., 1957. Worms and Weathering. *Antiquity*, 31, 219–33.

Audouze, F., 2002. Leroi-Gourhan, a Philosopher of Technique and Evolution. *Journal of Archaeological Research*, 10(4), 277–306.

Auslander, L., A. Bentley, L. Halevi, H. O. Sibum, & C. Witmore, 2009. AHR Conversation: Historians and the Study of Material Culture. *American Historical Review*, 114(5), 1355–404.

Babington, C., 1865. *Introductory Lecture on Archaeology*, Cambridge: Deighton, Bell.

Bailey, D. W., 2001. Review of J. Chapman (2000) *Fragmentation in Archaeology. American Anthropologist*, 103(4), 1181–2.

Bailey, G. N., 1981. Concepts, Time-Scales and Explanation in Economic Prehistory, in *Economic Archaeology*, ed. A. Sheridan & G. N. Bailey, Oxford: British Archaeological Reports International Series 96, 97-117.

Bailey, G. N., 1987. Breaking the Time Barrier. *Archaeological Review from Cambridge*, 6, 5-20.

Bailey, G. N., 2007. Time Perspectives, Palimpsests and the Archaeology of Time. *Journal of Anthropological Archaeology*, 26, 198-223.

Bailey, G. N., 2008. Time Perspectivism: Origins and Consequences, in *Time in Archaeology. Time Perspectivism Revisited*, ed. S. Holdaway & L. Wandsnider, Salt Lake City: University of Utah Press, 13-30.

Baird, D., 2004. *Thing Knowledge. A Philosophy of Scientific Instruments*, Berkeley: University of California Press.

Bal, M., 2002. *Travelling Concepts in the Humanities. A Rough Guide*, Toronto: University of Toronto Press.

Bapty, I., & T. Yates (eds.), 1990. *Archaeology after Structuralism*, London: Routledge.

Barad, K., 1998. Getting Real: Technoscientific Practices and the Materialization of Reality. *Differences. A Journal of Feminist Cultural Studies*, 10(2), 87-126.

Barad, K., 2003. Posthumanist Performativity: Toward an Understanding of How Matter Comes to Matter. *Signs*, 28(3), 801-31.

Barad, K., 2007. *Meeting the Universe Halfway. Quantum Physics and the Entanglement of Matter and Meaning*, Durham, NC: Duke University Press.

Barker, P., 1980. Rabies Archaeologorum: A Reply. *Antiquity*, 54, 19-20.

Barker, P., 1982. *Techniques of Archaeological Excavation*, London: Batsford.

Barrett, J., 1988. Fields of Discourse. Reconstituting a Social Archaeology. *Critique of Anthropology*, 7(3), 5-16.

Barrett, J., 2006. Archaeology as the Investigation of the Contexts of Humanity, in *Deconstructing Context. A Critical Approach to Archaeological Practice*, ed. D. Papaconstantinou, Oxford: Oxbow Books, 194-211.

Barry, A., & N. Thrift, 2007. Gabriel Tarde: Imitation, Invention and Economy. *Economy and Society*, 36(4), 509-25.

Baudou, E., 1985. Archaeological Source Criticism and the History of Modern Cultivation in Denmark, in *Archaeological Formation Processes*, ed. K. Kristiansen, Copenhagen: National Museum, 63-80.

Beck, R., D. Bolender, J. Brown, & T. Earle, 2007. Eventful Archaeology: The Place of Space in Structural Transformation. *Current Anthropology*, 48(6), 833-60.

Bell, M., P. J. Fowler & S. W. Hillson, 1996. *The Experimental Earthwork Project 1960-1992*. York: Council for British Archaeology (CBA Research Report 100).

Bender, B., S. Hamilton, & C. Tilley, 1997. Leskernick: Stone Worlds, Alternative Narratives, Nested Landscapes. *Proceedings of the Prehistoric Society*, 63, 147-78.

Bender, B., S. Hamilton, & C. Tilley, 2007. *Stone Worlds. Narrative and Reflexivity in Landscape Archaeology*, Walnut Creek, CA: Left

Coast Press.

Benjamin, W., 1992. *Illuminations*, London: Fontana.

Bennett, J., 2010. *Vibrant Matter. A Political Ecology of Things*, Durham, NC: Duke University Press.

Bennett, J. W., 1943. Recent Developments in the Functional Interpretation of Archaeological Data. *American Antiquity*, 9(2), 206-19.

Berggren, A., 2001. Swedish Archaeology in Perspective and the Possibility of Reflexivity. *Current Swedish Archaeology*, 9, 9-23.

Bergson, H., 1991. *Matter and Memory*, New York: Zone Books.

Bernheim, E., 1889. *Lehrbuch der historischen Methode*, Leipzig: Verlag von Duncker and Humblot.

Berr, H., & L. Febvre, 1957. History, in *Encyclopedia of the Social Sciences*, ed. E. Seligman & A. Johnson, New York: Macmillan, 357-68.

Bhaskar, R., 1975. *A Realist Theory of Science*, Brighton: Harvester.

Bhaskar, R., 1979. *The Possibility of Naturalism. A Philosophical Critique of the Human Sciences*, New York: Humanities Press.

Biddle, M., 1994. *What Future for British Archaeology?*, Oxford: Oxbow Books.

Bille, M., F. Hastrup, & T. F. Sørensen (eds.), 2010. *An Anthropology of Absence. Materializations of Transcendence and Loss*, New York: Springer.

Binford, L., 1962. Archaeology as Anthropology. *American Antiquity*, 28(2), 217-25.

Binford, L., 1964. A Consideration of Archaeological Research Design. *American Antiquity*, 29, 425-41.

Binford, L., 1965. Archaeological Systematics and the Study of Culture Process. *American Antiquity*, 31(2), 203-10.

Binford, L., 1968a. Archaeological Perspectives, in *New Perspectives in Archaeology*, ed. L. Binford, Chicago: Aldine Publishing, 5-32.

Binford, L., 1968b. Review of 'A Guide to Field Methods in Archaeology: Approaches to the Anthropology of the Dead' by Robert F. Heizer and John A. Graham. *American Anthropologist*, 70, 806-8.

Binford, L., 1968c. Some Comments on Historical versus Processual Archaeology. *Southwestern Journal of Anthropology*, 24, 267-75.

Binford, L., 1975. Sampling, Judgement, and the Archaeological Record, in *Sampling in Archaeology*, ed. J. Mueller, Tucson: University of Arizona Press, 251-7.

Binford, L., 1977. General Introduction, in *For Theory Building in Archaeology. Essays on Fauna/ Remains, Aquatic Resources, Spatial Analysis, and Systematic Modelling*, ed. L. Binford, New York: Academic Press, 113.

Binford, L., 1979. Organization and Formation Processes: Looking at Curated Technologies. *Journal of Anthropological Research*, 35, 255-73.

Binford, L., 1981. Behavioural Archaeology and the 'Pompeii Premise'. *Journal of Anthropological Research*, 37, 195-208.

Binford, L., 1982a. Meaning, Inference and the Material Record, in *Ranking, Resource and Exchange*, ed. C. Renfrew & S. Shennan, Cambridge: Cambridge University Press, 160-3.

Binford, L., 1982b. Objectivity -Explanation- Archaeology, in *Theory and Explanation in Archaeology*, ed. C. Renfrew, M. J. Rowlands, & B. A. Segraves, London: Academic Press, 125-38.

Binford, L., 1983. *Working at Archaeology*, New York: Academic Press.

Binford, L., 1989. *Debating Archaeology*, New York: Academic Press.

Blench, R., 2006. Archaeology and Language: Methods and Issues, in *Companion to Archaeology*, ed. J. Bintliff, Oxford: Blackwell, 52-74.

Bloch, M., 1954. *The Historian's Craft*, Manchester: Manchester University Press.

Bloor, D., 1976. *Knowledge and Social Imagery*, Chicago: University of Chicago Press.

Boast, R., 1997. A Small Company of Actors: A Critique of Style. *Journal of Material Culture*, 2(2), 173-98.

Boivin, N., 2008. *Material Cultures, Material Minds. The Impact of Things on Human Thought, Society and Evolution*. Cambridge: Cambridge University Press.

Bolender, D. (ed.), 2010. *Eventful Archaeologies. New Approaches to Social Transformation in the Archaeological Record*, Albany: State University of New York Press.

Bon, S. E., 1997. A City Frozen in Time or a Site in Perpetual Motion? Formation Processes at Pompeii, in *Sequence and Space in Pompeii*, ed. S. E. Bon & R. Jones, Oxford: Oxbow Books, 7-12.

Borch, C., 2005. Urban Imitations: Tarde's Sociology Revisited. *Theory, Culture and Society*, 22(3), 81-100.

Boric, D. (ed.), 2009. *Archaeology and Memory*, Oxford: Oxbow Books.

Bourdieu, P., 1977. *Outline of a Theory of Practice*, Cambridge: Cambridge University Press.

Bourne, H. 1725. *Antiquitates Vulgares, or the Antiquities of the Common People*. Newcastle: J. White.

Bowden, M., 1991. *Pitt Rivers*, Cambridge: Cambridge University Press.

Bowden, M., 2001. Mapping the Past: O. G. S. Crawford and the Development of Landscape Studies. *Landscapes*, 2, 29-45.

Bowker, G. C., 2006. *Memory Practices in the Sciences*, Cambridge: Massachusetts Institute of Technology Press.

Bradley, R. (ed.), 1998. The Past in the Past: The Re-use of Ancient Monuments. *World Archaeology* 30(1).

Bradley, R., 2002. *The Past in Prehistoric Societies*, London: Routledge.

Bradley, R., 2003. Seeing Things: Perception, Experience and the Constraints of Excavation. *Journal of Social Archaeology*, 3(2), 151-68.

Bradley, R., 2006. Bridging the Two Cultures: Commercial Archaeology and the Study of Prehistoric Britain. *Antiquaries Journal*, 86, 1-13.

Braidwood, R., 1958. J. Vere Gordon Childe 1892-1957. *American Anthropologist*, 60, 733-6.

Brain, C. K., 1967. Bone Weathering and the Problem of Bone Pseudo-Tools. *South African Journal of Science*, 63, 97-9.

Brand, J., 1777. *Observations on Popular Antiquities*. Newcastle upon Tyne: T. Saint.

Braudel, F., 1980. *On History*, Chicago: University of Chicago Press.

Brew, J. O., 1946. The *Archaeology of Alkali Ridge, Southeastern Utah*. Cambridge, MA: Peabody Museum of American Archeology and Ethnology.

Brittain, M., & O. Harris, 2010. Enchaining Arguments and Fragmenting Assumptions: Reconsidering the Fragmentation Debate in Archaeology. *World Archaeology*, 42(4), 581-94.

Brooks, R., 1982. Events in the Archaeological Context and Archaeological Explanation. *Current Anthropology*, 23(1), 67-75.

Brown, M. R., & E. Harris, 1993. Interfaces in Archaeological Stratigraphy, in *Practices of Archaeological Stratigraphy*, ed. E. Harris, London: Academic Press, 7-20.

Brück, J., 1999. Ritual and Rationality: Some Problems of Interpretation in European Archaeology. *European Journal of Archaeology*, 2(3), 313-44.

Brudenell, M., & A. Cooper, 2008. Post-Middenism: Depositional Histories on Later Bronze Age Settlements at Broom, Bedfordshire. *Oxford Journal of Archaeology*, 27(1), 15-36.

Brundage, A., 2008, *Going to the Sources. A Guide to Historical Research and Writing*, Wheeling, IL: Harlan Davidson.

Bryant, L., N. Srnicek, & G. Harman (eds.), 2011. *The Speculative Turn. Continental Materialism and Realism*, Melbourne: re.press.

Buchli, V., 1995. Interpreting Material Culture: The Trouble with Text, in *Interpreting Archaeology. Finding Meaning in the Past*, ed. I. Hodder, M. Shanks, A. Alexandri, V. Buchli, J. Carman, J. Last, & G. Lucas, London: Routledge, 181-93.

Buchli, V., 2002. Introduction, in *The Material Culture Reader*, ed. V. Buchli, Oxford: Berg, 1-22.

Buchli, V., 2004. Material Culture: Current Problems, in *A Companion to Social Archaeology*, ed. L. Meskell & R. Preucel, Oxford: Blackwell, 179-94.

Buchli, V., 2010. Presencing the Im-Material, in *An Anthropology of Absence. Materializations of Transcendence and Loss*, ed. M. Bille, F. Hastrup, & T. F. Sørensen, New York: Springer, 185-203.

Butler, J., 1993. *Bodies That Matter. On the Discursive Limits of 'Sex'*, London: Routledge.

Butzer, K., 1982. *Archaeology as Human Ecology. Method and Theory for a Contextual Approach*, Cambridge: Cambridge University Press.

Callon, M., & J. Law, 1997. After the Individual in Society: Lessons on Collectivity from Science, Technology and Society. *Canadian Journal of Sociology*, 22(2), 165-82.

Cameron, C. M., & S. A. Tomka (eds.), 1993. *Abandonment of Settlements and Regions. Ethnoarchaeological and Archaeological Approaches*, Cambridge: Cambridge University Press.

Candea, M. (ed.), 2010. *The Social after Gabriel Tarde. Debates and Assessments*, London: Routledge.

Carr, C., 1987. Dissecting Intrasite Artefact Palimpsests Using Fourier Methods, in *Method and Theory for Activity Area Research*, ed. S. Kent, New York: Columbia University Press, 236-91.

Carr, D., 1986. Narrative and the Real World: An Argument for Continuity. *History and Theory*, 25(2), 117-31.

Carr, D., 1991. *Time, Narrative and History*, Bloomington: Indiana University Press.

Carver, M., 1989. Digging for Ideas. *Antiquity*, 63, 666-74.

Carver, M., 1990. Digging for Data: Archaeological Approaches to Data Definition, Acquisition and Analysis, in *Lo scavo archeologico. Dalla diagnosi all'edizione*, ed. R. Francovich & D. Manacorda, Florence, Italy: All'Insegna del Giglio SAS, 45-120.

Carver, M., 2009. *Archaeological Investigation*, London: Routledge.

Casati, R., & A. Varzi, 2008. Event Concepts, in *Understanding Events. From Perception to Action*, ed. T. F. Shipley & J. M. Zacks, Oxford: Oxford University Press, 31-53.

Cerquiglini, B., 1999. *In Praise of the Variant. A Critical History of Philology*, Baltimore: John Hopkins University Press.

Chadha, A., 2002. Visions of a Discipline: Sir Mortimer Wheeler and the Archaeological Method in India (1944-1948). *Journal of Social Archaeology*, 2(3), 378-401.

Chadwick, A., 2003. Post-Processualism, Professionalization and Archaeological Methodologies: Towards Reflective and Radical Practice. *Archaeological Dialogues*, 10(1), 97-117.

Chang, K. C., 1967. *Rethinking Archaeology*, New York: Random House.

Chapman, J., 2000. *Fragmentation in Archaeology. People, Places and Broken Objects in the Prehistory of South Eastern Europe*, London: Routledge.

Chapman, J., & B. Gaydarska, 2007. *Parts and Wholes. Fragmentation in Prehistoric Context*, Oxford: Oxbow Books.

Charest, M., 2009. Thinking through Living: Experience and the Production of Archaeological Knowledge. *Archaeologies*, 5(3), 416-45.

Chenhall, R. G., 1971. Positivism and the Collection of Data. *American Antiquity*, 36(3), 372-3.

Cherry, J., C. Gamble, & S. Shennan, 1978. General Introduction: Attitudes to Sampling in British Archaeology, in *Sampling in Contemporary British Archaeology*, ed. J. Cherry, C. Gamble, & S. Shennan, Oxford: British Archaeological Reports 50, 1-8.

Childe, V. G., 1935. Changing Methods and Aims in Prehistory. *Proceedings of the Prehistoric Society*, 1, 1-15.

Childe, V. G., 1951. *Social Evolution*, London: Watts and Co.

Childe, V. G., 1956a. *Piecing Together the Past. The Interpretation of Archaeological Data*, London: Routledge and Kegan Paul.

Childe, V. G., 1956b. *A Short Introduction to Archaeology*, London: Frederick Muller.

Clark, G., 1957. *Archaeology and Society. Reconstructing the Prehistoric Past*, London: Methuen and Co.

Clarke, A., 2003. *Natural-Born Cyborgs. Minds, Technologies and the Future of Human Intelligence*, Oxford: Oxford University Press.

Clarke, D. L., 1972. Models and Paradigms in Contemporary Archaeology, in *Models in Archaeology*, ed. D. L. Clarke, London: Methuen and Co., 1-60.

Clarke, D. L., 1973. Archaeology: The Loss of Innocence. *Antiquity*, 47, 6-18.

Clarke, D. L., 1978. *Analytical Archaeology*, London: Methuen and Co.

Classen, C., 1993. *Worlds of Sense. Exploring the Senses in History and across Cultures*, London: Routledge.

Cleere, H. F. (ed.), 1984. *Approaches to the Archaeological Heritage*, Cambridge: Cambridge University Press.

Cleuziou, S., A. Coudart, J.-P. Demoule, & A. Schnapp, 1991. The Use of Theory in French Archaeology, in *Archaeological Theory in Europe. The Last Three Decades*, ed. I. Hodder, London: Routledge, 91-128.

Cochrane, A., & I. Russell, 2007. Visualizing Archaeologies: A Manifesto. *Cambridge Archaeological Journal*, 17(1), 3-19.

Cole, S., 1955. *Counterfeit*, London: John Murray.

Coles, B., & J. Coles, 1989. *People of the Wetlands. Bogs, Bodies and Lake-Dwellers*, London: Guild Publishing.

Coles, J., 1972. *Field Archaeology in Britain*, London: Methuen and Co.

Coles, J., 1973. *Archaeology by Experiment*, London: Hutchinson.

Coles, J., 1979. *Experimental Archaeology*, London: Academic Press.

Coles, J., & B. Coles, 1996. *Enlarging the Past. The Contribution of Wetland Archaeology*, Edinburgh: Society of Antiquaries of Scotland.

Collier, A., 1994. *Critical Realism: An Introduction to Roy Bhaskar's Philosophy*. London: Verso.

Collingwood, R. G., 1944. *An Autobiography*, Harmondsworth: Penguin.

Collingwood, R. G., 1946. *The Idea of History*, Oxford: Clarendon Press.

Collins, H. M., 1985. *Changing Order. Replication and Induction in Scientific Practice*, London: Sage.

Collins, M. B., 1975. Sources of Bias in Processual Data: An Appraisal, in *Sampling in Archaeology*, ed. J. Mueller, Tucson: University of Arizona Press, 26-32.

Collins, R., 1981. On the Microfoundations of Macrosociology. *American*

Journal of Sociology, 86(5), 984-1014.

Corfield, M., P. Hinton, T. Nixon, & M. Pollard (eds.), 1998. *Preserving Archaeological Remains in Situ. Proceedings of the Conference 1St-3rd April 1996*, London: Museum of London Archaeology Service.

Cornwall, I., 1958. *Soils for the Archaeologist*, London: Phoenix House.

Coupaye, L., 2009. Ways of Enchanting: Chaînes Opératoires and Yam Cultivation in Nyamikum Village, Maprik, Papua New Guinea. *Journal of Material Culture*, 14(4), 433-58.

Coupaye, L., & L. Douny, 2009. Dans la trajectoire des choses. Comparaison des approches francophones et anglophones contemporained en anthropologie des techniques. *Techniques et Culture*, 52-53, 12-39.

Courbin, P., 1988. *What Is Archaeology? An Essay on the Nature of Archaeological Research*, Chicago: University of Chicago Press.

Couse, G. S., 1990. Collingwood's Detective Image of the Historian and the Study of Hadrian's Wall. *History and Theory*, 29(4), 57-77.

Cowgill, G. L., 1970. Some Sampling and Reliability Problems in Archaeology, in *Archeologie et calculateurs. Problèmes sèmiologiques et mathèmatiques*, Paris: Editions du Centre National de la Recherche Scientifique, 161-75.

Crary, J., 1992. *Techniques of the Observer. On Vision and Modernity in the Nineteenth Century*, Cambridge: Massachusetts Institute of Technology Press.

Crawford, O. G. S., 1921. *Man and His Past*, Oxford: Oxford University Press.

Crawford, O. G. S., 1953. *Archaeology in the Field*, London: Phoenix House.

Criado, F., 1995. The Visibility of the Archaeological Record and the Interpretation of Social Reality, in *Interpreting Archaeology. Finding Meaning in the Past*, ed. I. Hodder, M. Shanks, A. Alexandri, V. Buchli, J. Carman, J. Last, & G. Lucas, London: Routledge, 194–204.

Daniel, G., 1975. *A Hundred and Fifty Years of Archaeology*, London: Duckworth.

Daniels, S. G. H., 1972. Research Design Models, in *Models in Archaeology*, ed. D. L. Clarke, London: Methuen and Co., 201–30.

Darvill, T., 2004. Public Archaeology: A European Perspective, in *A Companion to Archaeology*, ed. J. Bintliff, Oxford: Blackwell, 409–34.

Darwin, C., 1968. *The Origin of Species*, Harmondsworth: Penguin.

Daston, L., 1998. The Language of Strange Facts in Early Modern Science, in *Inscribing Science. Scientific Texts and the Materiality of Communication*, ed. T. Lenoir, Stanford, CA: Stanford University Press, 20–38.

Daston, L., & P. Galison, 1992. The Image of Objectivity. *Representations*, 40, 81–128.

Daston, L., & P. Galison, 1997. *Objectivity*, New York: Zone Books.

David, N., 1972. On the Life Span of Pottery, Type Frequencies and Archaeological Inference. *American Antiquity*, 37, 141–2.

David, N., & C. Kramer, 2001. *Ethnoarchaeology in Action*, Cambridge: Cambridge University Press.

Davidson, D., 1969. The Individuation of Events, in *Essays in Honour of Carl G. Hempel*, ed. N. Rescher, Dordrecht, Germany: Reidel, 216-34.

Davidson, D., & M. Shackley (eds.), 1976. *Geoarchaeology. Earth Science and the Past*, Boulder, CO: Westview Press.

Dawdy, S. L. 2006. The Taphonomy of Disaster and the (Re)Formation of New Orleans. *American Anthropologist* 108(4): 719-30.

de Certeau, M., 1988. *The Writing of History*, New York: Columbia University Press.

de Lange, J., 2008. Time Perspectivism and the Structure of Archaeological Records: A Case Study, in *Time and Archaeology. Time Perspectivism Revisited*, ed. S. Holdaway & L. Wandsnider, Salt Lake City: University of Utah Press, 149-60.

Dear, P., 1985. Totius in Verba: Rhetoric and Authority in the Early Royal Society. *Isis*, 76(2), 145-61.

DeBoer, W. R., 1974. Ceramic Longevity and Archaeological Interpretation: An Example from the Upper Ucayali, Peru. *American Antiquity*, 39, 335-43.

DeBoer, W. R., 1983. The Archaeological Record as Preserved Death Assemblage, in *Archaeological Hammers and Theories*, ed. J. A. Moore & A. S. Keene, New York: Academic Press, 19-36.

DeBoer, W.R., & D. W. Lathrap, 1979. The Making and Breaking of Shipibo-Conibo Ceramics, in *Ethnoarchaeology. Implications of Ethnography for Archaeology*, ed. C. Kramer, New York: Columbia University Press, 102-38.

Dechelette, J.,1908-1914. *Manuel d'archéologie préhistorique, celtique et gallo-romaine* (4 vols.), Paris: Picard.

Deetz, J., 1988. History and Archaeological Theory: Walter Taylor Revisited. *American Antiquity*, 53(1), 13-22.

DeLanda, M., 1997. Immanence and Transcendence in the Genesis of Form. *South Atlantic Quarterly*, 96(3), 499-514.

DeLanda, M., 2006. *A New Philosophy of Society. Assemblage Theory and Social Complexity*, London: Continuum.

DeMarrais, E., C. Gosden, & C. Renfrew (eds.), 2004. *Rethinking Materiality. The Engagement of Mind with the Material World*, Cambridge: McDonald Institute for Archaeological Research.

Department for Communities and Local Government, 2010. *Planning Policy Statement 5. Planning for the Historic Environment*, London: The Stationary Office.

Derrida, J., 1996. *Archive Fever. A Freudian Impression*, Chicago: Chicago University Press.

Dobres, M.-A., 2000. *Technology and Social Agency. Outlining a Practice Framework for Archaeology*. Oxford: Blackwell.

Dobres, M.-A., & J. Robb (eds.), 2000. *Agency in Archaeology*, London: Routledge.

Dolwick, J., 2008. In Search of the Social: Steamboats, Square Wheels, Reindeer and Other Things. *Journal of Maritime Archaeology*, 3, 15-41.

Domanska, E., 2006a. The Return to Things. *Archaeologia Polona*, 44, 171-85.

Domanska, E., 2006b. The Material Presence of the Past. *History and Theory*, 45, 337-48.

Doyle, P., & M. Bennett (eds.), 1998. *Unlocking the Stratigraphical Record*, Chichester: John Wiley and Sons.

Doyle, P., M. Bennett, & A. Baxter, 1994. *The Key to Earth History. An Introduction to Stratigraphy*, Chichester: John Wiley and Sons.

Dretske, F., 1967. Can Events Move? *Mind*, 76, 479-92.

Droop, J.P., 1915. *Archaeological Excavation*, Cambridge: Cambridge University Press.

Droysen, J.G., 1897. *Outline of the Principles of History*, Boston: Ginn and Co.

Dunnell, R. C., 1986. Methodological Issues in Americanist Artifact Classification. *Advances in Archaeological Method and Theory*, 9, 149-207.

Durkheim, E., 1953. Individual and Collective Representations, in *Sociology and Philosophy*, ed. E. Durkheim, London: Cohen and West, 1-34.

Durkheim, E., 1964. *The Rules of Sociological Method*, New York: Free Press.

Dymond, D. P., 1974. *Archaeology and History. A Plea for Reconciliation*, London: Thames and Hudson.

Edensor, T., 2011. Entangled Agencies, Material Networks and Repair in a Building Assemblage: The Mutable Stone of St. Ann's Church, Manchester. *Transactions of the Institute of British Geographers* 36(2): 238-52.

Edgeworth, M., 2003. *Acts of Discovery. An Ethnography of Archaeological Practice*, Oxford: Archaeopress.

Edgeworth, M. (ed.), 2006. *Ethnographies of Archaeological Practice. Cul-*

tural Encounters, Material Transformations, Lanham, MD: AltaMira Press.

Edwards, E., 2001. *Raw Histories. Photographs, Anthropology and Museums*, Oxford: Berg.

Edwards, E., C. Gosden, & R. Phillips (eds.), 2006. *Sensible Objects. Colonialism, Museums and Material Culture*, Oxford: Berg.

Eggers, H. J., 1950. Das Problem der ethnischen Deutung in der Frühgeschichte, in Ur- und *Frühgeschichte als historische Wissenschaft. Wahle Festschrift*, ed. H. Kirchner, Heidelberg, Germany: Carl Winter University Press, 49-59.

Eggers, H. J., 1986. *Einführung in die Vorgeschichte*, Munich: Piper.

Eggert, M. K. H., 2001. *Prähistoriche Archäologie. Konzepte und Methoden*, Tübingen, Germany: A. Francke Verlag.

Elton, G., 1967. *Practice of History*, London: Fontana Press.

Evans, C., 1989a. Perishables and Worldly Goods -Artefact Decoration and Classification in the Light of Wetlands Research. *Oxford Journal of Archaeology*, 8(2), 179-201.

Evans, C., 1989b. Archaeology and Modern Times: Bersu's Woodbury 1938 & 1939. *Antiquity*, 63, 436-50.

Everill, P., 2007. A Day in the Life of a Training Excavation: Teaching Archaeological Fieldwork in the UK. *World Archaeology*, 39(4), 483-98.

Flannery, K., 1967. Culture History v. Culture Process: A Debate in American Archaeology. *Scientific American*, 217, 119-22.

Foley, R. A., 1981. A Model of Regional Archaeological Structure. *Proceedings of the Prehistoric Society*, 47, 1-17.

Ford, J., 1954. The Type Concept Revisited. *American Anthropologist*, 56, 42-53.

Forslund, P., 2004. MRT Confidential, in *Material Culture and Other Things*, ed. F. Fahlander & T. Oestigaard, Gothenburg, Sweden: University of Gothenburg, 213-58.

Foucault, M., 2002. *The Archaeology of Knowledge*, London: Routledge.

Fowler, C., 2004. *The Archaeology of Personhood. An Anthropological Approach*, London: Routledge.

Fowles, S., 2010. People without Things, in *An Anthropology of Absence. Materializations of Transcendence and Loss*, ed. M. Bille, F. Hastrup, & T. F. Sørensen, New York: Springer, 23-41.

Franken, H. J., 1984. The Lithology and Stratigraphy of Archaeological Sites. *Stratigraphica Archaeologica*, 1, 16-23.

Franklin, J., 1977. *Jean Bodin and the Sixteenth Century Revolution in the Methodology of Law and History*, Westport, CT: Greenwood Press.

French, C., 2003. *Geoarchaeology in Action. Studies in Soil Micromorphology and Landscape Evolution*, London: Routledge.

Freud, S., 1957. A Note upon the 'Mystic Writing-Pad', in *The Standard Edition of the Complete Psychological Works of Sigmund Freud (Vol. XIX, 1923-5). The Ego and the Id and Other Works*, London: Hogarth Press, 225-32.

Friedman, J., 1974. Marxism, Structuralism and Vulgar Materialism. *Man*, 9(3), 444-69.

Fritz, J. M., 1972. Archaeological Systems for Indirect Observation, in *Contemporary Archaeology. A Guide to Theory and Contributions*, ed. M. P. Leone, Carbondale: Southern Illinois University Press, 135-57.

Fritz, J. M., & F. T. Plog, 1970. The Nature of Archaeological Explanation. *American Antiquity*, 35(4), 405-12.

Gallay, A., 1989. Logicism: A French View of Archaeological Theory Founded in Computational Perspective. *Antiquity*, 63, 27-39.

Gamble, C., 1993. *Timewalkers. The Prehistory of Global Colonization*, Stroud: Sutton Publishing.

Gardin, J.-C., 1979. *Archaeological Constructs. An Aspect of Theoretical Archaeology*, Cambridge: Cambridge University Press.

Gasche, H., & O. Tunca, 1983. Guide to Archaeostratigraphic Classification and Terminology: Definitions and Principles. *Journal of Field Archaeology*, 10(3), 325-35.

Gell, A., 1998. *Art and Agency*, Oxford: Oxford University Press.

Gerhard, E., 2004. Archaeological Theses. *Modernism/Modernity*, II(I), 173-7.

Gero, J., 1985. Socio-Politics and the Woman-at-Home Ideology. *American Antiquity*, 50, 342-50.

Gero, J., 1995. Railroading Epistemology: Palaeoindians and Women, in *Interpreting Archaeology*, ed. I. Hodder, M. Shanks, A. Alexandri, V. Buchli, J. Carman, J. Last, & G. Lucas, London: Routledge, 175-8.

Gero, J., 1996. Archaeological Practice and Gendered Encounters with Field Data, in *Gender and Archaeology*, ed. R. P. Wright, Philadelphia: University of Pennsylvania Press, 251-80.

Gero, J., 2007. Honoring Ambiguity/Problematizing Certitude. *Journal of*

Archaeological Method and Theory, 14, 311-27.

Gibbon, G., 1989. *Explanation in Archaeology*, Oxford: Blackwell.

Giddens, A., 1984. *The Constitution of Society*, Cambridge: Polity Press.

Gifford, D., 1981. Taphonomy and Paleoecology: A Critical Review of Archaeology's Sister Disciplines. *Advances in Archaeological Method and Theory*, 4, 365-438.

Ginsberg, R., 2004. *The Aesthetics of Ruins*, Amsterdam: Rodopi.

Ginzburg, C., 1990. Clues: Roots of an Evidential Paradigm, in *Myths, Emblems, Clues*, ed. C. Ginzburg, London: Hutchinson Radius, 96-125.

Gladfelter, B. G., 1977. Geoarchaeology: The Geomorphologist and Archaeology. *American Antiquity*, 42(4), 519-38.

Gladfelter, B. G., 1981. Developments and Directions in Geoarchaeology. *Advances in Archaeological Method and Theory*, 4, 343-64.

Goldberg, P., & R. Macphail, 2006. *Practical and Theoretical Geoarchaeology*, Oxford: Blackwell.

Golinski, J., 1998. *Making Natural Knowledge. Constructivism and the History of Science*, Cambridge: Cambridge University Press.

Gooding, D., 1990. *Experiment and the Making of Meaning. Human Agency in Scientific Observation and Experiment*, Dordrecht, Germany: Kluwer.

Goodwin, C., 1994. Professional Vision. *American Anthropologist*, 96(3), 606-33.

Goodwin, C., 2000. Practices of Color Classification. *Mind, Culture and Activity*, 7(1-2), 19-36.

Gorecki, P., 1985. Ethno-Archaeology: The Need for a Post-Mortem Enquiry. *World Archaeology*, 17(2), 175-91.

Gorodzov, V. A., 1933. The Typological Method in Archaeology. *American Anthropologist*, 35(1), 9 5-102.

Gosden, C., 1994. *Social Being and Time*, Oxford: Blackwell.

Gould, S. J., 1981. *The Mismeasure of Man*, Harmondsworth: Penguin.

Gräslund, B., 1976. Dating Methods in Scandinavian Archaeology. *Norwegian Archaeological Review*, 9(2), 69-83.

Gräslund, B., 1987. *The Birth of Prehistoric Chronology. Dating Methods and Dating Systems in Nineteenth-Century Scandinavian Archaeology*, Cambridge: Cambridge University Press.

Graves-Brown, P. (ed.), 2000. *Matter, Materiality and Modern Culture*, London: Routledge.

Grayson, D. K., 1983. *The Establishment of Human Antiquity*, New York: Academic Press.

Grayson, D. K., 1986. Eoliths, Archaeological Ambiguity and the Generation of 'Middle-Range' Research, in *American Archaeology. Past and Future. A Celebration of the Society of American Archaeology*, ed. D. J. Meltzer, D. D. Fowler, & J. A. Sabloff, Washington, DC: Smithsonian Institution Press, 77-133.

Greenwell, W., 1865. Notices of the Examination of Ancient Grave-Hills in the North Riding of Yorkshire. *Archaeological Journal*, 22, 97-117, 241-68.

Griffin, L. J., 1993. Narrative, Event-Structure Analysis, and Causal Interpretation in Historical Sociology. *American Journal of Sociology*, 98(5), 1094-133.

Gross, N., 2006. Comment on Searle. *Anthropological Theory*, 6(1), 45-56.

Hacker, P., 1982. Events and Objects in Space and Time. *Mind*, 91, 1-19.

Hacking, I., 1983. *Representing and Intervening. Introductory Topics in the Philosophy of Natural Science*, Cambridge: Cambridge University Press.

Halbwachs, M., 1980. *The Collective Memory*, New York: Harper and Row.

Halbwachs, M., 1992. *On Collective Memory*, Chicago: University of Chicago Press.

Hamilton, S., & R. Whitehouse, 2006. Phenomenology in Practice: Towards a Methodology for a 'Subjective' Approach. *European Journal of Archaeology*, 9(1), 31-71.

Haraway, D., 1991. *Simians, Cyborgs and Women. The Reinvention of Nature*, London: Routledge.

Harding, A. F. (ed.), 1999. *Experiment and Design in Archaeology. Papers in Honour of John Coles*, Oxford: Oxbow.

Harding, J., 2005. Rethinking the Great Divide: Long-Term Structural History and the Temporality of the Event. *Norwegian Archaeological Review*, 38(2), 88-101.

Härke, H., 1991. All Quiet on the Western Front? Paradigms, Methods and Approaches in West German Archaeology, in *Archaeological Theory in Europe. The Last Three Decades*, ed. I. Hodder, London: Routledge, 187-222.

Härke, H., 1993. Intentionale und funktionale Daten: Ein Beitrag zur Theorie und Methodik der Gräberarchäologie. *Archäologisches Korrespondenzblatt*, 23(1), 141-6.

Härke, H., 1997. The Nature of Burial Data, in *Burial and Society. The Chronological and Social Analysis of Archaeological Burial*

Data, ed. C. K. Jensen & K. H. Nielsen, Aarhus, Denmark: Aarhus University Press, 19-27.

Härke, H. (ed.), 2002. *Archaeology, Ideology and Society. The German Experience*, Frankfurt: Peter Lang.

Harman, G., 2002. *Tool-Being. Heidegger and the Metaphysics of Objects*, Chicago: Open Court.

Harman, G., 2005. *Guerrilla Metaphysics. Phenomenology and the Carpentry of Things*, Chicago: Open Court.

Harris, E., 1977. Units of Archaeological Stratification. *Norwegian Archaeological Review*, 10, 84-94.

Harris, E., 1979. *Principles ofArchaeological Stratigraphy*, London: Academic Press.

Harris, E., 1989. *Principles of Archaeological Stratigraphy* (2nd ed.), London: Academic Press.

Harris, M., 1974. *Cows, Pigs, Wars and Witches. The Riddles of Culture*, New York: Vintage Books.

Harvey, K. (ed.), 2009. *History and Material Culture. A Student's Guide to Approaching Alternative Sources*, London: Routledge.

Hassan, F., 1979. Geoarchaeology: The Geologist and Archaeology. *American Antiquity*, 44, 267-70.

Hawkes, C., 1954. Archaeological Theory and Method: Some Suggestions from the Old World. *American Anthropologist*, 56(2), 155-68.

Hawkes, J., 1968. The Proper Study of Mankind. *Antiquity*, 42, 255-62.

Hayden, B., & A. Cannon, 1983. Where the Garbage Goes: Refuse Disposal in the Maya Highlands. *Journal of Anthropological Archaeology*, 2, 117-63.

Hegel, G. W. F., 1977. *Phenomenology of Spirit*, Oxford: Oxford University Press.

Heidegger, M., 1970. *What is a Thing?* Chicago: Regnery and Gateway Publishers.

Heizer, R. F., 1949. *A Manual ofArchaeological Field Methods*, Milbrae, CA: National Press.

Heizer, R. F.,& J. A. Graham, 1968. *A Guide to Field Methods in Archaeology*, Berkeley: University of California.

Henare, A., M. Holbraad, & S. Wastell (eds.), 2007. *Thinking through Things. Theorising Artefacts Ethnographically*, London: Routledge.

Hester, T., H. Shafer, & K. Feder, 1997. *Field Methods in Archaeology*, Mountain View, CA: Mayfield Publishing.

Hicks, D., 2007. From Material Culture to Material Life. *Journal of Iberian Archaeology*, 9-10, 245-55.

Hill, G. B., & L. F. Powell (eds.), 1934. *Boswell's Life of Johnson*, Oxford: Clarendon Press.

Hill, J. D., 1995. *Ritual and Rubbish in the Iron Age of Wessex. A Study of the Formation of a Specific Archaeological Record*, Oxford: British Archaeological Reports.

Historic Buildings and Monuments Commission, 1991. *Planning Policy Guidance 16*, London: Historic Buildings and Monuments Commission.

Hodder, I., 1982a. *Symbols in Action. Ethnoarchaeological Studies of Material Culture*, Cambridge: Cambridge University Press.

Hodder, I., 1982b. Theoretical Archaeology: A Reactionary View, in *Sym-*

bolic and Structural Archaeology, ed. I. Hodder, Cambridge: Cambridge University Press, 1-16.

Hodder, I., 1984. Archaeology in 1984. *Antiquity*, 58, 25-32.

Hodder, I., 1986. *Reading the Past. Current Approaches to Interpretation in Archaeology*, Cambridge: Cambridge University Press.

Hodder, I., 1987. The Contribution of the Long Term, in *Archaeology as Long-Term History*, ed. I. Hodder, Cambridge: Cambridge University Press, 1-8.

Hodder, I., 1989a. This Is Not an Article about Material Culture as Text. *Journal of Anthropological Archaeology*, 8, 250-69.

Hodder, I., 1989b. Writing Archaeology: Site Reports in Context. *Antiquity*, 63, 268-74.

Hodder, I., 1992. *Theory and Practice in Archaeology*, London: Routledge.

Hodder, I., 1993. The Narrative and Rhetoric of Material Culture Sequences. *World Archaeology*, 25, 268-82.

Hodder, I., 1995. Material Culture in Time, in *Interpreting Archaeology. Finding Meaning in the Past*, ed. I. Hodder, M. Shanks, A. Alexandri, V. Buchli, J. Carman, J. Last, & G. Lucas, London: Routledge, 164-8.

Hodder, I., 1997. 'Always Momentary, Fluid and Flexible': Towards a Reflexive Excavation Methodology. *Antiquity*, 71, 691-700.

Hodder, I., 1999. *The Archaeological Process*, Oxford: Blackwell.

Hodder, I. (ed.), 2000. *Towards Reflexive Method in Archaeology. The Example at Çatalhöyük*, Cambridge: McDonald Institute for Archaeological Research.

Hodder, I., 2004. Neo-Thingness, in *Explaining Social Change. Studies in*

Honour of Colin Renfrew, ed. J. Cherry, C. Scarre, & S. Shennan, Cambridge: McDonald Institute for Archaeological Research, 45-52.

Hodder, I., 2011. Human-Thing Entanglement: Towards an Integrated Archaeological Perspective. *Journal of the Royal Anthropological Institute*, 17: 154-77.

Hodder, I., & S. Hutson, 2003. *Reading the Past. Current Approaches to Interpretation in Archaeology*, Cambridge: Cambridge University Press.

Hodder, I., & P. McAnany, 2009. Thinking about Stratigraphic Sequences in Social Terms. *Archaeological Dialogues*, 16(1), 1-22.

Hodgen, M. T., 1931. The Doctrine of Survivals: The History of an Idea. *American Anthropologist*, 33(3), 307-24.

Hogarth, A. C., 1972. Common Sense in Archaeology. *Antiquity*, 46, 301-4.

Holdaway, S., & L. Wandsnider (eds.), 2008. *Time in Archaeology. Time Perspectivism Revisited*, Salt Lake City: University of Utah Press.

Holtorf, C., 2005. *From Stonehenge to Las Vegas. Archaeology as Popular Culture*, Walnut Creek, CA: AltaMira Press.

Holtorf, C., 2007. *Archaeology Is a Brand! The Meaning of Archaeology in Contemporary Popular Culture*, Oxford: Archaeopress.

Holz, M., & M. Simões, 2005. Taphonomy - Overview of Main Concepts and Applications to Sequence Stratigraphic Analysis. *Applied Stratigraphy*, 23(3), 249-78.

Howes, D. (ed.), 2004. *Empire of the Senses. The Sensual Culture Reader*, Oxford: Berg.

Hunter, J., & I. Ralston (eds.), 2006. *Archaeological Resource Management in the UK. An Introduction*, Stroud: Sutton Publishing.

Hurcombe, L., 2007. A Sense of Materials and the Sensory Perception in Concepts of Materiality. *World Archaeology*, 39(4), 532-45.

Husserl, E., 1966. *The Phenomenology of Internal Time-Consciousness*, Bloomington: Indiana University Press.

Iggers, G., 1997. *Historiography in the Twentieth Century. From Scientific Objectivity to the Postmodern Challenge*, Middletown, CT: Wesleyan University Press.

Ingersoll, D., J. Yellen, & W. MacDonald (eds.), 1977. *Experimental Archaeology*, New York: Columbia University Press.

Ingold, T., 2005. Making Culture and Weaving the World, in *Matter, Materiality and Modern Culture*, ed. P. Graves-Brown, London: Routledge, 50-71.

Ingold, T., 2007. Materials against Materiality. *Archaeological Dialogues*, 14(1), 1-16.

Ingold, T., 2008. Anthropology Is Not Ethnography. *Proceedings of the British Academy*, 154, 69-92.

Ingold, T., 2010. The Textility of Making. *Cambridge Journal of Economics*, 34, 91-102.

Isaac, G., 1967. Towards the Interpretation of Occupation Debris: Some Experiments and Observations. *Kroeber Anthropological Society Papers*, 37, 37-57.

Jakobson, R. 1959. On Linguistic Aspects of Translation, in *On Translation*, ed. R. A. Brower, Cambridge, MA: Harvard University Press, 232-9.

Jarvis, W. E., 2003. *Time Capsules. A Cultural History*, Jefferson, NC: McFarland and Co.

Jay, M., 1993. *Downcast Eyes. The Denigration of Vision in Twentieth Century French Thought*, Berkeley: University of California Press.

Jewell, P.A., 1963. *The Experimental Earthwork at Overton Down, Wiltshire 1960*, London: British Association for the Advancement of Science.

Jewell, P. A., & G. W. Dimbleby, 1966. The Experimental Earthwork on Overton Down, Wiltshire, England: The First Four Years. *Proceedings of the Prehistoric Society*, 32, 313-42.

Joerges, B., 1999a. Do Politics Have Artifacts? *Social Studies of Science*, 29(3), 411-31.

Joerges, B., 1999b. Scams Cannot Be Busted. *Social Studies of Science*, 29(3), 450-7.

Johansen, A. B., 1982. Arkeologiens teori og data. *Fornvännen*, 77, 212-25.

Johnson, M., 2006. On the Nature of Theoretical Archaeology and Archaeological Theory. *Archaeological Dialogues*, 13(2), 117-32.

Johnson, M., 2007. *The Ideas of Landscape*, Oxford: Blackwell Publishing.

Johnson, M., 2010. *Archaeological Theory*. An Introduction (2nd ed.), Oxford: Wiley-Blackwell.

Johnson, R. W., & M. G. Schene (eds.), 1987. *Cultural Resources Management*, Malabar, FL.: Krieger Publishing.

Jones, A., 2002. *Archaeological Theory and Scientific Practice*, Cambridge: Cambridge University Press.

Jones, A., 2004. Archaeometry and Materiality: Materials-Based Analysis in Theory and Practice. *Archaeometry*, 46(3), 327-38.

Jones, A., 2005. Lives in Fragments? Personhood and the European Neolithic. *Journal of Social Archaeology*, 5(2), 193-224.

Jones, A., 2007. *Memory and Material Culture*, Cambridge: Cambridge University Press.

Joukowsky, M., 1980. *A Complete Manual of Field Archaeology*, Englewood Cliffs, NJ: Prentice-Hall.

Joyce, R. & J. Pollard, 2010. Archaeological Assemblages and Practices of Deposition, in *The Oxford Handbook of Material Culture Studies*, eds. D. Hicks & M. Beaudry, Oxford: Oxford University Press, 291-309.

Keane, W., 2005. Signs are Not the Garb of Meaning: On the Social Analysis of Material Things, in *Materiality*, ed. D. Miller, Durham, NC: Duke University Press, 182-205.

Keller, F., 1866. *The Lake Dwellings of Switzerland and Other Parts of Europe*, London: Longmans, Green and Co.

Kelley, J., & M. Hanen, 1988. *Archaeology and the Methodology of Science*, Albuquerque: University of New Mexico Press.

Kenyon, K., 1952. *Beginning in Archaeology*, London: Phoenix House.

Kenyon, K., 1964. *Beginning in Archaeology* (2nd ed.), London: J.M. Dent.

Kinnunen, J., 1996. Gabriel Tarde as a Founding Father of Innovation Diffusion Research. *Acta Sociologica*, 39(4), 431-42.

Kintigh, K., 2006. The Promise and Challenge of Archaeological Data Integration. *American Antiquity*, 71(3), 567-78.

Klejn, L. S., 1994. Childe and Soviet Archaeology: A Romance, in *The Archaeology of V. Gordon Childe*, ed. D. Harris, Melbourne: Melbourne University Press, 75-99.

Klindt-Jensen, O., 1975. *A History of Scandinavian Archaeology*, London: Thames and Hudson.

Knappett, C., 2002. Photographs, Skeuomorphs and Marionettes. Some Thoughts on Mind, Agency and Object. *Journal of Material Culture*, 7(1), 97-117.

Knappett, C., 2005. *Thinking through Material Culture*, Philadelphia: University of Pennsylvania Press.

Knappett, C., 2007. Materials with Materiality? Response to Ingold 'Materials against Materiality'. *Archaeological Dialogues*, 14(1), 20-3.

Knappett, C., & L. Malafouris (eds.), 2008. *Material Agency. Towards a Nonanthropocentric Approach*, New York: Springer.

Knorr, K., 1981. *The Manufacture of Knowledge. An Essay on the Constructivist and Contextual Nature of Science*, Oxford: Pergamon Press.

Knorr-Cetina, K., 1999. *Epistemic Cultures. How the Sciences Make Knowledge*, Cambridge, MA: Harvard University Press.

Kohl, P., & C. Fawcett (eds.), 1995. *Nationalism, Politics and the Practice of Archaeology*, Cambridge: Cambridge University Press.

Kohl, P ., & J. A. Pérez Gollán, 2002. Religion, Politics, and Prehistory. *Current Anthropology*, 43(4), 561-86.

Kosso, P., 1992. Observation of the Past. *History and Theory*, 31, 21-36.

Kosso, P., 2001. *Knowing the Past. Philosophical Issues of History and Archaeology*, New York: Humanity Books.

Koutsoukos, E., 2005. Stratigraphy: Evolution of a Concept, in *Applied Stratigraphy*, ed. E. Koutsoukos, Dordrecht, Germany: Springer, 3-19.

Kristiansen, K., 1978. The Application of Source Criticism to Archaeology. *Norwegian Archaeological Review*, II(I), 1-5.

Kristiansen, K. (ed.), 1985. *Archaeological Formation Processes. The Representativity ofArchaeological Remains from Danish Prehistory*, Copenhagen: National Museum. ·

Kristiansen, K., 2002. The Birth of Ecological Archaeology in Denmark: History and Research Environments 1850-2000, in *The Neolithisation of Denmark. 150 Years of Debate*, ed. A. Fischer & K. Kristiansen, Sheffield: J. R. Collis Publications, 11-31.

Kroeber, A., & C. Kluckhohn, 1952. *Culture. A Critical Review of Concepts and Definitions*, Cambridge, MA: Harvard University.

Kuhn, T., 1962. *The Structure of Scientific Revolutions*, Chicago: University of Chicago Press.

Kuna, M., & D. Dreslerová, 2007. Landscape Archaeology and 'Community Areas' in the Archaeology of Central Europe, in *Envisioning Landscape. Situations and Standpoints in Archaeology and Heritage*, ed. D. Hicks, L. McAtackney, & G. Fairclough, Walnut Creek, CA: Left Coast Press, 146-71.

LaMotta, V. M., & M. B. Schiffer, 2001. Behavioural Archaeology: Toward a New Synthesis, in *Archaeological Theory Today*, ed. I. Hodder, Oxford: Polity, 14-64.

Langlois, C. V., & C. Seignobos, 1925. *Introduction to the Study of History*, London: Duckworth.

Last, J., 1995. The Nature of History, in *Interpreting Archaeology. Finding Meaning in the Past*, ed. I. Hodder, M. Shanks, A. Alexandri, V. Buchli, J. Carman, J. Last, & G. Lucas, London: Routledge, 141–57.

Last, J., 2007. Review of Parts and Wholes: Fragmentation in Prehistoric Context, by J. Chapman & B. Gaydarska, *Prehistoric Society Book Reviews* (http://www.ucl.ac.uk/prehistoric/reviews/o7_o5_chapman.htm).

Latour, B., 1987. *Science in Action*, Cambridge, MA: Harvard University Press.

Latour, B., 1990. Drawing Things Together, in *Representation in Scientific Practice*, ed. M. Lynch & S. Woolgar, Cambridge: Massachusetts Institute of Technology Press, 19–68.

Latour, B., 1992. Where Are the Missing Masses? The Sociology of a Few Mundane Artifacts, in *Shaping Technology/Building Society. Studies in Sociotechnical Change*, ed. W. E. Bijker & J. Law, Cambridge: Massachusetts Institute of Technology Press, 225–58.

Latour, B., 1993. *We Have Never Been Modern*, Cambridge, MA: Harvard University Press.

Latour, B., 1994. Pragmatogonies. A Mythical Account of How Humans and Non-humans Swap Properties. *American Behavioural Scientist*, 37(6), 791–808.

Latour, B., 1999. Circulating Reference: Sampling the Soil in the Amazon Forest, in *Pandora's Hope. Essays on the Reality of Science Studies*, ed. B. Latour, Cambridge, MA: Harvard University

Press, 24-79.

Latour, B., 2002a. Gabriel Tarde and the End of the Social, in *The Social in Question. New Bearings in History and the Social Sciences*, ed. P. Joyce, London: Routledge, 117-32.

Latour, B., 2002b. Morality and Technology. The End of Means. *Theory, Culture & Society*, 19(5/6), 247-60.

Latour, B., 2003. The Promises of Constructivism, in *Chasing Technoscience. Matrix for Materiality*, ed. D. Ihde & E. Selinger, Bloomington: Indiana University Press, 27-46.

Latour, B., 2005. *Reassembling the Social*, Oxford: Oxford University Press.

Latour, B., 2010. Tarde's Idea of Quantification, in *The Social after Gabriel Tarde. Debates and Assessments*, ed. M. Candea, London: Routledge, 145-62.

Latour, B., & S. Woolgar, 1986. *Laboratory Life. The Construction of Scientific Facts*, Princeton, NJ: Princeton University Press.

Lawson, C., J. Latsis, & N. Martins (eds.), 2007. *Contributions to Social Ontology*, London: Routledge.

Lefèvre, W. (ed.), 2004. *Picturing Machines 1400-1700*, Cambridge: Massachusetts Institute of Technology Press.

Lemonnier, P., 1993a. Introduction, in *Technological Choices. Transformation in Material Cultures since the Neolithic*, ed. P. Lemonnier, London: Routledge, 1-35.

Lemonnier, P. (ed.), 1993b. *Technological Choices. Transformation in Material Culture since the Neolithic*, London: Routledge.

Leroi-Gourhan, A., 1943. *Evolution et techniques. L'Homme et la matière*, Paris: Albin Michel.

Leroi-Gourhan, A., 1945. *Evolution et techniques. Milieu et techniques*, Paris: Albin Michel.

Leroi-Gourhan, A., 1950. *Les Fouilles préhistoriques (techniques et méthodes)*, Paris: A. & J. Picard.

Leroi-Gourhan, A., 1964. *Le geste et parole*. Paris: Albin Michel.

Leroi-Gourhan, A., 1993. *Gesture and Speech*, Cambridge: Massachusetts Institute of Technology Press (October Books).

Levine, P., 1986. *The Amateur and the Professional. Antiquarians, Historians and Archaeologists in Victorian England 1838-1886*, Cambridge: Cambridge University Press.

Leys, R., 1993 . Mead's Voices: Imitation as Foundation, or, the Struggle against Mimesis. *Critical Inquiry*, 19(2), 277-307.

Lightfoot, R. R., 1993. Abandonment Processes in Prehistoric Pueblos, in *The Abandonment of Settlements and Regions. Ethnoarchaeological and Archaeological Approaches*, ed. C. M. Cameron & S. A. Tonka, Cambridge: Cambridge University Press, 165-77.

Linse, A. R., & J. K. Stein, 1997. Review of *Stratigraphica Archaeologica*, Vol. 1 (1984) and Vol. 2 (1987), Publication of the Workshop for Archaeostratigraphic Classification and Terminology. *Geoarchaeology*, 5(3), 292-5.

Lowie, R. H., 1918. Survivals and the Historical Method. *American Journal of Sociology*, 23(4), 529-35.

Lucas, G., 2001a. *Critical Approaches to Fieldwork. Contemporary and Historical Archaeological Practice*, London: Routledge.

Lucas, G., 2001b. Destruction and the Rhetoric of Excavation. *Norwegian Archaeological Review*, 34(1), 35-46.

Lucas, G., 2004. Modern Disturbances: On the Ambiguities of Archaeology. *Modernism/Modernity*, II(I), 109-20.

Lucas, G., 2005. *The Archaeology of Time*, London: Routledge.

Lucas, G., 2007a. The Unbearable Lightness of Prehistory: Archaeological Reflections on Material Culture and Time. *Journal of Iberian Archaeology*, 9-10, 25-37.

Lucas, G., 2007b. Visions of Archaeology. An Interview with Tim Murray. *Archaeological Dialogues*, 14(2), 155-77.

Lucas, G., 2008. Time and the Archaeological Event. *Cambridge Archaeological Journal*, 18(1), 59-65.

Lucas, G., 2010a. Fieldwork and Collecting, in *Oxford Handbook of Material Culture Studies*, ed. D. Hicks & M. C. Beaudry, Oxford: Oxford University Press, 227-43.

Lucas, G., 2010b. Time and the Archaeological Archive. *Rethinking History*, 14(3), 343-59.

Lucas, G., 2010c. Triangulating Absence: Exploring the Fault-Lines between Archaeology and Anthropology, in *Archaeology and Anthropology. Understanding Similarity, Exploring Difference*, ed. D. Garrow & T. Yarrow, Oxford: Oxbow Books, 28-39.

Lukes, S., 2006. Searle and His Critics. *Anthropological Theory*, 6(1), 5-11.

Lyell, C., 1833. *Principles of Geology* (vol. 3). London: John Murray.

Lyman, R. L., 1994. *Vertebrate Taphonomy*, Cambridge: Cambridge University Press.

Lyman, R. L., & M. J. O'Brien, 2004. Nomothetic Science and Idiographic History in Twentieth Century Americanist Anthropology. *Journal of the History of the Behavioural Sciences*, 40(1), 77-96.

Lyman, R. L., & M. J. O'Brien, 2006. *Measuring Time with Artifacts. A History of Methods in American Archaeology*, Lincoln: University of Nebraska Press.

Lynch, M., 1985. *Art and Artifact in Laboratory Science. A Study of Shop Work and Shop Talk in a Research Laboratory*, London: Routledge and Kegan Paul.

Lynch, M., & S. Woolgar, 1990. Introduction: Sociological Orientations to Representational Practice in Science, in *Representation in Scientific Practice*, ed. M. Lynch & S. Woolgar, Cambridge: Massachusetts Institute of Technology Press, 1-17.

Lynch, M., & S. Woolgar (eds.), 1990. *Representation in Scientific Practice*, Cambridge: Massachusetts Institute of Technology Press.

Mackay, R., 2007. Editorial Introduction. *Collapse*, 2, 3-13.

MacWhite, E., 1956. On the Interpretation of Archaeological Evidence in Historical and Sociological Terms. *American Anthropologist*, 58(1), 3-25.

Mahoney, J., 2000. Path Dependence in Historical Sociology. *Theory and Society*, 29, 507-48.

Maitland, F. W., 1897. *Domesday Book and Beyond. Three Essays in the Early History of England*, Cambridge: Cambridge University Press.

Malina, J., & Z. Vašiček, 1990. *Archaeology Yesterday and Today. The Development of Archaeology in the Sciences and Humanities*, Cambridge: Cambridge University Press.

Malmer, M. P., 1976. Comments on Relative Chronology. *Norwegian Archaeological Review*, 9(2), 97-104.

Malmer, M. P., 1984. Arkeologisk positivism. *Fornvännen*, 79, 260-8.

Marchand, S. L., 1996. *Down from Olympus. Archaeology and Philhelle-nism in Germany*, 1750-1970, Princeton, NJ: Princeton University Press.

Marx, K., 1975. Economic and Philosophical Manuscripts, in *Early Writings*, ed. Q. Hoare, Harmondsworth: Penguin, 279-400.

Marx, K., 1976. *Capital* (vol. 1), Harmondsworth: Penguin.

Mason, O. T., 1902. *The Origins of Invention. A Study of Industry among Primitive Peoples*, London: W. Scott.

Mathieu, J. R. (ed.), 2002. *Experimental Archaeology, Replicating Past Objects, Behaviors and Processes*, Oxford: British Archaeological Reports International Series 1035.

Matthews, W., C. French, T. Lawrence, D. Cutter, & M. Jones, 1997. Microstratigraphic Traces of Site Formation Processes and Human Activities. *World Archaeology*, 29, 281-308.

Mauss, M., 1973. Techniques of the Body. *Economy and Society*, 2, 70-88.

Maxwell, G., 1962. The Ontological Status of Theoretical Entities, in *Minnesota Studies in the Philosophy of Science* (vol. 3), ed. H. Feigl & G. Maxwell, Minneapolis: University of Minnesota Press, 3-27.

Mayo, B., 1961. Objects, Events and Complementarity. *The Philosophical Review*, 70(3): 340-61.

McBrearty, S., & A. Brooks, 2000. The Revolution That Wasn't: A New Interpretation of the Origin of Modern Human Behavior. *Journal of Human Evolution*, 39, 453-563.

McGann, J. J., 1983. *A Critique of Modern Textual Criticism*, Chicago: University of Chicago Press.

McIntosh, R. J., 1974. Archaeology and Mud Wall Decay in a West African Village. *World Archaeology*, 6(2), 154-71.

Meskell, L., 2004. *Object Worlds in Ancient Egypt. Material Biographies Past and Present*, Oxford: Berg.

Meskell, L. (ed.), 2005. *Archaeologies of Materiality*, Oxford: Blackwell.

Micale, M. G., & D. Nadali, 2008. 'Layer by Layer … ' of Digging and Drawing: The Genealogy of an Idea, in *Proceedings of the 51st Rencontre Assyriologique Internationale, Held at the Oriental Institute of the University of Chicago, July 18-22, 2005*, ed. R. D. Biggs, J. Myers, & M. T. Roth, Chicago: Oriental Institute of the University of Chicago, 405-14.

Miller, D., 1987. *Material Culture and Mass Consumption*, Oxford: Blackwell.

Miller, D. (ed.), 1998. *Material Cultures. Why Some Things Matter*, London: University College of London Press.

Miller, D. (ed.), 2005. *Materiality*, Durham, NC: Duke University Press.

Miller, D., 2007. Stone Age or Plastic Age? Response to Ingold 'Materials against Materiality'. *Archaeological Dialogues*, 14(1), 23-7.

Miller, D., & C. Tilley, 1996. Editorial. *Journal of Material Culture*, 1, 5-14.

Mills, B. J., 1989. Integrating functional analyses of vessels and sherds through models of ceramic assemblage formation. *World Archaeology* 21(1), 133-47.

Mills, B. J., & W. H. Walker (eds.), 2008. *Memory Work. Archaeologies of Material Practices*, Santa Fe, NM: School for Advanced Research Press.

Mills, C. W., 1970. *The Sociological Imagination*, Harmondsworth: Penguin.

Moberg, C.-A., 1981. Similar Finds? - Similar Interpretations?, in *Similar Finds? Similar Interpretations?*, ed. C.-A. Moberg, Gothenburg: University of Gothenburg, 1-17.

Momigliano, A., 1950. Ancient History and the Antiquarian. *Journal of the Warburg and Courtauld Institutes*, 13(3-4), 285-315.

Montelius, O., 1903. *Die älteren Kulturperioden im Orient und in Europa, I. Die Methode*, Stockholm: Selbstverlag.

Moore, J. A., & A. S. Keene (eds.), 1983. *Archaeological Hammers and Theories*, New York: Academic Press.

Moreland, J., 2001. *Archaeology and Text*, London: Duckworth.

Morgan, C. L., 2009. (Re)building Çatalhöyük: Changing Virtual Reality in Archaeology. *Archaeologies*, 5(3), 468-87.

Moser, S., 2007. On Disciplinary Culture: Archaeology as Fieldwork and Its Gendered Associations. *Journal of Archaeological Method and Theory*, 14, 235-63.

Mueller, J. (ed.), 1975. *Sampling in Archaeology*, Tucson: University of Arizona.

Müller, S.,1888-1895. *Ordning af Danmarks Oldsager*, Copenhagen: C. A. Reitzel.

Munro, R., 1890. *The Lake Dwellings of Europe*, London: Cassell and Co.

Munro, R., 1905. *Archaeology and False Antiquities*, London: Methuen and Co.

Murray, T., 1997. Dynamic Modeling and the New Social Theory of the Mid-to Long-Term, in *Time, Process and Structured Trans-*

formation in Archaeology, ed. S. E. v. d. Leeuw & J. McGlade, London: Routledge, 449-63.

Murray, T., 1999. A Return to the 'Pompeii Premise', in *Time and Archaeology*, ed. T. Murray, London: Routledge, 8-27.

Murray, T., 2008. Paradigms and Metaphysics, or, 'Is This the End of Archaeology as We Know It?' in *Time and Archaeology. Time Perspectivism Revisited*, ed. S. Holdaway & L. Wandsnider, Salt Lake City: University of Utah Press, 170-80.

Myhre, B., 1991. Theory in Scandinavian Archaeology since 1960: A View from Norway, in *Archaeological Theory in Europe. The Last Three Decades*, ed. I. Hodder, London: Routledge, 161-86.

Naji, M., & L. Douny, 2009. Editorial. *Journal of Material Culture*, 14(4), 411-32.

Neustupný, E., 1993. *Archaeological Method*, Cambridge: Cambridge University Press.

Newton, C., 1851. On the Study of Archaeology. *Archaeological Journal*, 8, 1-26.

Nietzsche, F., 1957. *The Use and Abuse of History*, Indianapolis: Bobbs-Merrill Co.

Nora, P., 1989. Between Memory and History: *Les lieux de mémoire. Representations*, 26, 7-24.

Normark, N., 2010. Involutions of Materiality. Operationalizing a Neo-Materialist Perspective through the Causeways at Ichmul and Yo'okop. *Journal of Archaeological Method and Theory*, 17, 132-73.

O'Connor, A., 2007. *Finding Time for the Old Stone Age. A History of*

Palaeolithic Archaeology and Quaternary Geology in Britain, 1860-1960, Oxford: Oxford University Press.

Olivier, L., 1999. The Hochdorf 'Princely' Grave and the Question of the Nature of Archaeological Funerary Assemblages, in *Time and Archaeology*, ed. T. Murray, London: Routledge, 109-38.

Olivier, L., 2001. Duration, Memory and the Nature of the Archaeological Record, in *It's about Time. The Concept of Time in Archaeology*, ed. H. Karlsson, Gothenburg, Sweden: Bricoleur Press, 61-70.

Olivier, L., 2008. *Le sombre abîme du temps. Mémoire et archéologie*, Paris: Seuil.

Olsen, B., 2003. Material Culture after Text: Remembering Things. *Norwegian Archaeological Review*, 36(2), 87-104.

Olsen, B., 2006. Scenes from a Troubled Engagement. Post-Structuralism and Material Culture Studies, in *Handbook of Material Culture*, ed. C. Tilley, W. Keane, S. Kuchler, M. Rowlands, & P. Spyer, London: Sage, 85-103.

Olsen, B., 2007. Keeping Things at Arm's Length: A Genealogy of Asymmetry. *World Archaeology*, 39(4), 579-88.

Olsen, B., 2010. *In Defense of Things. Archaeology and the Ontology of Objects*, Walnut Creek, CA: AltaMira Press.

Olsen, O., 1980. Rabies Archaeologorum. *Antiquity*, 54, 15-9.

Ortman, S. G., 2000. Conceptual Metaphor in the Archaeological Record: Methods and an Example from the American Southwest. *American Antiquity*, 65(4), 613-45.

Orton, C., 2000. *Sampling in Archaeology*, Cambridge: Cambridge University Press.

Outram, A. (ed.), 2008. *Experimental Archaeology. World Archaeology* 40(1).

Pálsson, G., 1996. Human-Environmental Relations: Orientalism, Paternalism and Communalism, in *Nature and Society. Anthropological Perspectives*, ed. P. Descola & G. Pálsson, London: Routledge, 63-81.

Papaconstantinou, D., 2006. Archaeological Context as a Unifying Process: An Introduction, in *Deconstructing Context. A Critical Approach to Archaeological Practice*, ed. D. Papaconstantinou, Oxford: Oxbow Books, 1-21.

Parslow, C., 1995. *Rediscovering Antiquity. Karl Weber and the Excavation of Herculaneum, Pompeii, and Stabiae*, Cambridge: Cambridge University Press.

Passmore, J., 1987. Narratives and Events. *History and Theory*, 26(4), 68-74.

Patrik, L., 1985. Is There an Archaeological Record? *Advances in Archaeological Method and Theory*, 8, 27-62.

Patrik, L., 1986. The Aesthetic Experience of Ruins. *Husserl Studies*, 3, 31-55.

Pauketat, T., & S. Alt, 2005. Agency in a Postmold? Physicality and the Archaeology of Culture-Making. *Journal of Archaeological Method and Theory*, 12, 213-36.

Pearson, M., & M. Shanks, 2001. *Theatre/Archaeology*, London: Routledge.

Perry, S., 2009. Fractured Media: Challenging the Dimensions of Archaeology's Typical Visual Modes of Engagement. *Archaeologies*, 5(3), 389-415.

Petrie, F., 1904. *Methods and Aims in Archaeology*, London: Macmillan and Co.

Petrie, F., 1906. Archaeological Evidence, in *Lectures on the Methods of Science*, ed. T. B. Strong, Oxford: Clarendon Press, 218-30.

Pettigrew, T. J., 1850. On the Study of Archaeology, and the Objects of the British Archaeological Association. *Journal of the British Archaeological Association*, 6, 163-77.

Phillips, P., J. Ford, & J.B. Griffin, 1951. *Archaeological Survey in the Lower Mississippi Alluvial Valley* 1940-1947, Cambridge, MA: Peabody Museum.

Phillips, P., & G. Willey, 1953. Method and Theory in American Archaeology: An Operational Basis for Culture-Historical Integration. *American Anthropologist*, 55(5), 615-33.

Pickles, J., 2003. *A History of Spaces. Cartographic Reason, Mapping and the Ceo-Coded World*, London: Routledge.

Pictet, A., 1859-63. *Les origines de Indo-européennes ou les Aryas primitif. Essai de paléontologie linguistique*, Paris: J. Cherbuliez.

Piggott, S., 1966. *Approach to Archaeology*, Harmondsworth: Penguin.

Pinch, T., 1985. Towards an Analysis of Scientific Observation: The Externality and Evidential Significance of Observational Reports in Physics. *Social Studies of Science*, 15(1), 3-36.

Pitt Rivers, A. H. L. F., 1887. *Excavations in Cranbourne Chase*, London: Privately Printed.

Pitt Rivers, A. H. L. F., 1906. *The Evolution of Culture and Other Essays*, Oxford: Clarendon Press.

Politis, G., 2001. On Archaeological Praxis, Gender Bias and Indigenous

Peoples of South America. *Journal of Social Archaeology*, 1(1), 90-107.

Pollard, J., 2001. The Aesthetics of Depositional Practice. *World Archaeology*, 33, 315-33 .

Pollard, J., 2008. Deposition and Material Agency in the Early Neolithic of Southern Britain, in *Memory Work. Archaeologies of Material Practices*, ed. B. J. Mills & W. H. Walker, Santa Fe, NM: School for Advanced Research Press, 41-60.

Porpora, D. V., 1989. Four Concepts of Social Structure. *Journal for the Theory of Social Behaviour*, 19(2), 195-211.

Preucel, R., 2006. *Archaeological Semiotics*, Oxford: Blackwell.

Preucel, R., & A. Bauer, 2001. Archaeological Pragmatics. *Norwegian Archaeological Review*, 34(2), 85-96.

Price, B. J., 1982. Cultural Materialism: A Theoretical Review. *American Antiquity*, 47(4), 709-41.

Pyddoke, E., 1961. *Stratification for the Archaeologist*, London: Phoenix House.

Quine, W. V. O., 1960. *Word and Object*, Cambridge: Massachusetts Institute of Technology Press.

Quine, W. V. O., 1970. *Philosophy of Logic*, Englewood Cliffs, NJ: Prentice-Hall.

Quinton, A., 1979. Objects and Events. *Mind*, 88, 197-214.

Randall, H. J., 1934. History in the Open Air. *Antiquity*, 8, 5-23.

Randall-Maclver, D., 1933. Archaeology as a Science. *Antiquity*, 7, 5-20.

Rapp, G., 1987. Geoarchaeology. *Annual Review of Earth Planet Science*, 15, 97-113.

Rapp, G., R. Bullard, & A. A. Albritton, 1970. Geoarchaeology? *Geologist: Newsletter of the Geological Society of America*, 9(1): 1.

Rapp, G., & C. Hill, 2006. *Geoarchaeology. The Earth Science Approach to Archaeological Interpretation*, New Haven, CT: Yale University Press.

Rathje, W., & C. Murphy, 2001. *Rubbish! The Archaeology of Garbage*, Tucson: University of Arizona Press.

Reid, J. J., M. Schiffer, & W. Rathje, 1975. Behavioural Archaeology: Four Strategies. *American Anthropologist*, 77, 864–9.

Renfrew, C., 1987. *Archaeology and Language. The Puzzle of Indo-European Origins*, Harmondsworth: Penguin.

Renfrew, C., 2001. Symbol before Concept: Material Engagement and the Early Development of Society, in *Archaeological Theory Today*, ed. I. Hodder, Oxford: Polity, 122–40.

Renfrew, C., 2003. *Figuring It Out*, London: Thames and Hudson.

Renfrew, C., & P. Bahn, 1996. *Archaeology. Theories, Methods and Practice*, London: Thames and Hudson.

Renfrew, C., & I. Morley (eds.), 2009. *Becoming Human. Innovation in Prehistoric Material and Spiritual Culture*, Cambridge: Cambridge University Press.

Reynolds, N., & J. Barber, 1984. Analytical Excavation. *Antiquity*, 58, 95–102.

Richards, C., 1995. Knowing the Past, in *Interpreting Archaeology. Finding Meaning in the Past*, ed. I. Hodder, M. Shanks, A. Alexandri, V. Buchli, J. Carman, J. Last, & G. lucas, London: Routledge, 216–19.

Richards, C., & J. Thomas, 1984. Ritual Activity and Structured Deposition in Later Neolithic Wessex, in *Neolithic Studies. A Review of Current Research*, ed. R. Bradley & J. Gardiner, Oxford, 189-218.

Richards, J., 2002. Digital Preservation and Access. *European Journal of Archaeology*, 5(3), 343-67.

Richards, J., 2008. Managing Digital Preservation and Access: The Archaeology Data Service, in *Managing Archaeological Resources. Global Context, National Programs, Local Actions*, ed. F. P. McManamon, A. Stout, & J. A. Barnes, Walnut Creek, CA: Left Coast Press, 173-94.

Ricoeur, P., 2004. *Memory, History, Forgetting*, Chicago: University of Chicago Press.

Rieth, A., 1967. *Archaeological Fakes*, New York: Praeger Publishers.

Rivers, W. H. R., 1913. Survival in Sociology. *Sociological Review*, 6, 293-305.

Roskams, S., 2001. *Excavation*, Cambridge: Cambridge University Press.

Rossignol, J., & L. Wandsnider (eds.), 1992. *Space, Time and Archaeological Landscapes*, New York: Plenum Press.

Rouse, I., 1939. *Prehistory in Haiti. A Study in Method*, New Haven, CT: Yale University Press.

Rouse, I., 1960. The Classification of Artifacts in Archaeology. *American Antiquity*, 25, 313-23.

Rowe, J. H ., 1962. Worsaae's Law and the Use of Grave Lots for Archaeological Dating. *American Antiquity*, 28(2), 129-37.

Ryzewski, K., 2009. Seven Interventions with the Flatlands: Archaeology and Its Modes of Engagement. Contributions from the WAC-6

Session, 'Experience, Modes of Engagement, Archaeology'. *Archaeologies*, 5(3), 361-88.

Schiffer, M. B., 1972. Archaeological Context and Systemic Context. *American Antiquity*, 37(2), 156-65.

Schiffer, M. B., 1975. Archaeology as Behavioural Science. *American Anthropologist*, 77, 836-48.

Schiffer, M. B., 1976. *Behavioural Archaeology*, New York: Academic Press.

Schiffer, M. B., 1983. Toward the Identification of Formation Processes. *American Antiquity*, 48(4), 675-706.

Schiffer, M. B., 1985. Is There a 'Pompeii Premise' in Archaeology? *Journal of Anthropological Research*, 41, 18-41.

Schiffer, M. B., 1987. *Formation Processes of the Archaeological Record*, Salt Lake City: University of Utah Press.

Schiffer, M. B., 1988. The Structure of Archaeological Theory. *American Antiquity*, 53(3), 461-85.

Schiffer, M. B., & A. Miller, 1999. *The Material Life of Human Beings. Artifacts, Behaviour, and Communication*, London: Routledge.

Schlanger, S. H., 1992. Recognizing Persistent Places in Anasazi Settlement Systems, in *Space, Time, and Archaeological Landscapes*, ed. J. Rossignol & L. Wandsnider, New York: Plenum, 91-112.

Schliemann, H., 1880. *Ilios. The City and Country of the Trojans*, London: John Murray.

Schmidt, D., 2002. Refuse Archaeology: Virchow -Schliemann- Freud. *Perspectives on Science*, 9(2), 210-32.

Schnapp, A., 1996. *The Discovery of the Past*, London: British Museum

Press.

Schnapp, A., 2004. Eduard Gerhard: Founder of Classical Archaeology? *Modernism/Modernity*, 11(1), 169-71.

Searle, J ., 1995. *The Construction of Social Reality*, Harmondsworth: Penguin.

Searle, J., 2006. Social Ontology: Some Basic Principles. *Anthropological Theory*, 6(1), 12-29.

Shanks, M., 1990. Conclusion - Reading the Signs: Responses to Archaeology after Structuralism, in *Archaeology after Structuralism. Post-structuralism and the Practice of Archaeology*, ed. I. Bapty & T. Yates, London: Routledge, 294-310.

Shanks, M., 1992. *Experiencing the Past. On the Character of Archaeology*, London: Routledge.

Shanks, M., 1998. The Life of an Artifact. *Fennoscandia Archaeologia*, 15, 15-42.

Shanks, M., 2004. Three Rooms: Archaeology and Performance. *Journal of Social Archaeology*, 4(2), 147-80.

Shanks, M., 2007. Symmetrical Archaeology. *World Archaeology*, 39(4), 589-96.

Shanks, M., 2009. Engagement: Archaeological Design and Engineering. *Archaeologies*, 5 (3), 546-56.

Shanks, M., & R. McGuire, 1996. The Craft of Archaeology. *American Antiquity*, 61, 75-88.

Shanks, M., & C. Tilley, 1987. *Social Theory and Archaeology*, Oxford: Polity.

Shanks, M., & T. Webmoor, 2010. A Political Economy of Visual Media in

Archaeology, in *Re-presenting the Past. Archaeology through Image and Text*, ed. S. Bonde & S. Houston, Providence, RI: Brown University Press, 87-110.

Shapin, S., 1982. History of Science and Its Sociological Reconstructions. *History of Science*, 20, 157-211.

Shapin, S., 1984. Pump and Circumstance: Boyle's Literary Technology. *Social Studies of Science*, 14(4), 481-520.

Shapin, S., 1988. The House of Experiment in Seventeenth-Century England. *Isis*, 79(3), 373-404.

Shapin, S., 1995. Here and Everywhere: Sociology of Scientific Knowledge. *Annual Review of Sociology*, 21, 289-321.

Shapin, S., & S. Schaffer, 1985. *Leviathan and the Air Pump. Hobbes, Boyle and the Experimental Life*, Princeton, NJ: Princeton University Press.

Shennan, S., 1993. After Social Evolution: A New Archaeological Agenda, in *Archaeological Theory. Who Sets the Agenda?*, ed. N. Yoffee & A. Sherratt, Cambridge: Cambridge University Press, 53-9.

Shipley, T. F., 2008. An Invitation to an Event, in *Understanding Events. From Perception to Action*, ed. T. F. Shipley & J. M. Zacks, Oxford: Oxford University Press, 3-30.

Shott, M. J., 1989. On Tool-Class Use Lives and the Formation of Archaeological Assemblages. *American Antiquity*, 54(1), 9-30.

Shott, M. J., 1996a. Mortal Pots: On Use Life and Vessel Size in the Formation of Ceramic Assemblages. *American Antiquity*, 61(3), 463-82.

Shott, M. J., 1996b. An Exegesis of the Curation Concept. *Journal of*

Anthropological Research, 52(3), 259-80.

Shott, M. J., 1998. Status and Role of Formation Theory in Contemporary Archaeological Practice. *Journal of Archaeological Research*, 6(4), 299-329.

Shott, M. J., 2005. Two Cultures: Thought and Practice in British and North American Archaeology. *World Archaeology*, 37(1), 1-10.

Shott, M. J., 2008. Lower Palaeolithic Industries, Time and the Meaning of Assemblage Variation, in *Time and Archaeology. Time Perspectivism Revisited*, ed. S. Holdaway & L. Wandsnider, Salt Lake City: University of Utah Press, 46-60.

Skibo, J., & M. Schiffer, 2008. *People and Things. A Behavioural Approach to Material Culture*, New York: Springer.

Skibo, J., W. H. Walker, & A. E. Nielsen (eds.), 1995. *Expanding Archaeology*, Salt Lake City: University of Utah Press.

Sklenář, K., 1983. *Archaeology in Central Europe. The First 500 Years*, Leicester: Leicester University Press.

Smith, H., 1911. Archaeological Evidence as Determined by Method and Selection. *American Anthropologist*, 13(3), 445-8.

Smith, M., 1955. The Limitations of Inference in Archaeology. *Archaeological Newsletter*, 6(1), 3-7.

Sollas, W. J., 1911. *Ancient Hunters and Their Modern Representatives*, London: Macmillan and Co.

Spaulding, A. C., 1953. Statistical Techniques for the Discovery of Artifact Types. *American Antiquity*, 18, 305-13.

Sperber, D., 1992. Culture and Matter, in *Representations in Archaeology*, ed. J.-C. Gardin & C. Peebles, Bloomington: Indiana University

Press, 56-65.

Staski, E., & L. D. Sutro (eds.), 1991. *The Ethnoarchaeology of Refuse Disposal*, Tucson: Arizona State University.

Stein, J. K., 2000. Stratigraphy and Archaeological Dating, in *It's about Time. A History of Archaeological Dating in North America*, ed. S. Nash, Salt Lake City: University of Utah Press, 14-40.

Stein, J. K., 2001. Archaeological Sediments in Cultural Environments, in *Sediments in Archaeological Context*, ed. J. K. Stein & W. R. Farrand, Salt Lake City: University of Utah Press, 1-28.

Steno, N., 1962. The Prodromus of Nicolaus Steno's Dissertation Concerning a Solid Body Enclosed by Process of Nature within a Solid, in *Man's Discovery of His Past. Literary Landmarks in Archaeology*, ed. R. F. Heizer, Englewood Cliffs, NJ: Prentice-Hall, 5-10.

Stern, N., 1993. The Structure of the Lower Pleistocene Archaeological Record. *Current Anthropology*, 34(3), 201-25 .

Stern, N., 1994. The Implications of Time-Averaging for Reconstructing the Land-Use Patterns of Early Tool-Using Hominids. *Journal of Human Evolution*, 27, 89-105.

Stern, N., 2008. Time Averaging and the Structure of Late Pleistocene Archaeological Deposits in Southwest Tasmania, in *Time and Archaeology. Time Perspectivism Revisited*, ed. S. Holdaway & L. Wandsnider, Salt Lake City: University of Utah Press, 134-48.

Steward, J., & F. Setzler, 1938. Function and Configuration in Archaeology. *American Antiquity*, 4(1), 4-10.

Stocking, G. W., 1987. *Victorian Anthropology*, New York: Free Press.

Stone, P., & P. Planel (eds.), 1999. *The Constructed Past. Experimental Archaeology, Education and the Public*, London: Routledge.

Sullivan, A. P., 1978. Inference and Evidence in Archaeology: A Discussion of the Conceptual Problems. *Advances in Archaeological Method and Theory*, 1, 183-222.

Swartz, B. K., 1967. A Logical Sequence of Archaeological Objectives. *American Antiquity*, 32(4), 487-97.

Tainter, J. A., 2004. Persistent Dilemmas in American Cultural Resource Management, in *A Companion to Archaeology*, ed. J. Bintliff, Oxford: Blackwell, 435-53.

Tallgren, A. M., 1937. The Method of Prehistoric Archaeology. *Antiquity*, 11, 152-61.

Tarde, G., 1899. *Social Laws. An Outline of Sociology*, New York: Macmillan.

Tarde, G., 1903. *The Laws of Imitation*, New York: Henry Holt and Company.

Taussig, M., 1993. *Mimesis and Alterity. A Particular History of the Senses*, London: Routledge.

Taylor, W., 1983. *A Study of Archaeology*, Carbondale: Southern Illinois University Press.

Thomas, J., 1991. *Rethinking the Neolithic*, Cambridge: Cambridge University Press.

Thomas, J., 1996. *Time, Culture and Identity. An Interpretive Archaeology*, London: Routledge.

Thomas, J., 2000. Reconfiguring the Social, Reconfiguring the Material, in *Social Theory in Archaeology*, ed. M. Schiffer, Salt Lake City:

University of Utah Press, 143-55.

Thomas, J., 2004. *Archaeology and Modernity*, London: Routledge.

Thomas, J., 2005a. Comments VIII: Between 'Material Qualities' and 'Materiality'. *Archaeometry*, 47(1), 198-201.

Thomas, J., 2005b. Materiality and the Social, in *Global Archaeological Theory. Contextual Voices and Contemporary Thoughts*, ed. P. P. Funari, A. Zarankin, & E. Stovel, New York: Kluwer Academic and Plenum Publishers, 11-18.

Thomas, J., 2006. Phenomenology and Material Culture, in *Handbook of Material Culture*, ed. C. Tilley, W. Keane, S. Kuchler, M. Rowlands, & P. Spyer, London: Sage, 43-59.

Thomas, J., 2007. The Trouble with Material Culture. *Journal of Iberian Archaeology*, 9-10, 11-23.

Thompson, R., 1956. The Subjective Element in Archaeological Inference. *Southwestern Journal of Anthropology*, 12, 327-32.

Thomson, W., 1867. Inaugural Address to the Annual Meeting of the Royal Archaeological Institute. *Archaeological Journal*, 24, 83-91.

Tilley, C., 1989. Excavation as Theatre. *Antiquity*, 63, 275-80.

Tilley, C. (ed.), 1990. *Reading Material Culture*, Oxford: Blackwell.

Tilley, C., 1991. *Material Culture and Text. The Art of Ambiguity*, London: Routledge.

Tilley, C. (ed.), 1993. *Interpretive Archaeology*, Oxford: Berg.

Tilley, C., 1994. *The Phenomenology of Landscape*, Oxford: Berg.

Tilley, C., 1999. *Metaphor and Material Culture*, Oxford: Blackwell.

Tilley, C., 2004. *The Materiality of Stone. Explorations in Landscape Phenomenology*, Oxford: Berg.

Tilley, C., 2006. Objectification, in *The Handbook of Material Culture*, ed. C. Tilley, W. Keane, S. Kuchler, M. Rowlands, & P. Spyer, London: Sage, 60-73.

Tilley, C., 2007. Materiality in Materials. Response to Ingold 'Materials against Materiality'. *Archaeological Dialogues*, 14(1), 16-20.

Toews, D., 2003. The New Tarde: Sociology after the End of the Social. *Theory, Culture and Society*, 20(5), 81-98.

Tomášková, S., 2006. On Being Heard. Theory as an Archaeological Practice. *Archaeological Dialogues*, 13(2), 163-87.

Trentmann, F., 2009. Materiality in the Future of History: Things, Practices, and Politics. *Journal of British Studies*, 48, 283-307.

Trigger, B., 1978a. Aims in Prehistoric Archaeology, in *Time and Traditions. Essays in Archaeological Interpretation*, ed. B. Trigger, Edinburgh: University of Edinburgh Press, 19-36.

Trigger, B., 1978b. The Development of the Archaeological Culture in Europe and America, in *Time and Traditions. Essays in Archaeological Interpretation*, ed. B. Trigger, Edinburgh: University of Edinburgh Press, 75-95.

Trigger, B., 1994. Childe's Relevance to the 1990s, in *The Archaeology of V. Gordon Childe*, ed. D. Harris, Melbourne: Melbourne University Press, 9-34.

Trigger, B., 2006. *A History of Archaeological Thought*, Cambridge: Cambridge University Press.

Tringham, R., 1991. Households with Faces: The Challenge of Gender in Prehistoric Architectural Remains, in *Engendering Archaeology. Women and Prehistory*, ed. J. Gero & M. W. Conkey, Oxford:

Blackwell, 93-131.

Trouillot, M.-R., 1995. *Silencing the Past. Power and the Production of History*, Boston: Beacon.

Tschauner, H., 1996. Middle-Range Theory, Behavioural Archaeology and Post-Empiricist Philosophy of Science in Archaeology. *Journal of Archaeological Method and Theory*, 3, 1-30.

Turner, J., 2000. *The Extended Organism. The Physiology of Animal-Built Structures*, Cambridge, MA: Harvard University Press.

Tylor, E., 1865. *Researches into the Early History of Mankind and the Development of Civilization*, London: John Murray.

Tylor, E., 1913. *Primitive Culture*, London: John Murray.

van Dyke, R., & S. Alcock (eds.), 2003. *Archaeologies of Memory*, Oxford: Blackwell.

van Fraassen, B., 1980. *The Scientific Image*, Oxford: Clarendon Press.

van Helden, A., & T. L. Hankins (eds.), 1994. *Instruments. Osiris*, 9, 9.

van Riper, A. B., 1993. *Men among the Mammoths. Victorian Science and the Discovery of Human Prehistory*, Chicago: Chicago University Press.

Vargas, E. V., B. Latour, B. Karsenti, F. Aït-Touati, & L. Salmon, 2008. The Debate between Tarde and Durkheim. *Environment and Planning D: Society and Space*, 26, 761-77.

Varien, M. D., & B. J. Mills, 1997. Accumulations Research: Problems and Prospects for Estimating Site Occupation Span. *Journal of Archaeological Method and Theory*, 4(2), 141-91.

Varien, M. D., & S. G. Ortman, 2005. Accumulations Research in the Southwest United States: Middle-Range Theory for Big-Picture

Problems. *World Archaeology*, 37(1), 132-55.

Varien, M. D., & J. B. Potter, 1997. Unpacking the Discard Equation: Simulating the Accumulation of Artifacts in the Archaeological Record. *American Antiquity*, 62(2), 194-213.

Verbeek, P.-P., 2006. Materializing Morality: Design Ethics and Technological Mediation. *Science, Technology and Human Values*, 31(3), 361-80.

Vismann, C., 2001. The Love of Ruins. *Perspectives on Science*, 9(2), 196-209.

Walker, K. R., & R. K. Bambach, 1971. The Significance of Fossil Assemblages from Fine-Grained Sediments: Time-Average Communities. *Geological Society of America Abstracts with Programs*, 3, 783-4.

Walker, W. H., 1995. Ceremonial Trash?, in *Expanding Archaeology*, ed. J. Skibo, W. H. Walker, & A. E. Nielsen, Salt Lake City: University of Utah Press, 67-79.

Walker, W. H., 2002. Stratigraphy and Practical Reason. *American Anthropologist*, 104, 159-77.

Walker, W. H., 2008. Practice and Non-human Social Actors: The Afterlife Histories of Witches and Dogs in the American Southwest, in *Memory Work. Archaeologies of Material Practices*, ed. B. J. Mills & W. H. Walker, Santa Fe, NM: School for Advanced Research Press, 137-58.

Walter, C., 2008. Towards a More 'Scientific' Archaeological Tool. The Accurate Drawing of Greek Vases between the End of the Nineteenth and the First Half of the Twentieth Centuries, in

Archives, Ancestors, Practices. Archaeology in the Light of Its History, ed. N. Schlanger & J. Nordbladh, New York: Berghahn Books, 179-90.

Wandsnider, L., 1996. Describing and Comparing Archaeological Spatial Structures. *Journal of Archaeological Method and Theory*, 3(4), 319-84.

Warburton, D., 2003. *Archaeological Stratigraphy. A Near Eastern Approach*, Neuchâtel, Switzerland: Recherches et Publications.

Warnier, J.-P., 2001. A Praxeological Approach to Subjectivation in a Material World. *Journal of Material Culture*, 6(1), 5-24.

Warnier, J.-P., 2009. Technology as Efficacious Action on Objects ... and Subjects. *Journal of Material Culture*, 14(4), 459-70.

Watson, P. J., 1995. Archaeology, Anthropology and the Culture Concept. *American Anthropologist*, 97, 683-94.

Watson, P. J., S. LeBlanc, & C. Redman, 1971. *Explanation in Archaeology. An Explicitly Scientific Approach*, New York: Columbia University Press.

Weber, M., 1978. *Economy and Society. An Outline of Interpretive Sociology*, Berkeley: University of California Press.

Webmoor, T., 2005. Mediational Techniques and Conceptual Frameworks in Archaeology: A Model in 'Mapwork' at Teotihuacán, Mexico. *Journal of Social Archaeology* 5(1): 52-84.

Webmoor, T., 2007. What about 'One More Turn after the Social' in Archaeological Reasoning? Taking Things Seriously. *World Archaeology*, 39(4), 563-78.

Webmoor, T., & C. Witmore, 2008. Things Are Us! A Commentary on Human/Things Relations under the Banner of a 'Social' Archaeology. *Norwegian Archaeological Review*, 41(1), 53-70.

Webster, G., 1963. *Practical Archaeology*, London: A. and C. Black.

Weissman, D., 1999. *A Social Ontology*, New Haven, CT: Yale University Press.

Western, D., 1980. Linking the Ecology of Past and Present Mammal Communities, in *Fossils in the Making*, ed. A. K. Behrensmeyer & A. Hill, Chicago: University of Chicago Press, 72-93.

Wheeler, M., 1927. History by Excavation. *Journal of the Royal Society of Arts*, 75, 812-35.

Wheeler, M., 1954. *Archaeology from the Earth*, Harmondsworth: Penguin Books.

Wheeler, M., 1966. *Alms for Oblivion. An Antiquary's Scrapbook*, London: Weidenfeld and Nicolson.

Whewell, W., 1984. The Philosophy of the Inductive Sciences, in *Selected Writings on the History of Science*, ed. Y. Elkana, Chicago: University of Chicago Press, 121-260.

White, L., 1949. *The Science of Culture. A Study of Man and Civilization*, New York: Grove Press.

White, L., 1954. Review of Kroeber & Kluckhohn's Culture: A Critical Review of Concepts and Definitions. *American Anthropologist*, 56(3), 461-8.

White, L., 1959. *The Evolution of Culture. The Development of Civilization to the Fall of Rome*, New York: McGraw-Hill.

Whitehead, A. N., 1978. *Process and Reality*, New York: Free Press.

Whitehead, A. N., 2004. *The Concept of Nature*, New York: Prometheus

Books.

Wiedersheim, R., 1895. *The Structure of Man. An Index to His Past History*, London: Macmillan.

Willems, W. J. H., 1998. Heritage Management in Europe: Trends and Developments. *European Journal of Archaeology*, 1(3), 293–311.

Willey, G., & P. Phillips, 1955. Method and Theory in American Archaeology II: Historical-Developmental Interpretation. *American Anthropologist*, 57(4), 723-819.

Willey, G., & P. Phillips, 1958. *Method and Theory in American Archaeology*, Chicago: University of Chicago Press.

Wilson, M. C., 2004. Editing the Cultural Landscape: A Taphonomic Perspective on the Destruction of Aboriginal Sites on the Northwestern Plains, in *Archaeology on the Edge. New Perspectives from the Northern Plains*, ed. B. Kooyman & J. Kelley, Calgary: University of Calgary Press, 53-78.

Winner, L., 1980. Do Artifacts Have Politics? *Daedalus*, 109, 121-36.

Witmore, C., 2004. On Multiple Fields between the Material World and Media: Two Cases from the Peloponnesus, Greece. *Archaeological Dialogues*, 11(2), 133-64.

Witmore, C., 2006. Vision, Media, Noise and the Percolation of Time: Symmetrical Approaches to the Mediation of the Material World. *Journal of Material Culture*, 11(3), 267-92.

Witmore, C., 2007. Symmetrical Archaeology: Excerpts of a Manifesto. *World Archaeology*, 39(4), 546-62.

Witmore, C., 2009. Prolegomena to Open Pasts: On Archaeological Memory Practices. *Archaeologies*, 5(3), 511-45.

Woolgar, S., & G. Cooper, 1999. Do Artifacts Have Ambivalence? Moses' Bridges, Winner's Bridges and Other Urban Legends in S&TS. *Social Studies of Science*, 29(3), 433-49.

Worsaae, J. J., 1849. *The Primeval Antiquities of Denmark*, London: John Henry Parker.

Wright, T., 1861. *The Celt, the Roman and the Saxon. A History of the Early Inhabitants of Britain*, London: Arthur Hall, Virtue and Co.

Wright, T., 1866. On the Progress and Present Condition of Archaeological Science. *Journal of the British Archaeological Association*, 22, 64-84.

Wylie, A., 1985. The Reaction against Analogy. *Advances in Archaeological Method and Theory*, 8, 63-111.

Wylie, A., 1986. Arguments for Scientific Realism: The Ascending Spiral. *American Philosophical Quarterly*, 23, 287-97.

Wylie, A., 1989. The Interpretive Dilemma, in *Critical Traditions in Contemporary Archaeology. Essays in the Philosophy, History and Socio-Politics of Archaeology*, ed. V. Pinsky & A. Wylie, Cambridge: Cambridge University Press, 18-27.

Wylie, A., 1992a. The Interplay of Evidential Constraints and Political Interests: Recent Archaeological Research on Gender. *American Antiquity*, 57, 15-34.

Wylie, A., 1992b. 'On Heavily Decomposing Red Herrings': Scientific Method in Archaeology and the Ladening of Evidence with Theory, in *Metaarchaeology. Reflections by Archaeologists and Philosophers*, ed. L. Embree, Boston: Kluwer, 269-88.

Wylie, A., 1996. The Constitution of Archaeological Evidence: Gender Politics and Science, in *The Disunity of Science. Boundaries, Contexts and Power*, ed. P. Galison & D. Stump, Stanford, CA: Stanford University Press, 311-43.

Wylie, A., 2002. *Thinking from Things. Essays in the Philosophy of Archaeology*, Berkeley: University of California Press.

Wylie, A., 2008. Mapping Ignorance in Archaeology: The Advantages of Historical Hindsight, in *Agnotology. The Making and Unmaking of Ignorance*, ed. R. Proctor & L. Schiebinger, Stanford, CA: Stanford University Press, 183-208.

Yarrow, T., 2003. Artefactual Persons: The Relational Capacities of Persons and Things in the Practice of Excavation. *Norwegian Archaeological Review*, 36(1), 65-73.

Yarrow, T., 2006. Sites of Knowledge: Different Ways of Knowing an Archaeological Excavation, in *Ethnographies of Archaeological Practice*, ed. M. Edgeworth, Lanham, MD: AltaMira Press, 20-32.

Yarrow, T., 2008. In Context: Meaning, Materiality and Agency in the Process of Archaeological Recording, in *Material Agency. Towards a Nonanthropocentric Approach*, ed. C. Knappett & L. Malafouris, New York: Springer, 21-37.

Yates, T., 1990. Archaeology through the Looking-Glass, in *Archaeology after Structuralism*, ed. I. Bapty & T. Yates, London: Routledge, 154-202.

Yengoyan, A. A., 1986. Theory in Anthropology: On the Demise of the Concept of Culture. *Comparative Studies in Society and History*, 28(2), 368-74.

색인

ㄱ

가브리엘 타르드 257

경관고고학 158, 161

계량적 112-113

고고학 이론 11, 32, 138, 144, 228, 296-297

고고학적 과정 30-32, 289, 293, 296, 298-300, 302, 310, 331-332

고고학적 기록 9-10, 13-29, 31-36, 38, 45-46, 52-53, 59, 61-63, 74-75, 78, 80-83, 86-88, 91-96, 99-100, 103, 105-106, 118-119, 129-130, 132-133, 135-146, 150-151, 153-161, 163, 166-167, 182, 184, 188, 191-193, 204, 207, 210, 212, 225, 227-230, 233-234, 239-240, 245-246, 253, 259, 265, 271-278, 280, 282, 285, 289, 296, 307, 339-344

고고학적 맥락 26, 131-134, 136-137, 139-140, 155, 157, 260, 275

고고학적 운용 289-292, 296, 298, 300-301, 303, 306, 330-331, 341

고든 V. 차일드 18, 76-77, 87-88, 95, 125, 183-185, 187, 191-194, 199, 201-202, 205, 260-261, 291

고든 윌리 88, 189, 293

과정주의 11-12, 15, 19, 83, 191, 204, 206, 209-211, 213, 242, 244, 298, 343

구스타브 코시나 78

구스타프 드로이젠 35, 39-40

구조화된 퇴적 124-125

귀납 59-61, 67, 70, 88-89, 241

그라함 클라크 69, 76-77, 93, 95, 296-297, 299-300

기능주의 76, 180-185, 191, 195, 202, 205-206

ㄴ

내적 원전 79, 86

논리실증주의 89, 232-234

논리주의 89

니콜라스 스테노 107

ㄷ

다니엘 밀러 212

대상화 173-175, 191, 212, 219

대칭고고학 218-219

대칭적 127, 196, 216-218, 247, 343

대표성 27, 34, 75, 78, 80, 82, 86, 88,
　　　90, 94, 106

데이빗 워버튼 112, 115, 117-118, 123

데이빗 클라크 296

동일과정설 144-146, 148, 153

드란다 267, 350

ㄹ

레슬리 화이트 200, 206, 230

레이먼드 톰슨 189

로렌 올리비에 163

로버트 먼로 46, 56, 62

로버트 아셔 129

로버트 콜더웨이 112

로빈 G. 콜링우드 41-42, 44-45, 53,
　　　60, 71-72, 87, 90, 115-116,
　　　125, 302

루돌프 피르호 47

루이스 빈포드 160, 241

린다 패트릭 18

ㅁ

마가렛 스미스 188

마르셀 모스 195

마이클 샌스 10-11, 301

마이클 샤트 134, 154

마이클 쉬퍼 106, 134, 199

마이클 콜린스 91

마크 블로크 41-42, 44-45

마틴 카버 70

마틴 하이데거 213

막스 베버 200, 255

만프리드 에거트 45, 81, 83

매튜 에지워쓰 306, 313, 316, 337

매튜 존슨 12

메뉴엘 드란다 267

모리스 알박스 278

모사 269, 315-317

몰티머 휠러 66, 72, 113

문헌학 28, 39, 51-52, 54-55, 63-64,
　　　70, 79

물건 정향적 존재론 259, 343-344

물리적 모델 17, 19-21, 210

물질적 뒤엉킴 169, 348-349

미셸 드 세르토 304

미셸-롤프 트루요 16

미셸 푸코 304

미술사 21, 27, 43, 47, 58, 64, 170

ㅂ

발견물 조합 127-129, 261-262, 268

베이컨 59-60, 67, 71

불가역성 284, 341

불완전함 21, 28, 34, 53, 61, 63, 69,
　　　75, 92, 95-96, 103, 105, 275-

276, 334

브루노 라투어 216, 218, 304

브르나 올센 215

블랙박스 94, 319-320, 337-338

빅토르 버클리 10, 177, 212, 222-223,
　　235

ㅅ

사료 36-38, 48, 53, 55, 58

사변적 실재론 259

선택적 기록 70, 72

스튜어트 피고트 45

습지 61-62, 78

시간 관점주의 143-146, 150, 153-
　　154, 158-159, 161, 271-272

시간 평준화 146-149, 153, 162, 275

신고고학 11, 81, 89, 190, 211, 241,
　　294-295

ㅇ

아날 242

아카이브 목적 101-102

알프레드 겔 218

알프레드 노쓰 화이트헤드 250

앙드레 르와-꾸랑 182

앙리 베르그송 277-279

앤드류 존스 217-218, 269, 299

앨리슨 와일리 10, 16

어빙 라우즈 199

에드먼드 후설 278

에드워드 게르하르트 51

에드워드 타일러 48-49, 173

에드워드 파이도크 118

에드워드 해리스 116

에른스트 베른하임 40

에른스트 쿠르티우스 39

에밀 뒤르켐 254

에바 도만스카 216

에브젠 네우스토프니 83

영역화 267-268, 270, 272-274, 281,
　　350

오랄프 올센 98-99

오티스 메이슨 50

외적 원전 85, 88

외화 171, 173-175, 178-180, 182,
　　187, 191-194, 196-198, 200,
　　202, 205-207, 211, 213, 219-
　　220, 222-223, 347

우연적 원전 39, 85

운용 순서 293, 296

워렌 드브아 138, 140

워새, J. J. A. 110, 128

월터 테일러 185, 189, 292

윌리엄 그린웰 66

윌리엄 휴얼 60

유물론 180, 182-184, 187-188, 191,
　　194, 202, 208, 210, 250

유생성 251

의도적 원전 39

이안 해킹 235

이안 호더 10

이오인 맥화이트 189

인식론 14, 16, 27, 44, 59-60, 89, 96, 184, 187, 191, 231, 234-235, 241, 295-297, 303-306, 310, 327-329, 331

ㅈ

자기-아카이브 17, 275, 277, 341

작동 연쇄 195-199, 222

잔여성 280-281, 283, 285

제오프 베일리 144

제프리 보우커 274-275

조사라 드 랭 147

조안 게로 31, 303

조지 카우길 91

존 바렛 21

존속물 36, 42, 47-50, 52-53

존 채프먼 134

존 프리츠 233

줄리 스타인 107

중범위이론 86, 134, 137-138, 143, 152, 154, 193, 295

쥴리안 토마스 213

지질고고학 26, 106, 119, 121, 154-155

질 들뢰즈 223-224, 267, 343, 350

ㅊ

찰스 다윈 48, 181, 191, 195

찰스 라이엘 108, 274-275

찰스-빅토르 랑글르와 42, 54-55

찰스 세뇨보 42

찰스 토마스 뉴턴 36-37, 48, 51, 61, 177-178

창, K. C. 243

처칠 바빙튼 37

체계의 맥락 18-19, 26, 132, 134, 136-137, 139-142, 151-153, 155, 157, 275

체계이론 251

총체적 기록 33-34, 63, 69-70, 72-75, 90, 95, 97, 102-103

총체적 발굴 98-99, 312

추론의 사다리 186-187, 191

축적 연구 146, 150, 152-154

ㅋ

카를로 긴즈부르그 43-45

칼 라흐만 51

칼 마르크스 74

캐른 배러드 236

코퍼스 34, 64-66, 69, 74, 100, 290

콜린 렌프류 218

크로포드, O. G. S. 158-159, 161, 166, 182-183, 197, 200, 291

크리스찬 크리스티안센 81

크리스토퍼 위트모어 10, 307, 324

크리스토퍼 틸리 213

크리스토퍼 혹스 186

클라이브 갬블 348

ㅌ

탈과정주의 11-12, 19, 83, 191, 204,
　　　209-211, 213, 242, 244, 298
탈인간중심주의 343
텍스트적 모델 17, 19-21, 210
토마스 라이트 37, 60
퇴적적 유형 260-263
티모시 웹무어 10, 307
팀 잉골드 215, 219-220, 224

ㅍ

파편화 테제 134, 136, 268
페르디난드 켈러 62
폴 리꾀르 245, 277
폼페이 전제 140-142
표본추출이론 28, 34, 88-89, 91-96,
　　　103, 105-106, 131, 139, 295
플린더스 페트리 58, 65, 69, 289
피에르 노라 279
피터 코소 234
피트 리버스, A. H. L. F. 58, 66-67,
　　　69-70, 72-75, 113, 175-179,
　　　181, 192, 197, 202, 213, 266
필립 바커 75, 98
필립 크리아도 212
필립 필립스 88, 293

ㅎ

하인리히 슐리먼 111-112
한스 위르겐 에거스 185
할른 스미스 67
해리스 매트릭스 117-118, 121, 164
해석적 딜레마 11-14, 32, 227, 252,
　　　340
행위이론 12, 14
행위자-연결망 이론 216, 218, 224,
　　　236, 257-259, 262, 265-266,
　　　343-344
행태고고학 125, 137, 143-144, 199,
　　　221-222
현상학 12, 213-214, 221, 278, 319,
　　　323
현장작업 안내서 87, 291
형식학적 유형 260-263
화석학 51, 127-129, 134, 140

고고학적 기록 이해하기
Understanding the Archaeological Record

초판 1쇄 발행 | 2018년 11월 30일
초판 2쇄 발행 | 2019년 12월 10일

지은이 | 개빈 루카스(Gavin Lucas)
옮긴이 | 우정연
편　　집 | 배원일
발행인 | 김태진
발행처 | 진인진
등　　록 | 제25100-2005-000003호
주　　소 | 경기도 과천시 별양상가 1로 18 614호(별양동 과천오피스텔)
전　　화 | 02-507-3077-8
팩　　스 | 02-507-3079
홈페이지 | http://www.zininzin.co.kr
이메일 | pub@zininzin.co.kr

* 책값은 표지 뒤에 있습니다.